D1673016

psycho logik

Jahrbuch für Psychotherapie, Philosophie und Kultur

Herausgegeben von
Rolf Kühn, Jann E. Schlimme und Karl Heinz Witte

psycho—logik 5

Religion und Modernität

Verlag Karl Alber Freiburg/München

Originalausgabe

© VERLAG KARL ALBER
in der Verlag Herder GmbH, Freiburg im Breisgau 2010
Alle Rechte vorbehalten
www.verlag-alber.de

Satz: SatzWeise, Föhren
Druck und Bindung: AZ Druck und Datentechnik, Kempten

Gedruckt auf alterungsbeständigem Papier (säurefrei)
Printed on acid-free paper
Printed in Germany

ISBN 978-3-495-45905-8
ISSN 1861-4183

Inhalt

III. Religion als Thema der Tiefenpsychologie und Psychotherapie

IV. Neue kulturelle Formen der Religiosität

Literaturbericht

Editorial

Wenn man phänomenologisch wie psychotherapeutisch die bisher behandelten Fragen unseres Jahrbuchs von Subjektivität, Gefühl und Existenz sowie Ethik im Zusammenhang mit ihren methodologischen und kulturellen Implikationen als grundlegend ansehen kann, so ergibt sich daraus weiterhin die Frage, ob damit allein den Herausforderungen der Moderne angemessen begegnet werden kann. *Religion* ist nämlich heute diffus über den abnehmenden Einfluss der bisher etablierten Konfessionen hinaus überall präsent oder zeigt sogar neue Erscheinensformen, sodass die gesellschaftlichen Gesamtauswirkungen davon zentral zu berücksichtigen sind (Küng, Nörenberg), denen gerade auch die Psychotherapien sich neu stellen müssen (Buchholz).

Daher wurde diese aktuelle wie unumgängliche Problematik in hauptsächlich drei Analysefeldern von den einzelnen Mitautoren bearbeitet:
1) Es wird bestimmt, wie sich Moderne und Postmoderne in ihrem Selbstverständnis entwickelt haben, um sich von traditionell religiösen Vorgaben zu emanzipieren, ohne dass sie jedoch eine absolute Trennung voneinander vollziehen konnten. In diesem Bereich blieb folglich zu untersuchen, wie und warum es weiterhin einen »reflexiven Überhang« (christlich-)religiöser Themen gibt (Graf, Rohr), die in der Debatte gegenwärtig präsent sind: das philosophisch-humanistische Erbe Europas, ethische Grundwerte, Demokratie- und Rechtsverständnis, Menschen- und Personwürde, Bildung, Friede und Gewalt etc.
2) Daneben gibt es neue »religiöse« Phänomene als teil- oder gesamtkulturelle Erscheinungen, die unbewusst oder gezielt auf den gesellschaftlichen Traditions- und Identitätsverlust antworten wollen, um den Einzelnen mit dem »Absoluten« oder »Sinn« seines Lebens zu verbinden: Naturrituale, Esoterik, Spiritualität,

Mystik, neues Kirchenbewusstsein, Fundamentalismus etc. (Bögle u. Manz, Heil).

3) Außer der Frage, ob es überhaupt ein gesellschaftlich-kulturelles Leben ohne jede Religiosität oder ohne Transzendenzbezug zu geben vermag, scheint auch die Psychotherapie nicht ohne dieselben letztlich auszukommen, sofern man die Frage nach einer individuellen Selbstbegründung nicht schon einfach, wie bei Husserl unter anderem, durch einen »methodischen Atheismus« der Wissenschaften beantwortet sieht.

Es dürfte bereits hierdurch deutlich sein, dass ein solcher Frageansatz zu »Religion und Modernität« eine besondere Analyse der je eigenen Voraussetzungen verlangt, wenn »religiöses« oder »nicht-religiöses« Verhalten aufgrund von bestimmten Menschenbildern, Traditionen oder kulturellen Belangen gesellschaftlich eingefordert wird. Das Jahrbuch »**psycho-logik**« möchte darum auch hier wiederum – besonders als Verlängerung zum vorherigen Heft über »**Lebensethik**« (4/2009) – die Verflechtung von Praxis und Leben zu klären versuchen, um zu erkennen, welche Elemente in diesem Bereich hinderlich oder förderlich für einen *umfassenden Lebensvollzug* sind. Sofern hierbei die Verbindung mit Ergebnissen aus den Religions- und Kulturwissenschaften besonders eng ist, bleibt es zu begrüßen, dass fundierte Beiträge zum Verhältnis von Religion und geistesgeschichtlicher Tradition geliefert wurden (Becker, Seubert). Ein **Literaturbericht** zum Verhältnis von radikaler Lebensphänomenologie und Christentum (Seyler) ergänzt informativ diese Untersuchungen, wozu auch der **Rezensionsteil** zu »Religion und Kultur« sowie »Philosophie und Psychologie« gerechnet werden kann.

Innerhalb der speziellen psychiatrischen und psychotherapeutischen Praxis wie Forschung dürfte die (auch neurowissenschaftliche) Debatte um religiöse Implikationen von »Symptomen« und »Störungen« im vollen Gange sein bzw. neu bewertet werden (Reischies, Schmoll), da noch nicht ganz klar zu sein scheint, welchen »spirituellen« Stellenwert diese Disziplinen selbst in der Moderne einnehmen (wollen). Sind sie nur dazu da, das gesamtgesellschaftliche »Funktionieren« durch (teilweise) wieder stabilisierte Personen zu garantieren oder implizieren sie direkt oder indirekt eine Weise von »ärztlicher Seelsorge«, wie Viktor E. Frankl seinen existenzanalytischen wie logotherapeutischen Ansatz schon seit den 1950er Jahren verstanden hatte? In eine ähnliche Richtung zielten bereits die früheren Ansätze von Adler und Jung, während Freud in der Religion mehr eine in der kindlichen Abhängigkeit begründete »Neurose« erkennen wollte (Brunner, Frick). Diese Auseinandersetzung, ob Psychotherapie eben auch eine spezifische »Seelsorge« und »spirituelle Intervention« sei bzw. sogar ein »Mystikäquivalent« (Witte) impliziere, zeigt vielleicht am deutlichsten, wie zerrissen unsere augenblickliche Gesellschaft zwischen innerer Verankerung und rein selbstbegründendem Autonomieanspruch ist.

Von daher ist es eine nahezu logische Konsequenz, dass das nächste Themenheft 6/2011 der Frage von »Aufklärung und neuen Mythen« gewidmet sein wird, um die geistige wie wissenschaftliche Spannung zwischen geschichtshermeneutischen, philosophisch-phänomenologischen, dekonstruktivistischen, soziologischen und rein innerdisziplinären Diskursbegründungen weiterhin kritisch zu durchleuchten und so auch für die psychotherapeutische Praxis fruchtbar zu machen.

Wir hoffen dadurch ein für viele interessantes Diskussionsforum zu bleiben, wie die zunehmende Anerkennung und Beteiligung von Lesern und angesehenen Autoren zeigt, um es mit ihrer Hilfe und Kritik weiter zu entwickeln.

Die Herausgeber

Beiträge

I. Religion und Gegenwartssituation

Hans Küng

Zu Individualismus und Gesellschaftskonsens in der Moderne

Interkulturelle Überlegungen[1]

Abstract: Based on the clarification of individualism, secularism, emancipation and globalisation with according historical retrospection, the text asks for a possible consensus of today's cultures and religions. For this purpose, eleven theses are introduced, showing the necessity of ethical rules which do not necessarily include a regress to transcendency. More advisable is a coalition of religious and non-religious people in the sense of »harmony« between critically reflected rights and duties among all humans.

Für die in der Moderne sich durchsetzende Individualisierung, Emanzipation und Säkularisierung, angesichts von Rationalismus und technisch-naturwissenschaftlichem Fortschritt, ist das Verhältnis von Individuum und Gemeinschaft von grundlegender Bedeutung. Zunächst drängt sich eine begriffliche Klärung auf.

1. Verschiedene Aspekte des Individualismus

Die Begriffe »Individuum« und »Individualismus« sind vieldeutig und bedürfen der Klärung. In der europäisch-westlich geprägten Welt versteht man unter *Individuum* seit der späten Stoa das Einzelwesen, das nicht mehr geteilt werden kann (*a-tomos, in-dividuum,* »Un-teilbares«), ohne seine Eigenart zu verlieren. Dies gilt im Prinzip für jeden Menschen.

In allen Kulturen gibt es indes Menschen, die nicht nur »Individuen«, also Einzelwesen in ihrer Besonderheit, sind, sondern *Individualisten.* Das sind Menschen, die einen ganz persönlichen, eigenwilligen Lebensstil haben und sich so abheben von anderen Menschen und ihren Denk- und Verhaltensweisen. Es sind Persönlichkeiten mit eigenständigem Denken, persönlicher Kreativität und oft auch Zivilcourage.

An solchem *persönlichen Individualismus*, solcher Betonung des Individuellen, ist nichts Verwerfliches. Es gibt ihn in allen Kulturen, oft unter Künstlern, Denkern, Mönchen, aber auch unter Bauern und Arbeitern. Er braucht sich keineswegs mit Egozentrik, Eigensinn und geringer Teamfähigkeit zu verbinden. Er steht im Gegensatz zum *Konformismus*, jener Anpassung, die eigenständiges Denken und Zivilcourage scheut.

Doch es gibt eine Art von *prinzipiellem Individualismus*, die den Individuen und ihren Bedürfnissen grundsätzlich den Vorrang einräumt vor der Gemeinschaft oder Gesellschaft. Er strebt ausschließlich nach Verwirklichung und Entfaltung der menschlichen Persönlichkeit und lässt der Verpflichtung gegenüber der Gemeinschaft wenig Raum. Dabei kann er sich auf verschiedene Lebensbereiche – Wirtschaft, Politik, Kultur, öffentliches und privates Leben – beziehen.

Ein derart prononcierter prinzipieller Individualismus zeichnet sich in der westlichen Welt als breite Strömung erst seit Renaissance, Humanismus und Reformation ab. In der antiken und mittelalterlichen Philosophie hatte das Allgemeine noch bis zum spätmittelalterlichen Nominalismus den seinsmäßigen und werthaften Vorrang vor dem Individuellen. Jetzt aber sieht man zunehmend den Menschen im Zentrum: *l'uomo*, die »Persönlichkeit«, den einzelnen Glaubenden (Luther), das rationale Individuum (Descartes), und dies oft im Gegensatz zur Gesellschaft. Doch erst im 18./19. Jahrhundert versteht sich der Mensch als individuelles Subjekt, das mehr oder weniger aus transzendenten Bezügen gelöst erscheint. Also Individualisierung identisch mit einer mehr oder weniger totalen *Säkularisierung:* der säkulare, weltlich gewordene Mensch als Herr seiner selbst und Herr der Natur.

Dieser spezifisch westliche Individualismus ging aus der europäischen Aufklärungsphilosophie des 17./18. Jahrhunderts hervor. Sie versuchte, das Individuum aus den politisch-absolutistischen und kirchlich-klerikalen Bindungen zu lösen und zum mündigen Gebrauch seines Verstandes (Kant) zu befreien. Diese Emanzipation (»Freilassung«) legitimierte einerseits eine freie Entfaltung der Persönlichkeit des einzelnen Menschen, dem als Einzelnem eine eigene Würde zukommt, und aller seiner wichtigen Lebensbereiche. Sie konnte aber andererseits vielfach auch die Ausbildung ökonomisch und politisch ungleicher, ja ungerechter Strukturen nicht verhindern. Die Folge war, dass ein solcher Individualismus im 19./20. Jahrhundert verschiedenartige Gegenbewegungen des *Kollektivismus* hervorrief: Nationalismus, Sozialismus, Nationalsozialismus, Kommunismus, Bewegungen mit totalitärem Charakter. Heutzutage freilich führt gerade der Prozess der *Globalisierung* zu einer *neuartigen Individualisierung*. Gemeint ist damit nicht mehr die rücksichtslose Durchsetzung von Eigeninteresse, sondern vielmehr die Einsicht, dass der Einzelne mit seinem Verhalten (etwa im individuellen Energieverbrauch) Mitverantwortung trägt für globale Probleme (Klimaverantwortung). Gefragt ist heute ein *verantwortungsbewusster Individualismus*, dem gleichzeitig ein im Umgang mit Mensch und Natur *verantwortungsloser* Individualismus gegenüber steht. Dieser ist nicht auf den Westen beschränkt und bildet mit seinen negativen globalen Auswirkungen den Hintergrund heutiger Weltkonflikte.

2. Verschiedene Vorstellungen vom Individuum in den Weltkulturen

Will man die heutigen Weltkulturen und ihr Verhältnis zur Moderne verstehen, darf man sie nicht statisch betrachten, sondern muss sie dynamisch in der welthistorischen Perspektive analysieren: konkret die heutigen Weltkulturen auf dem Hintergrund der jahrtausendealten Stromsysteme der Weltreligionen, welche die verschiedenen Kulturräume durchziehen und bestimmen.

Und da wird man nicht von einfachen Kategorien und Vorstellungen ausgehen dürfen wie »*the West and the Rest*« oder der Westen und der Osten, Orient und Okzident. Vielmehr sind hier drei miteinander in Beziehung stehende und bisweilen überlappende, aber doch je eigenständige Stromsysteme zu unterscheiden, in denen eine jeweils *unterschiedliche Einstellung zu Individuum und Gemeinschaft* vorliegt.

Grob schematisiert lassen sich die Weltreligionen in *drei Flussoder Stromsysteme* unterteilen, deren zahlreiche epochale Paradigmenwechsel ich in verschiedenen Publikationen genau analysiert habe:
– Die prophetischen Religionen *nahöstlich-semitischen* Ursprungs: *Judentum, Christentum, Islam*. Zentrum dieser Religionen ist der Glaube an den Einen Gott. Der Mensch versteht sich als individuelles Geschöpf Gottes, von dem er angesprochen ist und seine unverlierbare Würde erhält, vor dem er sich zu verantworten hat und durch den er letztlich vollendet wird.

- Anders die Religionen *indischer* Herkunft, etwa *Hinduismus* und *Buddhismus:* Dort geht man nicht von einem Gegenüber von Gott und Mensch aus, sondern von einem all-umfassenden kosmischen Urgrund, zu dem das einzelne Individuum in der tiefsten Tiefe seines Selbst durchdringen kann und in dem der Einzelne letztlich aufgehen wird. Eine Relativierung singulärer Identität also, zumal auch die Seele des Einzelnen bis zur Erlösung unterschiedliche irdische Identitäten durchläuft. – Ganz radikal die buddhistische Tradition, die eine individuelle Identität gänzlich leugnet und als fatale Illusion ansieht: Es gibt kein stabiles Ich, sondern der Mensch konfiguriert sich aus fünf Komponenten – Form, Empfindung, Bewusstsein, Willensregungen, Erkennen – ständig neu (nach einigen Lehren bis zu 20.000 Mal pro Sekunde!)
- Wieder anders die Religionen *chinesischer* Tradition: *Konfuzianismus* und *Daoismus:* Sie zeigen eine weisheitliche Ausprägung und gehen aus von kosmischen Ordnungsprinzipien im Großen wie im Kleinen, die vom Menschen zu erkennen und zu beachten sind. So steht im chinesischen Humanismus, etwa bei Konfuzius, das Individuum ganz und gar im Mittelpunkt der Betrachtung, und die Frage einer vom Einzelnen ausgehenden harmonischen und menschlichen Gesellschaft, deren Wohl Vorrang vor den individuellen Interessen hat.

Von diesen historischen Prozessen her haben wir heute es mit unterschiedlich geprägten Kulturräumen mit verschiedenen Gottes-, Welt- und Menschenbildern zu tun, die sich alle auf ihre Weise mit der Globalisierung, Individualisierung und Säkularisierung auseinandersetzen. So stellt sich für uns heute als drängende Weltfrage: Kann für so verschiedene Weltkulturen überhaupt noch ein gesellschaftlicher Konsens gesucht und gefunden werden? Hier ist zunächst westliche Selbstkritik geboten:

3. Kritische Rückfragen an den westlichen Fortschritt

Die unerhörten Fortschritte des Westens in der Moderne wurden und werden in Europa selbst, aber besonders in anderen Kulturen mit höchst gemischten Gefühlen beobachtet. Die »Dialektik der Aufklärung« (Adorno – Horkheimer) wird heutzutage weithin durchschaut:
- Ambivalent ist der *wissenschaftlich-technische* Fortschritt: Welt-

weite Verkehrs- und Kommunikationsnetze werden gerne benützt. Sie brechen selbst in bisher abgeschlossene und abgeschottete Kulturen und Nationen ein. Aber: Der technologische Fortschritt hat enorme negative »Nebeneffekte« für Mensch und Natur. Er führt jedenfalls nicht automatisch zur erhofften Humanisierung der Gesellschaft, sondern vielfach zu neuen, noch schwerwiegenderen Gefährdungen und Konflikten.

– Ambivalent ist auch der *politisch-rechtliche* Fortschritt: die Demokratie ist zweifellos die beste aller (natürlich stets unvollkommenen) Staatsformen – wenn sie wirklich funktioniert! Der freiheitlich-demokratische Rechtsstaat wird mit Recht als Ideal herausgestellt.

Leider aber funktioniert er auch in westlichen Demokratien (selbst in der EU) allzu oft schlecht. Mehr als alles andere hat der noblen Idee der Demokratie geschadet, dass die westliche Führungsmacht die Welt in unnötige (Afghanistan) oder gar völkerrechtswidrige und unmoralische (Irak) Kriege geführt hat. Sie wurden und werden als Verbreitung von Demokratie, Menschenrechten und Humanität kaschiert. Außen- wie innenpolitisch haben sie für die USA zu einem Desaster geführt. Den freiheitlich-demokratischen Rechtsstaat untergraben aber auch die zunehmende staatliche Disziplinierung und polizeiliche Kontrolle aller Lebensbereiche (Telekommunikation!) und der hysterische Sicherheitswahn (etwa auf Flughäfen), alles mit »Kampf gegen den Terrorismus« begründet.

– Ambivalent ist auch der *kulturelle* Fortschritt: die Entwicklung der europäischen Musik, bildenden Kunst, Literatur und Kultur überhaupt öffneten der Menschheit viele neue Horizonte.

Aber: westlicher kultureller Imperialismus hat andere Kulturen geschädigt und sogar zerstört. Eine manchmal erträumte einheitliche Weltkultur, gar *Weltreligion*, sind eine Illusion und wären letztlich auch eine Verarmung.

Alle diese Entwicklungen führten zu einem noch nie da gewesenen Pluralismus, der auch zwei Seiten hat und jedenfalls die Frage umso drängender macht:

4. Ist ein gesellschaftlicher Konsens zwischen den Kulturen möglich?

Gewaltsame Gleichschaltung wie im Nazismus und Kommunismus, auch wenn sie mit traditionellen Tugenden wie Treue, Gehorsam, Disziplin verschleiert wurde, führte zu Versklavung und Genozid (Holocaust, Gulag). Aber auch in Demokratien führen ständig zunehmende staatliche Reglementierung und übermäßige Einschränkungen der bürgerlichen Freiheiten, etwa aus diffusen Bedrohungsängsten, nicht zu einem gesellschaftlichen Konsens, sondern eher zu Polarisierung und zu gesellschaftlichen Konflikten.

Doch auch Technik, Ökonomik und Politik zeigen immer wieder ihre Grenzen. Selbst Probleme wie etwa der Klimawandel und die damit verbundenen Konflikte lassen sich nicht allein mit technisch-wirtschaftlich-politischen Mitteln lösen, so unverzichtbar sie sind. Wissenschaftler, Ökonomen und Politiker sehen langsam ein, dass ohne Bewusstseinswandel aller Menschen und ein *freiwilliges und überzeugtes Mittun der Bevölkerung* die anstehenden großen Probleme nicht bewältigt werden können.

Offensichtlich geht es hier um die keinesfalls zu vernachlässigende ethische Dimension des gesellschaftlichen Zusammenlebens. Der politische Philosoph Hans-Martin Schönherr-Mann hat im Anschluss an ein Wort von Hans-Georg Gadamer ein Buch geschrieben unter dem Titel »Miteinander leben lernen«. Er arbeitet die *philosophischen Dimensionen eines gemeinsamen Menschheitsethos* heraus (2008). Darin macht er deutlich, dass es darauf ankommt, Menschen von der Möglichkeit und Notwendigkeit ethischer Bindungen im Interesse eines friedlichen Zusammenlebens zu überzeugen: »Die heutige Welt bedarf also dringend der Ethik, will sie nicht in Krieg, unendlichen Konflikten, letztlich in Barbarei versinken. Allein die Verteilung von Gütern, wie gerecht diese auch geschieht, verhindert das schwerlich, obgleich dies zweifellos zum politisch-ethisch Gebotenen gehört. Vielmehr muss man sich darum bemühen, die Menschen zum freiwilligen und überzeugten Miteinanderleben zu gewinnen, was allein schon ob dieses Anspruchs nur aus ethischer Perspektive gelingt bzw. einen ethischen Anspruch verkörpert. Die Frage ›Wie lernen wir, miteinander zu leben?‹ appelliert an die Bereitschaft, andere zu achten und mit ihnen fair umzugehen, mit anderen zu kooperieren – was man nicht erzwingen kann« (ebd. 22).

Reines Wunschdenken von Idealisten und Utopisten? Nein, das ist eine höchst realistische Zielvorstellung; denn die Alternative sind in der Tat endlose Konflikte (Israel – Palästina) und verheerende Kriege (Balkan, Tschetschenien, Darfur), sind Inhumanität und Grausamkeit (Abu Ghraib, Guantanamo), sind wachsende soziale Ungerechtigkeit und ökologische Katastrophen.

Für die Bewältigung der großen Weltprobleme müssen wir in einem langwierigen Prozess in allen Weltkulturen lernen, mehr zu überzeugen als nur zu zwingen, mehr die Macht der Kommunikation und des Gespräches zu praktizieren als die militärische Konfrontation und Invasion, mehr Bildung und Ausbildung der jüngeren Generationen als Perspektivlosigkeit und Extremismus, mehr den friedlich-schonenden Umgang mit der Natur als ihre hemmungslose Ausbeutung – allesamt Erfordernisse des Ethos, ohne die nachhaltige Lösungen nicht gefunden werden können.

Wir brauchen nicht autoritäre, sondern humane ethische Standards und Strukturen. Schon längst bevor allgemein von Globalisierung und einem »Zusammenprall der Kulturen« (S. Huntington) die Rede war, hatte ich in »Projekt Weltethos« (1990, [11]2008) Prinzipien und praktische Lösungsvorschläge für ein globales Ethos und einen Frieden zwischen den Kulturen entwickelt. Von Anfang an war mir klar: Dafür sind nicht nur die Religionen, sondern auch die Philosophien verschiedenster Art gefordert.

5. Wie für die Weltkulturen ein Weltethos begründen?

Im Folgenden möchte ich *elf Thesen* zur Begründung eines Weltethos entwickeln. Dabei möchte ich exklusive Entgegensetzungen vermeiden, wie etwa die zwischen Individualismus und Kollektivismus, Partikularismus und Universalismus: universale Werte können immer nur in partikulärem kulturellem Kontext verwirklicht werden. Ich wähle dafür einen etwas ungewohnten empirischen Zugang bei einem gesellschaftlichen Bereich, der für zahllose Menschen in allen Kulturen zunehmend Bedeutung erhalten hat – dem Sport (vgl. meine »Leitlinien zum Weiterdenken« bei Schönherr-Mann). Natürlich könnte man genauso von Politik, Wirtschaft oder anderen Lebensbereichen ausgehen.

1) *Das Spiel – vom Schachspiel bis zum Fußball – bedarf der Regeln*
Kein Fußballspiel ohne Spielregeln. Es kommt dabei auf jeden Spieler individuell an, aber sein Spiel hat nur Sinn im Zusammenhang der Mannschaft. Nur durch Spielregeln entsteht jener Raum der Freiheit, in dem sich das Spiel entwickeln kann. Und gerade Fußball zeigt noch besser als andere Spiele, dass nur durch die Einhaltung der Regeln durch alle beteiligten Individuen ein gutes, faires, schönes Spiel zustande kommt. Regeln nicht als Belastung, sondern als Befreiung!

2) *Fairplay, ein regelgerechtes Spiel, setzt die Beachtung ethischer Normen voraus*
Bei unfairem Verhalten geht es nicht nur um Verletzungen des Sportrechts, das in den letzten Jahrzehnten immer detaillierter und komplizierter geworden ist, sondern um die Verletzung *elementarer Grundwerte menschlichen Anstands:* Wahrhaftigkeit, Gerechtigkeit, Solidarität, Humanität. Fairplay meint also mehr als nur die durch Androhung von Sanktionen erzwungene Beachtung der sportspezifischen Regeln. Fairplay meint eine übergreifende, ethischen Prinzipien verpflichtete Geisteshaltung, die diese Regeln auch innerlich bejaht und den selbstverständlich mit allen Mitteln angestrebten Erfolg nicht um jeden Preis erzielen will.

3) *Der globale Sport braucht ein globales Ethos*
Der Sport hat zwar eigene Regeln, braucht aber keine Sonderethik. Er braucht sich nur an die allgemeinen Grundsätze zu halten, die für alle Bereiche des Lebens – für Politik, Wirtschaft, Kultur, öffentliches und privates Leben – gelten. Diese ethischen Regeln, die sich faktisch seit der Menschwerdung des Menschen aus dem Tierreich in der Menschheit langsam durchgesetzt haben und von den verschiedenen religiösen und philosophischen Traditionen formuliert und angemahnt werden, verstehen sich in der heutigen säkularisierten, individualistischen und pluralistischen Welt vielfach nicht mehr von selbst. Sie müssen wieder neu zum Bewusstsein gebracht werden, angefangen von Familie und Schule. Für eine Zeit, die eine noch nie da gewesene Globalisierung des Sports erfährt, die auch die kleinsten Nationen dieser Erde erfasst hat, braucht es jedoch *globale Regeln.* Ohne sie würden keine Weltmeisterschaften und keine Olympischen Spiele stattfinden können. Diese globalen Spielregeln funktionieren aber nur, wenn sie getragen und gestützt sind durch die allgemeinen *ethischen Regeln der Mensch-*

lichkeit. Sonst werden Sportler und Funktionäre immer wieder versuchen, die geschriebenen Sportregeln zu umgehen, zu ignorieren, zu unterminieren. Der globale Sport braucht also ein globales Ethos, der Weltsport braucht ein Weltethos.

4) *Ethos meint nicht eine Sittenlehre, sondern sittliches Bewusstsein, Überzeugung, Haltung*
»*Ethos*« (griechisch: ursprünglich Gewohnheit, Herkommen, Brauch, Sitte) meint, streng definiert, nicht eine »*Ethik*«: nicht ein ethisches System, eine philosophische oder theologische Doktrin oder Disziplin (zum Beispiel die Ethik des Aristoteles, des Thomas von Aquin, Immanuel Kants), die als wissenschaftliche Reflexion über das sittliche Verhalten selbstverständlich von großer Bedeutung sind. Ethos meint vielmehr die innere *sittliche Überzeugung und Gesamthaltung,* eine Selbstverpflichtung des Menschen auf verbindende *Werte,* unverrückbare *Maßstäbe* und persönliche *Grundhaltungen* oder *Tugenden.* Wir sind hier nicht mehr auf der Ebene des *Rechts,* der äußeren Regeln, der Gesetze und Paragraphen, der Polizei, Staatsanwälte, Gerichte und Gefängnisse. Wir sind vielmehr auf der Ebene des persönlichen *Gewissens* – oder in anderen kulturellen Traditionen: des *Herzens* –, also des inneren Kompasses. Die juristische wie die ethische Ebene sind notwendig und stützen sich gegenseitig, ohne dass die eine die andere absorbieren darf.

5) *Ethische Werte, Normen, Grundhaltungen sind kulturspezifisch und zeitbedingt, und doch gibt es universelle ethische Konstanten*
Ethische Normen realisieren sich stets in einer bestimmten Situation, an einem konkreten Ort, zu einer bestimmten Zeit und zwischen den dort lebenden Menschen. Und: sie realisieren sich in höchst unterschiedlicher Weise. Die Erfahrung aber zeigt: In verschiedenen kulturellen Lebenswelten tauchen immer wieder ähnliche Probleme auf: vor allem der Schutz des Lebens, des Eigentums, der Ehre, der Geschlechtlichkeit. Das hat in allen Kulturen nach ähnlichen Normen gerufen. Dabei ist es eine Binsenwahrheit, dass Grundwerte wie Wahrhaftigkeit und Gerechtigkeit in China oder Indien anders verstanden werden als in Europa oder Amerika. Und selbstverständlich hat sich etwa die Einstellung zu Sexualität und Partnerschaft durch die Jahrhunderte sehr verändert. Doch Mord, Diebstahl, Lüge und Unzucht, welche die Bereiche Leben, Eigentum, Ehre und Geschlechtlichkeit verletzen, galten

und gelten überall und jederzeit, wenngleich in unterschiedlicher Weise, als moralisch verwerflich. Und ob es ein amerikanischer oder israelischer Präsident, ein britischer Premierminister, ein japanischer oder indischer Staatsmann ist, der sein Volk täuscht oder belügt: auf kurz oder lang wird er öffentlich belangt und durch Rücktritt oder den Verlust von Wählerstimmen bestraft. Und ob es der CEO einer Firma in der New Yorker Wallstreet, in Tokio, Singapur oder Frankfurt ist: der Millionenbetrüger wird nicht nur juristisch, sondern moralisch verurteilt.

6) *Nur bezüglich der elementaren* (»dünnen«) *Moral, die sich auf einige grundlegende Forderungen beschränkt, ist ein globaler Konsens möglich.* Nur eine solche elementare Moral kann gleichermaßen von allen Nationen, Kulturen und Religionen erwartet und weltweit befördert werden: Schutz des Lebens, Wahrheit und Gerechtigkeit. Hier geht es um den Anspruch einer »Moral pur«, die nie aufgegeben werden darf.

Bezüglich der kulturell *differenzierten* (»dichten«) *Moral,* die notwendig zahlreiche kulturspezifische Elemente enthält (bestimmte Formen der Demokratie oder der Pädagogik), ist ein *Konsens nicht nötig.* In umstrittenen konkreten Fragen wie Abtreibung oder Sterbehilfe sollten keine Forderungen nach gleicher moralischer Praxis an andere Kulturen, Religionen und Nationen erhoben werden.

7) *Konkrete Normenkonflikte erfordern eine Güterabwägung*
Eine Norm ohne die Situation ist hohl. Eine Situation ohne Norm blind. In der konkreten Situation ist ein Normenkonflikt und eine Pflichtenkollision nicht selten. Da müssen die einzelnen Individuen nach ihrem Gewissen eine Güterabwägung vornehmen, welche die Normen nicht außer Kraft setzt, aber doch das höhere Gut (zum Beispiel das Leben eines versteckten Dissidenten) vor dem niedereren (der Staatspolizei die Wahrheit zu sagen) bevorzugt. Von daher ist auch verständlich, dass ein Mensch zur Beendigung einer politischen Tyrannei sein Leben und das anderer riskiert (Hitler-Attentat).

8) *Ethische Regeln lassen sich von der Vernunft ohne Rückgriff auf eine transzendente Instanz entwickeln und leben*
Viele aufgeklärte Zeitgenossen verzichten auf eine religiöse Begründung des Ethos, weil sie selbst nicht religiös sind. Allzu oft hat Religion

zu Rigorismus, Obskurantismus, Aberglauben und Volksverdummung geführt, als »Opium« gewirkt. Auch religiöse Menschen können (sollten) nicht bestreiten, dass viele Menschen auch ohne Religion faktisch über eine ethische Grundorientierung verfügen und ein moralisches Leben zu führen versuchen. Tatsächlich waren es in der Neuzeit oft mehr nichtreligiöse als religiöse Menschen, die sich für Menschenwürde und Menschenrechte, Gewissens- und Religionsfreiheit einsetzten. Grundsätzlich muss betont werden, dass dem menschlichen Individuum als Vernunftwesen eine wirkliche Autonomie zukommt, die es auch ohne Gottesglauben ein Grundvertrauen in die Wirklichkeit realisieren und seine Verantwortung in der Welt wahrnehmen lässt: seine Selbstverantwortung und Weltverantwortung. Der europäischen Philosophie ist es seit Aristoteles und der Stoa gelungen, auf der Basis der Vernunft Ziele und Prioritäten, Werte und Normen, Ideale und Modelle, Kriterien für wahr und falsch zu entwickeln, zu konkretisieren und zu realisieren.

9) *Eine ethische Koalition von religiösen und nichtreligiösen Menschen und Gruppierungen ist eine weltpolitische Notwendigkeit*
Die Weltprobleme – die politischen, sozialen, ökologischen und individuellen – haben durch die rasante wissenschaftlich-technologisch-industrielle Entwicklung eine derartige Komplexität und Dringlichkeit angenommen, dass sie nur in Zusammenarbeit der verschiedenen Individuen und gesellschaftlichen Gruppierungen, der religiösen wie der nichtreligiösen, bewältigt werden können. Ein gemeinsames Ethos ist dafür grundlegend: Der Weltfriede erfordert Übereinstimmung, Konflikte zwischen Nationen, Ethnien, Religionen und Kulturen gewaltfrei lösen zu wollen. Eine gerechte Wirtschafts- und Rechtsordnung erfordert den Willen, sich an eine bestimmte Ordnung und an bestimmte Gesetze zu halten. Die Institutionen auf lokaler, regionaler, nationaler und internationaler Ebene können nur funktionieren mit der zumindest stillschweigenden Zustimmung der betroffenen Bürger und Bürgerinnen.

10) *Die traditionelle Frontstellung von Klerikalen und Laizisten ist zu überwinden*
In allen Weltkulturen führte der Verlust der alten Orientierungstraditionen und Orientierungsinstanzen zu einer tief greifenden Orientierungskrise und zur Gefahr eines Sinn-, Werte- und Normenvakuums,

die Gläubige wie Nichtgläubige bedroht. Gegen einen trivialen Nihilismus und diffusen Zynismus sollten alle Menschen vereint angehen und traditionelle Frontstellungen – Konservative gegen Liberale, Klerikale gegen Laizisten, Propagandisten eines vormodernen »christlichen« Abendlandes gegen Apologeten eines rein säkularen Europa – hinter sich lassen und überwinden.

11) *Religiöse Traditionen sind nicht zu verachten, sondern kritisch zu reflektieren*
Die Kulturanthropologie lehrt uns: Die konkreten ethischen Normen, Werte und Einsichten haben sich allmählich – in einem höchst komplizierten sozio-dynamischen Prozess – herausgebildet. Je nachdem, wo sich Bedürfnisse des Lebens anmeldeten, wo sich zwischenmenschliche Dringlichkeiten und Notwendigkeiten zeigten, da drängten sich von Anfang an Handlungsorientierungen und -regulative für menschliches Verhalten auf: bestimmte Konventionen, Weisungen, Sitten, also ethische Maßstäbe, Regeln, Normen, die überall in der Menschheit im Lauf der Jahrhunderte und Jahrtausende erprobt wurden. Dabei ist es auffällig, wie bestimmte ethische Normen sich überall auf der Welt gleichen. Historische Tatsache ist ebenfalls: Durch Jahrtausende hindurch waren die Religionen jene Orientierungssysteme, welche die Grundlage für eine bestimmte Moral bildeten, sie legitimierten, motivierten und oft auch durch Strafen sanktionierten.

Ursprünglich haben Philosophie und Religion, Philosophie und Theologie mehr in einer Symbiose gelebt; diese lässt sich nicht wieder herstellen. Wohl aber empfiehlt sich eine intensivere Zusammenarbeit im Blick auf dieselbe Hoffnungsvision. »*To make the world a better place*«: nicht aufgrund einer *einzigen Weltkultur* oder einer *einzigen Weltreligion*, sondern aufgrund eines *Friedens zwischen den Kulturen und Religionen!* Für die Verwirklichung dieser Hoffnungsvision muss Grundlage sein der Bewusstseinswandel zu einem humanen Ethos – im Dienst einer Kultur der Gewaltlosigkeit und Ehrfurcht vor allem Leben, der Solidarität und einer gerechten Wirtschaftsordnung, der Toleranz und eines Lebens in Wahrhaftigkeit, der Gleichberechtigung und der Partnerschaft von Mann und Frau.

Literatur

H.-M. Schönherr-Mann, Miteinander leben lernen. Die Philosophie und der Kampf der Kulturen. München: Piper 2008

H. Küng, Projekt Weltethos. München: Piper 1990; Taschenbuchausgabe: Serie Piper 1659, München 1992, [11]2008

H. Küng (Hg.), Dokumentation zum Weltethos. München: Piper 2002

Korrespondenzadresse: Prof. Dr. Hans Küng, Waldhäuser Str. 23, D-72076 Tübingen. Email: office@weltethos.org

Anmerkungen

[1] Diese Reflexionen dienten dem Verfasser ursprünglich zur Vorbereitung eines Symposions »Ansichten der Moderne« mit Bundespräsident Horst Köhler im Schloss Bellevue Berlin am 8. Juli 2008.

Michael Buchholz

Die langen Horizonte der Zivilisierung –
Die Seele in der Globalisierung

Abstract: *The concern about planet earth, the angst of the impact of technology, of brutalisation of human relations and growing disposition for violence are important issues not only in the face of globalisation. In his »Oresteia«, Aeschylus already called on human society to take measures so that violence could be contained. Violence does not occur because the »thin veneer of civilisation« is repeatedly cracking and the brute human »nature« becomes visible. It is more caused by the complete and utter freedom of human fantasy which can become manifest in extreme forms of creativity as well as the most severe destructions. Therefore, the freedom to abandon some forms of freedom also has to be the dominant feature of current debates on globalisation. Societies have to develop forms of superior legal frameworks in order to interrupt symmetrical escalations of revenge and violence. The problem is not »erupting human aggressiveness«, but the absence of its social containment. The task of analytic psychology could be to refer to the degree of humanity and to maintain and promote sympathy as developmental-psychological foundation of morality.*

1. Vorbemerkung

Reizvoll ist es, mit einem Zitat zu beginnen, das zeigt, wie früh schon die heutigen Sorgen und Ängste der Menschen formuliert worden sind: »Die Technik [...] ist nicht wesentlich älter als vier Generationen und hat dessen ungeachtet hingereicht, um Dutzende von Stämmen der Primitiven, Hunderte von Pflanzengeschlechtern, doppelt und dreimal so viele Tierarten auf dem Lande, in der Luft, im Wasser vom Antlitz des Planeten zu tilgen. Der Tag ist nicht fern, wo sie alle vertilgt sein werden, soweit man sie nicht zu züchten beliebte zu Schlachtzwecken oder zu Modezwecken. [...] Die Erde [...] wird daran sterben.«
 Kaum jemand wird erraten, wer so sprach. Die Angst vor der Ausrottung von Gattungen des Lebendigen durch menschliche Einwir-

kung, vor Technikfolgen, vor dem Entzug der Lebensgrundlagen durch menschliche Hybris ist hier formuliert, sie spricht heute noch an. Und das gilt auch für die Dimensionen. Nicht einzelne Exemplare oder Individuen, sondern Hekatomben von Körpern, menschlichen wie tierischen, werden der Vernichtung zugeführt. Menschen entziehen sich die Lebensgrundlage in einer wahnsinnig scheinenden Übererfüllung des Gebots, sich die Erde untertan zu machen.

Aber der Autor solcher Sätze macht Sorgen. Es war Ludwig Klages, der diese Worte auf dem Hohen Meißner 1913 in seiner Rede ›Mensch und Erde‹ formulierte, als sich die »Bündische Jugend« dort versammelte. Seine Sorgen drehen sich um nicht weniger als um die gesamte Welt; er hat (wie man sagen könnte) einen Globalisierungskoller, den man heute in vergleichbaren Worten formuliert findet. Man kann nicht sagen, dass Klages ein Ignorant war. Er spricht ein Problem früh und hellsichtig aus. Mit seinen Lösungen allerdings werden wir nicht einverstanden sein. Klages ist meist nur noch bekannt als Graphologe; tatsächlich war er wortmächtiger Autor, der im Kreis der »Münchner Kosmiker« seine Ansichten in weit ausgreifenden kosmischen Spekulationen formulierte, der mit dem jüdischen Autor Theodor Lessing, später von den Nazis ermordet, zunächst befreundet war, sich dann aber bitter mit ihm befeindete (Kotowski 2000), der zunächst von den Gedichten Stefan Georges beeindruckt sich immer weiter politisch nach rechts wandte und dessen umfangreiches Werk »Der Geist als Widersacher der Seele«, in drei Bänden ab 1929 erschienen, den Antisemitismus als Lösung propagierte. Er verdammte in modern klingenden Worten eine Welt, in der alles nur noch auf Zahlen und Bezahlen ankommt – und erklärt die Juden mit ihrer angeblichen Geldgeilheit für deren Urheber. Er verurteilt die Vorherrschaft eines Rationalismus, der ästhetischen Sinn und Gefühl verdränge – und erklärt jüdische Ärzte, Rechtsanwälte und Wissenschaftler mit ihrer Fähigkeit zum mathematischen Denken zu dessen Hauptvertretern. Er verurteilt in mächtigen, in ergreifenden und verzweifelten Worten Ausbeutung und Zerstörung der Erde, die Vernichtung ganzer Arten und Gattungen – und sieht die jüdische Rasse mit ihrem unbedingten Durchsetzungswillen als Ursache.

Tempora mutantur nos et mutamur in illis – so formulierte es unvergessen Ovid vor mehr als 2000 Jahren: »Die Zeiten ändern sich und wir uns mit ihnen.« Heute hören wir die gleiche Beobachtung, beispielsweise auf Englisch als Zitat aus einem Song von Bob Dylan aus dem Anfang der 1960er Jahre: ›The times they are a changing‹. Die Beobachtung dieser Veränderung bleibt fast immer gleich. Dazu gehört, dass es Beobachter gibt, die diese Beobachtung seit mehr als zwei Jahrtausenden machen. Fast immer in der Form der Klage über den Verlust des Früheren, das angeblich auch immer das Bessere war. Die Klage über die sich ändernden Zeiten ist unveränderlich, weil die Sehnsucht nach Dauer sich darin ausspricht. Ein paar Stationen solcher Sehnsüchte seien vergegenwärtigt, sie waren nicht selten von Ängsten um den Zusammenbruch der bestehenden Welt begleitet. Die Fragen sind da. Welche Antworten wird die Psychoanalyse geben können?

2. Politische Religion und Gewaltbereitschaft

Der Titel des Buches ›Der Untergang des Abendlandes‹ des rechtskonservativen Philosophen Oswald Spengler, begonnen 1911, erschienen nach dem Ersten Weltkrieg, formuliert Zusammenbruchängste der bürgerlichen Welt, sieht zutreffend den Ersten Weltkrieg voraus und weiter, dass die westliche Zivilisation große Kämpfe zu bestehen haben werde. Spengler fantasiert wild vom Kampf der Rassen.

Wenn man bedenkt, dass das internationale Handelsvolumen erst nach zwei großen Kriegen Mitte der 1980er Jahre wieder den Umfang des Austausches von 1913 erreichte, dann kann man ermessen, dass die »Globalisierung« nicht erst seit Kurzem das Weltgeschehen zum Thema hat, sondern weit länger bereits. Texte wie die Spenglers ahnen heute noch aktuelle Fragen, aber seine Antworten sind rückwärts gewandt und rassistisch wie die von Klages. Historiker heute (Ferguson 2006) sprechen von der Zeit in der ersten Hälfte des 20. Jahrhunderts als vom zweiten »Dreißigjährigen Krieg«. Heinrich Graf von Moltke, Deutscher Generalstabschef, meinte bereits 1890, der nächste Krieg könne wieder ein dreißigjähriger werden. Die weltweiten kriegerischen Auseinandersetzungen werden neuerdings als Teil des Globalisierungsprozesses gedeutet. Globalisierung ist ein höchst ambivalenter Vorgang. Sie wird als Vereinheitlichung der Welt mit Aussicht auf ewigen Frieden gesucht, und dabei gibt die Vorstellung von einer »Weltregierung«, die Rede von der »Weltinnenpolitik« der Fantasie hoffnungsvolle Nahrung auf ein Ende der kriegerischen Zeiten. Auf der anderen Seite wird die Globalisierung als Macht einer Rasse über andere (so Ferguson) gefürchtet und gehasst, die weltweiten kriegerischen Kämpfe werden als praktisches Dementi der Friedenssehnsucht aufgefasst.

Die Sehnsucht nach dem ewigen Frieden mit ihren religiösen Konnotationen konnte von den Nationalsozialisten ausgebeutet werden, weshalb andere historische Arbeiten (Bärsch 1998, Buchholz 2001, Puschner 2001, Ferguson 2006) die Anregung von Eric Voegelin (1938/ 1996; 1964/2006) aufgriffen, den Nationalsozialismus als politische Religion zu deuten.

Ein paar Beispiele dazu:

In seiner Schrift ›Der Begriff des Politischen‹ konnte der spätere Kronjurist der Nazis, Carl Schmitt, schreiben (1927, 27): »Wenn das Anderssein des Fremden im konkret vorliegenden Konfliktfalle die Negation der eigenen Art Existenz bedeutet«, dann müsse »die reale Möglichkeit der physischen Tötung« ins Kalkül genommen werden«. Der Fremde, das sei »die Negation der eigenen Art«. Das ist klar rassistisch gedacht – aber Schmitt konnte die ersten Kapitel dieser Schrift bereits 1922 in einer ›Erinnerungsgabe an Max Weber‹ erscheinen lassen. Diese Verbindung zwischen Schmitt und Weber, zwischen dem späteren NS-Juristen und dem Liberalen, erscheint uns heute unglaublich. Aber in der damaligen Zeit war das ebenso möglich wie die kürzlich aufgefundene Korrespondenz zwischen Carl Schmitt und Walter Benjamin. Die Atmosphäre der Zeit war lange vorbereitet. Traverso (2003) hat in der Tragödie des Ersten Weltkrieges (1914–18) die Quelle der Ignoranz gegenüber Gewalt und Töten gesehen und deren Wurzeln in der imperialen Tradition der europäischen Mächte erkannt. Holzer (2008) hat eine erschütternde Dokumentation über die Brutalität der Kriegsführung gegen die Zivilbevölkerung 1914–1918 vorgelegt.

Ältere Wurzeln über den Zusammenhang von Religion und Gewalt, die sich zu einer politischen Religion verschmelzen, lassen sich leicht auffinden. Der Historiker Winkler (2001) trägt Beispiele zusammen:

Thomas Abbt schreibt 1756: »[D]ie Liebe fürs Vaterland (wenn man nicht den Beistand einer geoffenbarten Religion genießt) bezwingt am leichtesten die Furcht vor dem Tod.« Beim »Turnvater« Friedrich Jahn liest man 1810: »Schwer zu erlernen, schwerer noch auszuführen ist des Weltbeglückers heiliges Amt – aber es ist eine Wollust der Tugend, eine menschliche Göttlichkeit, die Erde als Heiland zu segnen und den Völkern Menschwerdungskeime einzupflanzen.« Ernst Moritz Arndt lässt 1807 verlautbaren: »*Ein* Volk zu sein, *ein* Gefühl zu haben für *eine* Sache, mit dem blutigen Schwert der Rache zusam-

menzulaufen, das ist die Religion unserer Zeit; [...] Das ist die höchste Religion, zu siegen und zu sterben für Gerechtigkeit und Wahrheit, [...] das ist die höchste Religion, das Vaterland lieber zu haben als Herren und Fürsten, als Väter und Mütter, als Weiber und Kinder. [...] Dieses heilige Kreuz der Welterlösung, diese ewige Religion der Gemeinschaft und Herrlichkeit, die auch Christus gepredigt hat [...].«
Dies sind Beispiele für politische Religion; Politik wird als Mission verstanden und in deren Rahmen wird Gewalt gerechtfertigt. Ferguson (2006, 334 f.) hält dazu weitere Beispiele bereit und stellt fest: »All das wirft eine Frage auf: Was war in Deutschland mit den richtigen Religionen geschehen?« (335). Die heutige Auseinandersetzung zwischen den Buchreligionen des Islam, Judentums und Christentums ist auch ein Aspekt der Globalisierung (Buchholz 2003; 2006), dem hier nachgegangen werden soll.

3. Das Selbst – religiöse Konnotationen

Sehen wir nach einem Zeitgenossen von damals, der von den Erfahrungen des Krieges schockiert war:
Einer der immens einflussreichen Philosophen der Zeit nach dem Ersten Weltkrieg, Leopold Ziegler, hebt in seinem 1922 erschienenen Buch ›Gestaltwandel der Götter‹ den neuplatonischen Philosophen Plotin als den »ersten abendländischen Philosophen des Unbewussten« (Bd. 2, 853) heraus. Ziegler erhält für dieses Buch 1922 den Nietzsche-Preis und im Jahre 1929 den Goethe-Preis der Stadt Frankfurt, Freud wird ihn 1930 erhalten. Bei Plotin findet sich, wie Beierwaltes (2001) ausführlich zeigt, erstmalig der Begriff eines »wahren Selbst«. Winnicott rückte ihn ins Zentrum seines Denkens, Bollas (1999; 2005) ist ihm darin gefolgt und hat das wahre Selbst klinisch zum »Idiom« weiter entwickelt. Hier taucht ein Begriff auf, der die Verbindung von Psychoanalyse und Philosophie bewahrt. Das Wiederaufleben des »wahren Selbst« könnte selbst als Indiz für die interne Auseinandersetzung der Psychoanalyse mit der Globalisierung verstanden werden, denn Winnicott (1973) beschreibt es als »incommunicado«, als »heilig und höchst bewahrenswert« – das ist eine auffallend religiöse Formulierung, die weitgehend unkommentiert geblieben ist. Er bezeichnet damit einen emotionalen Ort, der dem wachsenden Lärm einer sich steigernden und unausweichlichen Massenkommunikation entzogen ist. Die medi-

tative Ruhe der psychoanalytischen Situation ist von manchen schon als letztes Refugium vor den belästigenden Geräuschen der Welt aufgefasst worden. Die psychoanalytische Kernaufgabe der Reflexion auf das Selbst stellt sich einem Paradox, wonach dieses Selbst nicht erreicht werden kann, weil es sich dem Denken entzieht. Indem man das Selbst beobachtet, behandelt man es schon wie einen Teil der Welt, es wird unweigerlich objektiviert. Indem es zum Objekt wird, ist es schon nicht mehr »Selbst«, und wenn man das begreift, merkt man mehr und mehr, dass das Selbst zwar *in* dieser Welt ist, aber nicht *von* dieser Welt. Es ist der Punkt, von dem aus Welt gedacht werden kann. Erst die meditative Bewältigung der Paradoxie, das eigene Denken zu denken, schafft den Sprung in eine andere Dimension. Das zu erreichen ist ein stilles Ziel des besonderen psychoanalytischen Settings (Stone 1973).

Dass der »Gestaltwandel der Götter« oft in einem Atemzug mit Spenglers ›Untergang des Abendlandes‹ genannt wurde, hat Ziegler mehr als verdrossen. Ziegler schreibt nicht rassistisch, er ist politisch liberal, aber religionspolitisch engagiert. Er reagiert auf die »Gott-ist-tot«-Diagnose Nietzsches und fasst, dem katholischen Bischof und Mathematiker des 14. Jahrhunderts, Cusanus, erstaunlich nahe, die *formulierten* Glaubenslehren als bloße historische Gestalten. Als solche sind sie vergänglich und werden vergehen. Es komme aber gar nicht auf die *Formulierung* eines Glaubensbekenntnisses an, sondern auf das Erleben des spirituellen Sinns jenseits der Formulierungen; formulierte Glaubensbekenntnisse schaffen nur Loyalitätszwänge. Sie binden Menschen an ihre Kirche, vernichten aber tiefe religiöse Erfahrung. Sehe man, wie religiöse Gestalten sich historisch wandeln, könnte es möglich werden, so Zieglers Deutung, zu sehen, was auf dem Grunde des Wandels bewahrt werden möchte: »Und von hier aus könnte dann […] ein Tropfen jenes einhaltenderen, atemholenderen, gelasseneren, feiertäglicheren Zeitmaßes balsamisch lind, bindend und sänftigend ins fiebrige Getriebe *ci-devant* Europas fallen und endlich, endlich unserer Geschichte ein Gut retten, das sie bis heute in verhängnisvollen Graden hatte durchweg missen lassen, – Dauer!« (Zit. Jongen 2002, 477)

In einer Zeit, die beschleunigt Beschleunigung beklagt, ist Anlass zum Atemholen, wenn man bemerkt, dass hier einer schon vor 80 Jahren so schreibt. Dauer wäre der Gegenpol zur Beschleunigung der Zeit. Innehalten ist Zieglers Vorschlag. Heutige Analytiker wie etwa Michael Eigen (1998) oder Winfried Bion (1997), Michael Parsons (2006) oder Neville Symington (2006) und Herbert Stein (1979; 1997) entwickeln Ideen, die mit denen von Ziegler durchaus kompatibel erscheinen; die Analyse dehnt ihren »widening scope« durchaus auch auf die spirituellen Bedürfnisse der Menschen aus. Freud (1926) bezeichnete die Psychoanalyse in seiner Schrift über die ›Laienanalyse‹ als »weltliche Seelsorge« (Buchholz 2003).

Das psychoanalytische Interesse an Zeitdiagnose speist sich aus dem tiefen Wunsch, nicht nur sich, sondern Sich-in-der-Welt zu verstehen und dazu der Zeitläufe begreifend-begrifflich habhaft werden zu wollen. Wenn Heidegger (1927) die Überhandnahme des unpersönlichen »man« geißelt, dann tut er das in Wendungen, die seinem Gegenspieler Adorno als dem Autor des »Jargons der Eigentlichkeit« (1966) sehr nahe kommen, wie vielen aufgefallen ist. Die Probleme der Zeit drängen sich unabhängig von politischer Couleur ähnlich in die Wahrnehmung. Die Antworten unterscheiden.

Auch andere als Psychoanalytiker haben den Wunsch danach, sich in der Zeit zu verstehen. Die Zeitungen mühen sich in ihren Kommentaren, die Ereignisse zu verstehen und verständlich zu machen. Nennen wir ein paar davon:

Da sind Piraten, die am Horn von Afrika und in der Straße von Malakka Fracht- und Vergnügungsschiffe überfallen, die Besatzungen als Geiseln nehmen und Lösegeld erpressen. Französische oder deutsche Marinesoldaten der ›Emden‹ betätigen sich als Piratenjäger. Deutsche Touristen werden in Ägypten entführt. Libyen wird von der amerikanischen Liste der »Schurkenstaaten« gestrichen. Gewalt um afrikanische Bodenschätze war im 19. Jahrhundert nicht heftiger und nimmt derzeit eher noch zu, man muss nur an Nigeria denken oder an Filme wie ›Darwins Alptraum‹, um sich die ökologischen Katastrophen zu vergegenwärtigen. Ein deutscher Verteidigungsminister begründete die Entsendung europäischer Soldaten in den Kongo auch mit dem Zugang zu den örtlichen Bodenschätzen. Der Hunger kehrt weltweit zurück; ob die Erzeugung von Nahrungsmitteln ausreicht, um bei bezahlbaren Preisen eine wachsende Weltbevölkerung ernähren zu können, wird sehr kontrovers diskutiert. Alte Bedrohungen, unbewältigte Gefahren der Menschheit ängstigen und kehren zurück. Richtiger gesagt: Das (westliche) Publikum gibt seine Wahrnehmungsabwehr vorsichtig auf und blickt mit ernsten Sorgen in die Welt. Die Beispiele könnte man problemlos ergänzen. Entscheidend ist die Frage, ob hier etwas Verdrängtes wiederkehrt oder ob wir es nur lange genug abgewehrt haben, sodass es uns jedes Mal als neu erscheint. Die kurzen Rückblenden auf die letzten hundert Jahre wollten verdeutlichen, dass wir es mit Themen zu tun haben, die beständig da sind, von anderen diskutiert und problematisiert wurden. Auch die Psychoanalyse muss sich stellen.

Werfen wir einen kurzen Blick auf die Thematisierungen innerhalb der Psychoanalyse. Im Jahre 1970 schreibt Heinz Kohut einen Aufsatz mit dem bemerkenswerten Titel: ›Ist das Studium des menschlichen Innenlebens heute noch relevant?‹ Er stellt die Frage nach dem Selbst. Zu einem Zeitpunkt, als noch niemand von Globalisierung sprach (auch wenn sie schon da war), stellte er fest: »Wir leben in einer Zeit intensiver Veränderungen der *condition humaine*. Riesige Menschenmengen formieren sich in kürzesten Zeiträumen unter neuen Richtlinien des menschlichen Zusammenlebens. Allenthalben steht der Einzelne plötzlich vor der Aufgabe, sich neuen Lebenszielen zuzuwenden, sich neue Wertvorstellungen zu eigen zu machen, sich oft innerhalb weniger Jahre einer neuen Gesellschaftsordnung anzupassen« (67).

Auch hier die beunruhigte Beobachtung von den sich ändernden Zeiten. Nun, welche Rolle könnte die Psychoanalyse spielen angesichts der Globalisierung? Ich will auf die Sozialisation als jenen Ort menschlicher Gattungsreproduktion näher eingehen, wo die Fähigkeiten zu Mitgefühl und Mitleiden dadurch hergestellt werden, dass eben diese Tugenden dem kleinen Menschen entgegengebracht werden, sodass er sie erfährt, auch wenn er sie selbst noch nicht hat. Die Enthemmung der globalisierten Konkurrenzbereitschaft zerstört jene Grundlagen, auf denen Mitgefühl und Empathie sich überhaupt entwickeln können.

4. Ein Fallbeispiel

Ich behandle psychoanalytisch einen jungen Mann von knapp 30 Jahren, der mehrere Jahre wegen Raubüberfällen im Gefängnis saß, der dort im Rahmen seiner Entlassung recht gut sozialtherapeutisch betreut wurde und deshalb den Rat, eine Therapie zu machen, annehmen konnte. Er läuft rum wie ein Kraftpaket und betreibt Kampfsport. Bald ist die leicht paranoisch gefärbte Angst besprechbar, dass er sich so zurüsten muss, weil er eben von anderen dauernd »angemacht« zu werden fürchtet. Dann können wir in einer sehr produktiven Stunde weiter klären, dass manche Männer wie eine »körperliche Dauer-Erektion« auftreten, eine Formulierung von mir, die ihn sehr zum Lachen bringt, die er aber für sich vollkommen zutreffend empfindet. Immer, wenn ihn eine Formulierung von mir anspricht, belohnt er mich mit einer neuen Geschichte. Diesmal ist es eine Geschichte von seinem Vater.

Er hatte seine Eltern besucht und durch die Behandlung als Beobachter familiärer Geschehnisse viel aufmerksamer geworden, habe er gemerkt, sein Vater führe sich zuhause auf »wie ein Platzhirsch«. Und als wäre er ein in Sachen Ödipus volldurchtrainierter Analytiker fügt er gleich an, »aber ich buhle doch gar nicht um die Gunst meiner Mutter!« Und als er das beobachtet habe, sei ihm auch eine Geschichte eingefallen, wie er als 16-Jähriger so gerne wie die anderen mal ein Moped gehabt hätte, auch das Geld dafür, aber der Vater habe es verboten und verboten, und da habe er es heimlich angeschafft und in einem Nachbarhof 500 Meter entfernt untergebracht. Als es rauskam, habe ihn der Vater auf den Boden geworfen und schwer verprügelt. Er habe den Vater dann, von dieser Erinnerung gepackt, kürzlich mit der Geschichte konfrontiert – aber der habe sich einfach nicht erinnern können! »Der hätte das doch mal verstehen können!«, ruft er, bei aller Härte den Tränen nahe, aus! Aber auch mit der Mutter – nicht einfach! Die könne beim Kartenspielen einfach nicht verlieren, und alle müssten dafür sorgen, dass ihre Laune erhalten bleibt! Zu seinem ersten Diebstahl kam es, als die Mutter den 7-Jährigen mal geohrfeigt hatte und ihn dann sonntags morgens zum Brötchenholen schickte. Das Gefühl tief ungerechter Behandlung saß ihm im Leib und er habe beim Bäcker, als er sich unbeobachtet sah, eine Tüte Gummibärchen mitgehen lassen. Er beobachtet, ob er beobachtet wird, er »scannt« seine soziale Umwelt sehr genau. Meine Deutung, er habe sich wohl gedacht, wenn die Mutter sich nicht an die Regeln halte, dann brauche er das auch nicht, akzeptiert er voll und ganz. Es folgen dann einige Stunden, in denen er mir von seinen häuslichen Diebstählen erzählt, wie er der Mutter Geld aus dem Portemonnaie genommen habe. Und dann habe er beobachtet, ob er beobachtet werde, ob es eine Reaktion gab und als die ausblieb, wurden die Summen immer größer. Das »soziale scanning« seiner Umwelt, die Beobachtung, ob er beobachtet wird, betrachte ich als eine bereits deformierte Gestalt seiner Empathie. Denn er nutzt seine diesbezüglichen Fähigkeiten instrumentell, indem er sie für seine Ziele funktionalisiert. Ich nenne das eine instrumentelle Form der Empathie.

In einer Stunde bemerkt er dann, irgendwas habe sich bei ihm geändert. Am Wochenende sei er beim Angeln gewesen und er habe plötzlich der gefangenen Forelle einfach nicht mehr wie früher umstandslos den Kopf einschlagen können, das Tier tat ihm leid. Er habe irgendwie die Vorstellung gehabt, wie dieses Tier eben noch vergnügt durchs Wasser gezischt sei und jetzt müsse er es töten. Früher habe er mit dem Luftgewehr auf Tauben geschossen, auch mal mit einem selbstgebastelten Bogen einer Taube einen langen Pfeil in die Brust gejagt oder Nester ausgeräubert und den Küken mit der Hand den Kopf abgerissen. Er merke erstmalig heute, in der Stunde, dass er sich dafür schäme:»Ich konnte mein Mitgefühl einfach ausschalten und das ist anders geworden, seitdem sich meine Einstellung zu meinem Vater – nach der Geschichte mit dem Moped – verändert hat.« Der Vater habe kein Mitgefühl mit ihm gehabt und diese Kälte habe er einfach übernommen und das sei nicht in Ordnung, bemerkt er sehr hellsichtig. Die instrumentelle Form der Empathie wird ersetzt von einer substanziellen Form der Einfühlung in die Lebendigkeit anderer Wesen. Und das Überraschende ist: Die Herausformung der substanziellen Empathie geht den Weg über die Einfühlung in das vom Vater verletzte eigene Selbst. Hier spürt er plötzlich den eigenen Schmerz, den er durch die Identifikation übertönt hatte.

Und dann erzählt er mir noch eine Geschichte: dass er 16-jährig mit einem Kumpel zusammen auf geklauten Fahrrädern herumgefahren ist, da stand eine rote 25-kg-Gasflasche. Die haben sie aufs Fahrrad geladen, sind dann auf eine Brücke und haben sie auf einen vorbei fahrenden LKW geworfen! Zum Glück sei nix passiert, aber die Flasche traf das Führerhaus, rollte dann aber zur Seite. Der Fahrer raus, hinter ihnen her – nix als Überlegenheitsgefühle gehabt! Wahnsinn! Ob Mitgefühl und Schuldgefühl zusammenhängen? Ob Mitgefühl abschalten können und sich überlegen fühlen zusammenhängen? Er möchte nicht immer nur der langweilige kleine Spießer sein, sondern sich auch überlegen und groß fühlen, selbstbewusst. Aber er hat Angst, dass er das nur könne, indem er sein Mitgefühl abschalte:»Und das ist doch das, was dann Mörder machen, oder? Das will ich nicht, aber ich habe Angst davor, dass ich's dann nicht mehr anschalten kann.« Und dann fragt er mich noch, als er das Ende der Stunde kaum ertragen kann, ob Psychologen eigentlich, um so'n Beruf machen zu können, Mitgefühl aufbringen und die doch ganz schön was zu hören bekommen, oder?

5. Mord und Abschaltung des Mitgefühls

Ich erzähle diese Geschichte eigentlich nur wegen des Wortes »abschalten«. Er hat nämlich recht mit seiner Überlegung zu den Mördern. Der SS-Hauptscharführer Felix Landau schreibt bei seinem Einsatzkommando-Tagebuch im Juli 1941 in einem Bericht über die Exekutionen: »Ist doch eigentümlich, da liebt man den Kampf, und dann muss man wehrlose Menschen über den Haufen schießen. 23 sollten erschossen werden, darunter die [...] Frauen. Sie sind zu bestaunen [...]. Was wohl jetzt in diesem Augenblicke in den Gehirnen vorgehen mag. [...] Eigentümlich, *in mir rührt sich gar nichts. Kein Mitleid, nichts.* Es ist eben so, und damit ist alles erledigt. Nur ganz leise klopft mein Herz, wenn ungerufen die Gedanken und Gefühle erwachen« (zit. nach Sémelin 2007, 274).

Da vollbringt einer die Leistung des Abschaltens und kann das berichten und sich über die Folgen wundern. Alle Zurichtungen der Opfer zu Tieren, alle Dehumanisierungen sollen den Tätern ihre »Arbeit« erleichtern; die Ausgabe von Schnaps soll helfen, die Abschaltung zu betätigen ebenso wie die Darstellung, dass man seine Kameraden nicht im Stich lassen dürfe. Es gibt böse, aber lehrbare soziale Praktiken, die das Abschalten erleichtern. Und eben dies beweist, dass es nötig ist. Reemtsma (2008, 325) meint in seinem fabelhaften Buch über ›Vertrauen und Gewalt‹, dass die Ausübung von Gewalt eine »Lustquelle ersten Ranges« darstellt – die Verfügung über den Anderen, die Absolutheit der Macht, die Fähigkeit der Zerstörung. Ich meine, dass er in diesem einen Punkt nicht Recht hat. Denn die Tötungshemmung, die Menschen gegenüber anderen Menschen haben, braucht immer ein sehr großes Maß an Überwindung: Soldaten müssen vor der ersten Schlacht lange trainiert, sie müssen ideologisch indoktriniert und von der Notwendigkeit ihres Tuns überzeugt werden, um schließlich zu töten. Sie brauchen Alkohol oder Drogen, und sie verzweifeln nicht selten daran. Das gleiche gilt für jene Tötungen, die wie die Schlächtereien in Ruanda oder in Jugoslawien (Sémelin 2007) keineswegs »spontan« entstanden sind, sondern mehrjährig vorbereitet wurden, in Rundfunksendungen, in semantischen Verschiebungen des öffentlichen Diskurses, in Gruppenbildungen und schließlich in der bürokratischen Verfertigung von Todeslisten, auf denen jene standen, deren Tötung »abgearbeitet« werden sollte. Natürlich gibt es immer einen gewissen Prozentsatz sadistischer Akteure, was niemand bestreitet.

Aber Sadisten wurden selbst innerhalb der Einsatzgruppen der SS bei der »großen Aktion« in Kiew im September 1941, als über 30.000 Juden mit Erschießungen getötet wurden, ausgegrenzt (Welzer 2006). Nein, Gewalt ist keine »Lustquelle *ersten* Ranges«; sie *wird* eine Lustquelle *nach* dem Abschalten. Aber das berührt Reemtsmas generelle These, dass die Moderne sich dadurch auszeichnet, dass wir Gewalt verdrängen, um überhaupt überleben zu können, nicht in ihrem Kern.

Das rechte Maß zu überwinden, es auszuschalten, muss mühsam gelernt werden. Weil wir eben keine triebbedingt aggressiven Wesen sind, sondern die Tötungshemmung in uns mit vielerlei Aufwand überwinden müssen. Die Angst vor der Globalisierung kann man so verstehen, dass die enthemmte und globalisierte Konkurrenz solch ein fatales Potenzial entfalten könnte. Der Ruf nach staatlicher Kontrolle über die außer Rand und Band geratenen Finanzmärkte ist auch ein Ruf nach dem Staat, der die Menschen vor sich selbst zu schützen vermöchte. Denn es ist nicht schwer, zu sehen, was geschieht, wenn die Finanzkrise ein realwirtschaftliches Desaster nach sich zieht; dass dann Arbeitslosigkeit, Elend und Hunger sich ausbreiten könnten und damit Verrohung nicht nur unter einzelnen Personen, sondern auch im Verhältnis der Staaten zueinander droht.

Hier liegt nicht die, aber *auch* eine Aufgabe der Psychoanalyse, die an das menschliche Maß zu erinnern vermag. Mir kommt es vor, als liege hier der Bezug zum Globalisierungsthema und der angesprochenen Enthemmung der Konkurrenz und zugleich zu einer anthropologischen Grundfrage. Mein Patient, dieser junge Mann, gewiss nicht sonderlich mit formaler bürgerlicher Bildung versehen, aber mit einer bemerkenswerten Klugheit, kann nämlich das An- und Abschalten des Mitgefühls als Bedingung seiner Gewalt subtil und genau beschreiben und durch die Analyse sogar die Verfügung über diesen seelischen Schalter wiedererlangen. Mehr noch, er kann merken, dass das Gegenstück zum abgeschalteten Mitgefühl Scham ist, wenn man entdeckt, wie sehr sich der Gewalttäter um seine eigene Menschlichkeit gebracht hat. Auch er formuliert, dass die Gewalttat eigentlich eine Tat gegen sich selbst sei, und das habe ich auch von Soldaten aus dem Irak-Einsatz gehört. Man stirbt selbst, wenn man tötet. Das freilich entdeckt man nur, wenn man den Schalter wieder einschalten kann. Dazu verhilft manchmal Psychoanalyse, wenn sie die Beschämung erträglich halten kann.

6. Der Schalter ist uralt

Der Schalter ist uraltes Thema derer, die über sich ändernde Zeiten nachdenken. Ich will an eine zweieinhalbtausend Jahre alte Geschichte erinnern, die unter dem Namen ›Orestie‹ bekannt ist und von Aischylos zu einer Tragödie verfasst wurde, die uns heute noch ergreift. Orest ist der Sohn von Klytemnästra und Agamemnon, und er erlebt mit, wie seine Mutter Klytemnästra zusammen mit ihrem Liebhaber Aigisthos den Vater ermordet. Eine blutige Badewannenszene bei der Rückkehr des Agamemnon aus dem Trojanischen Krieg. Aber warum? Ist Klytemnästra ein Monster, eine weibliche Furie? Nein, natürlich nicht, sondern selbst Betrogene. Als Agamemnon sich rüstete, mit seinen Kumpanen gegen Troja aufzubrechen, herrschte Windstille, und Agamemnon flehte die Götter um Wind an und war bereit, dafür seine Tochter Iphigenie zu opfern. Die Göttin Diana entführte sie den väterlichen Mordabsichten, und Klytemnästra vermochte nicht einzusehen, warum sie das Leben ihrer Tochter hätte hergeben sollen für das Leben einer anderen Frau, der schönen Helena, um die der Krieg entbrannt war. Sie brennt auf Rache für die böse Opferungsabsicht Agamemnons.

Aber das ist vergleichsweise unkompliziert. Ihr Liebhaber Aigisthos hat ganz andere, viel kompliziertere Motive für seine Beteiligung am Mord. Er verführt Klytemnästra nicht etwa aus Liebe, sondern er mischt sich in deren Ehe ein, weil er Agamemnon treffen und zerstören will. Aber auch dieser ist nicht sein eigentliches Ziel, sondern dessen Vater Atreus; der soll mit dem Tod seines Sohnes getroffen werden. Warum? Atreus hatte einst seinen Bruder Thyestes zu einem Gastmahl geladen, verging sich homosexuell an den Söhnen des Bruders, und um die Tat zu vertuschen, tötete er die Kinder und setzte sie seinem Bruder zum Mahle vor. Eine grausige Tat. Aigisthos hat das Geschehen aus einem Versteck beobachten können und überlebt. Er hat das entsetzliche Leiden des Vaters miterlebt, als dieser erfuhr, was er da unwissentlich zu sich genommen hatte. Wenn Aigisthos also den Agamemnon tötet, fügt er dessen Vater Atreus eben den Schmerz des Todes seines Sohnes zu, an dem auch sein Vater leiden musste.

Hier wird auf irre Weise über die Bande gespielt, und Orest dabei ins Geschehen verwickelt. Als Sohn kann er kaum anders, als den Mord an seinem Vater zu rächen und muss deshalb die Mutter töten. Weiter also ein Verbrechen begehen, um ein anderes zu vergelten. Dafür ver-

Michael Buchholz

folgen ihn die Erinnyen und treiben ihn in den Wahnsinn. Vom Mitleid mit ihm werden nun zwei Götter ergriffen: Apollo, der von Nietzsche als Inkarnation der apollinischen Individuation gefeierte Gott, und die aus dem Haupte des Zeus entsprungene Pallas Athene, gleichsam die Allegorie der Vernunft und des Ausgleichs. Jedenfalls setzen diese beiden durch, dass dem Orest gegenüber Mitleid und Mitgefühl walten müssen und nicht weiter Rache. Mitgefühl könne nur durchgesetzt werden, indem die Vorfälle vor einem ordentlichen Gericht geklärt werden. Als das endlich in Athen geschieht, wandeln sich die bösartigen Erinnyen in die wohltuenden Hüterinnen des Gesetzes, sie heißen nun Eumeniden, und Aischylos lässt seine Tragödie mit der Aufforderung »Singt den Ololygmos!« enden. Das ist der Jubellaut über die Freude wegen des eingetretenen Friedens, des Friedens höher als alle Vernunft. Er bedarf der Vermittlung durch gesellschaftliche Mächte, die der Raserei und der Rache ein Ende setzen und den Konflikt rechtsförmig befrieden. Hier fängt die Geschichte der Sehnsucht nach diesem höheren Frieden an.

7. Vernunft und Frieden

Zu diesem Frieden hatte Immanuel Kant (Anthropologie in pragmatischer Absicht, 1798) bereits etwas zu sagen. Er empfahl, die eigene Vernunft zu perspektivieren, sie vom Standpunkt der fremden Vernunft aus wahrzunehmen. Nietzsche nannte das (Menschliches, Allzumenschliches, KSA 2,20) das »Räthsel« der »großen Loslösung«; sich lösen zu können von der Einseitigkeit jedes Standpunktes.

Die eigene Vernunft zu perspektivieren, nennen wir heute Mentalisierung. Die Begründung durch Kant ist heute noch interessant. Die Vernunft habe, so Kant, keine eigene Wahrheit; sie gehe von Standpunkten aus, die ihre Horizonte notwendigerweise begrenzen. Es *muss* deshalb einen Streit der Vernunft geben, aber der ist nicht Krieg, sondern verhindert ihn geradezu. Ziel der argumentativ-vernünftigen Auseinandersetzung ist nach Kant nicht Wahrheit, sondern Friede unter den Individuen (KrV A, 752). Dass es Kant um Frieden geht, nicht primär um Wahrheit, ist unter allzu erkenntnistheoretischen Prämissen immer wieder übersehen worden. Man könne die Vernunft anderen nicht »eingießen«, sondern sie nur »aus sich selbst herausbringen«, wolle man zu Weisheit gelangen. Dazu gibt Kant drei Maximen an: Man müsse »selbst denken«, sich »an die Stelle des Anderen denken«

und »jederzeit mit sich selbst einstimmig denken« können (Kant, Anthropologie, AA VII, 200; vgl. KdU § 40). Das sind in kantischer Formulierung die hier erforderlichen Bestimmungen dessen, worum es sich handelt, wenn der Philosoph Plotin oder der Psychoanalytiker Winnicott vom »wahren Selbst« sprechen.

Jetzt wissen wir also, worum es sich bei dem Schalter handelt. Der Schalter ist in der Orestie zugunsten des Mitleids und des Mitgefühls umgelegt worden durch die gleichsam vernünftige Erörterung vor Dritten, die das Mitgefühl nicht einfach gekippt, sondern ihrerseits durchgesetzt haben mit der Folge einer wenigstens momentanen Befriedung. Der Schalter hemmt die Rache und setzt an seiner Stelle den Frieden durch; damit ist die Introversion des Schuldgefühls als zivilisatorische Grundleistung vorgegeben. Ohne Verzicht kann es Frieden nicht geben.

Die Tugend des Verzichts kann sich dann in der Moderne auch dahin ausweiten lassen, dass wir in einer vollkommen freiheitlichen und individualisierten Welt auch lernen müssen, Freiheit zu gebrauchen, um eventuell auf Freiheiten zu verzichten. Das erstreckt sich von Gewinnchancen bei riskanten, aber zerstörerischen Spekulationsgewinnen über Fragen der Gentechnologie bis hin zu den neuen Todesdefinitionen (Bergmann 2004). Während vor noch wenigen Jahren das Definitionsmonopol über den Tod in den Händen der Theologen und Philosophen lag, haben die Biowissenschaften hier mittlerweile die Lufthoheit erobert. Sie definieren den Tod nach Kriterien des Gehirns und gleichzeitig schützt die medizinische Praxis ihre Ärzte durch Arbeitsteilung, indem die einen den Tod feststellen und die anderen die Operation zur Organentnahme ausführen. Arbeitsteilung entlastet von Gewissensnöten. Die Organentnahme kann im Sinne einer instrumentellen Empathie vollzogen werden.

Manche meinen, die Moderne zeichne sich dadurch aus, dass der Mensch an die Stelle Gottes getreten sei und deshalb auch Begriffe wie Menschenwürde nicht mehr anders denn als soziale Konstruktionen verstanden werden könnten. Es sind Menschen, die anderen Menschen Würde zusprechen. Würde ist, wie zahllose historische Untersuchungen nachweisen, selbst soziale Konstruktion. Aber lässt sich »Menschenwürde« so in vollem Umfang verstehen, indem wir sie voll umfänglich der Verfügbarkeit anderer Menschen überantworten? Müsste man nicht genau umgekehrt fordern, dass Menschenwürde etwas ist, das der Definitionsmacht anderer geradezu entzogen ist und dass sich

Michael Buchholz

Menschenwürde eben daran erweist, dass sie *nicht* abgesprochen werden kann? Das sind Beispiele für jene Fragen, denen sich auch die Psychoanalyse in den nächsten Jahren wird stellen müssen, wenn sie die Herausforderungen der Globalisierung bestehen will.

8. Freiheit zur Demut

Was ist die anthropologische Frage daran? Mir will scheinen, dass die Antwort nicht in traditioneller Weise gegeben werden kann, dass Menschen von ihren boshaften Abgründen immer wieder zur Gewalt getrieben werden. Menschliche Handlungsmöglichkeiten sind in jeder Hinsicht, im Tun wie in der Fantasie, vollkommen unbegrenzt. Dies zu wissen, ist die größte Herausforderung.

Wir können uns alles, buchstäblich alles ausmalen von den heilsamsten Errungenschaften bis zu den größten Entsetzlichkeiten, und die Globalisierung gibt uns mehr und mehr die technischen Realisierungsmittel dazu in beiden Richtungen in die Hand. Globalisierung meint in diesem Zusammenhang, dass wir von »Prothesengöttern«, wie Freuds Ausdruck noch lautete, insofern zu wirklichen Göttern avancieren, als wir mehr »Ich im eigenen Haus« wie auch in fremden Häusern werden, als uns lieb ist. Wir selbst legen Schalter in dieser oder jener Richtung um. Das ängstigt uns enorm, weil wir unter den Bedingungen der Individualisierung und Pluralisierung ein Maß an Freiheit gewonnen haben, dass wir uns auf nichts mehr hinausreden können. Es gibt keine Entlastung. Weder durch Umstände noch durch Gene oder durch den Materialismus des Gehirns. Diese haben nur den Platz dessen eingenommen, was früher einfach »Schicksal« hieß und uns von den Verantwortungslasten dispensierte. *Freiheit schließt ein, nicht entlastet werden zu können.*

Vielleicht ist das größte schwarze Loch, vielleicht erzeugt den intensivsten Wirbel, dass *wir* für weit mehr verantwortlich sind, als wir glauben. Wir können uns auch nicht darauf hinausreden, dass es einen *Trieb* gebe, der unser Handeln geleitet hätte; früher hielten die Kirchen die Tröstung parat, das sei Gottes Wille oder andere Religionen sprachen vom Schicksal, vom Kismet oder vom Karma, und heute wollen wir das Sonderangebot mancher Neurowissenschaftler, nicht wir, sondern unser Gehirn trage die Verantwortung, nicht annehmen, weil wir es als Offerte zur Verantwortungslosigkeit auffassen müssen.

Wenn nichts und niemand aber diesen Part zugeschrieben erhalten kann, dann müssen wir dem Gedanken näher treten, dass der freudsche Satz, das Ich sei nicht Herr im eigenen Hause, einer Diskussion bedarf. Wir sind mehr Herren selbst in fremden »Häusern« – wie etwa im Irak, im Klima, aber auch in den Genen oder den weiten Räumen der Natur – als uns lieb sein kann, und vielleicht erschreckt uns dies zutiefst, wenn wir den Blick des Anderen, der zerstörten Natur nicht aushalten. Wir erschrecken, wenn wir es sind, die angeblickt *werden*. Zu dieser Dimension der Selbsterkenntnis könnte die Psychoanalyse etwas beitragen.

Möglicherweise tut in solcher Lage etwas Not, von dem wir nicht wissen, wie wir es buchstabieren wollen: Demut, die nicht Unterwerfung, nicht falsche Bescheidenheit, nicht Reaktionsbildung, nicht nachgekupferte Christentugend wäre. Doch so viel kann man sagen: Demut ist das genaue Gegenstück der Demütigung. Demut beruht auf Selbstbewusstsein, das von der Freiheit, auf Freiheiten auch verzichten zu können, unter wohl bedachten Umständen Gebrauch macht. Ein Selbstbewusstsein, das sich nicht kämpferisch behaupten müsste, sondern gelassen des eigenen Selbst bewusst wäre. Ein Selbst, das den Anderen und sein Haus und »Mutter Natur« nicht als Konkurrenz oder zu beherrschendes »Objekt«, sondern als Teil von sich selbst erkennen und dessen Blick aushalten könnte. Das wäre ein Aspekt jener »weltlichen Seelsorge«, als die Freud die Psychoanalyse in der ›Laienanalyse‹ bestimmt hatte.

Verzicht wäre dann jene Freiheit, auf Freiheiten auch zu verzichten, also gerade nicht »Entfremdung«, ein Begriff, der lange Schatten wirft (Jaeggi 2005). Wir meinen heute, wir stünden im Licht von Aufklärung und postmoderner Dekonstruktion; wenn wir ein Gefühl haben, dann meinen wir zu wissen, was sich zwischen unseren Hormonen, Genen und Neuronen da abspielt; dass man's »wegerklären« und sich davon frei machen könnte. Wer, der für voll genommen werden möchte von unseren jungen Leuten, redet davon, verliebt zu sein, wenn er es denn ist? Man hat seine Formeln, die täglich in den Tragikomödien und in den Partnerschaftssehnsuchtsverkaufsbörsen des Internet vorgesprochen werden. Weil wir dann immer schon die hinter uns liegende Ursache von allem zu kennen meinen, verlieren wir die Ur-Sache – dass es mindestens ebenso wichtig ist, was wir *vor* uns haben. Jenes Selbst zu werden, das wir in unseren Handlungen, Inszenierungen und unbewussten Enactments szenisch zu verstehen suchen, damit wir präsent *werden* können in dem, was wir auf unbewusste Weise schon *sind*. Zu solchem Vor-Sich-Haben gehört neben dem Selbst-als-Projekt dann weiter – nach der alten Einsicht Montaignes – das Philosophieren als Sterbenlernen. Dass man sich dazu in all seinen Handlungen, will man denn präsent sein, ständig entscheiden und sich gleichsam neu erfinden muss. Neurotische Fixierung wäre, was Freiheit nimmt, die Freiheit ein Selbst zu *sein*, das wir immer erst *werden* können, wollen wir je Fremdheit in uns selbst und mit anderen überwinden. Die rückwärts gewandte Vorstellung, ein Selbst schon gehabt zu haben, das verloren wurde und es »wiederfinden« zu müssen, ist eine falsche Idee, weil sie uns die Chance nimmt, die kleinen Goldnuggets des Augenblicks aufzupicken und selbst aus Stroh hin und wieder etwas Gold zu spinnen. Spinnen, ein bisschen verrückt muss man dazu wohl schon sein, aber es ist vielleicht nichts anderes als das Spielerische, das Schiller und nach ihm Winnicott auf so hohe Formen gebracht hatten. Es macht den Kernbestand der Psychoanalyse aus.

Literatur

T. W. Adorno, Jargon der Eigentlichkeit. Frankfurt a. M.: Suhrkamp 1966

C. E. Bärsch, Die Politische Religion des Nationalsozialismus. München: Wilhelm Fink 1998

W. Beierwaltes, Das wahre Selbst. Studien zu Plotins Begriff des Geistes und des Einen. Frankfurt a. M.: Klostermann 2001

A. Bergmann, Der entseelte Patient. Die moderne Medizin und der Tod. Berlin: Aufbau-Verlag 2004

W. Bion, Transformationen. Frankfurt a. M.: Suhrkamp 1997

C. Bollas, The mystery of things. London u. New York: Routledge 1999

C. Bollas, I have heard the mermaids singing. London: Free Association Books 2005

M. B. Buchholz, Andere, Fremde, Feinde – Zur politischen Theologie des Antisemitismus. In: Psychoanalyse – Texte zur Sozialforschung 5 (2001) 551–578

M. B. Buchholz, Selbst-Erfüllungen. Assoziationen zu einer Psychoanalyse der Lebenskunst. In: A. Gerlach, A. M. Schlösser, A. Springer (Hg.), Psychoanalyse mit und ohne Couch. Haltung und Methode. Gießen: Psychosozial-Verlag 2003

M. B. Buchholz, Psychoanalyse als »weltliche Seelsorge« (Freud). Journal für Psychologie 11 (2003) 231–253

M. B. Buchholz, Psychoanalyse und Religion – Anregungen zu Aktualisierungen. In: psycho–logik. Jahrbuch für Psychotherapie, Philosophie und Kultur 1 (2006) 317–341

M. Eigen, The psychoanalytic mystic. London u. New York: Free Association Books 1998

N. Ferguson, Krieg der Welt. Was ging schief im 20. Jahrhundert. Berlin: Propyläen 2006

S. Freud, Die Frage der Laienanalyse. G. W., Bd. 14, S. 207. Frankfurt a. M.: Fischer 1926

A. Holzer, Das Lächeln der Henker. Der unbekannte Krieg gegen die Zivilbevölkerung 1914–1918. Darmstadt: Wissenschaftliche Buchgesellschaft 2008

R. Jaeggi, Entfremdung. Zur Aktualität eines sozialphilosophischen Problems. Frankfurt a. M. u. New York: Campus 2005

M. Jongen, Leopold Zieglers »Gestaltwandel der Götter«. Sinn und Form 54 (2002) 473–484

L. Klages, Mensch und Erde. Fünf Abhandlungen (1913). München: Müller 1920

L. Klages, Der Geist als Widersacher der Seele, 3 Bde. Leipzig: Joh. Ambrosius Barth 1929

H. Kohut, Ist das Studium des menschlichen Innenlebens heute noch relevant? In: H. Kohut (Hg.), Die Zukunft der Psychoanalyse, Frankfurt: Suhrkamp 1975

E.-V. Kotowski, Feindliche Dioskuren. Theodor Lessing und Ludwig Klages – Das Scheitern einer Jugendfreundschaft. Berlin: Jüdische Verlagsanstalt 2000

M. Parsons, Ways of transformation. In: D. M. Black (Hg.), Psychoanalysis and religion in the 21st century. Competitors or collaborators? London u. New York: Routledge 2006, 117–132

U. Puschner, Die völkische Bewegung im wilhelminischen Kaiserreich. Sprache – Rasse – Religion. Darmstadt: Wissenschaftliche Buchgesellschaft 2001

J.-P. Reemtsma, Vertrauen und Gewalt. Versuch über eine besondere Konstellation der Moderne. Hamburg: Hamburger Edition 2008

C. Schmitt, Der Begriff des Politischen. München u. Leipzig: Duncker & Humblot 1927

J. Semelin, Säubern und Vernichten. Die politische Dimension von Massakern und Völkermorden. Hamburg: Hamburger Edition 2007

O. Spengler, Der Untergang des Abendlandes, 2 Bände. München: C. H. Beck 1922

H. Stein, Psychoanalytische Selbstpsychologie und die Philosophie des Selbst. Meisenheim am Glan: Anton Hain 1979

H. Stein, Freud spirituell. Das Kreuz (mit) der Psychoanalyse. Leinfelden-Echterdingen: Bonz 1997

L. Stone, Die psychoanalytische Situation. Frankfurt a. M.: Fischer 1973

N. Symington, Religion: the guarantor of civilization. In: D. M. Black (Ed.), Psychoanalysis and Religion in the 21st Century. Competitors or Collaborators? London/New York: Routledge 2006, S. 191–203

E. Traverso, Moderne und Gewalt. Eine europäische Genealogie des Nazi-Terrors. Köln: ISP-Verlag 2003

E. Voegelin, Die politischen Religionen (1938). München: Fink 1996

E. Voegelin (Hg.), Hitler und die Deutschen (1964). München: Fink 2006

H. Welzer, Täter – Wie aus ganz normalen Menschen Massenmörder werden. Frankfurt a. M.: Fischer 2006

D. Winnicott, Vom Spiel zur Kreativität. Stuttgart: Klett 1973

H. A. Winkler, Der lange Weg nach Westen. Deutsche Geschichte (2 Bände). München: Beck 2001

L. Ziegler, Gestaltwandel der Götter (Reprografischer Nachdruck der dritten Auflage Darmstadt 1922). Gesammelte Werke in Einzelbänden, Bd. 2,1 u. 2. Würzburg: Königshausen & Neumann 2002

Korrespondenzadresse: Prof. Dr. Michael B. Buchholz, Schlesierring 60, D-37085 Göttingen. Email: buchholz.mbb@t-online.de

Henning Nörenberg

Gott und die Welt

Politisch-religiöses Denken
in der europäischen Moderne

Abstract: *In this article I discuss politico-religious thinking at the peak of a European modern age which has become self-problematic as also reflected by the approaches of Carl Schmitt, Friedrich Gogarten, Nikolaj Berdjajev, Dietrich Bonhoeffer and Kitar Nishida. My investigation first characterises prominent traits of modern consciousness, from which diverse politico-religious approaches have evolved. These approaches all pay special attention to the topic of personal responsibility. They deal with personal responsibility with the pathos of religious μετάνοια which manifests itself in two forms: one may be called »katechontic«, the other »messianic«.*

»Das metaphysische Bild, das sich ein bestimmtes Zeitalter von der Welt macht, hat dieselbe Struktur wie das, was ihr als Form ihrer politischen Organisation ohne weiteres einleuchtet« (Schmitt 1922, 42). Wenn Carl Schmitt mit dieser These Recht hat, dann könnte es lohnend sein, ein Zeitalter namens Moderne zu charakterisieren, indem man einen strukturellen Zusammenhang zwischen religiösen und politischen Denkformen dieses Zeitalters untersucht. Ein eindeutiges Gesamtbild der Moderne ist ob der vielen konkurrierenden Positionen allerdings eine schwierige Aufgabe. Hier möchte ich mich der Übersichtlichkeit halber auf einen besonderen »Charakterzug« beschränken. Es wird hier daher nicht die Rede sein von christlichem Fundamentalismus, radikalislamischen Programmen, der berühmt berüchtigten »Wiederkehr der Religionen« oder dem missionarischen Eifer des Neuen Atheismus. Vielmehr möchte ich eine Weise des fruchtbaren Umgangs mit religiöser Erfahrung beleuchten, die – neben einigen anderen – spezifisch modern genannt werden kann. Es geht dabei um die Frage nach dem Wert und der Verantwortung des Erbes eines »christlichen Europas« in einer nicht ganz unproblematisch empfundenen Moderne.

1. Das Problembewusstsein der Moderne

Das »Problembewusstsein« der europäischen Moderne als ein geistes-geschichtliches Phänomen, das möglicherweise schon länger latent ru-mort hat (Kierkegaard, Nietzsche), erreicht seinen Höhepunkt zwi-schen dem Anfang des Ersten und dem Ende des Zweiten Weltkrieges. In dieser Zeit zeigt die Moderne ihre entsetzlichsten Konsequenzen. Das Projekt der Aufklärung, die in der Romantik neu entdeckte schöp-ferische Subjektivität und die im Zuge der Industrialisierung möglich gewordene *prosperity* haben Erwartungen geweckt, die bislang nicht erfüllt worden sind. Vielmehr ist es zu belastenden Entfremdungs-und Verlusterfahrungen gekommen, die zum Teil in den so genannten Fronterlebnissen des Ersten Weltkrieges noch einmal gesteigert wer-den. Dabei ist es die geniale Pointe der *Kulturkritik*, dass diese Verlust-erfahrungen als ein Problem der europäischen Geschichte und Kultur, als ein Problem des europäischen Menschen zu begreifen seien. Der Mensch der europäischen Moderne stellt sich im kulturkritischen Re-flexionsmodus eben dieser Moderne dar als ein dem Programm der Selbstbehauptung und Selbstmächtigkeit restlos verschriebenes und zugleich darunter leidendes Wesen.

Die Selbstbehauptung der menschlichen Gattung gegenüber der Natur, so eine gängige kulturkritische These, müsse konsequenterwei-se zur Industrialisierung, sowie zur Einseitigkeit der sie erst ermögli-chenden positiven Wissenschaften führen. Deren Dominanz und Deu-tungshoheit in Weltanschauungsfragen wiederum bewirke die Ablösung des alten Weltbildes, nach dem einst die natürliche wie auch die menschliche Welt als Schöpfung eines zwecksetzenden Gottes ein-leuchtete (Gogarten 1932, 139; Girgensohn 1921, 7). Die nun viel plau-sibler und brauchbarer erscheinende Reduktion der Welt auf einen prinzipiell beherrschbaren Mechanismus räumt der menschlichen Gat-tung zwar neue Möglichkeiten der Selbstbehauptung, Machtentfal-tung und Prosperität ein. Sie lässt aber die Frage nach dem Sinn dieser Möglichkeiten in einem entscheidenden Punkt ungeklärt, nämlich an der Stelle, an der sich dieser Sinn mit dem Begriff der Person des Men-schen verbindet: Was bedeuten diese Möglichkeiten für mich persön-lich? Eine solche Frage betrifft, wie es der späte Husserl (1935, 5) zu-spitzt, »den Menschen als in seinem Verhalten zur menschlichen und außermenschlichen Umwelt frei sich entscheidenden, als frei in seinen Möglichkeiten, sich und seine Umwelt vernünftig zu gestalten«.

Ein anderer Aspekt der Selbstbehauptungstendenz liegt im Verhältnis des Individuums zu seinen Mitmenschen begründet. In der Phänomenologie des frühen Heidegger ist in diesem Zusammenhang von der »Selbstgenügsamkeit« des faktischen Daseins die Rede, was soviel bedeutet, dass das Individuum zunächst und zumeist nichts anderes verfolgt und wahrnimmt als das Bestreiten und Besorgen aller Angelegenheiten des Lebens. Den Anderen gegenüber versucht es dabei mit großer Unruhe, und ohne dass es dies selbst bemerkt, sich auszuzeichnen. Doch die nichtsdestoweniger vorhandene, wenn auch im Rahmen der Selbstgenügsamkeit unauffällig bleibende Abhängigkeit von »den« Anderen wirkt sich dabei bestimmend und bevormundend auf die Persönlichkeit des Individuums aus: »Wir genießen und vergnügen uns, wie *man* genießt; wir lesen, sehen und urteilen über Literatur und Kunst, wie *man* sieht und urteilt; wir ziehen uns aber auch vom ›großen Haufen‹ zurück, wie *man* sich zurückzieht; wir finden ›empörend‹, was *man* empörend findet« (Heidegger 1927, 126 f.). Das anonyme Man, das die freie persönliche Entscheidung und Gestaltung der eigenen Möglichkeiten beeinträchtigt, ist in ›Sein und Zeit‹ zwar hauptsächlich als ontologische Kategorie bzw. als »Existenzial« gemeint, aber »Eindringlichkeit und Ausdrücklichkeit seiner Herrschaft können geschichtlich wechseln« (Heidegger 1927, 129). Somit konnte die Kategorie des Man zur Kritik des modernen Individuums verwendet werden, das demnach in einem geschichtlich bedeutsamen Widerspruch stünde zwischen vorgeblicher Selbstmächtigkeit und Selbstbehauptung einerseits, sowie unbemerkter Fremdsteuerung andererseits.

Während die Verfallenheit an das Man vor allem auf das bürgerliche Milieu gemünzt zu sein scheint, stellt die Selbstbehauptungstendenz des Individuums in einer allgemeineren Hinsicht eine umfassende soziale Herausforderung dar. Besonders in den politischen und gesellschaftlichen Wirren der Weimarer Republik gewinnt die These, dass der Mensch dem Menschen ein Wolf sei und zu seinem eigenen Schutz eines starken Staates bedürfe, wieder an Plausibilität. Carl Schmitt und auch einige andere beherrschen die Kunst, eine Verfallsgeschichte mit Weimar als dekadentem Endstadium zu erzählen, durch die dann die diagnostische Kraft so suggestiver Formeln wie »Souveränität« oder »totaler Staat« ausgereizt werden soll (Maschke 1982, 230). Das sowohl von der liberalen Theologie als auch von anarchistischen Lehren verkündete Ideal des an und für sich guten Menschen, der in

48

den Verhältnissen einer korrumpierenden Situation gefangen ist und sich selbst daraus befreien muss, wie auch der Kampf um die individuelle Freiheit des Menschen, der von diesem Ideal legitimiert wird, verlieren vor dem Hintergrund der Kriegserfahrungen an Kredit.

Dies sind – grob zusammengefasst – die Bedingungen, unter denen sich das religiöse und politische Denken auf jenem Höhepunkt der europäischen Moderne vollzieht. Das Problembewusstsein ist dramatisch gesteigert zum Krisenbewusstsein; jener Höhepunkt der Moderne stellt sich dar als ein »Brennpunkt« derselben. Die Krisis macht dabei eine Besinnung auf Europas Aufschwung und Verfall möglich und nötig. Nicht selten ist diese Besinnung mit dem Pathos einer religiösen μετάνοια aufgeladen. In der Tat hat die problematisierte Selbstermächtigung eine (Selbst-)Knechtung des Menschen und eine Bindung seiner Möglichkeiten zur Kehrseite, wodurch das ganze Problem zusätzlich eine zutiefst *religiöse* Bedeutung erhält.

2. Die Logik der μετάνοια

Formal betrachtet bezieht sich jene eingeforderte μετάνοια als eine »Umwendung des Sinnes« auf zwei Sphären. Zum einen auf die Sphäre der Erkenntnis, indem sie vom Hier und Jetzt des Erlebens, der Allgegenwärtigkeit des Man ausgehen und doch gerade darüber hinaus auf die Wahrheit(en) des Lebens hin öffnen soll. Insofern geht es bei der μετάνοια um die Figur einer anspruchsvollen Entdeckung mitten in der problematischen Alltäglichkeit. Diese Figur findet sich beispielsweise als »ursprüngliches Erfahren« in der Phänomenologie des jungen Heidegger, als Gogartens Entdeckung der »Hörigkeit« (ein Verhältnis, in dem die Menschen immer schon zueinander stehen, obgleich sie freilich nur sehr selten hierauf aufmerksam werden) oder als »radikale Alltäglichkeit« bei Nishida.

Zum anderen bezieht sich die μετάνοια auf die Sphäre der Gesinnung: Jene Entdeckung oder Erkenntnis hat ihren Wert nicht in sich selbst, sondern vollendet sich erst in einem neuen Bewusstsein von sich selbst und seinem geschichtlichen Ort (Nishida, 1945/1999, 242), einem »Wissen um« die ursprüngliche und unhintergehbare Bindung zum Anderen (Gogarten 1932, 20). Aus diesem neuen Bewusstsein heraus soll dann ein neues Verhältnis zu sich selbst und seiner geschichtlichen Situation gewonnen, ein anderes Verhalten motiviert werden.

Inhaltlich betrachtet richtet sich die μετάνοια auf das Problem des europäischen Menschen. Als ein Ausdruck religiösen Denkens involviert sie in diesem Zusammenhang die Frage nach dem Verhältnis zwischen Gott und Mensch. Leitmotive bilden dabei die Begriffe der *Verantwortung*, der *Persönlichkeit*, der *Freiheit*. Wo Luther fragte: Wie bekomme ich einen gnädigen Gott?, muss der moderne politisch-religiöse Denker fragen: Wie bekomme ich einen verantwortlichen Menschen? Zu dieser Frage nötigt das spezifische, im Zuge der europäischen Geschichte ausgebildete und nun in der Krise geängstigte oder doch wenigstens belastete intellektuelle Gewissen.

Das europäische Menschentum erscheint – anders als etwa das indische – darauf angelegt, die Natur durch Beherrschung zu überwinden, insofern nämlich der Europäer in der Natur weniger das Versorgende und Heilige wahrnimmt, sondern ihr gegenüber nie ganz die Angst vor der Not und Bedrohung seines Lebens ablegen kann, da sie ihm so viel versagt hat (Bonhoeffer, 1932/1994, 219 ff.). Nach Bonhoeffer ist es die Erfahrung des europäischen Menschen, dass er sich das Recht auf Leben erst erkämpfen müsse – gegen die Natur, wie auch gegen die anderen Menschen: »Sein Leben bedeutet im eigentlichsten Sinn ›Töten‹« – diese Erfahrung sei nicht zuletzt durch die jüngsten geschichtlichen Ereignisse (Erster Weltkrieg, Russische Revolution, Aufruhr) einmal mehr deutlich bewusst geworden (Bonhoeffer, 1932/1994, 221).

Die Situation, in der sich der europäische Mensch befindet, wird von ihm nun geschichtlich begriffen, wobei sich die Geschichtlichkeit wiederum als eine spezifisch europäische Tendenz des Menschseins darstellt. Diese Perspektive mutet dem Menschen zu, sich selbst in jener von Heidegger so genannten *Geworfenheit* in die Verhältnisse zu verstehen und zugleich in dem *Anspruch*, in den er von seinen Mitmenschen genommen wird. Diese Bindung heißt bei Gogarten Hörigkeit, bei Bonhoeffer Verantwortung.

Aber lässt sich die Frage nach dem verantwortlichen Menschen überhaupt ohne Bezug zu Gott beantworten? Denn der Geschichte des menschlichen Bewusstseins, seinen Ansprüchen an sich selbst und an die Welt, entspricht ohne Zweifel die Entwicklung der menschlichen Gesellschaft, sowie ein Wandel des Gottesbewusstseins (Berdjajev 1951, 23). Dies gilt gerade auch für die europäische Geschichte des menschlichen Bewusstseins. So diagnostiziert etwa Carl Schmitt einen Zusammenhang zwischen der Entwicklung des modernen Rechtsstaates und der Ablösung des Theismus als Paradigma der Selbst- und Welterkenntnis des Menschen durch den Deismus: Das theologische Pendant des Ausnahmezustandes, das Wunder als Ausdruck des persönlich eingreifenden Gottes, wird ebenso verdrängt wie das unmittelbare Eingreifen des weltlichen Souveräns in die geltende Rechtsordnung und der persönliche Gott wird zum allgemeinen Gesetzgeber, zu dem der Mensch allein durch den Gebrauch seiner Vernunft bzw. im Rahmen des moralischen Handelns einen Zugang findet. Das theistische Motiv der Transzendenz weicht im 19. Jahrhundert den Immanenzvorstellungen, deren politische Entsprechungen nach Schmitt in der »demokratischen These von der Identität der Regierenden mit den Regierten« und von der Identität der Souveränität mit dem Staat bzw. der Rechtsordnung bestehen (Schmitt 1922, 37, 44 f.).

3. Die katechontisch verstandene μετάνοια

Jene »Immanenzvorstellungen« und »demokratischen Thesen« werden von Schmitt als Stationen einer Verlustgeschichte aufgefasst. Den Leitfaden für Verfallstheorie und Restaurationshoffnung in seiner ›Politischen Theologie‹ bildet ja bekanntlich der Begriff der Souveränität. Hinter dem Souveränitätsbegriff steckt das Ideal einer absoluten und unbedingten persönlichen Entscheidung (Dezisionismus), die mit einer Emphase des Besonderen aufgeladen ist: »Souverän ist, wer über den Ausnahmezustand entscheidet« (Schmitt 1922, 9) lautet die berühmte Formel, mit der Schmitt die ›Politische Theologie‹ eröffnet. Es geht ihm dabei um eine Lücke im rechtstaatlichen Regelsystem, nach der ungeregelt bleibt, unter welchen Umständen die Verfassung außer Kraft gesetzt werden könne (und müsse), um größere Gefahr von der Gemeinschaft abzuwenden. Um dies plausibel zu machen, muss Schmitt ein Szenario des *bellum omnium contra omnes* beschwören. Dieses steht in einem systematischen Zusammenhang mit der *Homo-homini-lupus*-These, die wiederum theologisch in die Lehre zur Sündhaftigkeit des Menschen verlängert wird.

Souverän sei in diesem Zusammenhang derjenige, der sowohl entscheidet, wann der »extreme Notfall« vorliegt, und was getan werden muss, um Abhilfe zu schaffen – er bestimmt in letzter Instanz, »was öffentliche Ordnung und Sicherheit ist« (Schmitt 1922, 10 f.). Dies tut der Souverän im »Ernstfall« nicht kraft einer gesetzlichen Legitimation, sondern kraft seiner Autorität – *autoritas, non veritas facit legem*. Somit lässt sich laut Schmitt das gesamte Rechtssystem so verstehen, dass es in letzter Instanz auf der Entscheidung eines Souveräns gegründet ist, der es durchgesetzt hat. *Auctoritas, non veritas* impliziert damit letztlich eine Logik der *verité à faire:* In der erfolgreichen Behauptung der Souveränität werden Tatsachen und Normen, eine *Ordnung* geschaffen, die eine Stabilisierung des Souveräns bewirken. Ein etwas unanständiges Beispiel dafür wäre Siegerjustiz. Die Behauptung von Souveränität und Autorität – Schmitts Ideal von persönlicher Entscheidung und Verantwortung – ist nicht zuletzt an die Machtfrage gebunden, wobei die Macht eine Art naturrechtliche Legitimation durch das Schutzbedürfnis der Menschen erhält.

Die moderne rechtsstaatliche Entwicklung läuft für Schmitt darauf hinaus, dass der Souverän abgeschafft bzw. die Frage nach der Souveränität immer weiter verdrängt wird, wiewohl sie nicht gelöst ist. Dies deutet er als eine Blockierung der echten persönlichen Entscheidung durch das Diskursive (Schmitt 1922, 52) – das ist Schmitts Version der Verfallenheit an das Man. Weil der Souveränitätsbegriff um ein Evidenzgefüge aus Theismus, wie politischer und sozialer Organisationsformen herum strukturiert sein soll, geht dies einher mit der Verdrängung des göttlichen Souveräns. Hier wird deutlich: Was Schmitt sich von einer μετάνοια erhofft, ist eine Wiederanknüpfung an dieses Evidenzgefüge, eine Rettung der persönlichen Entscheidung und Verantwortung vor dem Verfall an die sündhafte Selbstbehauptung des Menschen durch die Rehabilitation der Autorität.

Einer ähnlichen Strategie bedient sich auch Gogarten in seiner 1932 erscheinenden ›Politischen Ethik‹, die einmal mehr auf eine Korrektur an der Selbstmächtigkeit des Menschen drängt: »Hörigkeit« nennt Gogarten das Grundphänomen des Ethischen, jenes Verhältnis persönlicher Verantwortung, in dem die Menschen immer schon zueinander stehen. »Hörigkeit« bedeutet, dass der Andere bzw. das Verhältnis zum Anderen konstitutiv für das Selbst eines Menschen ist (Gogarten 1932, 19 ff.). Damit spielt dieser Begriff einerseits auf den Umstand an, dass Menschen einander ausgesetzt und auf einander angewiesen sind, und andererseits auf eine darauf basierende und doch bereits ethisch-anspruchsvoll verstandene Beziehung des Verantwortlichseins (ein beliebtes Motiv ethisch-politischer Theorien). Eine wesentliche Pointe ist dabei, dass der Mensch leider zum Widerstand gegen die Beziehung der Hörigkeit tendiert – auf einer bestimmten Ebene wisse er zwar, dass er eigentlich dem Anderen in Hörigkeit verantwortlich sei, auf einer zweiten Ebene jedoch wolle er dieses Wissen nicht wahr haben und stattdessen ein freies, selbstständiges, unabhängiges Individuum sein (Gogarten 1932, 44). Im Hintergrund steht dabei freilich die christliche Definition der Sünde: Es geht hier um die Hintergründe eines als problematisch verstandenen »Eigenwillens«, der den Menschen zum Wolf macht. In diesem Zusammenhang nimmt er dann auch Carl Schmitt beim Wort: Wir brauchen die Erkenntnis der Schuld, der Sünde und der Hörigkeit, um in einem noch tieferen Sinne zu verstehen, dass *homo homini lupus*, und aus diesem Verständnis heraus den *eigentlichen* Wert des Staates zu erkennen (Gogarten 1932, 118).

Auch Gogarten weiß eine Verlustgeschichte zu erzählen. Er sieht in der Tendenz zur Selbstmächtigkeit eine Kraft, die über den Schuldhorizont des einzelnen Menschen hinausgeht: Die Zersetzung der Hörigkeit im intimen Verhältnis zum Anderen als dem Nächsten – zum Beispiel in der eigenen Familie – hat Bedeutung über dieses Verhältnis hinaus, weil es eingebunden ist in die geschichtliche Tendenz der Zersetzung von Gemeinschaft überhaupt. Gogarten hat hier vor allem die nationale und internationale Ebene im Blick – dadurch wird das Ethische auch zu einem politischen Problem. So versteht Gogarten zum Beispiel die soziale Frage, das Problem der Ausgrenzung jener Bevölkerungsgruppe, die man das Proletariat nennt, als eine Konsequenz geschichtlich wirksam gewordener Selbstermächtigungstendenzen (Gogarten 1932, 137 ff.). Der Kampf um die individuelle Freiheit des Menschen basiere auf dem Ideal des an und für sich guten Menschen, der in den Verhältnissen einer korrumpierenden Situation gefangen ist und sich selbst daraus befreien muss. Der Mensch werde hier nicht aus der Grundsituation der »Hörigkeit« heraus verstanden, sondern als ein an und für sich seiendes, unabhängiges Wesen, das allein sich selbst verantwortlich ist und einen natürlichen Anspruch auf das Recht hat, über sich selbst zu verfügen. Diese Verfügbarkeit des Menschen über sich selbst ist ein Projekt der Aufklärung, dem sich der moderne Mensch nach Gogartens Einschätzung mit quasi-religiöser Hingabe verpflichtet hat – Gogarten selbst hat keine Skrupel hier das Wort »Götzendienst« zu gebrauchen (Gogarten 1932, 141). Die individualistische, selbstmächtige Freiheit ist dabei der Götze.

Einen wesentlichen Anteil an dieser Verfallsgeschichte hat laut Gogarten auch die Säkularisierung des Christentums. Das Christentum selbst bringe den Gedanken und den Anspruch einer Befreiung aus dem als Sünde verstandenen Schuldzusammenhang des Menschen, der im ethischen Phänomen aufgedeckt wird, in die Welt. Diese Freiheit werde vom Christentum jedoch noch aus der Hörigkeit des Menschen gegenüber Jesus Christus verstanden:»Diese Botschaft von der christlichen Freiheit bekommt aber einen völlig anderen Sinn, wenn sie nicht aus der sie erst stiftenden Herrschaft Jesu Christi über die Menschen und aus der Hörigkeit der Menschen gegen den Herrn Jesus Christus, das heißt, wenn sie nicht aus dem von ihr geweckten Glauben verstanden wird« (Gogarten 1932, 215). Mit dem Wissen um die Herrschaft Christi verschwinde auch das Wissen um die schuldhafte Nichtigkeit des Menschen (das Sündenthema) und aus Christus werde Verkünder und Vorbild einer Moral der autonomen Freiheit und des seiner selbst mächtigen Menschen. Die Kühnheit des nach Autonomie und individueller Freiheit strebenden Selbstbewusstseins übernimmt die europäische Person als äußere Geste vom Christentum – allerdings ohne inneren Zusammenhang.

Auch Gogartens μετάνοια orientiert sich an der Logik der Sündhaftigkeit des nichtigen Menschen und der einschüchternden Autorität Gottes, die dieser in seiner Allgüte zur Rettung der Persönlichkeit und Verantwortlichkeit des Menschen teilweise auch dem Staat verleiht. Das Problem bei Schmitt wie auch bei Gogarten besteht allerdings darin, dass der Gewinn in Bezug auf das Problem der freien persönlichen Entscheidung zu mager ausfällt. Schmitts Dezisionismus verstrickt sich in die Abhängigkeit von der unhinterfragbaren Autorität eines unzugänglichen Souveräns – sei es der weltliche oder der göttliche Souverän. Und auch jene Freiheit, die laut Gogarten im Rahmen der Hörigkeit gewährleistet sein soll, bleibt in der ›Politischen Ethik‹ etwas unterbelichtet. Problematisch wirkt sich dies sowohl auf den dort entwickelten Begriff des Politischen aus, als auch für die geschichtlich wirksam gewordenen Ansprüche des intellektuellen Gewissens des Menschen an sich und seine Welt.

Schmitt und Gogarten votieren für ein Herrschaftsverhältnis zwischen dem unwiderstehbaren Gott, vor dem der schlechthin sündhafte Mensch zunichte wird, der aber radikal transzendent bleiben muss, weil er in einer modernen Welt mit elektrischem Licht, Radioapparaten und Penicillin nichts zu suchen hat (Bultmann 1941, 18). Man hat dies gelegentlich als theologischen Absolutismus bezeichnet (Bendrath 2007, 49) und sich gefragt, wo hier die schöpferische Initiative des Menschen bleibe, die man auch gern in ein Konzept der persönlichen

Entscheidung integriert gesehen hätte. Die durch Exponenten wie Schmitt oder Gogarten als »katechontisch« (das heißt als aufhaltend oder verzögernd) charakterisierbare Phase der Kritik der Moderne präfiguriert zwar in eindrucksvoller Deutlichkeit das Thema der persönlichen Verantwortung im Zusammenhang mit dem religiösen Problem der Moderne, verbleibt aber im Banne der Ontotheologie. Und – hierin mag man eine Evidenz für Schmitts geschichtsphilosophische These sehen – auch dieser Bann hat wohl seine politische Entsprechung gefunden, denn weder Schmitts Konzept des totalen Staates noch Gogartens Legitimierung des autoritativen Staates haben sich letztlich als brauchbare Instrumente gegen die Barbarei erwiesen, zu deren Abwehr sie nach ihrem Selbstverständnis eigentlich gedacht waren.

4. Die messianisch verstandene μετάνοια

Die Exponenten einer zweiten Phase der religiösen und politischen Auseinandersetzung mit dem Problem der europäischen Moderne sind neben anderen Nikolaj Berdjajev, Kitar Nishida und Dietrich Bonhoeffer. Diese Phase könnte man »messianisch« nennen. Hier wird nicht nur der Abgrund sehr deutlich gesehen, vor dem der europäische Mensch nach wie vor stehe. Vielmehr geht es auch um die Hoffnung auf eine μετάνοια (mentanoia), die nicht einfach eine Rückwendung auf das einst Gewesene – etwa einen »salto mortale zurück ins Mittelalter« (Bonhoeffer, 1944/1998, 533) – wäre, sondern die Eröffnung eines Menschseins, dessen Möglichkeit und Anspruch durch die europäische Geschichte dem Gewissen des modernen Menschen zwar bezeugt, aber noch nicht verwirklicht ist.

Einen Ausdruck jenes politisch-religiösen Gewissens unter den geschichtlich gewordenen Bedingungen der modernen, »mündig gewordenen Welt« stellt beispielsweise Bonhoeffers Forderung nach einem nicht-religiösen Christentum dar, die er in verschiedenen Briefen aus dem Tegeler Wehrmachtsuntersuchungsgefängnis vorträgt (Bonhoeffer, 1944/1998, 403). Bonhoeffers Terminologie gemäß dürfte dieses Gewissen freilich in keiner Hinsicht »religiös« genannt werden, weil er mit diesem Begriff bestimmte Probleme verbindet, nämlich einerseits »Metaphysik« bzw. Ontotheologie und andererseits »Individualismus« bzw. Selbstbehauptung (Bonhoeffer, 1944/1998, 414). Ich dagegen verwende hier den Begriff des Religiösen im Sinne einer

Auseinandersetzung mit der Gotteserfahrung, worunter meines Erachtens auch die Erfahrung mit dem Gott fällt, von dem sich Bonhoeffer ge- und berufen glaubt. Dieser Gott nötigt Bonhoeffers intellektuelles Gewissen zu der Einsicht, »dass wir in der Welt leben müssen – ›etsi deus non daretur‹«, als ob es Gott nicht gäbe (Bonhoeffer, 1944/1998, 533).

Wie Schmitt oder Gogarten steht auch Bonhoeffer vor dem Problem der Verfallenheit an das Man und ist ebenso auf die Gefährdung der Persönlichkeit des Menschen aufmerksam. Er spricht dies als unpersönliche »Dummheit« an, die er für viel gefährlicher als Bosheit hält. Der Böse habe wenigstens noch einen Sinn für das Problematische seines Handelns. Der Dumme dagegen verschließe sich – analog der Heideggerschen Selbstgenügsamkeit des faktischen Lebens – in seiner Idiosynkrasie und Süffisanz: »Weder mit Protesten noch durch Gewalt lässt sich hier etwas ausrichten; Gründe verfangen nicht; Tatsachen, die dem eigenen Vorurteil widersprechen, brauchen einfach nicht geglaubt zu werden – in solchen Fällen wird der Dumme sogar kritisch –, und wenn sie unausweichlich sind, können sie einfach als nichtssagende Einzelfälle beiseitegeschoben werden« (Bonhoeffer, 1943/1998, 26).

Vor diesem Hintergrund liegt Bonhoeffers Strategie weder in der Betonung menschlicher Sündhaftigkeit noch in der Verordnung bedingungsloser Autorität. Dem Menschen mit Argwohn und Misstrauen zu begegnen, fördert seiner Ansicht nach ein tiefes soziales Misstrauen, so dass auf diesem Weg der Bannkreis des unmenschlich gewordenen Individualismus nicht verlassen werden könne (Bonhoeffer, 1944/1998, 510). Dies ist also gerade die Umkehrung der von Schmitt wie von Gogarten vertretenen These, nach der zunächst die Sündhaftigkeit des Menschen betont werden müsste, um ihn unter dem Deckmantel des autoritativen Staates zurück zur Verantwortung zu rufen. Dagegen schlägt Bonhoeffer eine Stärkung der *Selbständigkeit* des Einzelnen vor (Bonhoeffer, 1943/1998, 27) – jene Fähigkeit, sich in Distanz und ins Verhältnis zum Tagesgeschehen, wie auch zu unmittelbaren Autoritätsansprüchen zu setzen. Damit könnte der Mensch einen Spielraum für Initiative und Engagement behalten – etwas von jener Freiheit, die in der ›Politischen Theologie‹ und der ›Politischen Ethik‹ ein wenig unterbelichtet geblieben ist.

Auch die Religionsphilosophien von Berdjajev und Nishida, weitere Zeugnisse eines modernen, politisch wie religiös um Redlichkeit bemühten Denkens, bestehen auf der schöpferischen Initiative des

Menschen, die den Dreh- und Angelpunkt der spezifisch menschlichen Würde und Freiheit darstellt. Die schöpferische Kraft des Menschen mache ihn zum Co-Agenten des Wahrheitsgeschehens, als das die Geschichte der verschiedenen religiösen Erfahrungen von einem christlichen Standpunkt aus gesehen wird: »Die Wahrheit ist keine Gegebenheit, die passiv hingenommen wird, sondern sie bildet sich im Lauf des Lebensprozesses, im Kampf um Macht. Das Leben ist geradezu ein Prozess des Schaffens von Werten« (Berdjajev 1951, 36). Nishida, der in Japan auf das religiöse Problem der europäischen Moderne von einem buddhistisch inspirierten Standpunkt aus blickt, hat etwas sehr Ähnliches im Sinn, wenn er sagt, dass jedes Ausdrücken zugleich ein Gestalten sei und dass die geschichtliche Welt sich in jedem einzelnen Menschen zugleich ausdrücke und in einer Art Mitvollzug schaffend selbst gestalte (Nishida, 1945/1999, 209 f.). Der Mensch ist hier nicht bloßes Durchgangsstadium des Absoluten, sondern er wird in diesem Vollzug durchaus bejaht.

Diese Freiheit erfordert eine Neuorientierung des politischen und des religiösen Denkens. Der dem Menschen zugesprochene Spielraum soll daher auch gegen allzu starke Machtentfaltung verteidigt werden. Die Verfallenheit an das Man wird hier nämlich in einem Zusammenhang mit unverhohlenen und direkten Machtdemonstrationen verstanden: »Bei genauerem Zusehen zeigt sich, dass jede starke äußere Machtentfaltung, sei sie politischer oder religiöser Art, einen großen Teil der Menschen mit Dummheit schlägt« (Bonhoeffer, 1943/1998, 27). Politischer *oder* religiöser Art: Es geht bei der Verteidigung der Persönlichkeit gegen den Verfall an die Macht nicht allein um die Kritik an staatlichen Repressionen, Triumph-des-Willens-Aufmärschen oder waffenstarrender Behauptung der Souveränität, sondern auch um die Frage nach dem christlichen Gott.

In Bonhoeffers Theologie liegt der Akzent nicht auf dem transzendenten und allmächtigen Gott, der ja laut Schmitt sich im metaphysischen Pendant zur souveränen Entscheidung über den Ausnahmezustand, nämlich in einem sämtliche Gesetze auf den Kopf stellenden Wunder ausspricht. Stattdessen geht es Bonhoeffer um die Entdeckung Gottes »mitten im Leben« (Bonhoeffer, 1944/1998, 455). Berdjajev und Nishida suchen den Ursprung der Gotteserfahrung in der existenziellen Tiefe des Menschen (die These von der immanenten Transzendenz Gottes). Aus dieser Erfahrung heraus betonen sie die Möglichkeit einer Vereinigung von Gott und Mensch. Die christliche Erfahrung impliziert bei Berdjajev (1951, 25 u. 42) erstens das Bewusstsein, dass der Mensch sich vom Bann der erschütternd-übermächtigen Erfahrung des Sakralen emanzipieren kann und soll (er soll nicht »zunichte« werden vor Gott) – dies wäre die Überwindung des Monismus. Das Sakrale und seine externe Allmacht allein, wiewohl sie am Anfang der Religion stehen, wären wohl kaum ein hinreichender Ausweis für das Göttliche, denn immerhin könnte das Wunder auch von einem Dämonen, einem *genius malus* gewirkt sein. Zweitens soll diese Überwindung keine Entzweiung bedeuten, als ob Gott und Mensch von nun an getrennte Wege gehen müssten oder gar das Göttliche vollständig in das Menschliche aufzulösen wäre, wie es zum Beispiel Feuerbach fordert. Dieser Erfahrung entspricht letztlich auch der Forderung Bonhoeffers nach einem Christentum ohne Religion: Über die Grenzerfahrungen von Sünde und Tod hinaus ist Gott vor allem in der Mitte des menschlichen Lebens in seiner Weltlichkeit zu suchen.

Der Standpunkt des religiösen Gewissens unter den Bedingungen der Moderne wäre also der, dass sich das Christentum der mündig gewordenen Welt nicht verschließen darf, sich ihr öffnen muss, will es nicht seinen Lebensnerv zerstören, dass Gott Liebe ist. Soll das Festhalten an einer freien Bejahung des Glaubens sich nicht als eine Sinnestäuschung entpuppen, so muss dieser Glaube ein Glaube sein, der »dem Reichtum und der Tiefe des Daseins, nicht seinen Sorgen und Sehnsüchten entsprungen ist« (Otto, 1929/1947, 282). Dementsprechend besteht das Thema der Souveränität für Bonhoeffer (1944/1998, 558), Berdjajev (1951, 43) und Nishida (1945/1999, 228, 265) in der Hauptsache nicht darin, dass Gott der Herr der Heerscharen ist, sondern dass er der leidende Christus ist, der sich für die Welt hingegeben hat *(Kenosis)*.

In einer Zeit, da das Man und die Dummheit äußerst wirksame geschichtliche Erscheinungen sind, soll der Religiöse seine Aufgabe in der Welt darin erkennen, für die Achtung der Distanzen und der Unterschiede zwischen den Menschen einzutreten – nicht aus Standesdünkel, sondern um dem Menschen jene Selbständigkeit zuzutrauen und zuzumuten (Bonhoeffer, 1943/1998, 32). Und genau an dieser Stelle webt Bonhoeffer ein messianisches Thema ein: »Wir stehen mitten im Prozeß der Verpöbelung in allen Gesellschaftsschichten und zugleich in der Geburtsstunde einer neuen adligen Haltung, die einen Kreis von Menschen aus allen bisherigen Gesellschaftsschichten verbindet. Adel entsteht und besteht durch Opfer, durch Mut und durch ein klares Wissen um das, was man sich selbst und was man anderen schuldig ist, durch die selbstverständliche Forderung der Achtung, die einem zukommt, wie durch ein ebenso selbstverständliches Wahren der Achtung nach oben wie nach unten« (Bonhoeffer, 1944/1998, 32 f.). Ähnlich der »geistigen Aristokratie« Berdjajevs (1989, 89) wird hier aus dem Christentum ein neues Menschsein begründet, das sich nicht allein auf den Gehorsam gegen die Obrigkeit, sondern das sich noch überdies aus der aufopfernden Verantwortung für den Anderen heraus auf »Civilcourage« versteht (Bonhoeffer, 1943/1998, 24).

Für den unter den Bedingungen der Moderne Glaubenden soll »die Gerechtigkeit und das Reich Gottes auf Erden den Mittelpunkt von allem« bilden (Bonhoeffer, 1944/1998, 415). Dies läuft letztlich darauf hinaus, dass der Konflikt zwischen dem »guten Gewissen« des prinzipientreuen Kulturprotestanten (individualistische Position) und dem χϱή (dem Notwendigen) des verantwortlichen Handelns nicht zu Gunsten des Quietismus entschieden werden darf. Hier wäre an Paulus zu erinnern, der Petrus in Antiochien »ins Angesicht widerstand«, als diesem das Befolgen der Reinheitsgebote wichtiger war als das gemeinsame Mahl (Gal 2,11–16). Der Glaube an die Sünden*vergebung* statt die Fixierung auf die Sünde, der Glaube, »dass auch unsere Fehler und Irrtümer nicht vergeblich sind, und dass es Gott nicht schwerer ist, mit ihnen fertig zu werden, als mit unseren vermeintlichen Guttaten« (Bonhoeffer, 1943/1998, 30 f.) ist hier in gewissem Sinne Ansporn gegen den Quietismus *und* Richtschnur der von Bonhoeffer favorisierten persönlichen Verantwortung zugleich.

Da wir nicht wissen, was wir tun sollen (2 Chron 20,12), muss der Religiöse einerseits darauf vertrauen, dass seine Fehler von Gott korrigiert werden können, um zum Handeln motiviert zu sein. Entsprechend wertvoll stellt sich auch aus Nishidas Perspektive das Gelöbnis Amida-Buddhas dar, alle Lebewesen vom Leid zu retten; er betont, dass aus diesem Zuspruch heraus der Mensch *als Mensch* gerettet werden kann, da das Absolute den Menschen nicht überwältigt, sondern diesem im kenotischen Akt entgegen kommt (Nishida 1945/1999, 259). Aber aus demselben Grund muss der Mensch andererseits dieses Handeln orientieren an dem einzigen Kriterium, das er anwenden kann: Steht sein Tun eher in der Tendenz einer *Öffnung* für Christus (oder bei Nishida: für das Gelöbnis des Amida Buddhas, den er gelegentlich mit Christus identifiziert), für die Inkarnation jenes Fehler verzeihenden und korrigierenden Gottes, oder verschließt es sich? Damit geht es einmal mehr um die Etablierung und Verteidigung des neuen Mensch-seins in Christus (Bonhoeffer, 1932/1194, 335; 337; Nishida, 1945/1999, 282).

Wie bei Berdjajev und Nishida ist dieses persönlich verantworten-de Menschsein auch bei Bonhoeffer die Richtung der in der Krisis geforderten μετάνοια. Der Ausgangspunkt dieser μετάνοια ist das ge-schichtlich gewachsene politisch-religiöse Gewissen unter den ein-gangs erwähnten Bedingungen der Moderne. Die μετάνοια ist hier nicht katechontisch, sondern messianisch, weil trotz aller klar gesehe-nen Gefährdung die Hoffnung auf jenes göttlich ermöglichte Mensch-sein gerichtet wird. Dabei scheinen jene Denker nicht zu erwarten, dass sich der neue Mensch oder die neue Kultur des geistigen Adels einen direkten Ausdruck in der Weltgeschichte verschaffen werde, ganz ab-gesehen davon, dass es überhaupt nicht als ausgemacht anzusehen ist, ob die μετάνοια nicht vielleicht auch ausbleibt. Sie rechnen offenbar mit nur wenigen Einzelnen, die um jenen in der Geschichte sich zuschi-ckenden Anspruch an das Menschsein zu dieser Zeit an diesem Ort wissen und ihn frei annehmen werden. Und so müssen sie sich Sisy-phos wohl als einen glücklichen Menschen vorstellen ...

Literatur

C. Bendrath, Christliche Theologie »im Lichte der Entdeckung der subjektiven Tatsa-chen«. In: A. Blume (Hg.), Was bleibt von Gott? Beiträge zur Phänomenologie des Heiligen und der Religion. München: Karl Alber 2007, 42–79

N. Berdjajev, Existenzielle Dialektik des Göttlichen und Menschlichen. München: C. H. Beck 1951.

N. Berdjajev, Mensch und Technik. Von der Würde des Christentums und der Unwürde der Christen, hg. von A. Sikojev. Mössingen-Talheim: Talheimer 1989.

D. Bonhoeffer, Ökumene, Universität, Pfarramt 1931–1932 (1931–1932), hg. von E. Amelung u. C. Strohm. Gütersloh: Chr. Kaiser 1994

D. Bonhoeffer, Widerstand und Ergebung. Briefe und Aufzeichnungen aus der Haft (1943–1945), hg. von C. Gremmels, E. Bethge u. R. Bethge. Gütersloh: Chr. Kaiser 1998

R. Bultmann, Neues Testament und Mythologie. Das Problem der Entmythologisie-rung der neutestamentlichen Verkündigung (1941). München: Kaiser 1985

K. Girgensohn, Zwölf Reden über die christliche Religion. Ein Versuch modernen Men-schen die alte Wahrheit zu verkündigen. München: C. H. Beck, 4. Aufl. 1921

F. Gogarten, Politische Ethik. Versuch einer Grundlegung. Jena: Eugen Diederichs 1932

M. Heidegger, Sein und Zeit (1927), Tübingen: Niemeyer, 18. Aufl. 2001

E. Husserl, Die Krisis der europäischen Wissenschaften und die transzendentale Phänomenologie. Eine Einleitung in die phänomenologische Philosophie (1935), hg. von E. Ströker. Hamburg: Felix Meiner, 3. Aufl. 1996

G. Maschke, Zum »Leviathan« von Carl Schmitt. In: C. Schmitt, Der Leviathan in der Staatslehre des Thomas Hobbes. Sinn und Fehlschlag eines politischen Symbols, hg. von G. Maschke, Köln-Lövenich: Hohenheim 1982, 179–244

K. Nishida, Ortlogik und religiöse Weltanschauung (1945). In: K. Nishida, Logik des Ortes, hg. von R. Elberfeld. Darmstadt: Wissenschaftliche Buchgesellschaft 1999, 204–284

W. F. Otto, Die Götter Griechenlands. Das Bild des Göttlichen im Spiegel des griechischen Geistes (1929). Frankfurt a. M.: Schulte-Bulmke, 3. Aufl. 1947

C. Schmitt, Politische Theologie. Vier Kapitel zur Lehre von der Souveränität. München u. Leipzig: Duncker & Humblot 1922

Korrespondenzadresse: Henning Nörenberg, Wiggersstraße 2, D-18057 Rostock. Email: henning.noerenberg@uni-rostock.de

II. Religionsphilosophie der Moderne

Harald Seubert

Religion denken? Überlegungen zu einer Religionsphilosophie der späten Moderne

Abstract: *This essay starts with the Hegelian thesis of the modern division between reason and religion. With regard to a phenomenological philosophy of religion in the intercultural and (today increasingly) globalized world, it is important to go beyond the abstract and formalistic concept of religion limited to either propositional claims (more or less lacking of epistemic standards) or to subjective anthropological disposition. Philosophy of religion should hence no longer be defined by the limits of rational knowledge in a typical modern way which argues that the talk and the experience of God are necessarily situated beyond the limits of philosophical reason.*

1. Religion und Vernunft

Ein wesentlicher Zug des Verhältnisses moderner europäischer Religionsgeschichte, insbesondere im Verhältnis zum Christentum, ist es, dass die Verbindung zwischen Religion und Vernunft sich löst.[1] Deshalb gehört in die Religionsgeschichte der Moderne wie selbstverständlich ein Neuerwachen der Andersheit der Religion, ihr Verständnis als totales Experiment, in das man ›springen‹ müsste. Kein zweiter hat so prägnant wie Kierkegaard das Christentum als großes Paradoxon begriffen, das sich aber denkender Erfassung entzieht. Auch für die Tektonik der Vernunft ergeben sich aus dem bezeichneten Bruch Folgen: Sie wird auf die Erkenntnis der endlichen Welt, des raum-zeitlich Gegebenen eingegrenzt. Vernunft löst sich, in der Sprache der Kantischen und nachkantischen Philosophie gesprochen, in Verstand auf, oder, in der Platonischen Begrifflichkeit, zwischen Episteme und *diánoia* einerseits und *Noûs* andererseits gibt es keine Brücke.

In der Einleitung seiner ›Religionsphilosophie‹ diagnostiziert Hegel, indem er dieses Problem schon grundsätzlich erkennt, einen Hiatus in eine inhalts- und bestimmungsleere Religiosität, die nur mehr

Sehnsucht sei, aber keinen Inhalt habe. Hegels Antwort ist der späten Moderne fremd geworden, in um so engerem Konnex steht sie mit dem Übergang zwischen Erster Philosophie (›Metaphysik‹) und Theologie bei Platon und Aristoteles und mit dem mittelalterlichen Religionsgespräch über *Fides* und *ratio,* an dem die großen monotheistischen Religionen beteiligt waren: Sie lautet, dass der Gegenstand von Religion und Philosophie derselbe sei; nur die Weise, in der sie ihn zur Darstellung brächten, unterscheide sich: In der Religion ist es nach Hegel die ›Vorstellung‹, in der Philosophie der ›Begriff‹. Hegels Vorstellungsbegriff bringt, namentlich im Unterschied zu Schleiermachers Rede von Religion als Gefühl und Anschauung des Universums, die Vergegenwärtigung des Nicht-Gegenwärtigen und damit auch die Dimension der Geschichte ins Spiel.

Dies eben unterscheidet ihn von der metaphysischen Tradition und damit auch von der Verbindung von Christentum und hellenischer Philosophie, dass er Metaphysik und Geschichte ineinander vermittelt. Religion zu denken, heißt, die Begriffe der Philosophie selbst zu verflüssigen. Damit hängt ein weiteres Moment zusammen: Philosophie wird Religion nicht denken können, wenn sie nicht ihre eigene metaphysische Genealogie bedenkt, sondern sich – mehr oder minder unbefragt – in ›nachmetaphysischem‹ Gelände wähnt. Damit ist keineswegs gemeint, dass Hegel Metaphysik ›affirmieren‹ oder gar ›restituieren‹ wolle, wohl aber, dass er sie für unabgegolten hält; eine Haltung, die in der Moderne vielfache bedeutende Ausprägungen gefunden hat: von Heideggers ›Verwindung‹ der Metaphysik, über Blumenbergs oder Derridas Epoché, die ihre Fragen für unentscheidbar erachtet, aber nicht preisgibt, bis hin zu Adornos Solidarität »mit der Metaphysik im Augenblick ihres Sturzes« (Adorno 1966, 400). Unter für unbefragt gehaltenen nach-metaphysischen Auspizien würde sie sich nicht nennenswert von dem Bezugsverhältnis einzelner säkularer Wissenschaften auf Religion unterscheiden.[2]

Hegel konstatiert: Dogma und aller konkrete Inhalt seien aus der Theologie ausgewandert. Die ›religiösen Virtuosen‹, eine offensichtliche Anspielung auf Schleiermacher, ließen die Gemeinde alleine. Hegel zieht daraus aber eine bemerkenswerte Konsequenz, dass nun die Philosophie ihr Sachwalter sein müsse. Dies ist der Hintergrund von Hegels berühmter Wendung von der »Flucht in den Begriff«, mit der er seine Religionsphilosophie abschließt (Hegel 1969, Band 17, 343). Philosophischer Triumph, Hybris, Hegelscher ›Titanismus‹, wie so oft suggeriert, ist daraus, bei näherer Wahrnehmung, nicht zu entnehmen. Vielmehr bemerkt Hegel, so zu enden, »hieße also mit einem Mißton zu endigen« (Hegel 1969, Band 17, 342). Allein, was helfe es: Er sei unvermeidlich, da Religion nicht mehr aus sich selbst gerechtfertigt werden könne. Was das Verhältnis von Modernität und säkularer Welt bedeutet, könnte kaum eindrucksvoller gesagt werden. Man würde die Hegelsche Intention indes von Grund auf verkennen, wenn man sie als restaurativ missverstehen wollte. Die Problemformel von der ›Flucht in den Begriff‹ bezeichnet zugleich das Profil einer, sei es *malgré soi*, modernen Religion, die damit dem Typus des okzidentalen Rationalismus zuzuordnen ist und in der globalen Welt eine Sonderstellung einnimmt.

Man wird sich heute unschwer darauf verständigen können, dass erst an der Grenze der philosophischen Vernunfterkenntnis das Verstehen der Rede von Gott beginne.[3] Welcher Art dieses Verstehen sein soll und was es in seiner – wie man vermuten könnte sprachanalytischen, hermeneutischen oder phänomenologischen – Verfassung mit der Philosophie gemeinsam hat, ist dann aller erst zu fragen. Eher von den Rändern der Religionsphilosophie her kommt das Profil der Frage danach, wie sich Religion denken lässt, ins Spiel. Höchst aufschlussreich sind die klugen Prolegomena zu Ulrich Becks Skizze einer Religionssoziologie, die mit dem »Eingeständnis des Scheiterns« beginnt (Beck 2008, 13). Soziologie, so leicht überspitzt die These, könne gar nicht anders als am Phänomen der Religion zu scheitern, da sie selbst der Religion der Säkularität angehöre.[4] Damit ist angedeutet, dass der Maßstab, nach dem Wissenschaften, die aus der Moderne selbst hervorgingen, Religion analysieren (was auch für Ethnologie und der Tendenz nach für Religionspsychologie, nicht zuletzt aber für eine Philosophie zutrifft, die sich ihrer genealogischen Abkünftigkeit von Religion nicht mehr inne ist), nicht der Maßstab der Religionen selbst ist.

Seine Rede anlässlich des Empfangs des Friedenspreises des deutschen Buchhandels 2001, bezeichnenderweise wenige Wochen nach dem Terrorangriff des 11. September 2001, hat Jürgen Habermas unter das Thema ›Glauben und Wissen‹ gestellt. Darin bemerkt er unter anderem:»Säkulare Sprachen, die das, was einmal gemeint war, bloß eliminieren, hinterlassen Irritationen. Als sich Sünde in Schuld, das Vergehen gegen göttliche Gebote in den Verstoß gegen menschliche Gesetze verwandelte, ging etwas verloren [...]. Die verlorene Hoffnung auf Resurrektion hinterließ eine spürbare Leere« (Habermas 2001, 49).

Ein – vielleicht naheliegendes – Missverständnis ist von vorneherein auszuschließen: Die Frage, ob und gegebenenfalls wie ›Religion zu denken‹ sei, ist keineswegs identisch mit dem Problemtitel einer ›Religion als Projekt der Vernunft‹. Dieser beschreibt den Deismus, einen selbst unbestimmt bleibenden Gottesgedanken als Horizont des Weltbegriffs. Wiederum hat Hegel gegen die deistische Grundauffassung des 18. Jahrhunderts eine Umkehrung vollzogen, wenn er bemerkte, es komme darauf an, Gott nicht länger an das Ende, sondern an den Anfang der Philosophie zu stellen.

Ebenso ist festzuhalten, dass der Begriff eines ›postsäkularen Zeitalters‹, wie er in den letzten Jahren aufkam, unscharf, ja irreführend ist. Niemals lebten die europäischen Zivilisationen in einem vollendeten Säkularismus. Ungeachtet höchst unterschiedlicher Verfassungstraditionen etwa zwischen Deutschland und Frankreich, lässt sich allerdings sagen, dass Religion in der Moderne zunehmend in den Raum des Privaten gerückt ist. Diese Trennung, die sich eng mit der Begründung des freiheitlichen Verfassungsstaates der Neuzeit verbindet, hat ihre Selbstverständlichkeit eingebüßt – und dies (unter anderem) durch den politischen Islam, aber auch durch die politische Macht evangelikaler Freikirchen in den USA.

2. Formen von Religionsphilosophie von Kant bis Klaus Heinrich

Die Spur eines Denkens von Religion reicht gleichwohl weiter als man meinen sollte. Sie kann in unterschiedlichsten »Grundphilosophien« (Rombach) begegnen. Deshalb wird es im Folgenden zunächst darum gehen, einige seiner Grundformen im Zeichen der Moderne anzuzeigen (Stenger 2006, dazu Seubert 2008).

a) Hegels Philosophie, insbesondere seine Religionsphilosophie, ist immer wieder als Überschreiten der Grenzen der Moderne im allgemeinen, der Kantischen Vernunftkritik im besonderen, missverstanden worden. Wie eingangs anzuzeigen war, beruht sie aber auf der Diagnose der desaströsen Folgen, die ein Zerbrechen des Zusammenhangs von Religion, als vielfach gelebter Transzendenzbeziehung, und der Vernunft für beide Seiten hätte. Darin zeichnet sich, Hegel zufolge, zugleich ein Bruch menschlicher Selbstidentität ab. Es ergibt sich eine

Entfremdung des Alltags, eine Entzweiung zwischen der Rationalität der bloßen Endlichkeit einerseits und dem ›Sonntag des Lebens‹ andererseits.

Der für Religion und Philosophie identische Gegenstand ist im Sinne von Hegel das am Anderen seiner selbst zu sich gekommene, also durch die Entäußerung hindurchgegangene Absolute. In *allen* Religionen, die Hegel deshalb von Magien und Zauber klar unterscheidet, geht es um die Vermittlung des Absoluten Allgemeinen mit dem Einzelnen, und es ist diese selbe Grundstruktur, die der Hegelsche Begriff beschreibt. Wenn die kürzeste Formel der Hegelschen spekulativen Dialektik die ›Identität von Identität und Differenz‹ ist, in der das Auseinandertreten beider bewahrt und gleichwohl übergriffen ist, so lässt sich darin mit Hegel eine trinitarische Grundform erkennen. Die Identität der ersten göttlichen Person muss sich in die Entzweiung entäußern, was christlich in das Denkbild der Kenose gefasst wird. Sie findet im Tod Gottes und seinem Umschlag in den Tod des Todes, die ›negatio negationis‹, ihren Gipfelpunkt. Hegel spricht vom ›spekulativen Karfreitag‹; wobei die Überwindung des Todes nur in einem kultischen, erinnernd anamnetischen, in der Eucharistie kulminierenden Geschehen zu bewahren ist: in der Präsenz des Geistes in der Gemeinde.

Die Fokussierung auf das Christentum, in dem Hegel die ›absolute Religion‹ sah, ist offensichtlich. Das Kriterium dafür ist, dass die christliche Trinität nach Hegel die differenzierteste, bis in ihre Extreme entwickelte Manifestation einer Vermittlung des Endlichen und des Absoluten ist, die durch das zentrale Kerygma von der Menschwerdung Gottes Individualität und Besonderheit bewahrt und gerade nicht in das Allgemeine Eine auflöst. Denkformen der Pluriversität im Rücken, wird man Hegels Stufenfolge, die Thomas Hürlimann einmal mit einem geschickten Bonmot als große Treppe *(escalier)* beschrieben hat, offensichtlich dort in Zweifel ziehen können, wo die wechselseitige Bestimmung von spekulativem Begriff und christlichem Kerygma zum Maßstab für deren Bestimmung wird. Der Selbstbeschreibung anderer Religionsformen, etwa eines buchstäblich a-theistischen Buddhismus, die in der Erfahrung der Leere kulminieren, kann Hegel damit offensichtlich nicht gerecht werden. Nicht minder wird die Erfahrung des abwesenden, schweigenden Gottes, oder der mystischen Einung mit dem Einen, der Gelassenheit, verfehlt. Begriffen werden kann nur, wenn das Innerste vollständig zutage tritt.

Hegel hat die Weltreligionen in der dreifachen Hinsicht des *Begriffs* der Religion, ihrer *Entwicklung* und schließlich des *Kultus* zur Darstellung gebracht. Dabei versteht er den Kultus als Schließung der Lücke zwischen Theorie und Praxis; die Vereinigung des Göttlichen und des Menschlichen, des Absoluten und Endlichen, vollzieht sich kultisch. Was Hegels Religionsphilosophie von anderen unterscheidet, ist, dass sie nicht von einer Subjektivität ausgeht, die sich auf Religion hin öffnet: dies ist exemplarisch beim späteren Schleiermacher der ›Glaubenslehre‹ der Fall, der von dem ›Gefühl schlechthinniger Abhängigkeit‹, einem sich Setzen als sich nicht Gesetzthaben spricht (Schleiermacher 1960, Band 1, 8 ff.). Hegels Geistbegriff geht vielmehr, wie angedeutet wurde, von einer Selbstauffassung des Absoluten im Endlichen und des Endlichen im Absoluten aus: *einem* Akt unauflöslicher Interdependenz von Selbst- und Gotteserkenntnis.

Schelling entwickelt eine architektonische Gegenkonzeption zu Hegel und bleibt dabei doch im Rahmen der Frage nach dem Denken der Religion. Damit verbindet sich der Einwand Schellings, dass Hegel nur bis zu einem *gedachten* Gottes- und Religionsbegriff gelange. Hegel überschreite also die Grenze des begriffenen Gottes nicht und könne nichts, aber auch gar nichts, über seine konkrete Existenz im Werden der Religionen aussagen. Damit bewegte sich Hegel in der Tektonik der Kantischen Philosophie, die nur die Möglichkeit des Gottesgedankens ausweist, wohingegen deren Wirklichkeit nur in der Postulatenlehre des praktischen Vernunftglaubens ihren Ort hat. Die Grenzbestimmung von Glauben und Wissen, die von Kant exemplarisch vorgenommen wird (Habermas 2005, 216–258),[5] bedeutet auch, dass Religion zu einem Appendix von Moral wird. Was von Habermas nicht erwähnt wird, ist, dass es für Kant das ›radikal Böse‹ ist, das den Schritt von der Moral zur Religion unumgänglich werden lässt. Dies hat Derrida prägnant formuliert und ins Zentrum seiner Deutung gerückt:»Die Möglichkeit des *radikal Bösen* zerstört und stiftet zugleich das Religiöse« (Derrida 2001, 105).

Die Kantische Engführung hat erst Schleiermacher von Grund auf korrigiert, indem er Religion als eine eigenständige ›Provinz im Gemüte‹ bestimmt, die weder in Erkenntnis (theoretische Philosophie) noch in Ethik (praktische Philosophie) aufzulösen sei. Auch Schelling weiß sich der Kantischen Grenzlinie grundsätzlich verpflichtet. Sie führt ihn aber zu einem thematischen *und* methodischen Wechsel: Die Wirklichkeit von Religion ist, im Sinne Schellings, ein Akt göttlicher Freiheit, der in der begrifflichen Erkenntnis nicht vorkommen kann; folgt sie doch der Vernunftnotwendigkeit. Deshalb vollzieht sich an der Schnittstelle zwischen ›negativer‹ und ›positiver Philosophie‹ eine Inversion. Erstere ist ›reine apriorische Vernunftwissenschaft‹, letztere Erfahrungswissenschaft, höherer Empirismus, weshalb sie die Zeugnisse von Mythologie und Offenbarung voraussetzt (dazu im Einzelnen Seubert 2009b). Im Hintergrund steht dabei nicht nur die Kantische Grenzbetrachtung, sondern zumindest ebenso wirkungsmächtig Jacobis Unterscheidung zwischen begrifflicher Bestimmung des absoluten und der Welt einerseits und des ›Salto mortale‹ auf festen Grund, durch den unvermittelten Sprung in den Glauben. Daraus ergibt sich jene unvermittelte Duplizität zwischen Glauben und Vernunft, die über Kierkegaard bis in die späte Moderne maßgeblich bleiben sollte. Schelling weist sie ebenso wie Hegel zurück. Doch bei Schelling erfordert dies die Preisgabe des Systems. Angesichts des Phänomens der Religion tritt die Philosophie gleichsam aus ihrer Mitte und erfährt eine Umkehrung: Sie wird Phänomenbetrachtung und Erzählung (Narration). Sie wendet sich gegen sich selbst, um den Anspruch des Denkens angesichts der Religion aufrechtzuerhalten: eine Konstellation, die auch in der Religionsphilosophie des 20. Jahrhunderts vor allem bei Franz Rosenzweig (Rosenzweig 1987) begegnen wird.

b) Dass die Husserlsche Phänomenologie einen Blick auf das Eigenständige des Religionsphänomens eröffnete, ist nicht verwunderlich. Der Grund liegt in dem methodischen Anspruch, von der Seinsgeltung abzusehen und den Blick ausschließlich auf das ›Wie‹ der Phänomengegebenheit zu richten. Husserl selbst machte die Religion nicht zum Gegenstand der Reflexion (was keineswegs bedeutet, dass sie ihm nicht lebenslang fraglich und frag-würdig gewesen wäre!); um so mehr lässt sich in der späteren Geschichte der Phänomenologie eine Wendung zur Eigenständigkeit des Phänomens der Religion bemerken. In diesem Zusammenhang ist nicht so sehr an die Inspiration der Religionsphänomenologie auf dem Weg über Gerardus van der Leeuw zu Mircea Eliade von Bedeutung, als die Selbsterneuerung der Phänomenologie aus dem Phänomen der Religion heraus. Dies zeigt sich vor dem Hintergrund des jüdischen Gedankens eines Angeredetseins durch die Begegnung mit dem Antlitz, in dem der Andere, und in ihm Gott, ins Denken einfällt (Lévinas 1985 u. 1992). Und es zeigt sich im Licht des Christentums in der späten Religionsphilosophie von Michel Henry.

Sie teilt mit den großen vergangenen Versuchen, Religion zu denken, wie Cusanus oder Hegel sie vorgeben, den Anspruch zu zeigen, dass der Grundgehalt von Religion nicht kontingente Projektion ist, sondern eine Vernunft- und Seinsstruktur selbst bezeichnet.

Dies ist aber keineswegs mit der ›Religion der Vernunft‹ der Aufklärung zu verwechseln, die Auslegerin des Depositums konkreter Religion ist, diese aber als ›nur‹ bildhaft oder metaphorisch zu verstehen gibt und grundsätzlich von der Erwartung ausgeht, dass jene konkrete Religion einmal hinfällig werde. Vielmehr führt das Phänomen konkreter Religion selbst das Denken auf seinen Grund: Die Selbstaffektion des Lebens hat, so zeigt Henry, ihren Grund in der Selbstzeugung Gottes, indem der Ur-Sohn mit dem Uranfang mit erzeugt wird. Alles Selbstsein, das nicht arbiträren Epiphänomenen wie der Bestimmung des Menschen als ›*Animal rationale*‹ verhaftet bleibt, ist insofern ein *Ipse*-sein in dem Ur-Sohn. Dies aufzuweisen, bedeutet, wie Henry seine Fragestellung zutreffend formuliert (Henry [2]1999), eine Aufklärung der Wahrheitsfrage von Religion, hier insbesondere des Christentums, die aber nicht darauf gerichtet ist, zu ermitteln, ob und inwieweit das Christentum ›wahr‹ sei, und dies an einem äußerlichen Maßstab zu prüfen; sondern die vielmehr die dem Christentum eigentümliche und immanente Wahrheit ans Licht bringt.

Henry dringt in seinem Werk ›Inkarnation‹ noch weiter vor: Es kommt zu einem »Umsturz der Phänomenologie«, in dessen Zusammenhang deutlich wird, dass menschliches Leben sich nicht selbst begründen kann. Das ›ET INCARNATUS EST‹ – die Fleischwerdung des christlichen Logos im Prolog des Johannes-Evangeliums verweist auf die singuläre Entdeckung, die das Christentum ermöglicht, und die im Sinne von Henry tiefer reicht als die griechische philosophische Tradition. Der Grundsinn von Leben wird damit in seiner Wirklichkeit erfasst; nicht in einer empirischen Orientierung auf den Leib, sondern auf das Fleisch *(chair)* als den Ort, an dem sich Inkarnation und Offenbarung vollzieht. »Von Christus eingeweiht, sagt Johannes […], was Gott ist: das Leben. Nun ist das Leben kein bloßer Begriff: *es setzt sich insofern als eine absolute Existenz, wie ein einziger Lebendiger lebt, insofern ich lebe*« (Henry 2002, 272).[6] Das Leben als Selbstaffektion verweist in diesen überweltlichen Grund, wie Henry betont. Es ist deshalb nicht als ›Tatsache‹, als etwas, das in der Welt der Fall ist, zu verstehen.

Für das Verhältnis von Religion und Denken ergibt sich an dieser Stelle eine bemerkenswerte Konstellation: Im bisherigen Verlauf der Argumentation zeigte sich, dass dort, wo philosophisches Denken konkreter Religion zu entsprechen sucht, es einzelne ihrer Züge besonders hervortreibt, auch wenn dies hier nur im Blick auf Konstellationen zwischen Philosophie und Christentum zu verdeutlichen war. Bei Hegel ist es die vollständige Selbstmanifestation und Manifestation, aber unter dem Vorzeichen einer ›spekulativen *Theologia crucis*‹; bei Schelling das ›Dass‹ der Existenz in der Offenbarung *(revelatio, apokalypsis)* als freie Handlung Gottes, bei Henry die Inkarnation und die Präexistenz des Sohnes im Vater: Züge, die nicht nur in Glaube und Dogma des Christentums von entscheidender Bedeutung sind, sondern auch in Liturgie und Kultus. In diametralem Gegensatz zu der trivial-aufklärerischen und religionskritischen Annahme, dass Religion ein primitiver Weltzugang sei, scheint sie durch das Denken nur in perspektivischer Brechung zu erfassen zu sein.

c) Einen negierenden, insofern Religionskritik als Religionsanalyse anlegenden Denkversuch bringt der Berliner Religionsphilosoph Klaus Heinrich ins Spiel. Seine Religionsphilosophie ist ›Arbeit am Mythos‹, mit der Formulierung von Blumenberg, aber in einem anderen Richtungssinn. Heinrich wendet sich dezidiert gegen Ursprungsmythologien, für die in seinem Verständnis C. G. Jung oder Heidegger stehen. Allerdings ist sein Blick nicht wie jener von Blumenberg auf die Ironisierungen und Entfernungen vom Anfang in den Verarbeitungen der Anfänge orientiert, sondern darauf, wie diese Anfänge weiterwirken, bis in grundlegende Formationen der Moderne hinein. Heinrich nimmt also Formen von Religion zum methodischen Leitfaden, um die Pathomorphie der Moderne zu studieren. Er misstraut Konstruktionen und einem aus sich selbst heraus bewegten Denken. Formen und Kategorien der Religionsphilosophie sind nur an ihrem Stoff erweislich: Herakles, Ödipus, sind bevorzugte Sujets von Heinrichs Analyse. Dabei zeigt sich aber zugleich eine Begrenzung auf den Übergang zwischen antikem Mythos und jüdisch-christlicher Religion, mit manchen Ausgriffen auf die östlichen Religionen. Diese thematische Orientierung weist auf den Zuschnitt der Religionsphilosophien von Schelling oder Hegel zurück, ohne dass Heinrich sich ihrer anders als in Abgrenzungen aus tiefenhermeneutischer Blickrichtung bediente.

Nicht zuletzt innerhalb der Tektonik der Psychoanalyse ist Heinrichs Ansatz bemerkenswert: Er spürt der Leistungsfähigkeit der Freudschen Analyse an jenen Materialkomplexen nach, dessen Komplexität Freud selbst als ›Illusion‹ destruierte. Freud unterscheidet freilich Illusionen deutlich von Wahnideen. Illusionen stehen, anders als Wahnideen, nicht im Widerspruch zur Wirklichkeit. Sie sehen jedoch von der Wirklichkeit ab. Dem göttlichen Subjekt, von dem die Wunscherfüllung erwartet wird, liegt nach psychoanalytischer Lesart das Vaterbild des Kindes zugrunde. Religion ist also eine Verlängerung der Kindheit in das Adoleszenzalter. Auch in der von Freud als Projektion abgewehrten Sphäre, womit zugleich eine Grenze und ein positivistisches Residuum Freudschen analytischen Denkens bezeichnet ist, bleibt Heinrich auf Freuds Spur, so dass er zwar das Material der Archetypenlehre von Jung aufnimmt, sich aber zugleich gegen dessen Ursprungsfixierung wendet. Der Archetypenlehre widersetzt sich Heinrich auch, weil er meint, dass sie die Struktur eines Wiedergeburtsmythos, und damit den ›regressus ad uterum‹ abbilde, in der Gestalt einer Fahrt zu den Müttern, in die Unterwelt. Vielmehr weist Heinrich die inneren Konflikte und Selbstüberlagerungen des Mythos nach. Die Richtung von Initiationen auf den Ursprung kehrt Heinrich geradezu um, um ihre Erforschung unter ein zutiefst aufklärerisches Vorzeichen zu setzen, das die ›Kinderkrankheit‹ einer Verneinung von Religion abgelegt haben muss.

Dabei dürften systematisch weniger die Anleihen bei Marx und im dialektischen Materialismus, als in der Psychoanalyse Freudianischer Provenienz zum Tragen kommen. Religionen sind, so ließe sich seine zentrale These zusammenfassen, gleichermaßen Orte der Verdrängung wie der Wiederkehr und schließlich der Verarbeitung des Verdrängten. Mit Freud, aber auch in einer inneren Affinität zu Hegel, verweist er auf das archäologische Interesse: »Weder um ein System noch um die Nachzeichnung eines historischen Prozesses war es mir zu tun. Mein Interesse war eher das eines Archäologen, der halb Verschüttetes aufspüren will, weil er weiß, dass er nur dann eine zureichende Gegenwartsanalyse wird vornehmen können« (Heinrich 2001, 10). Er weiß, dass alles Verschüttete noch da ist und unter der Oberfläche weiter rumort. Eindrucksvoll an Heinrichs Denkweise ist, dass sie keine Metakategorien konstruiert, die darauf hin auf unterschiedliche Sujets projiziert würden, sondern dass sie ihre Einsichten und Strukturen ausschließlich am Material der Religion entwickelt, ohne dabei in Positivismus zu gleiten. Dies: sich denkend der Religion anzuvertrauen, ist ein religionsphilosophisches Desiderat in der Folge einer Bemerkung Schellings, es gehe nicht darum, zu fragen, wie ein Phänomen zu reduzieren und zuzurichten sei, dass es sich in die Begriffe einfüge, gleichsam wie in ein Prokrustesbett, »sondern wohin müssen unsere Gedanken sich erweitern, um mit dem Phänomen im Verhältnis zu stehen«.

Es ist unverkennbar, dass Heinrich dabei insbesondere die nationalsozialistische Vergangenheit und den Völkermord vor Augen hat: dessen Wiederkehr und vielfache Formen der Verdrängung, auch jener, die aus der Identifikation mit den Opfern lebt und heute akuter scheint als zuvor. Deshalb versteht auch Heinrich Religion niemals nur auf individuelle Subjektivität begrenzt, sondern immer auf Gesellschaften, ja das ›Gattungssubjekt‹ Mensch bezogen: »Wie die Opfergesellschaft in eine der opferfreien Bündnisse verwandelt werden kann, muss als die emanzipatorische Grundfrage der Religionswissenschaft verstanden werden. Alle Religionen stellen diese Frage, auch wo sie das Individuum noch nicht entdeckt zu haben meinen und ihr den Ritus beglaubigendes, die Opfer rechtfertigendes ›Fürchtet euch nicht!‹ den Zusammenhang von Opfer und Gerechtigkeit noch nicht zu reflektieren scheint« (Heinrich 2001, 10).

Im Namen des Bündnis-Denkens redet Heinrich immer wieder einer längst wohlfeil gewordenen Kritik Erster Philosophie und Metaphysik das Wort, gegen die er die alttestamentarische Herausbildung eines Rechtsbündnisses mit JHWH setzt, in der Gerechtigkeit an die Stelle des Opfers tritt, ein Bündnis, das den Trieb sublimiere, nicht ausschließe und sich Natur- und Schicksalsmächten entgegenstelle. Es wird auch deutlich, dass Heinrich wohl allzu sehr in der Folge eines Marxistischen Materialismus steht, um die Sublimierungsmacht des Denkens des Einen, der Entbildlichung der Mystik zu gewahren. Entscheidend aber ist ein anderes Motiv: Im Sinne des ›Bündnisdenkens‹ kann (religiöse) Erfahrung, wie Heinrich zeigt, kein Ur- und Anfangsbegriff sein.

Von grundlegender Bedeutung für Heinrichs Konzeption ist seine Maxime, dass Religion nichts anderes sei als »das Verdrängte der Philosophie (Heinrich 1980, 10). Sie bringt daher in die logische Grundform des Satzes vom Widerspruch: ›tertium non datur‹ dies ›Tertium‹ wieder ein. Wenn man das philosophische Urteil auf die Disjunktion von Bejahung und Verneinung zurückführt, dahinter die Disjunktion von Tod und Leben gewahrt, »Leben oder Tod – also ein von Tod unangefochtenes Leben« (ebd.), so bezeichnet das *Tertium* eben die Zwischenformen, die jeder Verkörperung und Vermittlung eigen sind. Hier könnten sich Verbindungen zu dem ›unaufgehobenen‹ Hegel der ›Religionsphilosophie‹ ergeben, die sich Heinrich freilich nicht stellt.

Nicht zuletzt im Blick auf Henrys ingeniöse Interpretation des »*logos sarx egeneto*« aus dem Prolog des Johannes-Evangeliums ist es bemerkenswert, dass sich Heinrich, ähnlich wie Papst Benedikt XVI., wenn auch in einer ganz anderen Begründungs- und Argumentationsweise, gegen die Harnacksche These einer späteren, gegen dessen Willen geschehene »Hellenisierung des Christentums« ausspricht und ebenso gegen jene Tendenzen der jüngeren, vorwiegend protestantischen, Theologie, die die Differenz zwischen Vernunft und Offenbarung weiter aufreißt. Der Fleisch gewordene Logos schreibt sich, so Heinrich, einer philosophischen Logos-Struktur ein, übt damit, dass er auf der Fleischwerdung jenes Logos insistiert, aber zugleich an ihr Kritik und trägt die hebräische Triebdimension mit ein. Sie haftet dem Geist-Begriff immer an, und unterscheidet ihn damit von einem buchstäblich entleibten transzendentalen Subjekt. An einer besonders aufschlussreichen Stelle bemerkt Heinrich mit Blick auf Nicolaus Cusanus: »Wie sehr ›Bewusstsein‹ in der Tradition der europäischen Aufklärung die eigentlich göttliche Mitgift ist, sehen Sie daran, dass der Begriff der menschlichen mens in einer Repräsentationstheorie entwickelt worden ist« (Heinrich 2000, 216). Mit Cusanus: Die *mens* sei für den Leib was Christus für die Welt sei.

Daher ist der Fleisch gewordene Logos in der Deutung Heinrichs selbst eine Bündnisfigur, die dem Selbstzerfall und der Stasis des Leibes gegen sich selbst Einhalt gebietet.

Genannt sind damit drei Ausprägungen denkender Annäherung an Religion und Modernität: Hegels Anstrengung des Begriffs, die phänomenologische Wahrheits-Gewissheit bei Michel Henry, die an Freud orientierte Tiefenanalyse bei Klaus Heinrich geben meines Erachtens Konturen vor, die eine Religionsphilosophie in der Moderne nicht unterschreiten darf. Eine ›Trauer um Hegel‹ (Ricoeur),[7] genauer: um die Unerreichbarkeit seiner Vermittlung von Glauben und Wissen, deren Brüchigkeit in einer leisen Melancholie und Resignationsbewegung am Ende der ›Religionsphilosophie‹ selbst aufscheint, verbindet ihn als Dialektiker der Moderne mit Phänomenologie und Psychoanalyse.

3. Ansätze zur interkulturellen und materialen Religionsphilosophie

Derrida sagte gelegentlich, dass wir, wenn wir von ›Religion‹ sprächen, schon lateinisch denken würden. Damit ist eine Grenze bezeichnet, die zu der Prüfung nötigt, ob die Rede von Religion überhaupt den Kern trifft, und zugleich ist darauf hingewiesen, dass die Frage nach der Religion am Beginn des 21. Jahrhunderts dezidiert interkulturell zu behandeln ist. Heinrich Rombach hat in solchen Zusammenhängen darauf hingewiesen, dass es darum gehe, die hermetische Tiefenphilosophie einer Kultur ans Licht zu heben. Dabei ist gerade nicht eine vermeintliche *Lingua franca* vorauszusetzen – und dies umso weniger, je weniger sich der Rationalismus westlicher Provenienz von selbst versteht. Rombach mahnte vielmehr ein ›hermetisches‹ Gespräch zwischen den Kulturen an, in dem jeweilige Religionskulturen wechselseitig in ihre Tiefe und Innerlichkeit eintreten, wodurch ihnen der Spagat gelingen könnte, zugleich einander und sich selbst besser verstehen zu können. Es steht zu erwarten, dass aus dem von Rombach eingeforderten Tiefengespräch der Welten auch ein tieferer Friede zwischen Religionen erwächst, als geteilte Sprachregelungen in einer Lingua franca, die die Tiefenverständigung ausblendet.

Dass die denkende Befassung mit Religion zugleich eine Form philosophischer Selbstaufklärung ist, würde einer der inspirierendsten Philosophen der amerikanischen analytischen Tradition bestätigen: Stanley Cavell (2006), der den Skeptizismus radikalisiert und auf die Fraglichkeit menschlicher Existenz bezieht. Die Grundannahmen des amerikanischen Pragmatismus blenden diese Fraglichkeit aus. Der radikale Skeptiker, so Cavells Folgerung, tut gut daran, sich gerade Heiligen Texten zuzuwenden. Er hat von hier her die Kategorie der Heiligen Schrift expliziert. Heilige Schriften sind ihm zufolge dadurch ausgezeichnet, dass sie die Lesenden dazu motivieren, ihre eigene Unvollkommenheit zu erkennen. Die Gegenwart solcher Texte eröffnet die Gegenwart der Lesenden. Heilige Texte beweisen ihre besondere Qualität gerade durch den Abstand, in den sie versetzen.

Man könnte das, was mit dem hermetischen Zugriff gemeint ist, konkretisieren in dem Sinn, dass von gemeinsamen Brennpunkten aus die jeweilige Verschiedenheit in Betracht zu ziehen, von Differenzen aus eine gegenseitig geforderte Komplementarität zu denken ist. Dabei gehe ich davon aus, dass auf diese Weise das Proprium religionsphilosophischen Fragens bezeichnet ist, so dass also jeweils das Selbstverhältnis von Philosophie und Religion, Vernunft und Glaube, konkreter Transzendenz mit in Rede steht. Im Blick auf den ersten skizzierten religionsphilosophischen Typus (a) wäre dann zu untersuchen, wie sich der Gedanke einer Konvergenz gleichermaßen in den monotheistischen Religionen, Judentum, Christentum, Islam im späten Mittelalter einstellte. Kennzeichnend dafür ist die Formel von der ›duplex veritas‹. Im Christentum westlicher Provenienz führte sie zu einer immer weitergehenden Abkehr der säkularen Kultur von der Herkunftsreligion, im Islam in deren Abblendung, was sich auf die Formel stützen konnte, dass eine nicht-offenbare Wahrheit nur anerkannt werden kann, wenn sie nicht mit dem Wort des Koran in Konflikt gerät.

Eine denkende Annäherung an das interkulturelle Problem von Religionen wird nicht umhin können, herauszumeißeln, was sie jeweils in den Varianzen ihrer geschichtlichen Entwicklung ausmacht, wobei diese Varianzen und palimpsesthafte Überschreibungen keineswegs gering zu veranschlagen sind. So zu fragen, bedeutet keinesfalls ›Essentialismus‹, wenn auch die Grundstrukturen der Aristotelischen Substanzforschung in jedweder Frage dieses Typus sichtbar bleiben: Die Frage ›Was ist etwas?‹ (›ti estin‹) verweist auf seine jeweilige konkrete Gestalt (Aristotelisch sein ›to de ti‹) und sein *koinon* (seinen Allgemeinbegriff in weitestem Umfang).

So ist es von entscheidender Bedeutung, zu erkennen, welches – höchst unterschiedliche – Gewicht in verschiedenen Religionen deren Heiligen Schriften zukommt, ob sie auf Erlösung bezogen sind und wie sie Erlösung verstehen. Max Weber hat zu Recht zwischen akosmischer und welthafter Erlösungserwartung unterschieden. Welche Wege zu jener Erlösung sie eröffnet, ist zu fragen: dies kann in einer Religion von der leiblich sinnlichen tantrischen Lebensgestaltung bis zu höchsten spekulativen Denkformen führen. Dabei ist es freilich erst recht entscheidend zu erkennen, in welchem Verhältnis diese Formen zueinander stehen: In Über-, Unter- oder Gleichordnungsstrukturen. Wie stehen Deszendenz- und Aszendenz-bewegungen innerhalb einer Religion zueinander? Unstrittig ist das Christentum zunächst Deszendenz-Religion, doch in zentralen Figurierungen, etwa der Mystik, ist es zugleich *ascensus:* Aufstieg.

Damit sind nur einige wenige Untersuchungsfelder einer materialen Religionsphilosophie benannt, die sich auf die vielfältigen Selbstzeugnisse der Religionen ebenso beziehen kann, wie auf eine subtile philologische und religionswissenschaftliche Arbeit, die um so mehr überzeugen dürfte, wenn sie – im Weberschen Sinne – auf Werturteilsfreiheit, im Husserlschen Sinn auf »methodischen Atheismus« orientiert ist. Das spezifische Proprium, Religion zu ›denken‹, ist damit erst eröffnet und keineswegs hinfällig gemacht. Heinrich Scholz unterschied 1922 in seiner bis heute lesenswerten ›Religionsphilosophie‹ zwischen zwei Typen von Religionsphilosophie: der konstruktiven, die einen Begriff von Religion entwirft, ohne dass es für sie eine Rolle spielte, ob eine Religion existiert, die diesem Begriff entspricht; und der rezeptiven, die der »ponderablen«, belastbaren, Wirklichkeit und Wahrheit von Religion entspricht. Es mag nun wenig überraschend sein, wenn das hier skizzierte ›Denken von Religion‹ in der ›rezeptiven‹ Religionsphilosophie verankert wird (Scholz 1922, 19 ff.). Liegt doch im Sinne Hegels die Wahrheit nicht im Anfang, sondern erst in Entwicklung und Konkretion des Phänomens.

Im Blick auf die hermetische Komplementarität könnte gefragt werden, warum sich von der griechischen Philosophie über die monotheistischen Religionen eine Eigenständigkeit des *Lumen naturale* eine Ausdifferenzierung der Philosophie ergeben habe- nicht aber in der fernöstlichen Welt: von den Veden bis in den Buddhismus Nagaryunas, des östlichen Hegel, ist vielmehr ein hochstufiges komplexes Denken selbst Teil der Religionsübung.

4. Religionsphilosophie heute denken

Denkende Annäherungen an den Zusammenhang von Religion und Modernität, wie er hier paradigmatisch angedeutet ist, ist deshalb fruchtbar, weil er die flache Relation von Religion zu Kultur und Subjektivität von Grund auf in Frage stellt. In gegenwärtigen kulturwissenschaftlichen Diskursen scheint mit einer gewissen Selbstverständlichkeit Religion als eine Funktion oder ein Symbolisationssystem von Kultur verstanden zu werden. Kultur aber ist, wie etwa Klaus Heinrich lehrt, gar nicht ohne den Grund der Religion zu begreifen: und dies keineswegs nur in genealogischem Sinne, sondern in ihrer gegenwärtigen Form. Auch ist wenig gewonnen, wenn Religion als eine Projektion oder Funktion des Menschen begriffen wird; so als sei dessen ›Bestimmung‹ eindeutig. Hans Blumenberg (Blumenberg 2006) legt zurecht den Finger darauf, dass eine ›phänomenologische Anthropologie< ebenso unabdingbar wie – im Grunde – unmöglich sei. Leiblich inkarniertes Bewusstsein trägt in sich selbst jene Spannung, die Religion ausmacht.

Das ambitionierte Forschungsunternehmen von Max Weber und, in enger Beziehung mit ihm, von Ernst Troeltsch, lief deshalb darauf hinaus, die religiöse Wurzel von Wirtschaft, Gesellschaft, Staats- und Herrschaftssystem offenzulegen. Erst daraus könne sich eine >Wissenschaft vom Menschen< ergeben. Modernität ist keineswegs einfach das Gegenmoment zur Religion. Sie hat ihre eigene Religionsgeschichte, aus der sich ihre Selbstdeutungen weitgehend speisen. Charakteristisch dafür wäre der gnostisch manichäische Zug moderner Ideologien seit der Französischen Revolution zu nennen, die Erwartung einer >neuen Mythologie< und eines kommenden Gottes um 1800 in Frühidealismus und Frühromantik, oder der große Topos vom >Tode Gottes< zwischen Jean Paul, Heine, Nietzsche. Und dies reicht bis hinunter in die Erlösungs- und Verklärungserwartungen an eine technomorphe Moderne in Marinettis >Futuristischem Manifest<.

Man mag sich, gerade im Blick auf Religion, an die >Erkenntnistheoretische Vorrede< von Walter Benjamins Trauerspiel-Buch erinnern. Sie zielt nicht auf Allgemein-Erkenntnis, sondern auf das kristalline Zusammenschießen des Einzelnen, das von Benjamin völlig zu Recht mit der Platonischen Ideation in eins gesetzt wird. Es stellt sich darin ein Konkretum ein – und keine Abstraktion. Gerade Religion zeigt die Grenzen von kulturwissenschaftlichen Paradigmata, die lange bestimmend gewesen sind. Dies ist nicht nur insofern der Fall, als diese selbst einer »Religion des Säkularismus« folgen, wie Ulrich Beck meint; sondern sofern ihr Konstruktivismus das Grundmoment von Präsenz verfehlen muss, das Religion immer eigen ist. Jene Präsenz darf keineswegs mit naiver Unmittelbarkeitserwartung verwechselt werden. Schon gar nicht ist sie im Modus von Verfügbarkeit (Gumbrecht 2001) gegeben.[8] Religiöse Präsenz ist Annäherung an >reale Gegenwart< (Steiner 1990),[9] aber immer in der Spannung zwischen dem erinnert Gegenwärtig- und Entzogensein Gottes.

Denken der Religion muss im Letzten um die Entzogenheit der Religions-Evidenz wissen. Sie kennt nicht Gebet, Segen oder die Vergebung unvergebbarer Schuld, worin die »kritischste Kraft« der Religion beruht. Deshalb verschlüsselt sie nach einer schönen Formulierung von Derrida den Glauben, »verschlossen in einer *Krypta* weist sie ihm die Bestimmung eines spanischen Marranen zu, der sogar das

Harald Seubert

Gedächtnis seines einzigartigen Geheimnisses verliert, ja der es in Wahrheit verstreut und vervielfacht. Emblem eines Stilllebens: an einem Osterabend der angebrochene Granatapfel auf einer Schale« (Derrida 2001, 105).

Literatur

Th. W. Adorno, Negative Dialektik. Frankfurt/Main: Suhrkamp 1966

U. Beck, Der eigene Gott. Die Individualisierung der Religion und der ›Geist‹ der Weltgesellschaft. Frankfurt/Main, Leipzig: Verlag der Weltreligionen 2007

H. Blumenberg, Beschreibung des Menschen. Aus dem Nachlass herausgegeben von Manfred Sommer. Frankfurt/Main: Suhrkamp 2006

J. Derrida, Glaube und Wissen. Die beiden Quellen der ›Religion‹ an den Grenzen der bloßen Vernunft, in: J. Derrida und G. Vattimo, Die Religion. Frankfurt/Main: Suhrkamp 2001, 9–107

S. Cavell, Der Anspruch der Vernunft. Wittgenstein, Skeptizismus, Moral und Tragödie. Übers. Christiana Goldmann. Frankfurt/Main: Suhrkamp 2006

H. U. Gumbrecht, Diesseits der Hermeneutik. Die Produktion von Präsenz. Frankfurt/Main: Suhrkamp 2004

J. Habermas, Glauben und Wissen. Rede anlässlich der Verleihung des Friedenspreises des deutschen Buchhandels. Frankfurt/Main: Suhrkamp 2001

J. Habermas, Zwischen Naturalismus und Religion. Philosophische Aufsätze. Frankfurt/Main: 2005, insbes. 216–258

G. W. F. Hegel, Vorlesungen über die Philosophie der Religion I und II. Werke Band 16 und 17, hgg. von E. Moldenhauer und K. M. Michel. Frankfurt/Main: Suhrkamp 1969

K. Heinrich, tertium datur. Eine religionsphilosophische Einführung in die Logik (Dahlemer Vorlesungen Band 1). Frankfurt/Main und Basel: Stroemfeld/Roter Stern 1981

K. Heinrich, arbeiten mit ödipus. Begriff der Verdrängung in der Religionswissenschaft (Dahlemer Vorlesungen Band 3). Frankfurt/Main und Basel: Stroemfeld/Roter Stern 1993

K. Heinrich, vom bündnis denken. Religionsphilosophie (Dahlemer Vorlesungen Band 4). Frankfurt/Main und Basel: Stroemfeld/Roter Stern 2000

K. Heinrich, psychoanalyse (Dahlemer Vorlesungen Band 7). Frankfurt/Main und Basel: Stroemfeld / Roter Stern 2001

M. Henry, »Ich bin die Wahrheit«. Für eine Philosophie des Christentums. Übersetzung von Rolf Kühn. Freiburg/Br. und München: Karl Alber ²1999

M. Henry, Inkarnation. Eine Philosophie des Fleisches. Übers. von Rolf Kühn. Freiburg/Br. und München: Karl Alber 2002

G. Küenzlen, Die Wiederkehr der Religion. Lage und Schicksal in der säkularen Moderne. München: Olzog 2003

E. Lévinas, Die Spur des Anderen. Untersuchungen zur Phänomenologie und Sozialphilosophie. Übersetzung Nikolas Krewani). Freiburg/München: Karl Alber ²1987

E. Lévinas, Ethik und Unendliches. Gespräche mit Philippe Nemo. Wien: Edition Passagen 1992

H. Maier, Die Kirchen und die Künste. Guardini-Lectures. Regensburg: Schnell + Steiner 2008

T. Rentsch, Gott. Berlin, New York: De Gruyter 2005 (Grundthemen der Philosophie)

J. Ritter, Hegel und die französische Revolution. Frankfurt/Main: Suhrkamp 1965

F. Rosenzweig, Der Stern der Erlösung. Mit einer Einführung von Reinhold Mayer und einer Gedenkrede von Gershom Scholem. Frankfurt/Main: Bibliothek Suhrkamp 1988

F. D. E. Schleiermacher, Der christliche Glaube. Band I, hgg. von M. Redeker. Berlin: De Gruyter 1960

H. Scholz, Religionsphilosophie (1922). Berlin: De Gruyter 1974

H. Seubert, Rezension zu Stenger, Philosophie der Interkulturalität, in: Philosophisches Jahrbuch 115 (2008) 221–226

H. Seubert, Religion. Eine Einführung (2009). München, Paderborn: Fink /UTB (Reihe Profile)

H. Seubert, Glaube und Vernunft: Über Einheit und Andersheit des Absoluten. Religionsphilosophie in nuce, 2010 (im Erscheinen).

P. Sloterdijk, Du mußt dein Leben ändern. Über Anthropotechnik. Frankfurt/Main: Suhrkamp 2009

P. Sloterdijk, Gottes Eifer. Vom Kampf der drei Monotheismen. Frankfurt/Main, Leipzig: Verlag der Weltreligionen 2007

G. Steiner, Von realer Gegenwart. Hat unser Sprechen Inhalt? Übers. Jörg Trobitius. München: Hanser 1990

G. Steiner, Grammatik der Schöpfung. Aus dem Englischen von Martin Pfeiffer. München, Wien: Hanser 2001

G. Stenger, Philosophie der Interkulturalität. Erfahrung und Welten. Eine phänomenologische Studie. Freiburg/ Br. und München: Karl Alber 2006

Korrespondenzadresse: Prof. Dr. Harald Seubert, Siedlerstr. 151, D-90480 Nürnberg, FAX: 0911–503377. Email: HaraldSeubert@aol.com

Anmerkungen

[1] Der Verfasser wird im Folgenden einige wenige Grundgedanken in Orientierung an klassischen Positionen der Religionsphilosophie der Moderne entwickeln. Er widerspricht damit entschieden der Tendenz, systematische Begriffsarbeit und problemgeschichtliche Konstellationen bis zur Unkenntlichkeit voneinander zu trennen. Die gebotene Kürze bringt es allerdings mit sich, dass diese problemgeschichtlichen Grundgedanken nicht im einzelnen rekonstruiert, sondern nur in einer Durchsicht ins Gespräch gebracht werden können. Einführend dazu Seubert 2009a und in der Problematisierung und Diskussion eingehender: Seubert 2010.

[2] Darin sehe ich die große Schwäche von Habermas' Arbeiten aus den letzten Jahren. Er kommt auch in Auseinandersetzung mit Religion nicht zu einer Revision des eigenen Selbstverständnisses im Sinn eines Philosophierens ›nach‹ der Metaphysik. Unabhängig von einer Aufnahme der Fragestellungen der Metaphysik wird es m. E. kaum möglich sein, die Frage nach der Religion genuin philosophisch

zu stellen. Dies belegt auch umgekehrt Sloterdijk (2009), wenn er eine grund-legende Umorientierung der Philosophie einklagt, die daraus herrühren müsse, dass die Philosophie bisher auf dem – so Sloterdijk – verfehlten Fundament der Religion stehe. Dazu auch Sloterdijk (2007).

[3] Vgl. Rentsch (2005) mit der vor allem an Wittgenstein orientierten Auffassung, dass das Verstehen Gottes an den Grenzen philosophischen Denkens einsetzt.

[4] Hier wäre in der Gründungsgeschichte der Soziologie auf die Differenz zwischen Durkheim und Max Weber hinzuweisen. Dazu prägnant Küenzlen (2003). Doch Weber lässt sich, zumal in seiner Religionssoziologie, nicht in die engere Fach-geschichte einschließen. Sein – unvollendetes und wohl auch unvollendbares – Vorhaben zielte wohl, wie Tenbruck und Hennis gezeigt haben, auf eine ›Wissen-schaft vom Menschen‹.

[5] Allerdings wird hier die Situierung Kants anders vorgenommen als bei Habermas (2005), der in der nachkantischen Philosophie Überschreitungen dieser Grenze wahrnimmt. Diese Differenz dürfte auch mit der Positionierung zur Metaphysik zu tun haben.

[6] Henry neigt in seiner späten Philosophie des Christentums (²1999) dazu, den christlichen Logos scharf vom griechisch Platonischen zu trennen. Damit scheint sich mir der umsichtige Phänomenologe allzu sehr in der Folge der Kierkegaard-schen Trennung zu bewegen. Seinem Anspruch dürfte es eher entsprechen, wenn, etwa in Orientierung an Schelling, die Lebensstruktur als Grundverfassung er-wiesen würde, die auch dem griechischen Logos zugrunde liegt, aber nicht mit ihm in Widerspruch steht.

[7] Die Mitteilung dieser Formulierung von Ricoeur verdanke ich eingehenden Ge-sprächen mit Haan Adriaanse im Sommer 2008 in Wolfenbüttel.

[8] Gumbrecht (2004) übt im Namen solcher Präsenz Kritik am *morbus hermeneuti-cus,* der sich nur Umschreibungen und indirekte Annäherungen erlaubt.

[9] Steiner wendet sich besonders dem numinosen, auf Erstheit gerichteten Momen-tum der Kunst zu. Vgl. auch Steiner 2001 und Hans Maier 2008.

Winfried Rohr

Das Ringen Max Schelers
um den Religionsbegriff

Abstract: *This paper investigates the reasons for the changes in the Schelerian concept of religion. After an examination of the relation between metaphysics and religion in Scheler's middle period (1.) the author draws on the Schelerian description of the religious act. He points out the fundamental changes of Scheler's understanding of religion throughout his different periods and its connection with phenomenological methodology (2.). The paper closes with a short discussion of the consequences of (1.) and (2.) for Scheler's later works (3.).*

»Das Christentum überhaupt, sagen die einen, habe Bankerott gemacht; die christlichen Kirchen wenigstens, sagen die andern; diese und jene Kirche, sagen die dritten – Thesen, die auch schon früher und lange vor dem Kriege aufgestellt wurden. Nur die *eine* ältere Stimme fehlt heute fast ganz: Religion selbst habe Bankerott gemacht, sie sei ein Atavismus der historischen Entwicklung. Das Fehlen dieser Stimme zeigt, dass wir auf alle Fälle ein religiös äußerst *lebendiges* Zeitalter zu erwarten haben, ein Zeitalter ganz neuartiger schwerer Geisteskämpfe um die Religion« (Scheler 1954/⁵1968, 116).

Max Scheler umreißt in diesen prophetischen Worten aus seinem Eingangskapitel »Zur religiösen Erneuerung« zu seinem religionsphilosophischen Hauptwerk ›Probleme der Religion‹ das Spannungsfeld, in dem sein eigenes Ringen um den Religionsbegriff sich bewegt. Worte, die bis heute an Aktualität nichts eingebüßt haben, sondern im beginnenden 21. Jahrhundert sich sogar in vollem Maße zu bewahrheiten scheinen. Scheler thematisiert in der zitierten Passage einen Dreischritt vom kirchlichen zum christlichen und schließlich zum religiösen Denken, der hinsichtlich der Entwicklung einer Einzelperson zunehmende religiöse Unverbindlichkeit besagt, *begrifflich* aber – gerade im Hinblick auf das von Scheler angekündigte »Zeitalter [...] schwerer Geisteskämpfe um die Religion« – eine große Herausforderung in sich birgt, sofern für alle Formen einer als letztgültig ange-

sehenen Rückbindung des Menschen das Gemeinsame herauszuarbeiten ist. Scheler legt eine solche Definition nicht vor. Sein gesamtes
Denken bleibt fortwährend – aufgrund seiner von ihm entwickelten
phänomenologischen Einstellung[1] – in Auseinandersetzung mit der
Frage nach der Religion. In keiner Phase seines Denkens nimmt er die
Haltung eines nur außen stehenden Beobachters ein, sondern er präsentiert immer auch seine eigene Überzeugung.

So entwickelt er seinen Religionsbegriff in ›Probleme der Religion‹ innerhalb des Verständnisrahmens des von ihm bis ca. 1921 vertretenen Katholizismus. Danach verwendet er den Begriff Religion
sehr viel weniger, obgleich er die in seiner mittleren Phase an den Religionsbegriff gebundenen Philosopheme im Spätwerk weiterführt.
Gleichzeitig steht sein Religionsbegriff in enger Beziehung zu seinem
Metaphysikbegriff; dieser gewinnt in der Spätphase seines Denkens an
Bedeutung und bestimmt das Verhältnis zu den Relikten des in ›Probleme zur Religion‹ grundgelegten Religionsbegriffs. Diese begrifflichen Veränderungen stehen prinzipiell unter der Vorgabe seines eigenen *phänomenologischen* Ansatzes, durch den Konvergenzen und
Divergenzen überhaupt unter einem einheitlichen Gesichtspunkt betrachtet werden können.

Schelers *Phänomenologie* ist darum auch das philosophische Medium, in dem sein Ringen um den Religionsbegriff stattfindet. Sofern
nämlich seine Phänomenologie vom christlichen Liebesbegriff ausgeht,
ist sie *prädestiniert* für einen Religionsbegriff. Sofern aber die Liebe
phänomenologisch *transformiert* ist, birgt sie ein phänomenologisch
geprägtes *metaphysisches* Potential in sich, das nicht notwendig an
einen christlich fundierten Religionsbegriff bindet. In dieser Spannung
bewegt sich Schelers religionsphilosophisches Denken, das im Folgenden in möglichst großer Nähe zum Primärtext untersucht werden soll.
Gleichzeitig geht es darum, im Anschluss an diese Analyse, Grundzüge
einer prinzipiellen Problematik sichtbar zu machen, die den gegenwärtigen Umgang mit Religion in den westlichen, weitgehend christlich
geprägten Ländern, betrifft.

1. Das Verhältnis von Religion und Metaphysik in der mittleren Schaffensphase

1.1. Die Grundproblematik in ›Absolutssphäre und Realsetzung der Gottesidee‹

Schelers Auseinandersetzung mit dem Religionsbegriff gewinnt ein erstes vorbereitendes Profil in seiner von ihm nicht veröffentlichen Schrift ›Absolutsphäre und Realsetzung der Gottesidee‹ (1957, 179–264) aus dem Jahre 1915/16. Vorbereitend ist sie insofern, als er darin einen Schwerpunkt auf die Leistungsfähigkeit der Metaphysik legt. Kriterium seiner Grenzbestimmungen ist die *Realität* der Absolutsphäre. Für die Religion beantwortet er die Frage eindeutig: »*Wenn* etwas vom Wesen des Göttlichen auch real existiert, so gibt es nur *eine* Art, nach der seine Realität endlichen Personen zur Gegebenheit [...] kommen kann: dass es sich diesen [...] *spontan selbst zu erkennen gebe* [...]« (ebd. 185). Als Scheler diese Schrift schrieb, war die Selbstoffenbarung Gottes als Person, insbesondere vor dem Hintergrund seiner katholischen Überzeugung, eine Selbstverständlichkeit in seinem religionsphilosophischen Denken. Sein besonderes Interesse richtet sich darum in dieser Darlegung auf die anthropologischen Bedingungen von Metaphysik und auf die Frage nach ihrer Wissenschaftlichkeit, sofern gerade die Realität des absoluten Gegenstandes nicht positiv festgestellt werden kann.

Scheler äußert sich zur Stellung der Metaphysik ambivalent. Einerseits spricht er der »sog. natürliche[n] Theologie und Metaphysik [...] das Anrecht auf Existenz« (ebd. 182 f.) ab, weil ihr Schlussverfahren nicht dem Maßstab seiner Phänomenologie gerecht wird (vgl. ebd. 182). Andererseits sucht er selbst einen eigenständigen, das heißt phänomenologischen Weg der Metaphysik und setzt sich dafür vom kantischen Verdikt, »dass es keine Metaphysik als ›Wissenschaft‹ gibt«, ab, indem er die Möglichkeit einer »berechtigten Metaphysik als Erkenntnis und Wahrheit« (ebd. 212, vgl. auch ebd. 214) in Erwägung zieht.

Seine phänomenologische Untersuchung des Agnostizismus[2] führt ihn zunächst zu einem beachtlichen Ergebnis. Er führt den Nachweis, dass es eine »Voraussetzung des Glaubens [...] an die *mögliche* Realität eines sich offenbarenden Gottes« gibt, »nämlich das *Wissen um Bestand eines absoluten Seins und eines absoluten Wertes überhaupt*« (ebd. 200). Er führt weiter aus, dass »*der Verhalt, dass es eine absolute Sphäre* ›gebe‹ [...] ein evidentes, volladäquates, auf *Selbstgegebenheit* dieses Sachverhalts ruhendes *Wissen* – *vor* allem Glauben und Unglauben, vor aller Frage [ist]« und dass »der Satz [...], der dafür ›gilt‹ [...] *evident wahr* [ist]« (ebd. 201). Dem Agnostiker hält er auf dieser Grundlage vor, »dass man über die (nach [ihm] unbezweifelbare Realität) in der absoluten Sphäre nie ein *Was* (also auch nicht ›Gott‹) aussagen dürfe« (ebd. 202) und weist ihm nach, sich selbst auf »einen Grenzfall aller möglichen ›Was‹« (ebd.) einzulassen, nämlich das Nichts. Sich selbst täuschend vollzieht der Agnostiker damit einen »*metaphysisch-religiösen Nihilismus*« (ebd.).

Phänomenologisch weist Scheler in diesen Ausführungen auf ein metaphysisches *Wissen* hin, das als solches einen Platzhalter für das absolute Reale besagt. Gleichzeitig aber zeigt der Grenzfall des Agnostikers, dass der Mensch diesen Platzhalter im Lebensvollzug nicht freihalten kann, sondern prinzipiell füllt und – wie Schelers Diagnose verdeutlicht – auch *religiös* versteht. Schelers Metaphysikbegriff geht also vom religiösen Akt aus und hat keinen Eigenstand. Er ist das phänomenologisch vom Religionsbegriff aus entwickelte unselbständige Korrelat. Scheler geht sogar so weit, dass er der Metaphysik die Wissenschaftlichkeit in aller Schärfe abspricht, sofern nämlich der »metaphysischen Hang« diesem Maßstab nicht gerecht wird (vgl. ebd. 209), und eine apriorische Metaphysik des Absoluten unmöglich ist, weil Metaphysik im Gegensatz zur *Wesen*erkenntnis immer eine Realität setzt (vgl. ebd. 214).

Nach diesem vernichtenden Urteil über die Möglichkeit einer Metaphysik des Absoluten aus der Perspektive seiner Phänomenologie sucht Scheler einen weiteren Weg, dem am Agnostizismus gewonnenen *Wissen* durch Metaphysik gerecht zu werden. Er knüpft noch einmal an einer Rechtfertigung durch Wissenschaft und Philosophie an und weist auf »eine *Metaphysik* der zwar noch *relativen Daseins- und Gütersphären*« hin, »die über jene Stufe der Daseinsrelativität noch *hinaus*reichen (in der Richtung auf das absolute Dasein), die für die Wissenschaft durch die Idee und den Wert möglicher *Beherrschbarkeit* und Lenkbarkeit der Welt durch einen endlichen handelnden Willen konstitutiv mitbestimmt ist« (ebd. 216). Eine solche »relative Metaphysik« hält er als »*Bindeglied* von Wissenschaft und Philosophie« (ebd.) für möglich. Hier also kann der epistemologische Anspruch des Metaphysikbegriffs schelerscher Phänomenologie überhaupt greifen. Ihre Aussagen sind hypothetisch und führen wegen der nur wahrscheinlichen Setzungen der Realwissenschaften nur zu einer »Vermutungsevidenz«. Da diese aber nicht induktiv gewonnen wird, »sondern auf wesensmäßig endgültige (= metaphysische) Hypothesen – d. h. solche, die nur noch an dem Maße von logischer Einheit und Systematik zu messen sind, die sie zwischen Philosophie und Wissenschaft bestimmen«, sich stützt, führen sie zur »Ahnungsevidenz« (ebd. 216). Es ist auffällig, dass das oben dargestellte sichere Wissen jener vom Religionsbegriff abhängigen Metaphysik, deren Wissenschaftlichkeit verworfen wurde, nun in der relativen Metaphysik nicht zum Tragen kommt, da diese Ableitung nicht anders als unwissenschaftlich bezeichnet werden kann. Es zeigen sich hier erstmals zwei *entgegengesetzt fundierte* Metaphysikbegriffe. Der eine geht von der Realität der einzelwissenschaftlich untersuchten Dinge aus und zeigt mit Hilfe der Philosophie die wesensmäßigen Strukturen ihres Verweises auf die Absolutsphäre auf. Dieser wird in der mittleren Phase Schelers nicht vertieft; erst in der Spätphase knüpft er mit den so genannten Metaszienzien daran wieder an. Der andere ist an den Religionsbegriff gebunden. Beiden Metaphysikbegriffen ist es eigen, *abhängig* zu sein. Gleichzeitig aber wird mit der Zweiteilung der Bedeutung dieses in der Philosophiegeschichte so zentralen Begriffs in zwei Weisen der Abhängigkeit eine Dezentralisierung ontologisch-metaphysischen Denkens sichtbar. Metaphysik ist nicht mehr Anfang und wesentliche Stütze des Philosophierens in allen Seinsbereichen, sondern wird zur *Hilfswissenschaft.* Sie schmiegt sich gewissermaßen an die beiden divergierenden Seinsbereiche an, nämlich an die Religion, die von der Selbstoffenbarung Gottes ihren Ausgang nimmt bzw. an die Einzelwissenschaften, deren Ergebnisse erst durch Beobachtung gewonnen werden müssen. Scheler muss diesen Unterschied gesehen haben, da er sonst die beiden Arten der Metaphysik nicht gemäß der Wissenschaftlichkeit unterschieden hätte. Dieser Sachverhalt wird die weitere Entwicklung wesentlich bestimmen.

1.2. Die Problematik des Konformitätssystems

Sechs Jahre nach dem bisher zitierten Werk präsentiert Scheler in ›Probleme der Religion‹ (1921) eine zu seinem christlichen Denkhintergrund konsequente Entscheidung, nämlich das so genannte Konformitätssystem, mit dem er das Verhältnis von Religion und Metaphysik in einem neuen Ansatz für sein Denken klärt. Der entscheidende systematische neue Schritt liegt in der Übernahme einer *religionsphilosophischen* Perspektive, mit der er sich an eine junge Entwicklung innerhalb der Philosophie anschließt. In ihr sieht er den Gedanken verwirklicht, dass »sich die Philosophie nicht direkt mit Gott, sondern – wenn überhaupt mit Gott – mit Gott nur durch die Religion *hindurch* zu beschäftigen habe« (ebd. 126). Damit gelingt ihm einerseits, Religion und Metaphysik *anthropologisch* zu verorten, sofern sie ihren Ursprung im menschlichen Geist haben (vgl. ebd. 130 und 134), und andererseits die Eigenständigkeit seines phänomenologischen Ansatzes gegenüber der Theologie zu profilieren. Denn diese hat eine solche Unterscheidung, wie er meint, gerade nicht vorgenommen; vielmehr »galt« stattdessen die »natürliche Theologie [...] als *gemeinsamer* Teil der ganzen Theologie und der philosophischen Metaphysik« (ebd. 126). Scheler fordert die Vermittlung von natürlicher Theologie und Offenbarungstheologie durch die Religionsphilosophie.

Eine solche Vermittlung sieht er weder in den »*totalen Identitätssysteme[n]*« (ebd. 127), der Gnosis und dem Traditionalismus noch in den dualistischen Systemen[3], wie dem positivistisch-sensualistischen und der kantischen Agnostizismus (vgl. ebd. 139–142). Weder Überordnung der Metaphysik über die Religion noch die Trennung beider werden also der vermittelnden Stellung der Religionsphilosophie zur Offenbarungstheologie hin gerecht, weil sie die Gehalte der Offenbarung entweder rationalistisch überprägen und Metaphysik Ersatz für Religion wird (vgl. ebd. 130), oder sie übergehen bzw. Religion transzendental begründet wird (vgl. ebd. 141).

Durch den religionsphilosophischen Ansatz vermag Scheler ein neues Verhältnis von Identität und Differenz hinsichtlich des Gegenstandes von Religion und Metaphysik anthropologisch zu etablieren, indem er sagt: »Der Gott der Religion und der Weltgrund der Metaphysik mögen *realidentisch* sein; als *intentionale* Gegenstände sind sie *wesensverschieden*. Der Gott des religiösen Bewusstseins ›ist‹ und lebt ausschließlich im religiösen Akt, nicht im metaphysischen Denken über außerreligiöse Bestände und Wirklichkeiten« (ebd. 130). Die Frage der Verschiedenheit wird also durch Intentionalität geklärt, und Scheler betont gegenüber den Traditionalisten »die *selbständige Verwurzelung der Metaphysik im menschlichen Geiste*« und sieht die Intention der Metaphysik in der »*bestimmten Emotion*« der »*Verwunderung*« begründet, »*dass überhaupt Etwas ist und nicht lieber Nichts*«

(ebd. 134). Metaphysik ist »[d]ie Frage nach dem Wesen der an sich bestehenden Welt und des sie bedingenden Urgrundes [...]« (ebd.). Die Intention der Religion hingegen »gründet in der Gottesliebe und im Verlangen nach einem endgültigen *Heile* des Menschen selbst und aller Dinge« (ebd. 134). So sind »[d]as Heil und die Liebe zum Heil aller Dinge [...] selbständige Urkategorien der Religion; das Seiende, wie es an sich ist [...] selbständige Urkategorie der Metaphysik« (ebd. 135). Scheler hat wohl die Gefahr gesehen, dass unter diesen Bedingungen ein Dualismus gleichwertiger Intentionen entstehen würde. Die beiden Wesensintentionen versteht er nicht nur im realen Intentionsgegenstand geeint, sondern er sieht ein »*identisches Teilelement* auch in den intentionalen Gegenständen von Religion und Metaphysik, auf dem ihr notwendiger Zusammenhang auch im menschlichen Geist in letzter Linie beruht« (ebd. 135). Dieses Teilelement ist das *Ens* des *Ens a se*, sofern es indifferent »sowohl gegen den Begriff des absolut Realen als gegen den des absolut heiligen Gutes [...] [ist]« (ebd.).

Schon hier lassen sich Schelers Anliegen und der Schritt, den er seit 1915/16 vollzogen hat, deutlich erkennen. Es muss Scheler seit dem früheren Aufsatz klar geworden sein, dass die Religion der rationalen Ergänzung durch die Metaphysik in irgendeiner Weise bedarf. Die bisherige Alternative zu seinem kritischen Bild der Metaphysik war – neben den dargelegten Fehlformen – deren fundamentale Stellung in der katholischen Theologie. Schelers metaphysische Ausführungen in ›Probleme der Religion‹ partizipieren, wie noch beispielhaft dargestellt wird (vgl. Kapitel 2.2.), an diesen Erkenntnissen im Kontext seines phänomenologischen Denkens. Um überhaupt metaphysisches Denken korrelierend zum material-apriorischen religiösen Akt (vgl. Kapitel 2.1.) etablieren zu können, musste er die Metaphysik aus der natürlichen Theologie herauslösen und in einen phänomenologischen Kontext stellen, das heißt in den Kontext schauhaften religiösen Erlebens. Ihre Orientierung richtet sich dadurch nicht mehr unmittelbar auf die Gottesfrage der Theologie, sondern auf sie nur durch die anthropologische und phänomenologische Thematisierung des religiösen Vollzugs. Schelers Entscheidung zu einer Zwischenschaltung der Religionsphilosophie zur Neubestimmung der Metaphysik ist konsequent. Nur durch sie konnte er die Metaphysik hinsichtlich ihrer Orientierung von der Theologie abkoppeln und hinsichtlich der theoretischen Gehalte in phänomenologisch veränderter Weise an der theologiegebundenen Metaphysik teilhaben lassen.

Somit gelingt Scheler für seinen Zweck eine Entzerrung von Theologie und Religionsphilosophie und eine Fokussierung auf den anthropologischen Sachverhalt der Intentionalität, der der metaphysischen und der religiösen Haltung zugrunde liegt. Metaphysik und Religion kann er dadurch als symmetrisch konzipierte Korrelate auffassen, die ihr jeweiliges Eigenrecht besitzen. Es ist offenkundig, dass die Metaphysik dadurch deutlich aufgewertet ist und aus der radikalen Abhängigkeit von der Religion heraustritt, ohne die strikte Zugehörigkeit zu ihr aufzugeben. Die Einheit dieser zwei korrelierenden aber eigenständigen »Entia intentionalia« (ebd. 136) nennt er das »Konformitätssystem«, in dem »Religion und Metaphysik *frei* [sich] die Hände reichen, ohne dass die eine Hand heimlich die andere schon zu sich her zwingt, gleichwohl aber den Anspruch erhebt, sie frei empfangen zu haben« (ebd. 146). Scheler konkretisiert dieses Verhältnis: Die Personalität Gottes kann nur die Religion aussagen, während der Metaphysik vorbehalten bleibt, die »Sachbedingung dafür« zu sein, »dass ein Wirkliches personal gestaltet sein kann: [s]o vor allem *Vernünftigkeit* und *Geistigkeit* des Weltgrundes« (ebd.).

So ideal diese Lösung erscheint, so groß sind doch auch die Probleme, die Scheler zum Teil selbst sieht, und die sich konsequent aus der impliziten Anknüpfung an der schlichteren aber auch radikaleren Bewertung des Verhältnisses zwischen Religion und Metaphysik im früheren Entwurf ergeben. Es ist auffällig, dass das *Realitätskriterium* bei der Entwicklung des Konformitätssystems nicht in die Argumentation einfließt. Ohne dieses ist tatsächlich die Gleichwertigkeit zweier selbständiger Intentionen wesentlich leichter zu begründen. Scheler selbst scheint sich dieser Einschränkung bewusst gewesen zu sein, denn er relativiert die vollkommene Harmonie des Konformitätssystems direkt im Anschluss an dessen Darstellung, indem er seine Begründung vorlegt, warum die Metaphysik kein Fundament der natürlichen Theologie und Religion sein kann (vgl. 146): Absolute Erkenntnisevidenz hat die Metaphysik nur hinsichtlich der Sätze *Das Ens a se ist ein vom Ganzen der Welt Verschiedenes* und *Das Ens a se ist die erste Ursache/Urgrund für die Wirklichkeit der kontingenten Welt* (vgl. ebd. 146 f.). Alle übrigen Bestimmungen sind »niemals streng verifizierbare *Hypothesen*«, weil sie von »induktorischen Realurteil[en] der positiven Realwissenschaften« abhängig und darum als »Vermutungsevidenzen« nur wahrscheinlich sind (ebd. 147). So entsteht nun ein *Widerspruch* durch den Realitätsbezug: Nur die *absolute* Erkenntnisevidenz korreliert zur Glaubensevidenz des religiösen Aktes, *nicht* aber die *relative*, die sich immer auf Reales der empirischen Welt bezieht und nicht nur evidente Wesenserkenntnis ist.

Vor diesem Hintergrund weist Scheler auf ein zentrales Problem hin: »[D]iese daseinsfreien Erkenntnisse *allein* geben auch niemals ein metaphysisches Wissen, das ja seiner Natur nach ein Realwissen ist« (ebd.). Hier knüpft er gewissermaßen an Grundlagen der oben dargelegten relativen Metaphysik an, ohne eine solche hier zu meinen. Gleichzeitig sagt er damit, dass der Metaphysik im Konformitätssystem etwas *fehlt*, nämlich das Reale. Dieses aber kann aus der phänomenologischen Sichtweise zweier gleichwertig korrelierender Intentionen nicht eingeholt werden. Im Folgenden hebt er diese Differenz zwischen Religion und Metaphysik hervor, indem er ausführt, dass die Metaphysik nur »hypothetisch Wahres«, nicht »absolut Wahres«, nur »Vermutung«, nicht »evidentes Wissen« aussagen kann. Ferner »[sind] die metaphysischen Wissensgüter [...] notwendig Glieder des Prozesses der Geschichte, der Geschichte metaphysischen Forschens« (ebd. 148). Nur in dieser Eigenschaft letztlich relativer Erkenntnis ist die Metaphysik selbständig in der »*Intention* des Philosophen« (ebd.). Scheler weist damit auf ein Problem in seinem Konformitätssystem hin, das durch das Realitätskriterium sichtbar wird. Kommt es nämlich zum Einsatz, wird die Konformität in Frage gestellt, sei es durch den Bezug der Metaphysik auf die Realwissenschaften, sei es durch die Realität Gottes im religiösen Akt. Scheler bestätigt indirekt diese Sicht, sofern er darauf hinweist, dass die »religiöse Erkenntnis [...] die *ursprünglichere* [...] im Sinne der wesenhaften Ursprungsordnung beider Erkenntnisarten aus dem Geiste des Menschen [ist]« (ebd. 148 f.).

Fassen wir an dieser Stelle kurz zusammen: Scheler gelingt es, die Metaphysik durch das Konformitätssystem deutlich aufzuwerten und eröffnet dadurch die Möglichkeit, Inhalte der natürlichen Theologie phänomenologisch aufzuarbeiten. Diese Aufwertung wird aber durch die Hinzunahme des Realitätskriteriums, das gerade die Stabilität des Religionsbegriffs ausmacht, insofern relativiert, als die Selbständigkeit der Metaphysik sich zwar nicht von der Realität Gottes ableiten kann, aber ohne eigenständigen Realitätsbezug auch kein eigenständiges Korrelat zur Religion sein kann. So birgt die Metaphysik die Tendenz in sich, entweder, wie in ›Absolutsphäre und Realsetzung der Gottesidee‹, in der Abhängigkeit zur Religion aufzugehen oder die Selbständigkeit durch einen realwissenschaftlich orientierten Ansatz zu sichern. Schelers Konflikt im Verhältnis zwischen Metaphysik und Religion bleibt also erhalten, und es zeigt sich, dass das Konformitätssystem – so ideal es gedacht ist – nur ein vages Gleichgewicht darstellt, das nur gegen die innere Tendenz beider Begriffe aufrecht erhalten werden kann.

Am stabilsten erweist sich in der mittleren Phase Schelers der Religionsbegriff selbst. Die Labilität des Metaphysikbegriffs weist jedoch auf die Notwendigkeit einer weiteren Standortbestimmung innerhalb der Phänomenologie hin. Seine Emanzipation ist angesichts des Religionsbegriffs nicht begründbar, obgleich er am Ende der mittleren Phase Schelers deutlich aufgewertet ist. Darin kündigt sich eine Entwicklung an, die auch schon auf eine gewisse Labilisierung des Religionsbegriffs in Schelers Vorstellung schließen lässt. Sofern eine solche Entwicklung bei Scheler schon die Abwendung von der Glaubensbindung ankündigt, ist hierin eine Parallele zur Relativierung der Absolutheit der eigenen Herkunftsreligion als moderne Gesellschaftserscheinung in den westlich geprägten Ländern zu erkennen.

2. Die Phänomenologie des religiösen Aktes und der Religionsbegriff

2.1. Der religiöse Akt und die Realität Gottes

Schelers Auseinandersetzung mit dem Verhältnis von Religion und Metaphysik führt zu der Frage nach dem Grund der Stabilität des Religionsbegriffs. Bisher ist gesagt, dass *Gott* die religiöse Weise der Erkenntnis des *Ens a se* ist, und dass das religiöse Bedürfnis letztlich nur durch personale Begegnung mit ihm gestillt werden kann; darin gründet die Stabilität des Religionsbegriffs. Sie hat aber nur Bestand, wenn die Realität Gottes vorausgesetzt wird. Wie aber versteht Scheler dieses Realsein Gottes in seinem phänomenologischen Kontext, wenn doch »das Realsein jedes realen Gegenstandes im erlebten *Widerstande*, den der intendierte Gegenstand dem (geistigen) Wollen und Nichtwollen des erlebenden Subjekts leistet« (ebd. 186), sich zeigt? In der Folge stellt sich die Frage, welche Weise der Realität Gottes im religiösen Akt überhaupt gegeben sein soll? Einerseits ist nämlich offenkundig, dass ein solcher »erlebter *Widerstand*« eine empirische Grundlage haben muss. In dieser Hinsicht ist dieser Begriff auf Gott nicht anwendbar.

Andererseits aber legt Scheler hinsichtlich der Erkenntnis der Realität Gottes die »evidente *Einsicht in die Unbeweisbarkeit Gottes als daseiende Person*« (ebd. 331) zugrunde. Dieser Gegensatz rührt an die Fundamente des schelerschen Ringens um den Religionsbegriff.

Schelers Umgang mit der Realität Gottes ist primär nicht theologisch, sondern *phänomenologisch*. Hinsichtlich der Gotteserkenntnis verschafft sich Scheler einen Zugang durch »de[n] *Gegenstand* des relativ Seienden selber, an und in dem sich der Träger des absoluten Seins darstellt, in dem er ›sich erschließt‹«. Diese »symbolische und Fall für Fall *anschauliche* Relation [...] erblickt [d]er Geist [...] nur im religiösen Akt« (ebd. 161). In ihm wird »[e]in Gegenwärtigsein Gottes in der Kreatur, analog *wie der Künstler im Kunstwerk gegenwärtig ist*, [...] sichtig und fühlbar« (ebd. 163). Hier ist nun zu fragen: Zeigt sich der erlebbare Widerstand, durch den das Realsein Gottes erfahren wird, in den kontingenten Gegenständen? Scheler selbst spricht davon nicht, obgleich ihn eine verwandte Frage beschäftigt, nämlich die nach dem »Wesenszusammenhang [...] von *ursprünglichem* Realwerden und Gewolltwerden« (ebd. 216). Hier aber analogisiert er – den Sachverhalt prüfend – ebenfalls zwischen dem Urphänomen menschlichen Handelns, in dem »wir etwas ursprünglich Nichtreales (das im Wollen gegebene ›Projectum‹) ›dadraußen‹ in der Welt [...] wahrhaft *real werden* schauen« (ebd. 216), und dem göttlichen Erschaffen, das aber nach dieser Vorlage demiurgisch ausfiele (vgl. ebd. 218). Davon setzt er aber deutlich Gottes vollkommenes Erschaffen ab, nämlich »ohne *jede* Materie, die ihm gegeben würde [...], ›aus dem Nichts‹« (ebd.), das heißt ohne Widerstandserlebnis.

Es ist auffällig, dass Scheler das Widerstandserlebnis in der Gotteserkenntnis des religiösen Aktes entweder nicht kennt oder nicht ausführt.[4] Sicher ist, dass offen bleibt, wie die Erkenntnis des Realseins Gottes im religiösen Akt zustande kommt.[5] Er gibt nur die feststellende Auskunft, dass die »zwei Grundbestimmungen des Göttlichen, d[as] Ens a se und d[ie] übermächtige oder allmächtige Wirksamkeit [...] im religiösen Akte [...] ergriffen« werden (ebd. 163). So weit sich Scheler eine Grundlage für das phänomenologische Realsein Gottes geschaffen hat, setzt er es prinzipiell voraus und kann so die zwei korrelierenden Aktionsrichtungen zwischen Gott und Mensch thematisieren. Von Gott her gedacht, heißt das:

»Nur ein reales Seiendes mit dem Wesenscharakter des Göttlichen kann die Ursache der religiösen Anlage des Menschen sein, d. h. der Anlage zum wirklichen Vollzug jener Aktklasse, deren Akte durch endliche Erfahrung unerfüllbar sind und gleichwohl Erfüllung fordern. *Der Gegenstand der religiösen Akte* ist zugleich die *Ursache ihres Daseins*. Oder: Alles Wissen von Gott ist notwendig zugleich ein Wissen durch Gott« (ebd. 255).

Die Perspektive vom Menschen her setzt dies voraus und rekurriert auf Schelers Motiv der Gottsuche:»Gott *finden* lehren ist [...] etwas grundsätzlich anderes und Höheres, als sein Dasein beweisen. Nur derjenige, der Gott *gefunden* hat, kann ein Bedürfnis nach einem Beweis seines Daseins verspüren« (ebd. 254). Für den Religionsbegriff in der mittleren Phase Schelers wird zwar die Stabilität dadurch besonders nachvollziehbar. Es zeigen sich jedoch gerade in der Frage nach dem phänomenologischen Realitätsbegriff für die Religion neue Problemfelder, die Schelers Umgang mit dem Religionsbegriff bestimmt haben. Zum einen stellt sich die Frage nach der Einordnung des religiösen Aktes in sein phänomenologisches Gesamtsystem, das heißt der materialen Wertschau. Zum anderen die Frage, welche Folgen es hat, wenn das Verständnis des religiösen Aktes vom Menschen her *zugleich* nur von Gott her zu verstehen ist.

2.2. Der religiöse Akt und die phänomenologische Identitäts- problematik

Die bisherige Auseinandersetzung um Schelers Religionsbegriff lässt die Frage aufkommen, in welcher Weise bei der Bestimmung des religiösen Aktes noch Philosophie betrieben wird, wenn die Religion die Realität Gottes schon voraussetzt. Handelt es sich nicht letztlich doch um den Versuch Schelers, eine phänomenologische Theologie zu begründen? Scheler verwendet einen solchen Ausdruck nicht. Vielmehr geht es ihm darum, sich als Phänomenologe zu präsentieren, in dessen Erkenntnisbereich die Religion mit ihren theologischen Implikationen gehört. Wie aber versteht Scheler das Verhältnis von Religion und Phänomenologie, sofern er selber Philosoph ist? Zwei Aussagen sollen in diese Frage Licht bringen:
Erstens: Schelers Äußerung zum phänomenologischen Verständnis des religiösen Aktes:

»Dass der Mensch [...], auf welcher Stufe seiner *religiösen Entwicklung* er sich auch befinde, *immer und von vornherein* in einen von der gesamten übrigen Erfahrungswelt grundverschiedenen *Seins- und Wertbereich* hineinblickt, der weder aus dieser Erfahrungswelt erschlossen ist, noch durch Idealisierung an ihr gewonnen, der ferner nur und ausschließlich *zugänglich* ist durch den religiösen Akt: das ist die *erste sichere Wahrheit* aller Religionsphänomenologie. Es ist der Satz von der *Ursprünglichkeit und Unableitbarkeit religiöser Erfahrung*« (ebd. 170).

Scheler beschreibt hier den religiösen Akt als einen Akt phänomenologischer Reduktion bzw. apriorischer Wertschau, deren Erkenntnis »zur Konstitution menschlichen, ja jedes endlichen Bewusstseins gehört« (ebd. 242). Der Gottesbezug wird hier nicht eigens benannt, sondern ist die Grundlage des »*Seins- und Wertbereich*[s]«.[6]

Zweitens: Schelers Philosophieverständnis:

»[W]ir dürfen [...] das Wesen der Geisteshaltung, die jedenfalls allem Philosophieren formell zugrunde liegt, einstweilen definieren als: *Liebesbestimmter Aktus der Teilnahme des Kernes einer endlichen Menschenperson am Wesenhaften aller möglichen Dinge*« (ebd. 68).

Im Folgenden fragt Scheler danach, ob Philosophie, die er als »*Erkenntnis*« bestimmt, auch die »*unmittelbarste* Teilnahme« sei, »die dem Menschen am Wesenhaften vergönnt« sei, und er umreißt das, was er unter Philosophie versteht folgendermaßen:

»Ganz gewiss liegt es ausschließlich an dem *Gehalte* der Sachwesenheiten und an ihrer Ordnung, schließlich an dem *Gehalte* eines Wesens, das wir hier das Urwesen aller Wesen uns zu nennen gestatten, ob es gerade die Philosophie, und das heißt, ob es spontane, vom menschlichen Subjekt *ausgehende* Erkenntnis sei, der wesensmöglich diese innigste und letzte ›Teilnahme‹ zukommen kann. Denn nach dem *Gehalte* des Urwesens richtet sich naturgemäß auch die Grundform des Teilnehmens an ihm« (ebd. 69).

Philosophie ist also nach Scheler eine Weise der *Teilnahme* am Urwesen in der Gestalt der Erkenntnis, und somit gründet der »*liebesbestimmte Aktus*« ebenso in der *Teilnahme* am Urwesen.

Das die Philosophie Überschreitende genau zu bestimmen, ist bei Scheler sehr schwierig. Er deutet die Grenze am ehesten mit dem Merkmal »intellektualistisch« (ebd.) und der Abgrenzung der Orphiker zwischen Philosophie und dem dionysischen Mit-drängen im Alldrängen (vgl. ebd.) an. Die Grenzziehung wird aber wiederum unklar,

wenn er im Folgenden Fichtes Mit-sollen im All-sollen, das johan-
neisch-christliche Mit-lieben mit der All-liebe und Bergsons Mitleben
mit dem All-leben (vgl. ebd.) anführt, das heißt Denkweisen, die mit
hohem intellektuellen Aufwand – wenn auch unterschiedlichster Art –
sich dem Problem der Teilhabe am göttlichen Sein widmen.[7] Nach
Schelers Gedankengang stehen sie aber für einen überintellektualisti-
schen Gebrauch der Philosophie im Sinne der Teilnahme am Urwesen.
Der Unterschied zwischen Philosophieren und dem religiösen Akt liegt
dann nur noch in den konkreten Inhalten, in denen diese Teilnahme
vollzogen wird.

Das Fazit, das daraus für den Religionsbegriff zu ziehen ist, lautet:
Religion *ist*, vollzogen durch den religiösen Akt, *Phänomenologie* des
Wertes des Göttlichen bzw. Heiligen. Das Religiöse gehört also zum
materialen Apriori und wird durch Wertschau erkannt. Dies ist nur
möglich unter Voraussetzung einer apriorisch bedingten Realität Gottes im religiösen Akt. Diese Religionsphänomenologie ist – genauso
wie jede phänomenologische Erkenntnis eines anderen Wertbereichs –
an die *Teilnahme* an das Urwesen, das religiös Gott genannt wird, gebunden. Mit den Worten Schelers kann daher gesagt werden, dass »die
Vernunft […] nicht mehr ein Weltbild zur *Beherrschung* der Dinge,
sondern zu ihrer *adäquaten Erkenntnis* geben möchte, die nicht mehr
die Welt von unten her, sondern auch von oben her anblickt, […]« (ebd.
115). Schelers Phänomenologie ist jene Erkenntnis »von oben her«, die
homogen in der Wertschau in allen Wertbereichen vollzogen wird.

Fragen wir nach dem *Medium*, das diese Eigenschaft einer Erkenntnis »von oben her« besitzt, führt Scheler in ›Probleme der Religion‹ zum Quell seines gesamten phänomenologischen Denkens, nämlich zur *Gottesliebe* in ihrer dreifachen Begründung:

»Wie Akt und Gegenstand im Sein Gottes zusammenfällt, so fällt auch die
Bestimmung Gottes als summum bonum (unendliches positives heiliges absolutes Wertgut) und Gott als unendlicher Liebe*aktus* in eins zusammen.
Nur aus diesem Grunde muss die kontemplative mystische Gottesliebe ›zu‹
Gott als dem höchsten Gute wesensnotwendig zum Mit- und Nachvollzug
des unendlichen Liebe*aktes* Gottes zu sich selbst und zu seinen Geschöpfen
führen […]« (ebd. 220, vgl. dazu auch Anm. 5).

Einen tiefgreifenderen Grund für die Homogenität liebender Werterkenntnis kann Scheler nicht angeben. Von hier aus erklärt sich, dass
»[d]er eigentliche Sitz alles Wertapriori […] die […] in letzter Linie im

Lieben und Hassen sich aufbauende *Wert-Erkenntnis* [ist]« (⁴1954, 88), die in der Gottesliebe wurzelt.

Handelt es sich aber um apriorische Erkenntnis (liebende Wertschau), dann hat auch die Werterkenntnis den Primat vor der Seinserkenntnis und folglich »[ist] Erkenntnistheorie [...] eine Disziplin, die der Phänomenologie nicht vorhergeht oder zugrunde liegt, sondern ihr *folgt*« (1957, 396). Sofern sie ihr folgt und damit die »Selbstgegebenheit« der Werte »der Wahrheit und Falschheit *vorhergehen*« (ebd. 382), lässt sich Folgendes daraus schließen: Die liebende Werterkenntnis ist – konsequent zu ihrer Selbstbegründung in der Gottesliebe – fundamentaler als die Seinserkenntnis und diese setzt jene voraus⁸. Dieser Primat der Werterkenntnis ist nur möglich, weil der Mensch prinzipiell und *a priori* sowohl ein »Gottsucher« (⁴1954, 305) als auch ein *in* und *mit* Gott Liebender⁹ ist. Darum bezeichnet er ihn als »einen fließenden dynamischen Übergang zwischen zwei Seinskreisen [...]: Gott und Welt« (1957, 236). Daraus muss sogar geschlossen werden, dass die Religionsphänomenologie das Fundament aller Phänomenologie im Sinne Schelers ist.

Die wesentlichen strukturellen Konsequenzen der *phänomenologischen* Fundierung des Erkenntnismediums Liebe »von oben her« werden von Scheler selbst in dreifacher Weise benannt: *Erstens* gehen der Wille und die Triebe durch die Ausklammerung des Realitätskoeffizienten nicht in die Wertschau ein. *Zweitens* »[richtet sich] d[er] Akt der Liebe« – im Gegensatz zur aristotelischen Ethik – »nicht ›antwortend‹ [auf diesen Wert]« (⁴1954, 275). *Drittens* ist es nach Scheler »falsch«, Liebe als »Aufsuchen« von Werten oder als »Streben« (²1973, 159) zu verstehen. Durch diese drei Faktoren ist die Liebe vom Willen vollständig abgekoppelt, und somit auch das Aktzentrum Person, das durch den Vollzug liebender Wertschau zustande kommt, nicht mit ihm in einem gemeinsamen substanziellen Sein konfundiert (vgl. ebd. 86).

Scheler hat sich also, das kann nach diesen Negativbestimmungen gesagt werden, mit der Liebe einen *Erkenntnisbegriff* geschaffen, dem als solcher eine Absolutheit eignet, die in der Gestalt des Mitvollzugs göttlicher Liebe als Wertschau auch *Seinscharakter* hat. J. Malik sieht ganz richtig, wenn er darum Schelers Liebes- und Wertbegriff als *univok* diagnostiziert (vgl. 1963/1964, 129). Darin liegt eine wesentliche Erkenntnis für das Schicksal des Religionsbegriffs, das im Kontext der noch zu besprechenden wesentlichen Positivbestimmung des Liebesbegriffs verständlich wird. Scheler hebt in seinem Liebesbegriff darauf ab, dass der »Akt der Liebe […] die eigentlich *entdeckerische* Rolle in unserem Werterfassen – und dass nur er sie spielt –, dass er gleichsam eine *Bewegung* darstellt, in deren *Verlauf* jeweilig *neue* und *höhere*, d. h. dem betreffenden Wesen noch völlig unbekannte Werte aufleuchten und aufblitzen. Es *folgt* also nicht dem Wertfühlen und Vorziehen, sondern schreitet ihm als sein *Pionier* und Führer voran« (⁴1954, 275). Im Sympathiebuch präzisiert Scheler, dass »die *Liebe selber* [es] ist […], die im Gegenstande nun den je höheren Wert ganz kontinuierlich, und zwar *im Laufe ihrer Bewegung zum Auftauchen bringt* – gleich als ob er aus dem geliebten Gegenstande selbst ohne jede strebende Betätigung des Liebenden (sei es auch nur ›Wünschen‹ seinerseits) ›von selbst‹ herausströme« (²1973, 160).

Das homogene Medium der Liebe als schauende Erkenntnis zeigt sich unter den benannten Bedingungen der Reduktion als ein *einheitliches* Erleben, das Scheler mit »Auftauchen« und »Aufblitzen« bezeichnet, aber letztlich ist hier eine *Zweiheit* auszumachen: Zum einen die intentionale Höherbewegung, der aber gerade das Eigentümliche einer Bewegung, in diesem Fall die Nichtexistenz des Wertes, fehlt. Der »*Verlauf*«, von dem Scheler spricht, ist das spontane Erleben des »*Auftauchens*« eines Wertes, der kraft seines Wertseins und kraft der Liebe, die sich dem niedrigeren nicht zuwenden kann, der höhere ist. Wertsuche, Wahl und Entscheidung gibt es in der Wertschau nicht. Zum anderen aber besagt Lieben Erfassen von *gegebener Vollkommenheit*, da der Wert geschaut, nicht gesucht wird. Im »Auftauchen« wird gewissermaßen eine Bewegung »von oben her« zum Phänomen, die aber von Scheler nicht so genannt wird und auch systematisch nicht so gemeint ist. Denn Scheler denkt das als Bewegung »von oben her« Angesprochene innerhalb der dreifachen Gottesliebe, nämlich der Liebe des Menschen *zu*, *mit* und *in* Gott. Es zeigt sich daran, dass hinter der in der mittleren Phase ins Wort gebrachten Zweiheit zwischen Gott und Mensch kraft des univoken Liebesbegriffs eine noch nicht genau definierte, aber eindeutig *schon angelegte Identität* von Gott und Mensch gedacht ist, die sich in der Spätphase als offener Panentheismus ausprägt.

In gleicher Weise kann nun der *religiöse Akt* eingeordnet werden: Wenn dessen »*Gegenstand* […] zugleich die *Ursache* [*seines*] *Daseins* [ist]« und »[a]lles Wissen von Gott notwendig zugleich ein Wissen durch Gott [ist]«, ist das Erleben des religiösen Aktes die Einheit der

Liebe *zu, in* und *mit* Gott. *Gleichzeitig* ist eine Zweiheit zwischen Gott und Mensch ausgesagt, deren Grund aber *nicht* aus dem Liebesbegriff selbst abzuleiten ist. An diesem Sachverhalt lässt sich zentral Einsicht in den Grund für das Ringen Max Schelers um den Religionsbegriff erlangen: In ›Probleme der Religion‹ ist zwar der *univoke* Liebesbegriff theoretisch zugrunde gelegt, aber Schelers Auseinandersetzung – vor allem mit den theologischen Grundlagen katholischer Theologie – lässt ihn die Zweiheit zwischen Gott und Mensch *analogisch* auffassen. So schreibt er über den religiösen Akt, sofern er »von dem Wesens*gehalt* der Welt auf [die] Attribute« Gottes schließt: »[D]ieser Schluss ist kein Kausalschluss, sondern ein *Analogieschluss;* und zwar ein Analogieschluss, dessen Glieder ausschließlich erschaubare Wesenheiten und Wesenszusammenhänge enthalten müssen, die für jede mögliche Welt a priori gelten. *Empirische Begriffe* und *zufällige Tatsachensätze können also niemals* in diese *Quasischlüsse* eingehen« (1954/⁵1968, 172). Scheler macht also den Primat der Wertschau für den Analogieschluss geltend, um in diesem Medium die Spiegelung Gottes in der Welt als »symbolische Beziehung« (ebd. 172) anzusprechen. Dadurch gewinnt die Analogie *phänomenologische* Züge einer positiven Theologie, die auf der »Wesensähnlichkeit, die Gott ›als Geist‹ mit dem Wesen des endlichen Geistes besitzt« (ebd. 174), aufbauen. Innerhalb des univoken Liebesbegriffs, ist also ein analoges Verhältnis benannt, das die Zweiheit in der vorgegebenen Einheit ausfaltet. Diese Zweiheit wird aber nur *sekundär* in *analoger* Weise beschrieben, so dass der Analogieschluss leicht *modifizierbar* bzw. *eliminierbar* ist. Denn in Schelers Denken ist die Identität von Gott und Mensch immer schon angelegt, zumal der Mensch *nicht* über einen *substanziellen* Selbstand verfügt, der einen Primat analogischen Denkens rechtfertigen würde. Die dafür notwendige Seinsgrundlage gibt es aber in der Phänomenologie nicht. An deren Stelle tritt der *univoke* Akt liebender Schau, durch den das Aktzentrum Person entsteht.

3. Aufriss der Konsequenzen in der Spätphase

Mit Schelers Abwendung vom katholischen Glauben, ja sogar vom Theismus überhaupt (vgl. ⁴1954, 17), taucht der Gedanke des Analogieschlusses nicht mehr auf. Stattdessen gerät Scheler in die in seiner Phänomenologie angelegten monistische Dynamik, die ihn vom

»Theomorphismus des Menschen« in einer »philosophischen Anthropologie« zum »Anthropomorphismus Gottes« als »Metanthropologie« führt, wie F. Hammer diagnostiziert (1972, 55 u. 132). Sofern aber die menschliche Person zum Ort der Gottwerdung wird (vgl. Scheler 1976, 70 f.), ist die Identität von Gott und Mensch gedacht, deren Prozess in der *Dialektik* zur empirischen Welt (Geist-Drang-Dialektik) von statten geht. Es ist völlig klar, dass ein analogisches Denken nicht mehr integrierbar ist. Ebenso setzt er nach seiner Hinwendung zum Konzept der Gottwerdung des Menschen den Begriff der Religion nicht mehr als phänomenologische Brücke zur Theologie ein, sondern er steht für die Befriedigung eines »unbezwinglichen *Drang[es] nach Bergung*«, durch den der Mensch »Schutz und Hilfe ›hinter sich‹ [bekommen]« will, »da er im Grundakt seiner Naturentfremdung […] ins pure Nichts zu fallen schien«. »Die Überwindung dieses Nihilismus […] ist das, was wir *Religion* nennen« (ebd. 69).

Im Gegenzuge hat sich Scheler einen Metaphysikbegriff geschaffen, der zum einen in den Metaszienzien, durch die die Verbindung zwischen Einzelwissenschaften und Weltgrund gelegt wird, die relative Metaphysik in neuer Gestalt in den Dienst seines gewandelten Gesamtsystems stellt. Zum anderen aber erhebt er die Metaphysik explizit in den Rang des Religionsersatzes, wenn er vollmundig sagt, dass »Metaphysik keine Versicherungsanstalt […] für schwache, stützungsbedürftige Menschen [ist]« und fortsetzt: »Sie setzt bereits einen kräftigen, hochgemuten Sinn im Menschen voraus« (ebd. 71). Anknüpfend an den phänomenologischen Zentralgedanken des Mitvollzugs göttlicher Liebeserkenntnis gipfelt seine Stellungnahme zum Verhältnis von Religion und Metaphysik in folgendem Bekenntnis: »Wir setzen an die Stelle jener halb kindlich, halb schwächlich distanzierenden Beziehung des Menschen zur Gottheit, […] den elementaren *Akt des persönlichen Einsatzes* des Menschen für die Gottheit, die *Selbstidentifizierung* mit ihrer geistigen Aktrichtung in jedem Sinne« (ebd.).

Metaphysik tritt aus ihrer Abhängigkeit zur Religion und ihrer künstlichen Gleichrangigkeit mit ihr im Konformitätssystem völlig heraus und *hebt* die Religion im Prozess der Gottwerdung als Weise der Selbstvermittlung Gottes durch den Menschen *auf*. Damit ist die Religion – im Hegelschen Doppelsinn des Wortes »Aufheben« – sowohl eliminiert als auch zum Wesen der neuen Metaphysik geworden. Schelers dialektische Metaphysik als Religionsersatz findet ihre religiöse Gestalt in der von Scheler in seiner Spätphase vertretenen fernöstlichen Metaphysik des Buddhismus (vgl. dagegen unsere Anm. 3). Er deutet sie in seiner Phänomenologie als ein »Leiden am Widerstande«, in dem »das Begierdesubjekt« erlöschen und nur die »geschaute Wesenswelt« erwirkt werden soll, die die »Nichtsheit« bzw. das »Nirwana« ist (vgl. 1976, 46). Der Buddhismus ist gemäß dem zitierten späten Religionsverständnis gerade keine Religion, da er auf das Nichts *zugeht* und keine Geborgenheit sucht. Der einzige Standort, der bleibt, ist die dialektische Metaphysik, der gegenüber Religion minderwertig erscheint und letztlich in ihr aufzuheben ist.

Die Stellung des Buddhismus gegenüber der Religion in Schelers spätem Denken lässt etwas in der Gestalt theoretischer Herleitung sichtbar werden, das in den christlich geprägten westlichen Ländern zu einer Gesellschaftserscheinung geworden ist. Es geht um die Tendenz eines Rückzugs aus der konfessionellen Religion durch Anpassung ihrer Inhalte an Strukturen fernöstlicher Metaphysik wie sie vor allem durch die *New Age*-Bewegung als Vereinigung von östlich asiatischer Mystik und westlich wissenschaftlicher Rationalität bzw. östlicher Metaphysik und westlicher Mystik angeboten werden (vgl. Ruppert 1985, 23). Die Parallele zu Schelers Wandlung seines religionsphilosophischen Denkens liegt darin, dass konfessionsgebundene Religiosität in Konkurrenz zu einer alle Religiosität übergreifenden Metaphysik tritt, in deren Systematik hinein sich die althergebrachten Inhalte zunächst transformieren und sich letztlich auflösen. Das von Scheler im Eingangszitat benannte »Zeitalter ganz neuartiger schwerer Geisteskämpfe um die Religion« zeigt sich heute damit nicht nur in den öffentlichen Auseinandersetzungen der großen Religionen, sondern als ein schleichender und wesentlich der Entscheidung des Einzelnen überlassener Prozess, den Scheler in reflektierter Weise am Leitfaden seiner Phänomenologie vollzogen hat.

Literatur

F. Hammer, Theonome Anthropologie?, Max Schelers Menschenbild und seine Grenzen. Den Haag: Nijhoff 1972

R. J. Haskamp, Spekulativer und Phänomenologischer Personalismus, Einflüsse J. G. Fichtes und Rudolf Euckens auf Max Schelers Philosophie der Person. Freiburg/München: Alber 1966

W. Henckmann, Max Scheler. München: Beck 1998

J. Malik, Wesen und Bedeutung der Liebe im Personalismus Max Schelers. In: Philosophisches Jahrbuch 71 (1963/1964) 103–131

H. Martin-Izquierdo, Das Religiöse Apriori bei Max Scheler. Bonn: Bouvier 1964.

G. Pfleiderer, Theologie als Wirklichkeitswissenschaft, Studien zum Religionsbegriff bei Georg Wobbermin, Rudolf Otto, Heinrich Scholz und Max Scheler. Tübingen: Mohr 1992

H. J. Ruppert, New Age – Endzeit oder Wendezeit. Wiesbaden: Coprint 1985

M. Scheler, Gesammelte Werke, ed. Maria Scheler, Manfred Frings. Bern: Francke 1954 ff.:
– Bd. II: Der Formalismus in der Ethik und die materiale Wertethik. Neuer Versuch der Grundlegung eines ethischen Personalismus. Bern: Francke, 4. Aufl. 1954
– Bd. V (Das Ewige im Menschen): Probleme der Religion. Bern: Francke 1954, 5. Aufl. 1968, 101–353
– Bd. VII: Wesen und Formen der Sympathie Bern: Francke 1973, 7–258
– Bd. VIII (Die Wissensformen und die Gesellschaft): Probleme einer Soziologie des Wissens. Bern: Francke 1960, 15–190
– Bd. IX (Späte Schriften): Die Stellung des Menschen im Kosmos. Bern: Francke 1976, 7–72
– Bd. X (Schriften aus dem Nachlass I: Zur Ethik und Erkenntnislehre): Phänomenologie und Erkenntnistheorie Bern: Francke 1957, 377–430
– Bd. X (Schriften aus dem Nachlass I: Zur Ethik und Erkenntnislehre): Absolutsphäre und Realsetzung der Gottesidee. Bern: Francke 1957, 179–254

Korrespondenzadresse: Dr. Winfried Rohr, Rogeriusstraße 4, D-93188 Pielenhofen. Email: w-rohr@web.de

Anmerkungen

[1] Scheler versteht seine Phänomenologie als »eine Einstellung des geistigen Schauens, […]«, durch die ein »Reich von ›Tatsachen‹ eigentümlicher Art« sichtbar wird und grenzt sie von der Methode ab, die »ein zielbestimmtes *Denk*verfahren *über* Tatsachen« ist (1957, 381).

[2] Scheler führt seinen Nachweis auch anhand des Nirwana; darauf wird hier nicht weiter eingegangen. Es zeugt aber von Schelers buddhismuskritischer Haltung in den Jahren um 1915.

[3] Die Gnosis stellt die Spekulation über die Religion und der Traditionalismus rationalisiert die Glaubensgehalte mit metaphysischen Begriffen; vgl. Scheler ⁴1954, 127 f. Die dualistischen Systeme, »[scheiden] die Religion ganz und gar von der Metaphysik« (ebd. 138).

[4] Schelers Hinweis, dass »durch die Erfahrung der Persönlichkeit des vorbildlich Heiligen, jene Idee des Göttlichen mit positivem anschaulichen Gehalt erfüllt, […]« (⁴1954, 307) gibt möglicherweise ein vage Vorstellung eines solchen Widerstandserlebnisses.

[5] Pfleiderer 1992, 221, spricht unmittelbar von der Realsetzung Gottes: »Die Pointe der schelerschen Religionsphilosophie und zugleich ihre Aporie besteht […] darin, dass sie die funktionale Besonderheit der Religion durch das Sich-ereignen

der ›Realsetzung Gottes‹ bestimmt.« Martin-Izquierdo 1964, 130, hingegen unterscheidet, »dass das Reale nur unmittelbares Korrelat der wirklichen religiösen Erkenntnis (als Er-lebnis und Er-leidnis) ist, nicht aber der phänomenologischen Wertschau« und stützt sich darauf, dass das Formalismus-Buch »im Bereich des Eidetischen bleibt«, während ›Vom Ewigen im Menschen‹ »den Prozess der Erfüllung [darstellt]« (ebd. 131). Dass Scheler den religiösen Akt auch in letztgenanntem Werk eidetisch einordnet, zeigen unsere Ausführungen in Kapitel 2.2.

[6] Vgl. dazu auch Schelers Ausführungen zum Wert des Göttlichen ([4]1954, 114) bzw. des Heiligen (ebd. 129 und 308).

[7] Vgl. dazu auch Scheler 1954/[5]1968, 86: »Indem das konkrete Aktzentrum des ganzen Menschen sich zur Teilhabe am Wesenhaften aufzuschwingen sucht, ist also sein Ziel eine *unmittelbare Einigung* zwischen seinem Sein und dem Sein des Wesenhaften; […].«

[8] Vgl. dazu Schelers Hinweis auf Nelsons Einwand (1957, 397), »dass jede […] Erkenntnistheorie den Zirkel einschließt, die Möglichkeit von Erkenntnis und eine bestimmte Art derselben für die von ihr zu leistende Erkenntnis eines Erkenntnisvermögens vorauszusetzen, […]«; vgl. ebenso Scheler [4]1954, Anm. 1.

[9] Vgl. dazu Scheler 1973, 166: »Die höchste Form der Gottesliebe ist nicht die Liebe ›zu Gott‹ als dem Allgütigen, d. h. einer Sache, sondern der *Mitvollzug* seiner Liebe zur Welt *(amare mundum in Deo)* und zu Sich selbst *(amare Deum in Deo)*, das heißt das, was die Scholastiker, die Mystiker und vorher schon Augustin ›amare in Deo‹ nannten.«

Christian Graf

Existenzielle Wahrheit bei Heinrich Barth und Michel Henry

Ein philosophischer Dialog mit Blick auf die religiöse Wahrheit heute

Abstract: *In the philosophies of both Heinrich Barth (1890–1965) and Michel Henry (1922–2002) Christian faith plays an important role without affecting their self-understanding as genuine philosophers. Especially the meaning of truth in the prologue of John is a considerable point of reference for both philosophers in order to revise the usual concepts of truth. Yet, both philosophers argue that religious faiths only have a legitimate place in our modern environment if they are related to truth thereby giving truth a new existential dimension.*

1. Einführendes

Mit Heinrich Barth und Michel Henry sollen hier zwei ihren Konzeptionen, ihrem Stil und ihrem Herkommen nach sehr unterschiedliche Denker miteinander verglichen werden. Während dieser aus der phänomenologischen Tradition heraus denkt, weiss sich jener zunächst und in gewisser Weise bis zuletzt dem kritischen Idealismus der Marburger Schule verpflichtet. Die unterschiedliche Herkunft widerspiegelt sich in teilweise gravierenden terminologischen Differenzen, die einen Vergleich erschweren. Besonders markant tritt dies etwa im Falle der Unterscheidung von Immanenz und Transzendenz zutage. Bei Henry ist der erste Begriff positiv, der zweite, identifiziert mit dem Außen der Welt, negativ besetzt. Bei Barth hingegen meint Transzendenz gerade nichts anderes als *Transzendenz gegenüber der Welt*, während Immanenz für den Bereich der Gegenständlichkeit der Welt steht und für die Unfähigkeit, diesem Bereich, mit dem Begriff einer »echten« Transzendenz, zu entkommen. Lässt man sich jedoch von der gerade entgegengesetzten Ansetzung der Termini hier und dort nicht verwirren, hat man keine Schwierigkeit, in der scharfen Welt- und

Gegenständlichkeitskritik Henrys sowie in der damit einhergehenden Freilegung einer absoluten Dimension innerhalb der Subjektivität des individuellen Lebens eine Parallele zu Barths Suche nach echter (und auch religiöser) Transzendenz zu erkennen. Ähnlich wie Barth hat übrigens innerhalb der phänomenologischen Denktradition Emmanuel Levinas das Verhältnis von Immanenz und Transzendenz bestimmt. Auch dieser Seitenblick vermag die terminologische Differenz zu relativieren und den Blick für die Gemeinsamkeit des Interesses zu schärfen.

Verglichen werden sollen die beiden Denker vor allem unter dem Leitbegriff einer »existenziellen Wahrheit«. Der Begriff entstammt dem Denken Barths, wo er in einer eindeutigen, wenn auch nicht durchgehend explizit gemachten Beziehung zum Wahrheitsdiskurs des Johannesevangeliums steht. Dieser Bezug dürfte sich als gemeinsamer Nenner der beiden philosophischen Konzeptionen eignen. Die Brücke soll also im Blick auf Henry über dessen Spätschriften ›C'est moi la vérité‹ und ›Incarnation‹ geschlagen werden, die im Unterschied zu den früheren Schriften, die aus einer rein phänomenologisch-philosophischen Perspektive argumentieren, die christliche Religion zu Worte kommen lassen. Ich denke aber, dass es hier nicht meine Aufgabe ist, Michel Henrys Denken im Ganzen gerecht zu werden. Indem ich, von Heinrich Barth her kommend, den Übergang zu Henry dort suche, wo er mir am leichtesten vollziehbar zu sein scheint, genügt es mir, wenn dessen Denken dabei nur in einem einzelnen Aspekt beleuchtet wird, sofern es sich wenigstens nicht um einen ganz und gar randseitigen handelt.

Eine weitere wichtige Gemeinsamkeit ist vielleicht gerade an dieser Stelle auszumachen. Beide Denker erheben den Anspruch, trotz der Einbeziehung christlicher Quellen als vollwertige Philosophen ernst genommen zu werden. Mich hat bei der Lektüre Henrys beeindruckt und überzeugt, wie er zu zeigen versteht, dass die johanneisch inspirierte Reflexion auf den Lebens- und Wahrheitsbegriff zugleich eine Radikalisierung der Phänomenologie ist, die diese erst zu sich selbst kommen lässt und als die jene Reflexion erst ihre Legitimierung erfährt. Fraglich dürfte von daher sein, ob die Rede von einer »religiösen Wende« im Blick auf Henry angebracht ist. – Barths Philosophie auf der anderen Seite wird in den Lexika als »christliche Existenzphilosophie« verzeichnet, wobei das Beiwort »christlich«, denkt man an die so gut wie ausgebliebene philosophische Rezeption des Barthschen Werkes, offenbar in den Augen vieler ihren Rang als Philosophie sogleich stark einschränkt: Eine »christliche« Philosophie bedeutet dann so etwas wie eine Philosophie, die einen – eben: christlichen – Rahmen hat, welcher dem philosophischen Begründungsgang voraus liegt und von der Rechenschaftspflicht entbunden ist. Ich bemühe mich demgegenüber darum, zu zeigen, dass Barths Philosophie sowohl in ihrer grundsätzlichen Öffnung gegenüber der Glaubensthematik wie in ihrer konkreten Einbeziehung gewisser Grundmotive des christlichen Glaubens als Radikalisierung der Idee einer kritischen – *erkenntnis*kritischen – Philosophie zu lesen ist, wie Barth sie sich von seinen philosophischen Lehrern angeeignet hat.

Da ich hier kaum eine Vertrautheit mit dem Denken Heinrich Barths voraussetzen darf, ist es sicher angebracht, dieses Denken und seinen Autor kurz vorzustellen. Heinrich Barth wurde 1890 als der vier Jahre jüngere Bruder des allseits bekannten Theologen Karl Barth in Bern geboren. Er studierte Philosophie und Altphilologie in Bern, Marburg und Berlin. Seine 1913 vorgelegte Dissertation beschäftigte sich mit Descartes' Begründung der Erkenntnis. 1920 folgte seine Habilitationsschrift über die Seele in der platonischen Philosophie. In dieser Zeit war er auch intensiv an der Herausbildung der dialektischen Theologie seines Bruders beteiligt. Das Verhältnis der Brüder war allgemein ein sehr gespanntes, am wenigsten noch in jenem Jahren um 1920, wo sich auch gelegentlich ein Einvernehmen oder sogar so etwas wie eine Zusammenarbeit ergab. Heinrich wollte als Philosoph ernst genommen werden und behielt gleichzeitig sich – und damit grundsätzlich auch der Philosophie als solcher – ein Mitspracherecht in theologischen Angelegenheiten vor. Karl Barth war nicht willens, diesen Anspruch anzuerkennen. Heinrich Barths Denken gibt sich durchgehend Rechenschaft von seinem Verhältnis zum christlichen Glauben, wobei zu beobachten ist, dass Barth in späteren Jahren deutlicher unterscheidet, ob er jeweils als Philosoph oder als bekennender Christ spricht.

Von 1920 bis 1960 lehrte Heinrich Barth an der Basler Universität, zunächst als Privatdozent, dann als außerordentlicher, schließlich – ab 1942 – als ordentlicher Professor. Im letzten Jahrzehnt seiner universitären Wirksamkeit war er Kollege von Karl Jaspers. Seine wichtigsten Veröffentlichungen während seiner Zeit an der Universität sind die »Philosophie der Praktischen Vernunft« (1927), ›Die Freiheit der Entscheidung im Denken Augustins‹ (1935) sowie die zwei Bände der ›Philosophie der Erscheinung‹ (1947; 1959). Kurz nach seinem Tod 1965 erst erschien sein großes zusammenfassendes Hauptwerk »Erkenntnis der Existenz«, zwei Jahre später (1967) ein Sammelband, der auch Abhandlungen einschließt, die das Verhältnis zum christlichen Glauben und das Problem der neutestamentlichen Hermeneutik reflektieren und durch einige eigene Versuche auf diesem Feld ergänzt werden.

Barths voll ausgebildete Position ist die einer *transzendental begründeten Existenzphilosophie auf der Grundlage einer Philosophie der Erscheinung.* Darin, dass er seine Existenzphilosophie zugleich als Transzendentalphilosophie verstanden haben möchte, kommt der – gelegentlich auch explizit ausgesprochene – Anspruch zur Geltung, mehr als die prominenten Gestalten existenzialistischen Denkens auch Anschluss an die große systematische Tradition der Vernunftphilosophie zu finden. Der Begriff der Existenz ist bei Barth nicht von Anfang an im Vordergrund. Vielmehr operiert er zunächst mehr mit dem Lebensbegriff. Es ist dabei interessant, wie er sich zur Lebensphilosophie stellt. Soweit sie dazu neigt, das Leben gegen Vernunft und Erkenntnis auszuspielen, distanziert er sich klar von ihr. Doch der Begriff des Lebens selbst bleibt bei ihm durchwegs positiv besetzt, und auch dem Interesse an dessen Bewegtheit gegenüber aller Erstarrung in einer toten Begrifflichkeit verbindet er sich mit Entschiedenheit. Die Bewegtheit des Lebens steht aber in keinem Widerspruch zu dem Logos, um den es auch der Philosophie letztlich gehen sollte, ist dies doch ein Logos, der »das Leben nicht aufhebt, sondern begründet« (1962, 234), der neues Leben schafft, das Leben im Prozess seiner stetigen Erneuerung hält (ebd. 239 f.; 1927, 268).

Existenz- und Lebensphilosophie als Transzendentalphilosophie – und dazu auch noch eine Philosophie der Erscheinung. Wie kommt Barths Philosophie zu diesem Titel? »Darin liegt ohne Zweifel eine Schwäche der modernen Existenzphilosophie, dass sie es – wenn wir recht sehen – versäumt hat, über die phänomenale Bezogenheit dessen, was sie unter ›Existenz‹ verstanden haben will, einen systematisch durchdachten und festgelegten Aufschluss zu geben. Wir vermöchten nicht einmal genau anzugeben, wie sich die ›Existenz‹, die doch in aller Munde ist, zu dem konkreten psychischen Akte verhalten mag. Der Begriff der ›Existenz‹, der uns angeboten wird, verharrt in dieser wesentlichen Hinsicht in einem gewissen Halbdunkel. […] Philosophie der Existenz stellt uns vor ein Problem, dessen phänomenale Bezogenheit vor allem ins rechte Licht treten muss« (1967, 39 f.). Nicht über die Phänomenologie, sondern über eine eigene historisch-systematische

Aufarbeitung des Erscheinungsproblems möchte Barth den Mangel ausgleichen, den er der übrigen Existenzphilosophie anlastet. Wie erscheint die Existenz? »In der Welt«, nach Art eines Gegenstandes vermag sie nicht in Erscheinung zu treten. Korrespondiert ihr ein spezifischer Phänomenalisierungsmodus? Die monumentale zweibändige »Philosophie der Erscheinung«, die der Aufarbeitung des Erscheinungsproblems gewidmet ist, verfolgt das Ziel, einen Erscheinungsbegriff zu entwickeln, der die Erscheinung von Welt und Mensch, Kosmos und Existenz umfasst, ohne die grundlegende Differenz ihrer jeweiligen Phänomenalisierungsweise zu verschleifen. Spätestens hier, so scheint mir, ist die Nähe zu Michel Henry gleichsam mit Händen zu greifen.

2. Priorität der Existenz oder des Lebens vor dem Sein

Heinrich Barth und Michel Henry treffen sich, wenn ich recht sehe, in der folgenden kühnen und weit reichenden These: Der Existenz, dem Leben, oder sagen wir, indem wir einen Begriff nehmen, der in beide Terminologien passt: der Subjektivität, kommt ein schlechthin fundamentaler Status zu. Subjektivität ist gar *fundamentaler als das Sein*, jedenfalls gemäss der Art, wie dieses in der Regel gedacht wird. Wie lässt sich eine solche These legitimieren?

Zur Begründung dieser These beginne ich mit einem Gedankengang, der sich so weder bei Barth noch bei Henry findet, der aber geeignet sein könnte, die gemeinsame Stoßrichtung ihrer Philosophien zu verdeutlichen. Die Wissenschaften zielen auf objektive Erkenntnis. Alles, was sie untersuchen, wird ihnen zum Objekt. Ein verbreiteter Szientismus tendiert zur Auffassung, dass alles Wirkliche letztlich von der Art eines Objekts sei oder doch grundsätzlich in ein Objektives überführt werden könne, also auch etwa der menschliche Geist. Subjektivität stellt auf diesem Weg der Überführung ins Objektive zwar ein faktisches, nicht aber ein prinzipielles Problem dar – zumal die moderne Hirnforschung hier unabsehbare Möglichkeiten der Aufklärung zu bieten scheint. Nüchtern betrachtet gleicht diese Auffassung jedoch der eines Käufers, der für real nur das hält, was grundsätzlich käuflich ist, und dabei das vergisst, was ihm die Tätigkeit des Kaufens ermöglicht: das Geld. Ganz ebenso vergisst der Szientist, was die objektivierende Tätigkeit der Wissenschaft ermöglicht: die Subjektivität. Wie

Geld einfach deshalb nicht käuflich ist, weil das einer unsinnigen, widersinnigen Vorstellung entspräche, so ist es ein unsinniges Vorhaben, Subjektivität in Objektivität auflösen zu wollen. Wenn der Käufer einigermaßen bei Verstand ist, wird er aus der Wirklichkeit, in der er lebt, das Geld nicht ausschließen und es als illusionär erklären. Und es wird ihm auch nicht einfallen, es als eine bloß minderwertige, abgeleitete Realität zu betrachten, da es doch gerade dasjenige ist, was ihn in seiner Tätigkeit trägt und ermöglicht. Analog dazu sollte auch der Wissenschaftler nicht gering von dem denken, was ihn zum Wissenschaftler macht. Wirklichkeit besteht, wie sich zusammenfassend sagen lässt, nicht nur aus Objektivität, sondern auch, und zwar in grundlegender Hinsicht, aus Subjektivität, ohne die jene gar nicht wäre. Das, was ist (in der Weise eines wirklichen oder möglichen Objekts), ist nicht alles, was ist (in einem umfassenden Sinne von Wirklichkeit).

So wichtig es nun aber ist, dass auf der Wirklichkeit der Subjektivität, auf ihrer alle äußere Wirklichkeit begründenden Bedeutung insistiert wird, so wichtig ist es andererseits, dass ihr ganz anderer Wirklichkeitsmodus im Bewusstsein gehalten wird. Subjektivität zeigt sich nicht im Außen der Welt, sie wird nicht als ein Objektives fassbar. Wer darauf wartet, dass sie ihm vor Augen geführt wird, im Hirn oder Nervensystem nachgewiesen wird, hat nicht verstanden, worum es geht. Deshalb ist es so unglaubwürdig und der Sache einer Verteidigung dessen, was in der Tradition Geist oder Seele hieß, so abträglich, wenn diese als quasi-objektive Realitäten behandelt und von einer esoterischen Pseudowissenschaft in Beschlag genommen werden. Ob ein religiöser Glaube unter den Bedingungen der aufgeklärten Moderne noch glaubwürdig sein kann, steht und fällt mit der Frage, wie deutlich die Realität, an die hier geglaubt wird, von dem Modus objektiver Realität unterschieden und gemäß diesem anderen Modus als wirklich ausgewiesen wird. (Gibt es Gott? Wenn es ihn »gibt«, so jedenfalls am ehesten gemäss der Art, wie es sinnvoll ist zu sagen, dass es Subjektivität »gibt«.) Man darf nicht unter Berufung auf eine persönliche Erfahrung bei der Unsichtbarkeit dieser vorgeblichen Realität stehen bleiben und die von der Philosophie zu Recht eingeforderte kritische Rechenschaftspflicht verletzen. Wenn Henry betont, dass nur das Leben selbst Zugang zum Leben hat, also nur individuell erfahren werden kann, so bedeutet das nicht, dass diese Aussage selbst bloß aus einer persönlichen Erfahrung legitimiert würde. Vielmehr ist es die allgemein nachvollziehbare, auf objektive Gültigkeit Anspruch erhebende Überlegung, dass die Wirklichkeit, beschrieben nach Maßgabe des Außen der Welt, *unvollständig und unzureichend* beschrieben ist und das Leben von dorther nicht verstanden werden kann. Das Leben ist nicht schlechthin der Erfahrung oder der Phänomenalität entzogen, aber es wird – unmittelbar – nur selbst erfahren. Sein Phänomenalisierungsmodus ist der einer Selbstoffenbarung, und ohne diese Selbstoffenbarung wäre auch die Phänomenalität der Welt nicht möglich.

3. Subjektivität

Die Philosophie Kants hat der Seele jede Substantialität genommen. Heinrich Barth hat daraus nicht die negative Konsequenz gezogen, dass damit der Wirklichkeit der Subjektivität in allen denkbaren Formen eine Absage erteilt sei. In der Regel aber blieb im Anschluss an Kant Subjektivität nur als reine, transzendentale, weltlose übrig. Diese Subjektivität bildet so etwas wie den formalen Rahmen der Welt, ist also zwar nicht in diese aufzulösen, gibt aber auch keine Perspektive auf ein ihr Jenseitiges frei. Fest an die Welt gekettet, kennt sie keinen Standort, von dem aus die Welt zu relativieren wäre. Und Gott kann dann nicht mehr als eine bloße Idee sein. Das aber ist sowohl für Barth wie für Henry eindeutig zu wenig: zu wenig im Blick auf die wohl unausrottbare Grundintuition, dass hinter der Rede von einer Seele und von Gott eine Realität steht, und zu wenig im Blick auf den Widerstand gegen die grassierende Tendenz zu einem von den Wissenschaften geförderten materialistischen Reduktionismus der Weltanschauung.

Michel Henry wie Heinrich Barth werten beide Subjektivität, entgegen dem subjektivismuskritischen, ja entsubjektivierenden Trend in der Philosophie und Geisteswissenschaft des 20. Jahrhunderts, stark auf. Bedeutsam aber dünkt mich dabei vor allem, dass beide gleichwohl keineswegs die ihrer selbst mächtige und Welt erzeugende Subjektivität restituieren, welche die Subjektkritiker im Auge haben. Vielmehr ist die Anfänglichkeit, die Spontaneität, die in den Begriff der Subjektivität gehört, bei ihnen eindeutig als ein stets erneuertes *Geschenk* bestimmt, in dessen Besitz sich das Subjekt niemals zu bringen vermag. Gerade in seiner Freiheit weiß sich das Subjekt gebunden. Es ist ein je und je *zur Freiheit befreites* Subjekt, vom jeweiligen Ereignis dieser Befreiung zutiefst abhängig. Damit ist die unselige Alternative zwischen Behauptung und Preisgabe des Subjekts, in deren Bann etwa

die Spätphilosophie Heideggers und die hermeneutische Philosophie
Gadamers steht (nicht *wir* sprechen oder führen ein Gespräch, sondern
die Sprache spricht usf.), wirkungsvoll unterlaufen. Die berechtigte
Kritik an der von der Intentionalität her gedachten Scheinwerfer-Sub-
jektivität darf nicht zu einer Entwertung der Subjektivität als solcher
führen.

Es scheint mir, dass Michel Henry die schlechthin fundierende
Rolle, die er der Subjektivität als dem individuellen Leben zuschreibt,
auf zwei verschiedenen Wegen zu legitimieren sucht. Der eine ist der,
den man den klassischen nennen kann: Der letzte Grund ist durch
Selbstbezüglichkeit gekennzeichnet. Das Leben ist »Selbstaffektion«,
»Selbstumschlingung« oder »Selbstoffenbarung« usf. Die Selbstbezüglichkeit des Lebens ist Voraussetzung für alle äußere Referenz. – Andererseits aber führt Henrys Kritik am Konzept der Intentionalität und
an allem, was damit zusammenhängt, ihn dazu, Bewusstsein und Denken (als prinzipiell mit diesem Konzept verbunden) von der ursprüng-
licheren Realität der Affektivität abhängig zu machen. Hier ergeben
sich für mich kritische Fragen.

Auch für Henry ist mit dem Johannesevangelium doch unzweifelhaft gerade jene enge, bis zur Gleichsetzung gehende Beziehung des
Lebens auf Wahrheit und Wort bedeutsam. Barth geht es immer darum, dass »dem Logos nicht Abbruch getan« werde, dass mit anderen
Worten nichts Irrationales gegen den (griechischen) Logos gestellt und
diesem vorangestellt werde. Der griechische Logos wird infrage gestellt
durch einen anderen *Logos*, und dieser darf nicht auf denselben Titel
Anspruch erheben, ohne irgendwie mit dem griechischen zusammen-
gedacht und ins Verhältnis gesetzt zu werden. Während sich Barths
Philosophie mit unwahrscheinlicher Konsequenz auf dieser Linie hält,
zeigt Henrys Philosophie hier in meinen Augen eine gewisse Ambivalenz. Auf der einen Seite steht etwa das Wahrheitsbuch »›Ich bin die
Wahrheit‹«, das in seiner Grundintention sicherlich auch auf dieser Linie liegt, oder der Begriff der »Selbstoffenbarung« *(auto-révélation).*
Für die andere Seite möge eine Formulierung stehen, die ich sinn-
gemäß den Veröffentlichungen Rolf Kühns entnehme und die mich
doch etwas irritiert: »*Leben* im verbalen Sinne bedeutet, die Potenzia-
litäten des subjektiv bestimmten Lebens als phänomenologische Ur-
sprungsgegebenheit zu entfalten ...« (vgl. 2009, 415 ff.). Ist das Leben
bei Henry wirklich zunächst einmal ohne jeden Sinnbezug zu definieren? Nur als das »Entfalten von Möglichkeiten«? Und die Sinnfrage

käme dann erst später, auf einer höheren Ebene ins Spiel? Für Barth steht die Existenz als solche in der Frage nach ihrem Sinn und ist gar nicht losgelöst davon zu denken. Existieren bedeutet für ihn selbst ein Erkennen, aber kein wissenschaftliches, theoretisches Erkennen, sondern das Erkennen des *Anspruchs*, der von der jeweiligen Situation ausgeht. Von hier aus wird dann auch die Bezogenheit auf Wahrheit nachvollziehbar, während sie in Kennzeichnungen des Lebens wie der oben zitierten oder etwa im Begriff der »Selbstaffektion« im besten Fall verborgen bleibt.

Ich halte hier einen Seitenblick auf einen anderen, noch lebenden Philosophen für angebracht, der aus einer Henry, aber auch Barth gegenüber anderen Denktradition stammt, aber zu Resultaten gekommen ist, die durchaus mit den Henry und Barth leitenden Grundmotiven korrespondieren: auf *Dieter Henrich*. Wenn sein Ausgangspunkt fraglos das Problem des Selbstbewusstseins ist, so hat er dieses als eine ursprüngliche Vertrautheit mit sich selbst verstanden, welche gerade nicht zur Begründung einer Bewusstseinsphilosophie taugt, die mit einem sich selbst durchsichtigen und selbstmächtigen Subjekt rechnet und die Intentionalität fetischisiert. Im Gegenteil betonte er stets, dass sich das Selbstbewusstsein zwar in seiner Struktur beschreiben lässt, dass aber sein Grund sich uns gänzlich entzieht. Gerade in der Erfahrung dieser Entzogenheit sah er den Anlass, auf eine absolute, Selbstbewusstsein und damit Subjektivität erst ermöglichende Dimension zu schließen (vgl. etwa den Band ›Bewusstes Leben‹). So wäre hier zu fragen, ob diese unmittelbare Vertrautheit mit sich selbst, die Henrich unter dem Titel »Selbstbewusstsein« analysiert, nicht im Grunde dasselbe Selbstverhältnis ist, das Henry, unter konsequenter Meidung des Bewusstseinsbegriffs und gleichsam von der anderen Seite kommend, von der Affektivität, nicht vom Denken her, das »Leben in seiner affektiven Selbstumschlingung« oder ähnlich nennt. Sollte dem aber so sein, dass sich zwei Denkwege mit gerade entgegen gesetzten Ausgangspunkten hier treffen, so wäre erneut zu fragen: Bedarf es dieser Akzentuierung und Höherwertung von Affektivität und Leiblichkeit gegenüber Bewusstsein, Denken und Erkenntnis wirklich oder trägt diese Tendenz vielmehr zur Diskreditierung des zugrunde liegenden Motivs bei?

4. Wahrheit

Es ist nun an der Zeit, das zentrale Thema der existenziellen Wahrheit zur Sprache zu bringen und zu vergleichen, wie Henry und Barth jeweils von der Wahrheit reden. Ich werde dabei von Barth ausgehen, dessen Position mich durchwegs überzeugt. Von der Explikation dieser Position aus werde ich immer wieder zu Henry hinüberfragen. Beide unterscheiden mit allem Nachdruck zwei Formen der Wahrheit: Henry die Wahrheit der Welt von der Wahrheit des Lebens, Barth die theoretische Wahrheit von der existenziellen Wahrheit. Bei Barth jedoch gibt es, wenn ich recht sehe, im Unterschied zu Henry, einen der existenziellen Wahrheit entsprechenden *Erkenntnisbegriff*. Wie es theoretische Erkenntnis gibt, so gibt es bei Barth auch *existenzielle* Erkenntnis. Und diese ist zwar deutlich von der theoretischen Erkenntnis zu unterscheiden und letztlich auch nicht als eine parallele Erkenntnisform zu verstehen, wird aber bei Barth doch bis zu einem gewissen Grade parallel geführt und expliziert. Bedeutsam an dieser Parallelität dünkt mich insbesondere, dass auch im Fall der existenziellen Erkenntnis die Möglichkeit der Verfehlung der Wahrheit besteht. Wahrheit ist somit auch hier als eine Art Maßstab oder Norm zu fassen. Bei Henry irritiert dagegen, dass die Lebenswahrheit vielmehr so etwas wie eine Grundgegebenheit des Lebens zu sein scheint, die im Leben, aber auch in der Wahrheit der Welt immer schon impliziert ist. Henry bringt sie mit der Selbstgewissheit des Lebens in Zusammenhang, in der sich ja ausdrücklich gerade kein Spannung erzeugender Spalt auftut. Ich sehe nicht, dass diese Wahrheit in der einzelnen, konkreten Lebensäußerung auf dem Spiel stehen würde und von ihr auch verfehlt werden könnte.

Was versteht Barth unter »existenzieller Erkenntnis«? Existenzielle Erkenntnis ist das, was unser Wollen, sei es das unbewusste Streben oder die bewusste Zwecksetzung, faktisch bestimmt. Das mag zunächst nach einem provokativen Idealismus oder Intellektualismus klingen. Doch in Wahrheit beruhte ein solches Urteil auf einem bloßen Missverständnis, indem es von einem schon fixierten Begriff von Erkenntnis aus denkt. Barth möchte vielmehr die faktische Bestimmung unseres Wollens als ein Erkenntnisgeschehen verstehen, was freilich bedeutet, dass der Begriff der Erkenntnis selbst ganz neu konzipiert werden muss. Existenzielle Erkenntnis kann sich niemals sicher sein, den Titel »Erkenntnis« wirklich zu verdienen. Sie kann grundsätzlich ebenso gut ein Verkennen der Wahrheit sein. Die Wahrheit wird hier weniger greifbar als auf dem Feld der theoretischen Erkenntnis. Es gibt keine ohne Weiteres ausweisbare Kompetenz im Blick auf existenzielle Erkenntnis. Und selbst *post factum* kann keine Handlung in einer abschließenden Beurteilung als der Wahrheit entsprechend festgehalten werden. Denn so etwas wie »Erfolg« ist dem Maßstab existenzieller Wahrheit inkommensurabel.

Die existenzielle Wahrheit ist im Grunde nichts anderes als *das Gute*. Der Begriff steht bei Barth also für die praktisch-ethische Wahrheit. Das Gute ist zugleich letztes Strebensziel und letzter Maßstab, an dem alles Tun und Lassen gemessen wird. Zwar strebt ohnehin jeder nach dem Guten, da es aber jederzeit eine offene Frage bleibt, worin denn das Gute überhaupt und im Einzelfall besteht, ist es uns stets ebenso nah wie fern: nah als das Motiv unseres Handelns und fern als dessen ungreifbares Gericht. Dass nun Barth das Gute, einer ehrwürdigen Tradition folgend, seinerseits als mit der Wahrheit letztlich identisch fasst und seine mit dem Leben zusammenfallende Suche als Erkenntnis begreift, ist sicher nicht nur als Verbeugung vor dieser Tradition zu verstehen, sondern hat einen gewichtigen Grund, dessen man inne werden kann, wenn man sich die heutige Diskussion zum Thema vor Augen hält. Auf der einen Seite wird hier die Ethik ganz oder doch weitgehend vom Anspruch auf Wahrheit abgekoppelt. Ein Kulturrelativismus hat dann das letzte Wort. Auf der anderen Seite versucht man, den normativen Horizont über die Konstruktion eines herrschaftsfreien Diskurses zu restituieren. Die so zurück gewonnene ethische Wahrheit, hat mit der existenziellen Wahrheit bei Barth nichts zu tun, denn sie ist eine angemaßte Wahrheit *über* das Leben, einem theoretischen Reflexionsprozess entstammend, nicht derjenigen Vernunft, die, wie Barth sagt, »im Leben selbst lebendig ist« (1927, 105). Für Barth geht es darum, den Absolutheitsanspruch der ethischen Dimension in der Weise wiederherzustellen, in der er angesichts der Pluralität heutiger Lebensentwürfe einzig noch glaubwürdig vertreten werden kann. Das bedeutet, dass man die spezifische Form von Wahrheit und Absolutheit begreifen muss, die dem Guten und der ihm entsprechenden Erkenntnis eignet. Bleibt der Begriff theoretisch-wissenschaftlicher Wahrheit in seinem Monopol unangefochten, gibt es auf dem Feld der Ethik keine Erkenntnis, keine Wahrheit und keine absolute Gültigkeit.

Barths existenzielle Erkenntnis ist Antwort auf die je neu sich stellende Existenzfrage. Diese Antwort ist nicht in einem Urteil, sondern nur in einem Existenzakt zu geben. Das vernommene Wort hat Fleisch zu werden, anders entwindet sich die Existenz der in ihr gestellten Frage. Die tatsächlich vollzogene Handlung, die faktisch eingenommene Haltung zählen; an sie wird der Maßstab existenzieller Wahrheit angelegt. Es geht hier also um die Überzeugungen, welche unser Leben wirklich leiten, um die Einsichten, auf die wir unsere Existenz bauen, um dasjenige, worein wir unser Vertrauen setzen. Ein anderes Wort für solches Vertrauen ist – in einem noch nicht spezifisch religiösen Sinne – der *Glaube*. Auch nicht als Vermutung, die an die Stelle eines hier nicht zu habenden Wissens träte, sondern als lebenspraktisches, sich in dieser Praxis der Bewährung aussetzendes Vertrauen ist der Glaube wesentliches Implikat der existenziellen Erkenntnis.

Existenzielle Wahrheit kann also nur im lebenspraktischen Vollzug selbst bezeugt werden. Nur in ihm ist der Ort ihrer Bezeugung zu suchen. Das bedeutet: Existenzielle Wahrheit ist konstitutiv bezogen auf eine individuelle Situation in einer individuellen Lebensgeschichte. Der Einwand liegt nahe: Wahrheit hat doch ihrem Begriffe nach eine allgemeine, gerade nicht durch die Bezogenheit auf einen bestimmten Fall eingeschränkte Gültigkeit. Weshalb hier also von *Wahrheit* reden? Doch ist die Situationsbezogenheit der existenziellen Wahrheit ein Mangel? Sie ist es nicht, weil diese Wahrheit so zu denken ist, dass sie *gar nicht anders* denn in Relation zu einer bestimmten Situation und einem bestimmten Individuum überhaupt die Wirklichkeit in Anspruch nehmen und in ihr ihre Entsprechung finden kann. Dass die Allgemeingültigkeit der theoretischen Wahrheit nicht als Maßstab zur Bewertung – was in unserem Fall heißt: Abwertung – der existenziellen Wahrheit taugt, ist daran zu ersehen, dass gerade die Verallgemeinerung des im Blick auf eine bestimmte Situation als wahr Erkannten eine prinzipielle Verfehlung der existenziellen Wahrheit anzeigt. Wer der Tendenz zu solcher Verallgemeinerung, was so viel heißt wie *Ideologisierung*, nachgibt, übt gleichsam Verrat an der Wahrheit, die sich ihm erschlossen hat. Die beiden Wahrheiten liegen also nicht auf einer Linie des Komparativen; es handelt sich um zwei grundverschiedene Massstäbe, die man nicht verwechseln oder ineinander blenden sollte. Die existenzielle Wahrheit ist unter einem bestimmten Aspekt genauso absolut und allgemein wie die theoretische. Ihre Universalität liegt darin, dass jeder geschichtliche Augenblick in demselben, unmittelbaren Verhältnis zur Wahrheit steht und grundsätzlich dasselbe Recht für sich in Anspruch nehmen kann, zum Ort einer

Wahrheitsbezeugung zu werden. Jeder Augenblick und jedes Individuum ist, wie man in Anlehnung an den Historiker Ranke sagen kann, den Barth hier gern zitiert, »unmittelbar zu Gott«. Die existenzielle Wahrheit ist also nicht in einem geringeren Grade, sondern lediglich in einem anderen Sinne »absolut«.

Diesen Überlegungen entsprechend äußert sich Heinrich Barth, wenn er in kritischer Auseinandersetzung mit der Redensart, nach welcher über Sinn und Recht einer Unternehmung deren Ausgang entscheidet, zu folgendem Ergebnis kommt: »So dürfen wir uns denn davon überzeugen, dass eine jede Gegenwart praktischer Erkenntnis einem Urteil unterliegt, das eben auf sie bezogen wird; eben in ihr selbst l[i]egt die Entscheidung, in welchem Masse sie der an den Augenblick gestellten Anforderung gerecht wird. Die Berufung auf den Erfolg, die verkehrte Ansicht, dass der Ausgang dem Anfang seinen Sinn zu verleihen vermöge, verkennt die Bezogenheit einer jeden konkreten Gegenwart auf die Idee. Indem sie der einen Gegenwart einen nur eventuellen Sinngehalt zugesteht, [...] raubt sie eben dieser Gegenwart ihre Ewigkeitsbeziehung. Jetzt trägt diese Gegenwart ihren Sinngehalt von einem anderen, durch den Erfolg bezeichneten Momente der Zeit zu Lehen; nur auf dem Umweg über ihn wird ihr Bedeutung zuerkannt. Allein durch keine zeitlichen Relationen der Ereignisse wird in Wahrheit die Sinngebung der Gegenwart ihrer ungebrochenen Aktualität entkleidet« (1927, 259 f.).

Man kann die der existenziellen Wahrheit eigene Universalität mithilfe der Unterscheidung von Form und Inhalt weiter verdeutlichen. Im Gegensatz zur theoretischen Wahrheit, wo nur der – in einem Urteil fixierbare – Inhalt zählt, die Form aber, als das Ereignis der Erkenntnisaktualisierung bzw. der performative Aspekt des Erkennens, nicht wahrheitsrelevant ist, bezieht sich die Universalität der existenziellen Wahrheit auf den formalen Aspekt, nicht auf den jeweils situationsbezogenen und deshalb stets sich wandelnden Inhalt. Unter diesem Aspekt lässt sich auch ein allgemeines Kriterium angeben, das existenzielle Wahrheit von existenzieller Unwahrheit unterscheiden lässt. Es wird zunächst in seiner negativen Gestalt fassbar: Existenziell unwahr wäre danach die Verallgemeinerung und Ideologisierung des in einer bestimmten Situation als wahr Erkannten. Positiv gewendet läge das Kriterium in der Fähigkeit und Bereitschaft, jede einmal angenommene Überzeugung stets ein weiteres Mal sich bewähren und erneuern zu lassen.

Michel Henry seinerseits unterscheidet die Wahrheit der Welt von der Lebenswahrheit des Christentums dadurch, dass er in letzterer diejenige Unterscheidung aufgehoben sieht, welche die erstere ausmacht: die Unterscheidung zwischen dem, was wahr ist, was sich zeigt, und der Wahrheit selbst als der Tatsache des Sich-Zeigens (1999, 39 f.). Diese Unterscheidung scheint zunächst jedenfalls viel mit der für Barth grundlegenden Differenz zu tun zu haben, die das, was erscheint, was sich manifestiert, vom »Erscheinen der Erscheinung« abhebt, von dem Ereignis, dass es in diesem bestimmten Moment erscheint und sich so und so manifestiert. Auch für Henry ist dieser zweite Aspekt, der *Dass*-Aspekt, im einen Fall irrelevant, im anderen jedoch gerade entscheidend. Nun zieht Henry die Linie aber weiter zu dem Theorem der »Selbstoffenbarung«. »Was ist folglich eine Wahrheit, die sich in nichts von dem unterscheidet, was wahr ist? Wenn die Wahrheit die in ihrer phänomenologischen Reinheit begriffene Manifestation ist, die Phänomenalität und nicht das Phänomen, dann ist das, was sich phänomenalisiert, die Phänomenalität selbst. [...] Was geoffenbart wird, ist die Offenbarung selbst, eine Offenbarung der Offenbarung, eine Selbstoffenbarung in ihrem unmittelbar ursprünglichen Aufblitzen« (1999, 41). Das bedeutet doch, dass die beiden Aspekte verschmelzen, genauer; dass der *Was*-Aspekt in den Dass-Aspekt aufgelöst wird. Wenn das, was sich offenbart, die Offenbarung selbst ist, so verliert dieses »Was« alle Bestimmtheit und ist so nicht mehr als ein »Was« anzusprechen. Es liegt auf der Hand, dass »Selbstoffenbarung« nichts mehr mit Erkenntnis zu tun hat. Es sind ja auch nicht etwa die Strukturen der Offenbarung als solcher gemeint, die in der Selbstoffenbarung zutage treten würden. Das wäre wieder »Erkenntnis«, jedoch theoretische Erkenntnis, nicht existenzielle im Sinne Heinrich Barths.

Bei Barth bleiben die beiden Aspekte eindeutig geschieden und sind nicht ineinander aufzulösen. Vielmehr stehen sie in einer spannungsvollen Beziehung zueinander. Die existenzielle Erkenntnis kennt als Erkenntnis ihrerseits einen Was-Aspekt, nur hat dieser *erstens* einen anderen Sinn als im Bereich der theoretischen Erkenntnis, betrifft er doch hier nicht das, was ist, sondern das, was wirklich werden soll. Und *zweitens* ist das »Was« nicht nach der Art eines Urteils über das, was sein sollte, von dem »Dass« seiner tatsächlichen Realisierung abzulösen. Existenzielle Erkenntnis ist nur in dem anzutreffen, was wir in Tat und Wahrheit im Begriffe sind, wirklich werden zu lassen.

So lässt sich zusammenfassend festhalten: Barth und Henry sind in vergleichbarer Weise darum bemüht, Subjektivität (Existenz oder Leben) als die primäre, fundamentale Wirklichkeit auszuweisen, von der aus alle welthafte Wirklichkeit erst begriffen werden kann. Sie ist zwar nicht zu sehen. »Aber es ist auch klar, dass ein solches ›Sehen‹ hier außer Frage steht« (1999, 41). Die Sichtbarkeit darf nicht der letzte Maßstab sein für das, was wir als wirklich anerkennen. Es geht aber nicht darum, stattdessen eine geheimnisvolle Unsichtbarkeit schlechthin zu behaupten. Vielmehr muss ein spezifischer Phänomenalisierungsmodus angenommen werden. Bei beiden Denkern kommt hier dem *Wort* eine besondere Bedeutung zu, und zwar in erster Linie der *Fleischwerdung* des Wortes, von dem der Johannes-Prolog spricht. Für Barth hat die Existenz das sie ansprechende und in Anspruch nehmende Wort zu vernehmen (»existenzielle Erkenntnis«) und ihm existierend zu entsprechen (»In-die-Erscheinung-Treten«). So wird das Wort Fleisch, geht es ohne Umweg über die äußerlich verlautbarte Sprache in den Bereich des Phänomenalen ein. Die Existenz phänomenalisiert sich wie ihre exemplarische Manifestation: die Handlung. Die Handlung wird als ein Geschehen in Raum und Zeit sichtbar. Sichtbar aber wird sie nicht *als Handlung.* Nur dem – aber dem immerhin –, der sie in ihrem Sinnbezug, als fleischgewordenes Wort versteht, tritt sie als Handlung in die Erscheinung.

In welcher Weise Henry die Bedeutung des Wortes und seiner Fleischwerdung in diesem Zusammenhang zur Geltung bringt, bleibt problematisch. Im Vordergrund scheint für ihn der Begriff der »Selbstoffenbarung« zu stehen, mit dem ich meine schon angedeutete Mühe habe. Das Leben ist unsichtbar, wird in der Welt nicht offenbar, weil es sich nur sich selbst offenbart und offenbaren kann – so der Tenor seiner Ausführungen, soweit sie mitvollziehbar sind. Wo aber kommt hier das Wort ins Spiel und welcher Art ist dieses Wort? Ist es, wie bei Barth, eines, das »in Anspruch nimmt«?

Diese letzte Frage ist im Grunde dieselbe, die sich mir bei Henrys Wahrheitsdiskurs stellt. Henry orientiert sich hier am Begriff der *Gewissheit.* Nimmt man diese als Maßstab, so ist festzustellen, dass nicht das Sichtbare den größten Grad an Gewissheit hat, sondern vielmehr die unsichtbare Selbstgewissheit des Lebens. Hier liegt also – für Henry – die ursprüngliche Wahrheit. Für Barth ist »Wahrheit« – primär jedenfalls – gerade umgekehrt nicht als die uns nächstliegende und tragende Gewissheit, sondern als Fernziel menschlichen Strebens gegenwärtig. Andres gesagt: Wahrheit ist uns immer Wahrheits*frage.* Auch sofern unser Wahrheitsstreben ein wissenschaftliches wird, verbleibt Wahrheit in einer uneinholbaren Ferne. Zur *existenziellen* Wahrheit aber stehen wir in einem ganz spezifischen Verhältnis, sofern diese Wahrheit uns einerseits noch weniger, nämlich auch im Einzelfall nie greifbar wird, andererseits aber auch ungleich näher liegt, da sie einzig in der konkreten Situation ihren Ort hat und dort grundsätzlich jederzeit zum Ereignis werden kann. In Anspruch genommen, fühlen wir uns doch immer auch angesprochen, und in der Sinnforderung liegt jeweils auch eine Sinnzusage, die unser Vertrauen gründet, jederzeit in einer Beziehung zur Wahrheit zu stehen, so fragwürdig dieser Bezug auch immer bleiben mag. Von dieser Erfahrung der Nähe her lässt sich wohl wieder die Brücke zu Henrys Rede von der Wahrheit schlagen. Und mit dem Vertrauen auf unseren unverlierbaren Wahrheitsbezug sind wir zugleich beim Thema, das ich zum Abschluss meiner Darlegungen noch kurz ansprechen möchte: beim Glauben heute.

5. Was macht den Glauben heute glaubwürdig?

Heinrich Barth war gläubiger Christ und Philosoph zugleich, und zwar nicht »christlicher« Philosoph, wenn das heiß, dass damit der Rang und die Radikalität seiner Philosophie irgendwie einzuschränken wäre. Doch von welcher Art muss ein Glaube sein, der unter heutigen Bedingungen noch glaubwürdig erscheinen kann? Durch Barths Konzeption einer existenziellen Wahrheit und einer ihr entsprechenden existenziellen Erkenntnis wird der Weg frei für eine überzeugende Antwort auf diese Frage. Der Glauben erhebt zu Recht einen Wahrheitsanspruch. Diesen zu leugnen und den Glauben auf das Tröstungsbedürfnis derer zurückzuführen, die zu schwach sind, der Realität ins Auge zu sehen (auch das Theorem der »Kontingenzbewältigung« ist im Grunde nichts anderes), bedeutet für jeden wahrhaft Glaubenden eine Beleidigung. Auf der anderen Seite aber ist zu fragen, von welcher Art die Wahrheit ist, auf die hier Anspruch erhoben wird. Dass es sich um keine Wahrheit im Sinne der wissenschaftlich-theoretischen Wahrheit handeln kann, versteht sich von selbst. »Existenzielle Wahrheit«, wie Barth sie versteht, ist diese ganz andere Wahrheit, um die es hier gehen muss und die sich gleichzeitig durch ihre Parallelisierung mit der theoretischen Wahrheit *als* Wahrheit plausibel machen lässt.

In der Konsequenz von Barths Überlegungen muss zunächst der

Gegenstand des Glaubens, also Gott, nach Art einer Wirklichkeit verstanden werden, die grundsätzlich nicht Objekt werden kann. Gott ist aus dem Bezug zur Subjektivität als deren Begründendes zu denken. Sodann aber ist vor allem auch von entscheidender Bedeutung, wie der *Akt des Glaubens* ausgelegt wird. Nur ein aktiver, tätiger Glauben kann hier glaubwürdig sein. Als Meinung, Vermutung, Spekulation oder auch als passive Hoffnung verbleibt er im Horizont der theoretischen Wahrheit, wo er, neben Wissenschaft und Philosophie, keinerlei Gewicht hat. Glauben ist eine sehr individuelle Erfahrung. Wahrheitsfähig und gewichtig wird die Glaubenserfahrung, wenn sie sich von Mal zu Mal der praktischen Bewährung aussetzt. Existenzielle Wahrheit kann nicht demonstriert, aber kann *bezeugt* werden. Mit der Bezeugung tritt die individuelle Erfahrung aus dem Bereich des Nur-Individuellen, Privaten heraus und in den Raum nicht einer neutralen Allgemeinheit, aber den der *Inter-Individualität* hinein, in den Horizont der ethischen, existenziellen Wahrheit. Die Forderung nach öffentlicher Rechenschaftsgabe von den Ergebnissen theoretischer Wahrheitsbemühung hat im Bereich der existenziellen Wahrheit also ihr Pendant in der Forderung nach *Bezeugung*. Durch dieses Moment der Bezeugung wird aus einer Pseudo-Überzeugung, die im Grunde nur eine dogmatisch vertretene Meinung ist, eine echte Überzeugung, die diesen Namen verdient und sich auch in ihrer allfälligen Festigkeit und Unverrückbarkeit legitimieren und gegen einen dogmatischen Fundamentalismus abgrenzen kann.

Literatur

H. Barth, Existenzphilosophie und neutestamentliche Hermeneutik. Abhandlungen, hg. von G. Hauff. Basel/Stuttgart: Schwabe 1967

H. Barth, Gotteserkenntnis (Vortrag 1919). In: J. Moltmann (Hg.), Anfänge der dialektischen Theologie I. München: Chr. Kaiser 1962, 221–255

H. Barth, Philosophie der Praktischen Vernunft. Tübingen: Mohr 1927

D. Henrich, Bewusstes Leben. Stuttgart: Reclam 1999

M. Henry, »Ich bin die Wahrheit«. Für eine Philosophie des Christentums, aus dem Französischen übersetzt von R. Kühn. Freiburg/München: Alber 1999

R. Kühn, Subjektive Praxis und Geschichte. Phänomenologie politischer Aktualität. Freiburg/München: Alber 2009

Korrespondenzadresse: Dr. Christian Graf, Kirchstraße 27, CH-4415 Lausen. Email: christian.graf@heinrich-barth.ch

III. Religion als Thema der Tiefenpsychologie und Psychotherapie

Karl Heinz Witte

Selbsterfahrung und mystische Erfahrung

Abstract: *A mode of awareness is explored that psychoanalytic and mystic experience have in common. Freud's critique of the religious and oceanic feelings is critically reviewed. According to W. R. Bion, an interpretation evolves in psychoanalysis as a transformation of the unknowable reality, provided that the analyst refrains from desire, memory, and understanding. This process is akin to mystic experience.*

1. Verdrängung der Mystik in der Theologie, des Mystikäquivalents in der Psychoanalyse

Es gibt eine Verdrängung des mystischen Phänomens in Kirche und Theologie und parallel dazu eine Verdrängung des ›Mystikäquivalents‹ in der Psychoanalyse. Es geht in diesem Beitrag nicht um das Phänomen der Mystik selbst, sondern um dessen Einschätzung und um dessen Präsenz in der Selbsterfahrung. Darum möchte ich zunächst ein paar Bemerkungen über den Begriff der Selbsterfahrung machen. Dann muss ich der freudschen Religionskritik einige Bemerkungen widmen. Schließlich werde ich vorbereitend mystische Phänomene vorstellen und dann nach dem ›Mystikäquivalent‹ in der Psychoanalyse fragen.

Es geht hier also nicht um eine Einführung in die Mystik, sondern um Fragen, die die Mystik uns stellt und die meiner Meinung nach auch in die Psychoanalyse gehören würden. Ich gehe davon aus, dass die mystischen Grunderfahrungen in unserem Alltag immer bereitliegen, aber zurückgedrängt und um der Sicherheit willen in eine Position des Absonderlichen abgeschoben werden.

2. Selbsterfahrung

Der Begriff »Selbsterfahrung« ist neu. Im Psychojargon der vergangenen Jahre tritt er an die Stelle der ehrwürdigen und geschichtsreichen Mahnung, die über dem Eingang zum Tempel des Apollo von Delphi stand: »*Gnothi seauton:* Erkenne dich selbst!« In dieser Mahnung ist angezeigt, dass ich den Tempel nicht in schlichter oder herrlicher Übereinstimmung mit mir selbst betreten darf. Ob es nun Selbsterkenntnis oder Selbsterfahrung heißt, für Denkende ist in beiden Worten angezeigt: Es gibt eine Differenz zwischen dem alltäglich bewussten Ich und dem, was mir die Selbstbesinnung zeigt. In der Selbsterkenntnis kann ich mir auf die verheimlichten ›unanständigen‹ Schliche kommen, ich kann aber auch einer Seinsqualität in meinem Selbst begegnen, die über die alltägliche Minderwertigkeit und Verfallenheit hinausragt in ein Wesen, das ich eigentlich bin oder werden könnte.

Was also finde ich als mein Selbst? Diese Frage wird jeweils verschieden beantwortet, die Antworten haben eine reiche Tradition. Übereinstimmend gilt, dass dieses Selbst ›jenseits‹ meines alltäglichen Bewusstseins liegt, sei es darunter oder darüber.

3. Psychoanalytische Methode

Am Ende des 19. Jahrhunderts gilt in der nicht ausgesprochen metaphysisch orientierten Philosophie und Wissenschaftslehre das Jenseits als obsoleter Begriff. Auch Freud bekennt sich unzweifelhaft als nichtmetaphysischer Wissenschaftler. Der Anspruch der Begründer der Tiefenpsychologie gründet sich darauf, dass ihre Theorien auf ›Experimenten‹ beruhen. Heute versteht man den Begriff Experiment fast nur noch im naturwissenschaftlichen Sinn. Bis zur Abspaltung der Naturwissenschaften von den Geistes- und Humanwissenschaften hieß *experimentum* allgemein Erfahrung oder, modern gesagt, Erlebnis (vgl. engl. *experience*).

Angesichts der Forderung moderner Wissenschaftlichkeit nach Empirie, die sich in der psychiatrischen Manualdiagnostik sogar zu dem weißen Schimmel des »theoriefreien Pragmatismus« versteigt, müssen die Psychoanalytiker sich fragen lassen, auf welcher Erfahrungsgrundlage sie arbeiten. Es wird sich zeigen, dass die Antwort weder die naturwissenschaftlichen noch die klassisch hermeneutischen

Wissenschaftsansprüche wirklich befriedigen kann, aber auch nicht ein Dazwischen repräsentiert. Für meine These ist das Entscheidende:

- dass die Erfahrung, welche die Grundlage der Psychoanalyse ist – kurz gefasst: freie Assoziation, Übertragung und Gegenübertragung und deren Deutung –, eine Dimension aufschlägt, die in den heute etablierten Wissenschaften nicht zureichend abgebildet werden kann;
- dass die Erfahrungsweise und deren Repräsentation derjenigen der mystischen Zeugnisse nahestehen könnte, zunächst noch ohne Berücksichtigung der symbolischen oder spekulativen Inhalte.
- dass die Rezeption der psychoanalytischen wie der mystischen Zeugnisse in den maßgebenden zeitgenössischen Institutionen sowie in der jeweils zuständigen Scholastik (Medizin/Psychologie bzw. Theologie) auf einen vergleichbaren systembedingten Widerstand stößt; denn eine angemessene Rezeption würde die Scholastik wie die Institutionen in eine – vom Standpunkt der alternativen Erfahrung gesehen – heilsame Grundlagenkrise führen.

Wie weit wir in der psychoanalytischen Disziplin zu einer ›wissenschaftlichen‹ Eindeutigkeit kommen könnten, das hängt selbstverständlich davon ab, wie und worüber geforscht wird. Was ist also der Gegenstand der Psychoanalyse? Sind es seelische Funktionsstörungen, seelische Traumata, Strukturdefizite des psychischen Apparates, Reifungsverzögerungen, innere Konflikte? – Das sind heute die üblichen Antworten auf die Frage nach dem Gegenstand der Psychoanalyse, die durch deren Medizinisierung und durch die Fixierung unserer Aufmerksamkeit auf die Psychotherapie im Gesundheitswesen mit ihren Antragsformularen und Berichten an den Gutachter beeinflusst sind. Das medizinische Neurosenmodell legt es nahe, zu fragen, was der Patient hat. Dann antwortet man mit Symptomen, Störungen, Traumata usw. Dabei kommt man leicht in die Gefahr, das, was man sucht, für etwas zu halten, was man beobachten, dingfest machen kann, wie es bei körperlichen und auch bei psychopathologischen Erscheinungen der Fall ist. Auch die berühmte Frage, was dem Patienten fehlt, wird meistens so beantwortet, als sei das Gesuchte ›etwas‹, nämlich ein Defizit, zum Beispiel Insulin, Vitamin B, Serotonin. Das kann man dann zuführen. In der Psyche fehlt meistens das bedingungslose Geliebtwerden, die Geborgenheit, das Gespiegelt- und Gehaltenwerden usw. Aber wer fragt denn, was diese Mangelerscheinungen eigentlich sind, welche Seinsweise sie haben, wie sie erkannt und vermittelt werden können?

Allen möglichen Antworten auf die Frage nach dem Gegenstand der Psychoanalyse geht eine Entscheidung darüber voraus, was ich überhaupt suche und wo ich das Gesuchte zu finden hoffe. Psychische Vorgänge können von außen beobachtet werden, am Verhalten, an der Mimik und Gestik, an verbalen oder nonverbalen Äußerungen. Aber alle diese Zugänge sind für die psychoanalytischen Untersuchungen nur die Oberfläche, Umwandlungsformen des Forschungsgegenstandes selbst. Dieser ist die unmittelbare emotionale Erfahrung des Analysanden wie des Analytikers (mit ihrer bewussten, vorbewussten und unbewussten Dimension). Deren methodische Untersuchung geschieht durch den freien Einfall des Analysanden, die frei schwebende Aufmerksamkeit des Analytikers, durch Klärung, Deutung und Konfrontation, in Wiederholen, Erinnern, Durcharbeiten.

Das gemeinsame formale Konstitutionsmerkmal der Psychoanalyse und der Mystik möchte ich nach diesen Überlegungen so bestimmen: Beide sind in ihrem Kern *experimentum animae*, ›seelische Erfahrung‹, die – freilich je verschieden – methodisch angeleitet und reflektiert bzw. reflektierbar ist.

Die unmittelbare emotionale Erfahrung, das lehren die Meister der Selbsterkenntnis, ist etwas Unwillkommenes, etwas Verborgenes, von verschiedenen Umwandlungsformen Verdecktes; aber zu allen Zeiten und in allen Kulturen sucht man einen Weg. Einen *neuen* Weg zur unmittelbaren emotionalen Erfahrung haben allen voran Freud und mit ihm seine Weggenossen entdeckt: den psychoanalytischen. Psychoanalyse ist *experimentum animae*. Dieser Weg führt mich zu verborgenen Aspekten meiner selbst. Da diese verborgenen Aspekte offenbar das Ich kränken, will sie keiner sehen; der Einzelne nicht, aber auch nicht die Gesellschaft, nicht die Medizin, nicht die Psychologie; sogar die Psychoanalyse selbst ist jederzeit geneigt, den ersten Grundsatz ihrer eigenen Forschung, dass sie *experimentum animae* sei, zu vergessen.

4. Das Ich und das Selbst

Nun scheint alles darauf anzukommen, als was dieses ›Jenseits‹ des Bewusstseins, das Unbewusste, bestimmt werden kann.

Bei Freud (1915, 145–147) heißt das verborgene Objekt der Psychoanalyse »Primärvorgang«; seine Spiegelung und Verarbeitung im »Sekundärvorgang« gelte es zu studieren. Vor allem seit C. G. Jung wird aber der Gegenstand der Tiefenpsychologie noch anders bestimmt: In seiner Schrift ›Die Beziehung zwischen dem Ich und dem Unbewussten‹ erweitert Jung (1964) die Untersuchung (über die Ich-Es-Beziehung hinaus) auf »die Beziehung des Ichs zum Selbst«. Damit ist der Begriff der Selbsterfahrung in einer charakteristischen Weise festgelegt. Nicht mehr vor allem die untergründige, ›niedrige‹, triebhafte Schicht gilt als das Fundament, das mich ›eigentlich‹ bestimmt, sondern ein Ganzes, welches das Unbewusste und Bewusste umgreift und sogar die Grenzen der Individualität auf eine kollektive archetypische Kraft hin übersteigt, die zugleich primitiv und erhaben, schrecklich und heilend sein kann.

Zusammenfassend halte ich bisher fest: Selbsterkenntnis oder Selbsterfahrung sucht bzw. findet eine verborgene Schicht im Individuum, die den Rang eines wahren Grundes für unsere Eigenheiten hat. In der Selbsterfahrung begegne ich dem wahren Charakter, den eigentlichen Beweggründen, dem verborgenen Wesenskern. Natürlich ist Skeptikern gegenüber darauf hinzuweisen, dass der Wahrheitsbegriff hier nicht objektivierend gemeint ist, sondern das unbedingte Zustimmungsgefühl im Subjekt bezeichnet. Dieses Selbst ist immer ›jenseits‹ des Alltagsbewusstseins, es kann quasi ›oben‹ oder ›unten‹ sein. Präpsychologische Selbsterfahrung drückte sich in unserem Kulturkreis bis noch vor Kurzem in griechisch-metaphysischen und christlichen Redeweisen aus. Das verborgene Selbst im Menschen wurde in dieser Sprache als Himmel oder Hölle verstanden, als Gottähnlichkeit oder Sündhaftigkeit.

5. Experimentum

Für unsere Fragestellung ist nun entscheidend, ob die Formulierung dessen, was das Selbst kennzeichnet, aus der Erfahrung gewonnen ist oder aus einer Vorstellung. Mit anderen Worten: Werden die Aussagen über das Selbst aus der realen, konkreten Erfahrung unter methodisch exakten Bedingungen gewonnen, oder sind sie Überzeugungen, aus der Tradition oder aus gelehrten Sprüchen abgeleitet, aus Text- und Bildinterpretation geschöpft, geglaubt und verkündet?

Um zurückzukommen auf die Ausgangsthese, in der Theologie wie in der Psychoanalyse werde die Mystik bzw. das ›Mystikäquivalent‹ vernachlässigt, wenn nicht gar zurückgedrängt: Gegen die psychoanalytischen Schulen wird immer wieder deren doktrinäre Grundhaltung angeführt, die Etablierung einer Orthodoxie gegen Dissidenten, die Formalisierung, Ritualisierung und Hierarchisierung der Zulassungs-, Prüfungs- und Ordinationsverfahren. Der Grund für diese Missgestalt der Psychoanalyse liegt im Zurückdrängen des Experimentalcharakters. (Natürlich ist hier nicht das objektivierende wissenschaftliche Experiment gemeint, das wird ja auch in der Psychoanalyse heute dringend gefordert und gesucht, sondern, wie zuvor gesagt, das *experimentum animae*). Der Impuls psychoanalytischer Formulierungen liegt heute nicht mehr in der ›experimentellen‹ Forschung, sondern in der Lehre. Untersuchungen und Fragestellungen richten sich immer weniger auf die Grundlagen, sondern entspringen dem System der Schule, richten sich mehr auf die Differenzierung und Operationalisierung des theoretischen Systems als auf die Ursprungserfahrung selbst. Die Tiefenpsychologie ist aus der Phase der Gründung in die Phase der Überlieferung fortgeschritten, mit anderen Worten: An die Stelle der ›Mystik‹ ist auch in der Psychoanalyse die Scholastik, wenn nicht gar die Dogmatik getreten.

Eine wichtige mittelalterliche Definition der Mystik lautete *cognitio dei experimentalis*, Gotteserkenntnis in der Erfahrung. Ein schwieriges philosophisch-theologisches Problem war, ob es eine Gotteserfahrung *(experimentum dei)* in dieser Welt überhaupt geben könne. Ist nicht Gott jenseits aller Erfahrung, oder ist nicht vielmehr jede vermeintliche Erfahrung Gottes menschliche Vorstellung? – Zwar in einer anderen Weise als in der Theologie, aber nicht minder ungeklärt ist im psychologischen Bereich die Frage, was eine unmittelbare Erfahrung des Unbewussten überhaupt sein könnte. Oder, mit anderen Worten: Welche Art des *experimentum* kann der Selbsterfahrung überhaupt angemessen sein? Meines Wissens wird diese Frage in der Psychologie überhaupt nicht gestellt, in der Psychoanalyse wird sie seit Freud und Jung kaum noch eigens bedacht. Eine bedeutende Ausnahme ist Wilfred R. Bion, dessen Stellungnahmen ich im Folgenden öfters anführen werde.

Nach Bion (1965) hat es die Psychoanalyse nur insofern mit den Symptomen, Störungen, verbalen und nonverbalen Äußerungen des Analysanden zu tun, als diese eine *innere* Wirklichkeit repräsentieren,

Umwandlungen, Äußerungsformen eines unmittelbaren inneren Erlebens sind. Dieses sei der eigentliche Gegenstand der Psychoanalyse.

Daraus folgt, was Bion (1970, 1) in der Einleitung seines letzten Hauptwerkes, *Attention and interpretation*, schreibt:

»Ich bezweifle, dass außer praktizierenden Psychoanalytikern irgendjemand dieses Buch verstehen kann, auch wenn ich mich um Einfachheit bemüht habe. Jeder Psychoanalytiker, der *praktiziert*, wird begreifen, was ich meine, weil er im Unterschied zu denjenigen, die die Psychoanalyse nur vom Hörensagen kennen oder lediglich etwas *über* sie lesen, selbst erleben kann, was ich in diesem Buch nur mit Hilfe von Wörtern und Formulierungen darzustellen vermag, die eigentlich für eine andere Aufgabe vorgesehen sind und vor einem durch sinnliche Erfahrung konstituierten Hintergrund entwickelt wurden. Die Vernunft ist der Sklave des Gefühls und existiert, um das emotionale Erleben zu rationalisieren.«

Gilt, was wir für die Psychoanalyse beanspruchen, etwa auch für die Religion? Kann jemand ohne religiöse Erfahrung authentisch von Religion sprechen? Meister Eckhart sagt, der Mensch müsse einer Wahrheit entsprechen, damit er sie verstehen könne.

6. Was ist Mystik? – Abgrenzung von institutionalisierter Religion

Bevor ich mich dem Mystischen weiter inhaltlich annähere, will ich ein paar religionssoziologische Eigenarten in Erinnerung bringen.

Mystik ist niemals mit einer Religion identisch, allenfalls kann sie Teil einer Religion sein. Dem Mystischen fehlt das Institutionelle. Die Religion kennt Frömmigkeitsübungen, Rituale, Zeremonien. Diese sind selbst Teil der Institution, oder sie sind selbst Institutionen. Mystisches Leben bedeutet eine Radikalisierung, die den gesellschaftlichen Rahmen der verfassten Religion sprengt. Darum findet sich Mystik, auch wo sie im Austausch mit einer Gruppe steht, immer nur in Vereinzelung. Das unterscheidet ihre Formen deutlich von kultischen Gemeinschaftsformen, zum Beispiel vom Mysterium der Wandlung in der Messe oder in der Kommunion. Natürlich nehmen die christlichen Mystiker an diesen Veranstaltungen teil, sogar intensiv; aber sie individualisieren auch diese kultischen Großformen so sehr, dass die Kirche sich immer wieder genötigt sah, Restriktionen gegen den Privatgebrauch der Sakramente zu erlassen.

Das Kennzeichen der Mystik ist die Radikalisierung und die Durchdringung des alltäglichen Lebens mit den Grundprinzipien des existenziellen Glaubens. Eine solche Forderung könnte uns auch in jeder konventionellen Predigt begegnen: Der Alltag soll christlich durchdrungen werden. Die Mystiker haben damit Ernst gemacht. Schwierigkeiten mit der Kirche haben sie immer dann bekommen, wenn sie gefordert haben, die kirchlichen Ordnungen und Lebensformen selbst sollten aus der religiösen Erfahrung heraus gestaltet werden.

Hier ist ein Vergleich mit der Psychoanalyse möglich. Auch sie nimmt sich ja vor, alles Mögliche zu analysieren. Aber eine Analyse der Psychoanalyse als Gruppe oder eine Analyse der Funktionäre gibt es doch nur in distanzierter, abstrakter Unverbindlichkeit. Wer wagt es denn schon, die psychoanalytische Grundhaltung und Fragestellung auch konkret und namentlich auf die Arbeit der Institute, Ausschüsse und Kongresse anzuwenden? Psychoanalysedozenten dozieren, richten Kurse und Studiengänge ein, wählen aus und prüfen. So richtet sich die Analyse grundsätzlich *gegen* die ›Kandidaten‹ oder ›Patienten‹. Eine radikale Selbstanalyse des Funktionierens würde den Funktionär handlungsunfähig machen.

In welcher Situation beginnen die Sach- und Gruppenzwänge – unbewusst? –, den Psychoanalyse-Repräsentanten und Kommissionsexperten so zu verformen, dass die psychoanalytische Grundhaltung beeinträchtigt wird? Ein Beispiel für eine Konsequenz aus dieser Selbsterkenntnis im religiösen Bereich ist ein Papst. Allerdings nur *ein* Papst in der 2000-jährigen Kirchengeschichte ist freiwillig ein halbes Jahr nach seiner Wahl zurückgetreten, Cölestin V. (1215–1296). Er war ein Mystiker, wurde als Kompromisskandidat gewählt, weil er allgemein als frommer achtzigjähriger Ordensgründer geachtet war und weil die Politiker anders keine klaren Mehrheiten erzielen konnten. Als Papst durch seine Kardinäle von den wichtigsten Informationen ferngehalten, traf er einige problematische Entscheidungen und erschrak über die Folgen seines guten Willens. Nach seinem freiwilligen Rücktritt setzte ihn sein Nachfolger, ausgerechnet Bonifaz VIII. (1235–1303), bis zu seinem Tode in eine ehrenvolle Haft, um Protesten und Spaltungsbewegungen der frommen Anhänger Cölestins zuvorzukommen.

Wen könnte man von den Psychoanalytikern zum Vergleich heranziehen? Alfred Adler, Carl Gustav Jung, Georg Groddek, Sandor Ferenczi, Otto Rank, Melanie Klein, Wilhelm Reich, Jacques Lacan? Ob diese Autoren auch inhaltlich als Repräsentanten eines Mystikäquivalents gelten könnten, will ich offen lassen. Kein Zweifel aber ist daran, dass sie den Mystikern in der Methode ähneln, in der sie ihre Erkenntnisse gewonnen und in den Rahmen der psychoanalytischen Theorie gestellt haben. Sie berufen sich nämlich auf *ihre eigenen Erfahrungen* im Kontrast zu einer orthodox gewordenen psychoanalytischen, sprich freudschen Lehre. Auch hinsichtlich der Rezeption ist es ihnen ergangen wie den Mystikern. Sie werden vom Mainstream respektiert, aber nicht rezipiert, da sie als verschroben gelten.

7. Selbsterweis der eigenen Erfahrung

Weiter zeigt sich: Mystiker kann nur sein, wer nichts werden will. Das widerspricht nicht der Tatsache, dass manche Mystiker bedeutende Ämter und großen Einfluss hatten. Das hatten sie aber nicht wegen, sondern *trotz ihrer Mystik.* Darin verbirgt sich ein anderes Kennzeichen der mystischen Erfahrung. Deren Bestätigung erweist sich nicht am Erfolg, sie wird auch nicht vom kirchlichen Lehramt ausgesprochen, auch nicht von Meistern, Kollegen und Schülern oder Berufungsgremien. Einzig der Selbsterweis der im Inneren erfahrenen Wahrheit ist Quelle der Gewissheit und Legitimation.

Ich führe hierzu einige Sätze Meister Eckharts an, die von einer so ungewöhnlichen individuellen Souveränität zeugen, dass sie manchem seiner Leser schroff klingen könnten:

»Was kann ich dafür, wenn jemand das nicht versteht? [...] Mir genügt's, dass in mir und in Gott wahr sei, was ich spreche und schreibe.«

»[...] wenn Gott sich von der Wahrheit abkehren könnte, ich wollte mich an die Wahrheit heften und wollte Gott lassen.«

»Wer diese Predigt verstanden hat, dem vergönne ich sie wohl. Wäre hier niemand gewesen, ich hätte sie diesem Opferstocke predigen müssen« (Eckehart 1963, 2 f.).

8. Die Eigenart religiöser Aussagen nach Freud

Kann man solchen Selbstzeugnissen Glauben schenken? – So müssen wir uns denn mit dem Einwand beschäftigen, der von tiefenpsychologischer, psychoanalytischer Seite nahe liegt. Deren Anfrage lautet: Handelt es sich nicht – bei den Mystikern und bei den psychoanalytischen Dissidenten in gleicher Weise – um eine infantile, narzisstische Haltung, die im Rückzug von den Aufgaben des Lebens oder von der Konkurrenz in der Triangulierung eine Beruhigung sucht durch prägenitale Lustprämien, und zwar in einer Wiederherstellung der verlorenen Sicherheit und Einheit mit dem mächtigen Vater oder mit der Liebe spendenden, stillenden Mutter, um so eine illusionäre Entschädigung für das »Unbehagen in der Kultur« zu gewinnen?

9. Lehrsätze oder ozeanisches Gefühl

Freud (1930, 15 f.) behandelt religiöse Aussagen als »Lehrsätze, Aussagen über Tatsachen und Verhältnisse der äußeren (oder inneren) Realität«. Dieser Satz ist leider äußerst missverständlich. In einem sehr weiten Verständnis könnten damit alle Aussagen über persönliche Erfahrungen oder Erlebnisse gemeint sein, »die etwas mitteilen, was man selbst nicht gefunden hat, und die beanspruchen, dass man ihnen Glauben schenkt«, so zum Beispiel auch die Traumberichte unserer Patienten. Doch Freud spricht gerade nicht von solchen grundsätzlich durch ihre Subjektivität konstituierten Erfahrungszeugnissen, sondern von Lehr- oder Glaubenssätzen, die Objektivität behaupten, vergleichbar Tatsachenfeststellungen wie »Konstanz liegt am Bodensee« (Freud ebd.). Solche Behauptungen sind grundsätzlich nachprüfbar; anders religiöse Glaubenssätze. Wenngleich sie, anders als gewöhnliche Tatsachenbehauptungen, nicht nachprüfbar sind, sollen sie – so Freud – ihrem eigenen Anspruch nach, nicht bezweifelt werden. »Da sie Auskunft geben über das für uns Wichtigste und Interessanteste im Leben, werden sie besonders hoch geschätzt. Wer nichts von ihnen weiß, ist sehr unwissend; wer sie in sein Wissen aufgenommen hat, darf sich für sehr bereichert halten« (Freud ebd.).

Hier ist deutlich, dass Freud nicht von den religiösen Erfahrungen spricht, die ich – im angedeuteten formalen Sinne – als »mystisch« anspreche und die ich als parallel zur psychoanalytischen Erfahrung betrachte, insofern sie beide *experimentum animae* sind. Dass Freud zu solchen differenzierten religiösen Phänomenen nicht Stellung genommen hat, wurde schon bald gegen ihn eingewandt und auch von ihm selbst zugegeben.

Dass Freud das Wesen der religiösen Erfahrung so grundlegend verkannte, indem er sich auf die neurotischen und dogmatisch-ideologischen Erscheinungen beschränkte, dürfte einerseits daran liegen, dass er noch nicht über die kritischen Zugangsweisen einer modernen Religionsphänomenologie und Sprachanalyse verfügen konnte. Zum anderen und wesentlicheren Teil aber resultiert es aus einer weltanschaulich voreingenommenen aufklärerischen Tendenz. Nicht zuletzt aber darf man auch eine hartnäckige Abwehr konstatieren, die den Charakter einer heimlich zugegebenen Unbelehrbarkeit hat: Er schließt seine Erörterung des »ozeanischen Gefühls«, das Romain Rolland in die Diskussion gebracht hatte, mit einem »Bekenntnis«:

»Ich wiederhole das Bekenntnis, dass es mir sehr beschwerlich ist, mit diesen kaum fassbaren Größen zu arbeiten. Ein anderer meiner Freunde, den ein unstillbarer Wissensdrang zu den ungewöhnlichsten Experimenten getrieben und endlich zum Allwisser gemacht hat, versicherte mir, dass man in den Yogapraktiken durch Abwendung von der Außenwelt, durch Bindung der Aufmerksamkeit an körperliche Funktionen, durch besondere Weisen der Atmung tatsächlich neue Empfindungen und Allgemeingefühle in sich erwecken kann, die er als Regression zu uralten, längst überlagerten Zuständen des Seelenlebens auffassen will. Er sieht in ihnen eine sozusagen physiologische Begründung vieler Weisheiten der Mystik, Beziehungen zu manchen dunklen Modifikationen des Seelenlebens, wie Trance und Ekstase, lägen hier nahe. Allein, mich drängt es auch einmal mit den Worten des schillerschen Tauchers auszurufen: ›Es freue sich, wer da atmet im rosigen Licht‹« (Freud 1930, 20 f.).

10. Ozeanisches Gefühl

Wir lesen deutlich, dass Freud sich bewusst der unvoreingenommenen Untersuchung dessen verweigert hat, was uns hier interessiert. Das wurde nicht nur verhängnisvoll für die psychoanalytische Doktrin von der Religion; es wurde auch folgenreich für die psychoanalytische Entwicklungstheorie. Man kommt kaum an der Einsicht vorbei, dass

Freud die Theorie des Primärnarzissmus herbeiargumentiert hat, um dem Einwand Romain Rollands zu entgegnen, die Religion wurzle nicht in Glaubenssätzen, sondern im »ozeanischen Gefühl«:

»[E]in Gefühl, das er [Rolland] die Empfindung der ›Ewigkeit‹ nennen möchte, ein Gefühl von etwas Unbegrenztem, Schrankenlosen, gleichsam ›Ozeanischen‹. Dies Gefühl sei eine rein subjektive Tatsache, kein Glaubenssatz; keine Zusicherung persönlicher Fortdauer knüpfe sich daran, aber es sei die Quelle der religiösen Energie, die von den verschiedenen Kirchen und Religionssystemen gefasst, in bestimmte Kanäle geleitet und gewiss auch aufgezehrt werde. Nur aufgrund dieses ozeanischen Gefühls dürfe man sich religiös heißen, auch wenn man jeden Glauben und jede Illusion ablehne« (Freud 1930, 197).

Freud gesteht, dieser Einwand Rollands habe ihm »nicht geringe Schwierigkeiten« gemacht. »Ich selbst kann dies ›ozeanische‹ Gefühl nicht in mir entdecken« (19 f.). Den glänzenden Rhetoriker Freud erkennt man daran, dass er eine solche Schwierigkeit einräumt, wie um sich eine Operationsbasis zu seinem genialen Problemlösungsversuch zu schaffen: Das unübersehbare Phänomen des ozeanischen Gefühls wird als infantiler neurotischer Rest des kindlichen Primärnarzissmus gedeutet.

Die Auseinandersetzung Freuds (1930) mit Romain Rolland bringt der Psychoanalyse also das Konzept des Primärnarzissmus ein, ein Theorem, das als Dogmatismus den Blick manches Orthodoxen nicht nur auf die Religion, sondern auch auf den (»kompetenten«) Säugling getrübt hat:

»Ursprünglich enthält das Ich alles, später scheidet es eine Außenwelt von sich ab. Unser heutiges Ichgefühl ist also nur ein eingeschrumpfter Rest eines weit umfassenderen, ja – eines allumfassenden Gefühls, welches einer innigeren Verbundenheit des Ichs mit der Umwelt entsprach. Wenn wir annehmen dürfen, dass dieses primäre Ichgefühl sich im Seelenleben vieler Menschen – in größerem oder geringerem Ausmaße – erhalten hat, so würde es sich dem enger und schärfer umgrenzten Ichgefühl der Reifezeit wie eine Art Gegenstück an die Seite stellen, und die zu ihm passenden Vorstellungsinhalte wären gerade die der Unbegrenztheit und der Verbundenheit mit dem All, dieselben, mit denen mein Freund das ›ozeanische‹ Gefühl erläutert« (200).

Regression auf diesen primärnarzisstischen Zustand, das also ist für Freud und die Freudianer das ozeanische Gefühl und die Mystik:

»Seitdem wir den Irrtum überwunden haben, dass das uns geläufige Vergessen eine Zerstörung der Gedächtnisspur, also eine Vernichtung bedeutet, neigen wir zu der entgegen gesetzten Annahme, dass im Seelenleben nichts, was einmal gebildet wurde, untergehen kann, dass alles irgendwie erhalten bleibt und unter geeigneten Umständen, zum Beispiel durch eine so weit reichende Regression, wieder zum Vorschein gebracht werden kann« (201). So steht Freud vor sich selbst wieder gut da, wenn er sich einer solchen Regression nicht bewusst ist. Aber obwohl das ozeanische Gefühl damit, wenngleich als Regressionsstufe, anerkannt ist, ist es für Freud gleichwohl nicht der Ursprung der religiösen Bedürfnisse:

»Für die religiösen Bedürfnisse scheint mir die Ableitung von der infantilen Hilflosigkeit und der durch sie geweckten Vatersehnsucht unabweisbar, zumal da sich dies Gefühl nicht einfach aus dem kindlichen Leben fortsetzt, sondern durch die Angst vor der Übermacht des Schicksals dauernd erhalten wird. Ein ähnlich starkes Bedürfnis aus der Kindheit wie das nach dem Vaterschutz wüsste ich nicht anzugeben. Damit ist die Rolle des ozeanischen Gefühls, das etwa die Wiederherstellung des uneingeschränkten Narzissmus anstreben könnte, vom Vordergrund abgedrängt. Bis zum Gefühl der kindlichen Hilflosigkeit kann man den Ursprung der religiösen Einstellung in klaren Umrissen verfolgen. Es mag noch anderes dahinter stecken, aber das verhüllt einstweilen der Nebel« (205).

Es ist darüber nachgedacht worden, ob Freud etwa die Bedeutung der frühen Mutterbeziehung im Vergleich mit der Vaterbeziehung aus eigener neurotischer Verstrickung gering geschätzt habe und ob seine Ablehnung ekstatischer religiöser Gefühle in seiner Mutterproblematik wurzeln könnte. Wie dem auch sei. Im Zusammenhang seiner Religionskritik ist ihm jedenfalls noch eine weitere Unstimmigkeit unterlaufen, die nur verständlich wird, wenn man untergründig mitwirkende Motive in Rechnung stellt. Neben der Abwertung des religiösen Gefühls und neben der persönlich gefärbten Skepsis gegen dessen Erforschung findet sich hier eine Ablehnung und Verkennung der konstitutiven Rolle der Affektivität überhaupt für die Erkenntnis. »Es ist nicht bequem, Gefühle wissenschaftlich zu bearbeiten. Wo dies nicht angeht – ich fürchte, auch das ozeanische Gefühl wird sich einer solchen Charakteristik entziehen –, bleibt doch nichts übrig, als sich an den Vorstellungsinhalt zu halten, der sich assoziativ am ehesten zum Gefühl gesellt« (198; ebenso Freud 1933, 586 ff.).

Als Ergebnis meiner Überlegungen zu Freuds Auseinandersetzung mit dem Ursprung und der Eigenart der religiösen Gefühle betrachte ich es als plausibel, dass Freud Romain Rollands These, die mystische Erfahrung gründe im »ozeanischen Gefühl«, nicht widerlegen konnte, obwohl er eine ganze Armee von Argumenten aufbietet. Das Überangebot an Argumenten und deren gelegentliche Schieflage dürfte darauf zurückzuführen sein, dass Freud seinen berechtigten Zweifel an seinem eigenen Rationalismus nur mühsam beiseite schieben konnte.

Aber wenn wir gegen Freud mit Romain Rolland annehmen, die mystische Erfahrung hänge mit dem ozeanischen Gefühl zusammen, müssen wir noch weiterhin Freuds Deutung dieses Gefühls in Schranken weisen. Sie ist in doppelter Hinsicht fragwürdig, und zwar:
- wenn er das ozeanische Gefühl mit dem Primärnarzissmus gleichsetzt und
- wenn er die spezifische Ich-Entgrenzung des Mystikers als Regression deutet.

Das soll nicht heißen, dass elementare, genetisch frühe Ich-Zustände nicht in die mystische Erfahrung eingehen würden. Sie sind sozusagen die Basis, die Fundamental-Befindlichkeiten. Aber diese ursprünglichen entgrenzten »Ich«-Zustände sind eben nicht als primärnarzisstisch, sondern als Erfahrungen einer »Objektbeziehung«, eines »Ur-Wir« zu verstehen. Weiterhin mögen die mystisch-religiösen Gefühle eine »regressive« Komponente enthalten, sofern sie Wiederbelebungen einer Urerfahrung sind. Aber aus »primitiven« Ich-Zuständen des Säuglings ableitbar sind diese Gefühle des erwachsenen Mystikers nicht. Es muss etwas Spezifisches hinzukommen.

Zum Vergleich: Vielleicht hat die bildende Kunst – nach Freud – einen Bezug zur Analerotik. Aber nur eine Vulgärpsychoanalyse kann die Kunst unmittelbar aus der Analerotik ableiten. Der eigenartig geistesabwesende Bewusstseinszustand des Künstlers ist gewiss nicht einfach Regression. Der Akt des Malens ist sicher auch nicht nur Sublimierung, sondern zur Sublimierung hinzu kommt eine besondere schöpferische und gestalterische Begabung, eine besondere innere Sensibilität sowie eine vom alltäglichen Gebrauch abweichende Erfahrung der Welt durch die Sinnesorgane, zugleich eine neue Deutung des Gesehenen. Warum sollte nicht in der philosophischen oder religiösen, speziell in der mystischen Erfahrung ebenfalls eine eigene, schöpferische Gestaltung genetisch früher Bewusstseinszustände vorliegen? (Als Beispiele aktuellerer Würdigungen des Religiösen in der Psychoanalyse siehe Stein 2006 und Buchholz 2006).

Schon diese Andeutungen zeigen, dass die Reduktionen, die Freud vorschlägt, dem Phänomen der Entgrenzung nicht gerecht werden, weder in der alltäglichen ›säkularen‹ Form noch in der religiös-mystischen. Zudem widerstrebt die Persönlichkeit der großen Mystiker einer Festschreibung auf rein ›prägenitale‹, unreife, regressive Entwicklungsstadien.

Auch die Erfahrung jedes Zeitgenossen, der regressive Zustände aus der Selbsterfahrung kennt und der einmal nach den Regeln des Zen oder Yoga meditiert hat, wird bestätigen, dass der Bewusstseinszustand in der Meditation von Regression weit entfernt ist. Eine gründliche Textanalyse könnte nachweisen, dass eine Verwandtschaft zwischen Erfahrungen der christlichen Mystik und des Zen besteht (Ueda 1965; Enomiya-Lasalle 1986; Haas 1989b; jüngst Keel 2007). Andererseits gibt es auch Studien, die das moderne Selbstkonzept der Psychoanalyse mit dem Zen in Verbindung bringen (Epstein 1990a u. b; 1996). Umgekehrt gibt eine banale Erfahrungstatsache Zeugnis von dem Unterschied zwischen quasi-mystischen und regressiven Zuständen, die Tatsache nämlich, dass wir nicht meditieren können, wenn wir in einem regressiven Zustand gefangen sind. Die spezifische Gefühlsbindung der Regression verhindert vielmehr die meditative Sammlung und Bewusstseinshelle. Wer sich davon überzeugen will, versuche einmal alkoholisiert zu meditieren.

11. An der Grenze von Primär- und Sekundärprozess

Mit Meissner (1984), Kakar (1991) und McDargh (1983) bin ich der Meinung, dass die religiöse Grundthematik nicht eine Regression von der ödipalen Konfliktthematik auf eine frühere Stufe der illusionären Einheit mit der Mutter darstellt (als Leugnung der Trennung; als Flucht vor der Konkurrenz mit der kastrierenden väterlichen Realität; als Wiedergewinnung von oder Fixierung an prägenitale Omnipotenzgefühle). Das Wesen dieser religiösen Gefühle wird vielmehr nur verstanden, wenn man sie in primären ›prägenitalen‹ Reifungsschritten verwurzelt sieht. Der Ort, an dem sie angesiedelt sind, ist also die frühe Objektbeziehung, genauer: der Übergangsraum und die Übergangsobjekte. Die so genannten Teilobjekte, zum Beispiel die Brust, der Schlaf- und Spielraum, der Wickeltisch, der Lallgesang, das Gesicht der Mutter, später das Kuscheltier, sind offenbar mit Keimen von Sinneswahrnehmung, Gefühl, Erkenntnisvorläufern geladen, die die Selbst- und Welterfahrung des Menschen weiterhin prägen. Nicht zu bagatellisieren sind auch die Untersuchungen, die eine Beziehung zwischen der religiösen oder ›weltanschaulichen‹ Haltung des Erwachsenen und perinatalen Erfahrungsmustern belegen wollen. Das Wesentliche an diesen Erlebensweisen des Kindes in diesem Stadium scheint die Ganzheitlichkeit zu sein, das je augenblickliche Erleben ist anscheinend das Eine und Ganze schlechthin.

Was psychoanalytisch das Ungetrenntsein von Selbst und Objekt oder besser die Ganzheitlichkeit heißt, entspricht philosophisch dem Begriff und der Erfahrung, die sich in der Formel *hen kai pan* ausspricht, Eins und alles, mit anderen Worten: dieses Eine ist alles.

Heraklit (1995), Fragment Nr. 50: »Wenn ihr nicht auf mich, sondern auf die ursprüngliche Sprachbildung selbst [griech.: *logos*] hört, dann ist in gleich klingender Übereinstimmung die Einsicht: Eins ist Alles.«

»Du bist mein Ein und Alles« heißt: Ich erlebe dich jetzt wie für immer; alles, was mir Sein und Sinn verleiht, erlebe ich durchtränkt und durchtönt von dir. Das sind Ausdrucksweisen, die eine ursprüngliche Seins- oder Lebenserfahrung benennen, die in der frühkindlichen Beziehung zur Mutter, besser: zur Mutter-Welt, repräsentiert ist, die in einer Liebesbeziehung erlebt werden kann. Aber das sind nur zufällige Realisierungen. Dieses letzte Ja zu allem im Ganzen, das sich in diesem Einen verdichtet, wird von mystischen Philosophen als Prinzip auf den Begriff gebracht und von religiösen Mystikern in Visionen und Ekstasen erfahren.

Auf den frühen ganzheitlichen »Objektbeziehungen«, die auch problematische oder gestörte Mutterbeziehungen überformen und kompensieren können, ruht das religiöse Erleben mancher Kinder auf. Manche beziehen sich auf den guten Gott oder einen Schutzengel, um Trost in der feindlichen Realität zu finden. In der ödipalen Phase und später wird/wurde den Kindern der moralisch-kirchliche Gott als Schreckmittel oder Anstandsgarant vorgestellt. Auch wenn die familiäre Erziehung nicht in dieser Weise ›religiös‹ ist, nehmen die Kinder Gott und die Religion in unserer Kultur doch, durch die soziokulturellen Über-Ich-Instanzen vermittelt, in dieser autoritären Weise auf. Die üblichen religiösen Konflikte und religiösen Neurosen entstehen im Zusammenhang mit dieser Über-Ich-Bildung und mit maligner Konfessionalisierung. Die moderne Lebenseinstellung macht es dann den Kindern und Jugendlichen leicht, die religiöse Symbolik aus ihrem geschädigten Über-Ich zu entfernen. Unsere Patienten berichten dann eher verschämt, doch wie von einem Ereignis der Vorzeit, dass sie früher als Kinder »religiös« waren; das aber sei irgendwann wie eine Absurdität von ihnen abgefallen. Mit dieser Befreiung wird freilich das Über-Ich, dessen Bestandteil diese Art Religion war, noch nicht gesund. Darum sind sie nicht wegen ihrer vergessenen oder verdrängten Religiosität, sondern meistens wegen ihrer Über-Ich-Pathologie in Psychotherapie.

Es gibt aber eine andere Religiosität, die ich als eine durchgehende Gestimmtheit mit der Formel Heraklits, *hen kai pan*, »ein und alles«, angesprochen habe und die mit dem ozeanischen Gefühl verwandt sein mag. Nicht selten wird uns in Therapien berichtet, dass die Kinder einen »Gott« kannten, der ganz anders war, als es ihnen die moralisierenden oder frommen Vorstellungen der Eltern oder Religionslehrer auferlegten. Dieser bejahende ›Gott‹ entstammt wahrscheinlich einer älteren psychischen Schicht, ist dem Primärvorgang noch viel näher. Er gehört zu den frühesten Symbolisierungen einer Ur-Erfahrung. Nicht selten wird aber in der pubertären Reifungskrise dieser frühe, ganzheitlich mütterliche Gott zusammen mit dem Kirchengott über Bord geworfen.

Mit dem Thema der mystischen Erfahrung bewegen wir uns an der Grenze von Primär- und Sekundärprozess, das heißt an der Grenze der Sprache. Kann die innerste Erfahrung selbst in Worte gefasst werden? Das Problem kennt jeder, der einen Liebesbrief schreiben möchte oder über die leere Wüste einer Depression oder die Überflutung in einem Schockerlebnis Auskunft geben möchte. Das Mystische ist die mystische *Erfahrung* selbst; diese wird in verschiedenen Darstellungen repräsentiert, sei es in Berichten von Ekstasen, Visionen oder in begrifflicher, philosophisch-theologischer Sprache. Die Darstellungen sind nicht das Mystische; aber wahrscheinlich kann dieses selbst nicht ohne sprachliche, symbolische Repräsentationen mitgeteilt werden. Die sprachliche Vermittlung offenbart eine eigentliche Wirklichkeit, und zugleich verhüllt oder verfälscht die Sprache die Wirklichkeit so, dass wir lieber schweigen, und doch drängt es uns aus dem inneren Angerührtsein oder der Erschütterung zur verbalen oder nonverbalen Mitteilung.

Wilfred R. Bion (1965) hat diesen Sachverhalt zum Arbeitsschwerpunkt seiner psychoanalytischen Theorie gemacht. In der Analyse der psychoanalytischen Erfahrung mit Hilfe von Denkmustern, welche die Mystiker zur Verfügung stellen, ist er am konsequentesten und tiefgründigsten vorangeschritten.

Bion unterscheidet streng zwischen der Realität selbst, dem »Ding an sich«, wofür er die Chiffre O (vielleicht für *origin*) wählt, einerseits und den Weisen andererseits, mit denen ich auf O bezogen bin, das sind meine Verbindungen *(links)*, das sind vor allem »(Er)Kennen«, »Lieben« und »Hassen« (K, L, H). Diese Verbindungen allerdings erreichen niemals die Realität selbst, sondern nur deren Erscheinung, also eine Darstellung *(representation)* oder Umwandlungen *(transformations)* von O. Das heißt: Das »Ding an sich« kann man nicht erkennen, lieben oder hassen. Aber in diesem Satz spricht sich für Bion keine Erkenntniskritik der menschlichen Unzulänglichkeit aus:

»Der Glaube, dass die Realität erkannt wird oder werden könnte, ist ein Irrtum, weil die Realität nicht etwas ist, das sich dazu eignet, erkannt zu werden. Die Realität zu erkennen ist unmöglich aus demselben Grund, der es auch unmöglich macht, Kartoffeln zu singen; sie können angebaut, geerntet oder gegessen werden, aber nicht gesungen. Realität muss man ›sein‹ [*Reality has to be ›been‹*]: es sollte ein transitives Verb ›sein‹ geben, eigens um es mit dem Ausdruck ›Realität‹ zu verwenden« (186).

In dem von Bion vorgeschlagenen Satz: »Ich bin Realität« dürfte »Realität« also nicht als Nominativ gelesen werden: Ich bin ... wer oder was? –, sondern als Akkusativobjekt: Ich bin ... wen oder was? – Realität! – Mit anderen Worten: Ich *lebe* die Realität, ich vollziehe die Realität als mein Sein. Vielleicht darf man Bion ›existenzialphilosophisch‹ interpretieren: Realität, das ist, wie und was ich in meinem Sein und Leben darlebe, existiere.

Konstitutiv für Psychoanalyse und Mystik ist nach Bion, dass beide die Erfahrung von Wirklichkeiten machen, die mit den Sinnesorganen nicht wahrnehmbar sind. Das unterscheidet sie von der alltäglichen Welterfahrung, die vorstellungs- und sinnengebunden ist. Dieser sinnenhaften Realität widmet sich auch die Wissenschaft *(science)*, auch die akademische Psychologie. Das bewirkt, dass die Mystik durchwegs nicht ernst genommen wird und dass die Psychoanalyse mit ihrem Anspruch auf Wissenschaftlichkeit ihren ursprünglichen ›Gegenstand‹ verliert oder in eine neue Verdrängung verbannt.

»Die Realitäten, mit denen sich die Psychoanalyse beschäftigt, zum Beispiel Furcht, Panik, Liebe, Angst, Leidenschaft, haben keinen sinnlichen Hintergrund, wenngleich es einen sinnlichen Hintergrund (Atemfrequenz, Schmerz, Tastsinn etc.) gibt, der häufig mit ihnen [den psychoanalytischen Realitäten] identifiziert und dann mutmaßlich wissenschaftlich behandelt wird. Erforderlich ist nicht eine Grundlage für die Psychoanalyse und ihrer Theorien, sondern eine Wissenschaft, die nicht durch ihren Ursprung in Wissen und sinnlichem Hintergrund eingeschränkt wird. Diese Wissenschaft muss eine Wissenschaft des Einsseins *(a science of at-one-ment)* sein. Sie muss eine Mathematik des Einsseins *(mathematics of at-one-ment)*, nicht der Identifikation, haben« (Bion 1970, 103). Bions Arbeit gilt demnach der Vergegenwärtigung einer unmittelbaren Seinserfahrung, mit der Analysand und Analytiker im psychoanalytischen Augenblick gemeinsam eins sind. Aus diesem Einssein mit der Wirklichkeit dessen, was als »Panik«, »Angst«, »Furcht«, »Liebe« erscheint, erwächst das psychoanalytische Verstehen.

»[I]ch benütze O [die Chiffre für die letzte Realität], um diesen zentralen Zug jeder Situation darzustellen, auf die der Psychoanalytiker eingeht. Damit muss er eins sein *(at one)*; mit deren Evolution muss er sich identifizieren, sodass er sie in einer Deutung formulieren kann« (6).

Um die Phänomene der Psychoanalyse wie der Mystik zu verstehen, wäre also eine *andere* Wissenschaft notwendig, eine Phänomenologie der innersten Grundlagen unserer Erfahrung (vgl. auch Witte 2010).

Literatur

W. R. Bion, Transformationen (1965), übers. von E. Krejci. Frankfurt a. M.: Suhrkamp 1997

W. R. Bion, Aufmerksamkeit und Deutung (1970), übers. von E. Vorspohl. Tübingen: edition diskord 2006

M. B. Buchholz, Psychoanalyse und Religion – Anregungen zu Aktualisierungen. In: Praxis und Methode, hg. von R. Kühn u. K. H. Witte (psycho–logik. Jahrbuch für Psychotherapie, Philosophie und Kultur, Bd. 1). Freiburg u. München: Alber 2006, 317–341

H. M. Enomiya-Lasalle, Zen und christliche Mystik. Freiburg i. Br.: Herder, 3. Aufl. 1986

M. D. Epstein, Beyond the oceanic feeling: Psychoanalytic study of Buddhist meditation. In: International Review of Psycho-Analysis 17 (1990a) 159–166

M. D. Epstein, Psychodynamics of meditation: Pitfalls on the spiritual path. In: Journal of Transpersonal Psychology 22 (1990b) 17–34

M. D. Epstein,»Gedanken ohne den Denker«. Das Wechselspiel von Buddhismus und Psychoanalyse, übers. von Barbara Brumm. Frankfurt a. M.: Krüger 1996

S. Freud, Das Unbewusste (1915). In: Psychologie des Unbewussten. Studienausgabe, Bd. 3. Frankfurt a. M.: Fischer 1975, 119–173

[Eckhart von Hochheim] Meister Eckehart, Deutsche Predigten und Traktate (1963), hg. von J. Quint. München: Hanser 1978

S. Freud, Das Unbehagen in der Kultur (1930). In: Fragen der Gesellschaft, Ursprünge der Religion. Studienausgabe, Bd. 9. Frankfurt a. M.: Fischer 1974, 191–270

S. Freud, Neue Folge der Vorlesungen zur Einführung in die Psychoanalyse (1933). In: Vorlesungen und Neue Folge. Studienausgabe, Bd. 1. Frankfurt a. M.: Fischer 1975, 448–608

A. M. Haas, Meister Eckhart als Gesprächspartner östlicher Religionen. In: Gottleiden – Gottlieben. Zur volkssprachlichen Mystik im Mittelalter. Frankfurt a. M.: Insel 1989, 189–200

Heraklit, Fragmente griechisch deutsch. München u. Zürich: Artemis & Winkler 1995

C. G. Jung, Die Beziehungen zwischen dem Ich und dem Unbewussten. In: Zwei Schriften über analytische Psychologie. In: Über die Entwicklung der Persönlichkeit. Gesammelte Werke, Bd. 7. Zürich: Rascher 1964

S. Kakar, The analyst and the mystic: Psychoanalytic reflections on religion and mysticism. Chicago: University of Chicago Press 1991

H.-S. Keel, Meister Eckhart: An Asian perspective. Louvain: Peters 2007

J. McDargh, Psychoanalytic object relations theory and the study of religion. On faith and imaging of god. Lanham u. a.: University Press of America 1983

W. W. Meissner, Psychoanalysis and religious experience. New Haven: Yale 1984

H. Stein, Quantenphysik, Neurowissenschaften und die Zukunft der Psychoanalyse. Auf dem Weg zu einem neuen Menschenbild. Gießen: Psychosozial 2006

S. Ueda, Die Gottesgeburt in der Seele und der Durchbruch zur Gottheit. Die mystische Anthropologie Meister Eckharts und ihre Konfrontation mit der Mystik des Zen-Buddhismus. Gütersloh: Mohn 1965

K. H. Witte, Zwischen Psychoanalyse und Mystik – psychologisch-phänomenologische Analysen. Freiburg u. München: Alber 2010

Korrespondenzadresse: Dr. Karl Heinz Witte, St.-Anna-Platz 1, D-80538 München.
Email: witte@khwitte.de

Reinhard Brunner

Über Sinn und Unsinn der Suche nach einem Sinn des Lebens – Individualpsychologie und Buddhismus

Abstract: *According to positions of Alfred Adler, the founder of individual psychology, concerning the meaning of life, transpersonal aspects of this depth psychology are illustrated. This is done against the background of a short introduction to transpersonal psychology. The question of the meaning of life is then seen in connection with the question of how to overcome the feelings of inferiority and suffering as it is formulated by Individual Psychology and Buddhism. The answers of Individual Psychology put the social feeling (»Gemeinschaftsgefühl«) and its transpersonal and cosmic dimensions into the centre of attention.*

Nach Gurdjieff (vgl. Smedt 1986, 302) »beginnt das Erwachen eines Menschen in dem Augenblick [...], wo er bemerkt, dass er nirgendwohin geht und nicht weiß, wohin er gehen soll«. Die Zen Weisheit, das Haften an der Befreiung sei die Fessel der Bodhisattvas (Wesen, die die Buddhaschaft und damit Erleuchtung anstreben), kann man, dem Ethnologen Duerr (1985, 260) folgend, auch so verstehen, »dass es dem, der nach der Befreiung sucht, so ergehe, wie jenem Mann, dem eine alte Zigeunerin sagte, in seinem Garten sei ein Schatz vergraben, den er aber nur dann finden könne, wenn er beim Suchen nicht an Vico Torriani denken würde«. Und Duerr fährt fort, dass man diese Weisheit auch so verstehen könne, »dass derjenige, welcher an der Befreiung festhält und nicht sieht, dass es gar keine Befreiung gibt, nur die Gefängniszelle gewechselt hat, ohne dies zu wissen« (1985, 260).

Und dann darf ich an dem Rad der Fragwürdigkeit des Themas »Der Sinn des Lebens« noch etwas weiterdrehen. Lao Tse schreibt über des Tao (Dau), das auch mit Weg oder Sinn übersetzt wird (1981, Vers 1):

»Das Tao, das enthüllt werden kann,
ist nicht das ewige Tao.
Der Name, der genannt werden kann,
ist nicht der ewige Name.
Das Namenlose ist nicht das Beginnen von Himmel und Erde.«

1. Adler und »Der Sinn des Lebens«

Auf diese Weise eingestimmt, könnten wir dann auch gleich zum Ende kommen, um dann eventuell Sinnvolleres zu unternehmen, wäre da nicht der Titel meines Aufsatzes, der einige Ausführungen zur Frage nach dem Sinn des Lebens erwarten lässt. Als Individualpsychologe möchte ich dabei vor allem die einschlägigen Annahmen und Erkenntnisse A. Adlers berücksichtigen. Er ist der Begründer der Individualpsychologie und zählt mit S. Freud und C. G. Jung zu den so genannten Vätern der Tiefenpsychologie. Sein Buch ›Der Sinn des Lebens‹, 1933 erschienen, befasst sich besonders intensiv mit den Fragen »Wozu leben wir eigentlich?« und »Was ist der Sinn unseres Lebens?«. Es gehört zum so genannten Spätwerk Adlers und wird auch heute noch mit recht unterschiedlicher Kritik beantwortet. Diese Kritik reicht von Missbilligung und Ablehnung, weil es unwissenschaftlich, philosophisch oder auch metaphysisch ausgerichtet sei – etwa durch Bruder-Bezzel (2000) oder Stepansky (1983) – bis zu großer Wertschätzung durch Ansbacher (1981) oder Brunner (2008).

Für Adler gehörte die Frage nach dem Sinn des Lebens zu denen, deren Beantwortung ihm besonders am Herzen lag. Bereits 1924 veröffentlichte er in einem Aufsatz mit dem Titel ›Kritische Erwägungen über den Sinn des Lebens‹ (Adler 1924g/1982a) grundsätzliche Annahmen der Individualpsychologie zur Frage nach dem Sinn des Lebens. Auch in seinem Buch ›Wozu leben wir?‹ (Adler 1931b/1979b), das zuerst in englischer Sprache unter dem Titel ›*What life should mean to you*‹ veröffentlicht wurde, werden immer wieder Antworten auf die Fragen nach dem Sinn des Lebens gestellt und diskutiert. Dieser Titel hätte nach W. Metzger (vgl. Vorwort: Adler 1979b, 7) auch mit ›Der Sinn des Lebens‹ übersetzt werden können. In dieser Reihe stellen dann die 1933 erschienenen Bücher ›Der Sinn des Lebens‹ und ›Religion und Individualpsychologie‹ (1933b/2008b; 1933c/2008b) einen Höhepunkt und zugleich einen Abschluss dar.

Manche Ausführungen Adlers mögen apodiktisch erscheinen. Wir dürfen uns dennoch unvoreingenommen mit ihnen auseinandersetzen; er hat sie ja auch mit der Mahnung versehen: »Wir wissen ja alle nicht, welches der einzig richtige Weg ist« (1933b/2008b, 158) und mit dem Hinweis: Es ist selbstverständlich, »dass es sich nicht um den Besitz der Wahrheit, sondern um das Streben danach handelt« (ebd. 162).

2. Ergreifen und Sich-ergreifen-Lassen

Der entscheidende Satz Adlers zum Sinn des Lebens findet sich bereits am Anfang des gleichnamigen Kapitels in ›Der Sinn des Lebens‹: »Nach einem Sinn des Lebens zu fragen hat nur Wert und Bedeutung, wenn man das Bezugssystem Mensch-Kosmos im Auge hat. Es ist dabei leicht einzusehen, dass der Kosmos in dieser Bezogenheit eine formende Kraft besitzt« (ebd. 156). Auf die Bedeutung des kosmischen Einflusses zielt er auch ab, wenn er feststellt, dass »die Entwicklung des Lebenden [...] nur unter Billigung des kosmischen Einflusses geschehen« konnte (ebd.).

Daraus lässt sich unter anderem die Forderung ableiten, dass unser derzeitiges Streben nach immer »Mehr« und »Besser« und nach Kontrolle und Optimierung möglichst aller Lebensbedingungen überdacht werden sollte zugunsten einer Begrenzung, die wieder Platz schaffen könnte für ein Sich-ergreifen-Lassen, das als Grundvoraussetzung für den Dialog mit dem Kosmischen gesehen werden kann. Der Sinologe M. Porkert (1983) hat sich ausführlich mit dem Ergriffensein auseinandergesetzt und dieses dem heute dominierenden Ergreifen gegenübergestellt. Erst im rechten Einklang von Ergreifen und Sich-ergreifen-Lassen kann ihm zufolge das eigentlich Menschliche bewahrt werden.

Sogar das Glück wollen wir ergreifen, und den Sinn des Lebens wohl offensichtlich auch. Der griechische Archäologe Valavanis (2009, 6) verweist darauf, dass das Glück ergreifen zu wollen, in einem deutlichen Gegensatz zu den griechischen Weisheiten stehe, die ja die Wurzeln eines großen Teils unserer Kultur ausmachen: »Unsere Kultur stellt dem Glück nach – das Glück lässt sich aber nicht einfangen! Es *kommt* zu uns, und zwar dann, wenn wir bereit sind, es zu empfangen. Das ist es, was die westliche Zivilisation nicht verstanden hat. Sie ist hungrig und fordernd und schmettert das Glück damit ab! Was wir also brauchen, sind mehr Hingabe und mehr Demut.«

3. Gemeinschaftsgefühl, Sachlichkeit, Feinfühligkeit

Wenn Adler auch bezweifelt, dass wir wüssten, welches der einzig richtige Weg sei (1933b/2008b, 158), so lässt er doch keinen Zweifel daran aufkommen, dass es allein das Gemeinschaftsgefühl und die Förderung des Wohls der gesamten Menschheit sei, die den Sinn des Lebens ausmachen. Und so nennt er als Kriterium für die Beurteilung kultureller, aber auch individueller Bewegungen: »Ich würde jede Strömung als gerechtfertigt ansehen, deren Richtung den unwiderleglichen Beweis liefert, dass sie vom Ziele des Wohles der gesamten Menschheit geleitet ist. Ich würde jede Strömung als verfehlt erachten, die diesem Standpunkt widerspricht oder durchflossen ist von der Kainsformel: ›Warum soll ich meinen Nächsten lieben?‹ Ebd. 161) »Gemeinschaftsgefühl« im Sinne Adlers ist jedoch kein anthropozentrisch verdünntes und auch kein unbestimmtes oder unverbindliches Konzept, das allein der Welt absoluter Normen oder abstrakter Ideen zuzuordnen wäre.

Ich wiederhole: Adlers »Gemeinschaftsgefühl« ist kein anthropozentrisch verdünntes Konzept. Es ist »eigentlich ein kosmisches Gefühl, ein Abglanz alles Kosmischen, das in uns lebt, dessen wir uns nicht ganz entschlagen können, und das uns die Fähigkeit gibt, uns in Dinge einzufühlen, die außerhalb unseres Körpers liegen« (1927a/ 2007b, 66). Ein solch kosmisches Gefühl steht in deutlichem Widerspruch zu jenen Gefühlen, die sich im Zusammenhang mit narzisstischen Störungen finden; im Übrigen erscheinen diese Störungen im Westen so häufig und so erstrebenswert, dass ihnen nur noch schwer der Charakter des Pathologischen zugeschrieben werden kann, obwohl sie das Gemeinwohl schwächen und obwohl sie einen nicht unerheblichen Beitrag zur Zerstörung der unsere Existenz gewährleistenden Umweltbedingungen liefern. Dies ergibt sich aus der sehr eingeschränkten Fähigkeit des Narzissten, sich als Teil des Ganzen zu erkennen und mit sich selbst und mit seiner Umwelt achtungsvoll und liebevoll umzugehen. Mit dieser Einschränkung einher geht ein Streben nach Freiheit und Autonomie, dem das Gespür für das rechte Maß abhanden gekommen ist und das sich deutlich vulgär und grandios gebärdet.

Die entsprechende Grandiosität zeigt unübersehbare Merkmale von Abwehr und Sicherung als Reaktion auf offensichtlich kaum erträgliche Minderwertigkeitsgefühle. Die Dynamik der Entstehung von Minderwertigkeitsgefühlen, ihre Kompensation und die Überwindung von Minderwertigkeitsgefühlen hat wohl keiner so gut beschrieben wie Adler. Er ist damit in die Fußstapfen eines noch viel Größeren getreten, in die Buddhas. Die Verbindung der entsprechenden Lehren Buddhas und Adlers werde ich später kurz darstellen. Adlers Annahmen zur Entstehung von Minderwertigkeitsgefühlen und den dann folgenden kompensatorischen und überkompensatorischen Bewegungen ermöglichen es uns, auch einen kritischen Blick auf die vielen Freiheits- und Emanzipationsbewegungen zu werfen, die zu Kennzeichen und Motoren des zivilisatorischen Prozesses geworden sind.

Da, wo diese uns befreit haben von destruktiver und willkürlicher Ausbeutung durch andere, wo sie uns geholfen haben, lebensfeindliche Konstruktionen bzw. Fiktionen im Bereich unseres Selbst- und Weltverständnisses zu überwinden, erkennen wir sie als segensreich und, um mit Adler zu sprechen, dem Wohle der gesamten Menschheit dienend. Da aber, wo sie als überkompensatorische Reaktionen auf scheinbar nicht anders zu bewältigende Minderwertigkeitsgefühle erscheinen, setzen sie soziale, wirtschaftliche und technische Veränderungen in Gang, die nicht nur die Not eines großen Teils der Menschheit vermehren, sondern auch die Zukunft der Menschheit in außerordentlichem Maße gefährden.

Diese Zukunft ist nach Adler nur dann gesichert, wenn wir Menschen uns für den Prozess einer aktiven Anpassung entscheiden:»Ich spreche von aktiver Anpassung und schalte damit die Fantasien aus, die diese Anpassung an die gegenwärtige Situation oder an den Tod alles Lebens geknüpft sehen. Es handelt sich vielmehr um eine Anpassung *sub specie aeternitatis*, weil nur jene körperliche und seelische Entwicklung ›richtig‹ ist, die für die äußerste Zukunft als richtig gelten kann. Ferner besagt der Begriff einer aktiven Anpassung, dass Körper und Geist sowie die ganze Organisation des Lebens dieser letzten Anpassung, der Bewältigung aller durch den Kosmos gesetzten Vor- und Nachteile zustreben müssen. Scheinbare Ausgleiche, die vielleicht für einige Zeit Bestand haben, erliegen der Macht der Wahrheit über kurz oder lang« (1933b/2008b, 157 f.).

Zu den oben angesprochenen destruktiven Fiktionen bzw. Konstruktionen gehören vor allem das isolierte und grandiose Ich und die mit dieser Annahme verbundene narzisstische und anthropozentrische Haltung. Eine solche Haltung bietet zunächst eine scheinbar glänzende und grandiose Antwort auf die Frage nach dem Sinn des Lebens. Danach aber und im Angesicht ihrer destruktiven Folgen lässt sie diese Frage als noch drängender erscheinen. Zur Überwindung dieser anthropozentrischen und narzisstischen Haltung legt uns Adler das Annehmen einer kosmischen Perspektive nahe, wie sie in seinem Konzept des Gemeinschaftsgefühls sichtbar wird. Diese Perspektive vermag den einzelnen Menschen tiefgreifend zu verändern. Verwurzelt zu sein im evolutionären Prozess und im Gefüge der Bedingungen, die uns vorangegangen sind, die uns begleiten und die uns nachfolgen, könnte uns jene Freiheit und Sicherheit schenken, nach der wir uns so sehr sehnen. Die Dürftigkeit und Aussichtslosigkeit unserer narzisstischen Sicherungsbemühungen wäre dann nicht mehr zu übersehen. Die Frage nach dem Sinn des Lebens käme uns dann aber auch abhanden.

Mit dieser Veränderung würde auch einhergehen, dass wir nicht mehr versuchen müssten, Identität und Sicherheit als Markenträger der dominierenden Konzerne oder als Repräsentanten Instant-Sinnstiftender Ideologien und Bewegungen zu erwerben. Die anthropozentrische Weltsicht dient nur scheinbar dem Menschen. Sie ist Ausdruck eines kollektiven Strebens nach Überlegenheit und wird getragen vom Minderwertigkeitsgefühl der einzelnen Menschen. Für dieses Streben nach Überlegenheit trifft die folgende Beobachtung Adlers zu: »Das Ziel der Überlegenheit drängt […] alles Wollen, Denken, Fühlen und Handeln auf ein der Sachlichkeit fremdes Gebiet, das wir Neurose nennen« (1920a/1974a, 57 f.). Zum Thema *Sachlichkeit* können wir zunächst mit Wexberg (1926/1969, 83) feststellen: »Alle Dinge und die Beziehungen so zu sehen, wie sie sind, also losgelöst vom unmittelbaren eigenen Interesse, vermag nur, wer sich sicher fühlt und nur in dem Maße, als er nicht egozentrisch ist.« Für Künkel, der sich besonders intensiv mit Sachlichkeit befasst hat, steht Sachlichkeit in direktem Gegensatz zur Ichhaftigkeit. Sie darf allerdings nicht mit rationaler und distanzierter Effektivität verwechselt werden: […] dem Geliebten gegenüber sachlich sein, heißt lieben.« Dieses Verständnis von *Sachlichkeit* weist zahlreiche Ähnlichkeiten mit dem Konzept *Feinfühligkeit* der Bindungstheorie auf. Nach Ainsworth (vgl. Ainsworth et al. 1974) ist die Feinfühligkeit der Mutter als eine der wichtigsten Determinanten für die Bindungsqualität des Säuglings im ersten Lebensjahr zu betrachten. Wir können »Feinfühligkeit« als Teil des Gemeinschaftsgefühls betrachten und damit, so wie es Adler tut, als soziale Anlage, als angeborene Kraft, die zu ihrer Entfaltung bzw. Entwicklung entsprechende Umweltbedingungen benötigt. Dass die Spezies Mensch ohne dieses Gemeinschaftsgefühl längst ausgestorben wäre, haben die Bindungstheorie und die ihr zugrunde liegende Ethnologie schlüssig nachgewiesen.

Sachlichkeit und Feinfühligkeit schützen, wie bereits erwähnt, vor Anthropozentrismus und Narzissmus, und sie verweisen auf die transpersonale Dimension der Individualpsychologie. Zu ihrer Entwicklung bedarf es einer Mutter-Kind-Beziehung bzw. Familiensituation, die geeignet erscheint, diese elementare Voraussetzung für die Entwicklung menschlicher Gemeinschaft und einer entsprechenden Kultur zu fördern. Solche Beziehungen lassen sich nicht durch verbale Absichtserklärungen oder durch Wunschdenken herbeiführen. Es ist das konkrete Miteinander von Mutter und Kind oder von Vater und Kind und den nächsten Personen aus dem Umkreis, das die Grundvoraussetzung für die Entwicklung psychischer Strukturen und Verhaltensweisen bietet, die dem Gemeinschaftsgefühl zugerechnet werden können. »Konkretes Miteinander« zeigt sich im gemeinsamen Wohnen, Essen, Kochen, Spielen und Arbeiten. Wenn wir die heute beobachtbare Verarmung und Verdünnung der konkreten Beziehungen zwischen Eltern und ihren Kindern beobachten, die auch von der Familienpolitik der großen Parteien gefördert wird und die nicht nur im »Prekariat«, sondern auch und gerade in der Mittelschicht vorherrschen, erkennen wir die Gefahr einer unzureichenden Förderung des Gemeinschaftsgefühls. Diese Gefahr droht auch, wenn Kleinkinder immer früher einer institutionalisierten Erziehung überlassen werden. Emotionale Deprivation und Bindungsschwäche zählen zu den häufig beobachteten Folgen einer solchen Erziehung (vgl. Spitz 1945; Grossmann u. Grossmann 2004, 581 ff.). Ihre Entstehung hängt vor allem zusammen mit der Professionalisierung und den zweckrationalen Strukturen, die diesen Institutionen eigen sind. Professionalisierung und die Einrichtung zweckrationaler Strukturen gelten als Abkömmlinge der zunehmenden Verwissenschaftlichung in den modernen Gesellschaften. Die destruktiven Auswirkungen dieser Merkmale werden dann auch noch verstärkt durch die in diesen Gesellschaften herrschende Manie, möglichst viele Lebensbewegungen möglichst effektiv bzw. ökonomisch gestalten zu wollen. Und so sind wir dabei, das heranwachsende »Humankapital« – so werden in den ökonomisierten Gesellschaften immer häufiger Kinder und Jugendliche bezeichnet – einer zunehmend standardisierten, effektiven und damit kostengünstigen Erziehung und Bildung zu überantworten.

Eine solche Erziehung erschwert es den Kindern, Mutter und Vater als Repräsentanten archetypischer Formen des Lebens zu erfahren. Eine solche Erfahrung jedoch gilt als Voraussetzung für die Entwicklung eines transpersonalen Bewusstseins. Wenn dann das Mütterliche oder Väterliche und deren archetypische Wurzeln auf die soziologischen Kategorien »Rollen« oder, noch einfältiger, »Jobs« reduziert werden, verliert das Menschsein an Würde und Schönheit, es wird banalisiert und degeneriert zum Humankapital. Die Frage nach dem Sinn des Lebens wird dann so übermächtig, dass nur noch so unsinnige Abwehrmechanismen wie Shoppen, Saufen und das Aufsuchen von Schönheitschirurgen scheinbar wirksame Abhilfe schaffen. Ich habe darauf hingewiesen, dass die Theorie der Individualpsychologie eine transpersonale Dimension erkennen lasse. Da die Antworten der Individualpsychologie auf die Frage nach dem Sinn des Lebens in so enger Verbindung mit dieser transpersonalen Dimension stehen, erscheint es notwendig, sie etwas ausführlicher zu betrachten (vgl. auch Brunner u. Titze 1995).

4. Psychologie und Individualpsychologie

Die transpersonale Dimension der Individualpsychologie lässt sich als Teilgebiet der Transpersonalen Psychologie verstehen. Zunächst: Was versteht man unter der Transpersonalen Psychologie? »Transpersonal« heißt: die Person übersteigend. Für Grof u. Grof (1991, 64) ist transpersonal »der moderne Begriff für das direkte Erfahren von spirituellen Realitäten«. Spiritualität bringen diese Autoren in Verbindung mit einer Erfahrung des Lebens, der die Qualität des Numinosen eigen ist (*numen*, lat.: »Wink der Gottheit«; vgl. Otto 1918).

Das Transpersonale bzw. die Spiritualität wird von Shafranske u. Gorsuch (1984, 233) als Mut bezeichnet, »nach innen zu schauen und zu vertrauen. Was dabei gesehen wird und worauf vertraut wird, erscheint als ein tiefes Gefühl der Zugehörigkeit, der Ganzheit, des Verbundenseins und der Offenheit gegenüber dem Unendlichen«. Spiritualität zeigt sich für Capra und Steindl-Rast (1991, 28) in dem »Gefühl mit dem Kosmos verbunden zu sein«. Auf die kosmische Verbundenheit verweisen auch Grof u. Grof (1991, 74): »Die ganze Schöpfung – Menschen, Tiere, Pflanzen und unbelebte Objekte – scheint von derselben kosmischen Essenz und göttlichem Licht durchdrungen. In diesem Zustand sieht man plötzlich, dass alles im Universum Manifestation und Ausdruck derselben schöpferischen kosmischen Energie ist und dass Grenzen und Abtrennungen illusorisch sind.«

In den vergangenen 30 Jahren hat vor allem Ken Wilber im Westen die Transpersonale Psychologie gefördert. Er ist es auch, der sich besonders intensiv mit den drei Bewusstseinszuständen: präpersonal, personal und transpersonal, beschäftigt hat. Wilber (1990a, 44) setzt das Präpersonale mit einem archaisch-uroborischen Bewusstseinszustand gleich (*Uroboros* ist das Symbol für die Urschlange, die sich selbst in den Schwanz beißt, die in sich geschlossen, autark ist. Sie ist ein Symbol für das Undifferenzierte und für die uranfängliche Einheit). Dieser Bewusstseinszustand ist prä-ich und prä-mental; der dabei erscheinende Zeitmodus wird von Wilber (ebd.) mit zeitlos im Sinne von prä-temporal gekennzeichnet. Im präpersonalen Zustand herrscht nach ihm eine Art paradiesischer Urzustand vor. Es ist der Zustand, in dem sich wohl der Frühmensch befunden hat, und in dem sich wohl auch der frühe Säugling befindet, wenn er noch nicht oder nur sehr eingeschränkt zwischen Ich und Außenwelt unterscheiden kann und von der haltenden und pflegenden Mutter bzw. Bezugsperson abhängig ist.

Der Zustand des personalen Bewusstseins erscheint durch das Ich-Bewusstsein gekennzeichnet. Die Ausbildung der Ich-Funktionen steht im Mittelpunkt der Entwicklung auf dieser Stufe. Sie werden dabei zum Gegenstand des Ich- bzw. des Selbstbewusstseins und gewinnen so eine besondere Bedeutung für die Sicherung des Persönlichkeitsgefühls. In dieser Phase der Bewusstseinsentwicklung setzt sich der Prozess der Individuation (hier nicht im Sinne C. G. Jungs) fort und stärkt damit die Erfahrung des Getrenntseins von der Umwelt. Dass es gerade die Entwicklung und Aufrechterhaltung der Fiktion eines autonomen Subjekts ist, die die Erfahrung von Trennung, Einsamkeit, Sterblichkeit und Todesangst generiert, wird dem Menschen dabei nicht bewusst. Loy (1992) und Hellgardt (1995) haben in diesem Zusammenhang auch darauf aufmerksam gemacht, dass die Todesangst umso größer ist, je stärker sich der Mensch auf der Stufe des personalen Bewusstseins mit dem sterblichen Ich identifiziert. Auf die Frage nach der Überwindung von Leiden und Minderwertigkeitsgefühlen, die mit dieser Trennungs- und Todesangst verbunden sind, haben der Buddhismus und die Individualpsychologie klare Antworten gegeben, auf die ich später kurz eingehen möchte.

Um das transpersonale Bewusstsein entwickeln zu können, scheint es – Ken Wilber folgend – unabdingbar, dass sich zunächst das personale Bewusstsein entfaltet hat (Wilber 1990b). Auf der Stufe der transpersonalen Entwicklung kommt es nicht zur Verschmelzung, wie sie im präpersonalen Bereich erkennbar ist, sondern zum transpersonalen Einssein (Wilber 1988). Das personale Ich wird transzendiert zum transpersonalen Geist, ohne dass die Fähigkeiten und Funktionen, die das Ich auf der personalen Ebene erworben hat, aufgegeben werden müssen. Sterben und Loslassen auf der transpersonalen Ebene schließlich meint nicht Regression und Aufhebung der Existenz, sondern »Loslassen der verstandesbetonten Ichhaftigkeit, damit sich das höhere LEBEN und die Einheit im GEIST auftun« (Wilber 1988, 161). Neuerdings unterscheidet Wilber (2009) drei Entwicklungsstufen: Die erste ist ihm zufolge durch die grobstoffliche, physische Realität bestimmt. Körper und Ich dominieren hier, und so wird diese Stufe von ihm auch als egozentrische Stufe bezeichnet. Die zweite Stufe ist die des Verstandes. Die Identität erweitert sich nach Wilber (ebd. 36) vom »Ich/Mir/Mein« zum »Wir/Uns/Unser«. Dies ist nach ihm der Schritt von der egozentrischen zur ethnozentrischen Ausrichtung. Auf der dritten Stufe erweitert sich die Identität vom Ethnozentrischen zum Weltzentrischen. Vom »Wir/Uns/Unser« gelangen wir dabei zum »Wir alle/Alle von uns/Unser aller« (ebd. 36). »Dieser Schritt vom Ethnozentrischen zum Weltzentrischen ist verbunden mit der Entdeckung des ›Gemeinwohls‹ aller Wesen und insofern ›spirituell‹, als wir uns hier mit Dingen identifizieren, die alle fühlenden Wesen miteinander teilen« (ebd. 36).

Adler hat das bereits 1927 (1927a/2007b, 54) so zum Ausdruck gebracht: »Das Gefühl der Zusammengehörigkeit, das Gemeinschaftsgefühl […] erstreckt sich in günstigen Fällen nicht nur auf die Familienmitglieder, sondern auf den Stamm, das Volk, auf die ganze Menschheit. Es kann sogar über diese Grenzen hinausgehen und sich dann auch auf Tiere, Pflanzen und andere leblose Gegenstände, schließlich sogar auf den Kosmos überhaupt ausbreiten.« Gemeinschaftsgefühl ist nach Adler (ebd. 66) »eigentlich ein kosmisches Gefühl, ein Abglanz des Zusammenhangs allen Kosmischen, das in uns lebt«. Dies ist eine Sichtweise, die den Menschen nicht als geist- und seelenloses Wesen sieht, das allein zweckrationalen Mustern gehorcht. Die heute vorherrschende Überzeugung, die Existenz des Menschen könne mit Hilfe der Erkenntnisse der derzeit vorherrschenden Paradigmen der Biologie bzw. Neurobiologie hinreichend erfasst werden, kann nur als Folge einer »Flachland-Psychologie« verstanden werden, die die Auseinandersetzung mit den Ergebnissen westlicher und östlicher Geistesgeschichte meidet, wohl um einer Auseinandersetzung mit der eigenen grandiosen und narzisstischen Haltung aus dem Wege zu gehen. Neben dem Konzept des Gemeinschaftsgefühls ist es vor allem das Konzept der schöpferischen Kraft, das den transpersonalen Charakter der Individualpsychologie ausmacht. Es ist nach Adler (1929d/1978b, 13) das Bemühen der Individualpsychologie, »die geheimnisvolle schöpferische Lebenskraft zu verstehen, jene Kraft, die sich in dem Verlangen nach Entwicklung, Anstrengung und Leistung zum Ausdruck bringt – und selbst noch in dem Wunsch, die Niederlagen auf dem einen Wege durch Streben und Erfolg auf einem anderen zu kompensieren.« Es käme jedoch einer unzulässigen Reduktion gleich, wenn man die schöpferische Kraft allein als Ich-Funktion im Rahmen der Kreativitätspsychologie oder der Neurosenlehre verstehen würde. Das transpersonale Verständnis der schöpferischen Kraft wird vor allem bei Hellgardt (1995, 417) sichtbar:»Ich bin von ›selbst‹ schöpferische Kraft, soweit ich wirklich aus meiner kosmisch-schöpferischen Identität existiere. Das Sein, das sich in der ersten Person, in der Erfahrung ›ich bin‹ erlebt, bewusst wird, das Dasein also, offenbart sich, wird sich selbst bewusst in dem Erlebnis der Identität mit einer bewusstseinstranszendenten schöpferischen Kraft, die sich in der Eigenart des Ich als dieselbe schöpferische Kraft darstellt, die letztlich allen Schöpfungen der Natur wie der menschlichen Kultur und des individuellen Schicksals des Ich gemeinsam zugrunde liegt. Diese Darstellung der prinzipiellen Wesenseinheit des Menschen mit der kosmischen schöpferischen Kraft, das holistische Verständnis der dynamischen, evolutionären Wesenseinheit des Menschen mit dem kosmischen Ganzen und – andererseits – der Begriff des Gemeinschaftsgefühls *sub specie aeternitatis* bedingen und ergänzen sich in der individualpsychologischen Theorie des Menschenbildes.«

Alle spirituellen, alle transpersonalen Systeme, Theorien oder Bewegungen – und Adler sieht seine Individualpsychologie in einer Gemeinschaft mit solchen Systemen – sind metaphysisch ausgerichtet und fragen danach, ob es eine Überwindung menschlicher Unvollkommenheit und menschlichen Leidens gibt, und wie der Weg aussehen könnte, der zu der ersehnten Vollkommenheit, Überwindung und Befreiung führen könnte. Einer der ältesten Mythen, der Paradiesmythos (vgl. Eliade 1988), geht von einem Zustand ursprünglicher Vollkommenheit aus und verlegt die Wiedererlangung dieses Zustandes für den diesseitigen Menschen in die Zeit nach dem Tod. Der Glaube an den Himmel und an die ewige Glückseligkeit im Jenseits, wie wir ihn im Christentum und im Islam vorfinden, steht in der Tradition dieses sehr frühen Mythos. Würden wir diesen Zustand der Vollkommenheit und Glückseligkeit erreichen, wären wir angekommen in einem Zustand des Seins oder auch des Nicht-Seins, der jedes Fragen nach dem Sinn des Lebens als überflüssig oder auch als unmöglich erscheinen lassen würde.

5. Überwindung von Angst und Minderwertigkeitsgefühlen: Individualpsychologie und Buddhismus

Das Auftauchen der Frage nach dem Sinn des Lebens – ich bitte um Nachsicht für die Wiederholung dieser Selbstverständlichkeit – erscheint offensichtlich eng verbunden mit der Erfahrung von Angst, Minderwertigkeitsgefühlen, Unvollkommenheit und dem damit verbundenen Leiden. Im Zustand der Hingabe, des Erfülltseins, der Ekstase oder der »Versöhntheit« mit dem Leben, so wie es Adler (1914a; 1973c, 62) ausgedrückt hat, kommt uns die Frage nach dem Sinn des Lebens gar nicht mehr in den Sinn.

Auf die Frage, wie ein solcher Zustand erreicht, und die Frage nach dem Sinn des Lebens beantwortet werden kann, gibt Adler die bereits erwähnte Antwort: Es ist der Einsatz für das Gemeinwohl und die Entwicklung des Gemeinschaftsgefühls, die die Frage nach dem Sinn des Lebens beantworten und die zur Überwindung des Minderwertigkeitsgefühls beitragen. Adler ordnet dem Minderwertigkeitsgefühl eine große Zahl negativer Erfahrungen zu; wir werden dabei an die Situationen erinnert, die im Buddhismus für »Leiden« stehen: »Schwierige Fragen im Leben, Gefahren, Nöte, Enttäuschungen, Sorgen, Verluste, besonders solche geliebter Personen, sozialer Druck aller Art, sind wohl immer im Bilde des Minderwertigkeitsgefühls zu sehen, meist in allgemein bekannten Affekten und Stimmungslagen, die wir als Angst, Kummer, Verzweiflung, Scham, Scheu, Verlegenheit, Ekel usw. kennen« (Adler 1933b/2008b, 74).

Die spirituelle Dimension des Gemeinschaftsgefühl wird von Adler direkt angesprochen, wenn er es als »erlösend« und »gnadenspendend« bezeichnet (Adler/Jahn 1933c/2008b, 199 u. 204). Ähnlichkeiten bzw. Übereinstimmungen zwischen Buddhismus und Individualpsychologie hinsichtlich des Weges zur Befreiung vom Leiden bzw. zur Überwindung des Minderwertigkeitsgefühls zeigen sich auch, wie beide die Phänomene »Bewegung« und »Ich« bzw. »Persönlichkeit« sehen. Aus der Erfahrung, dass alles in Bewegung ist, lässt sich die Annahme der Substantialität der Dinge nur als Fiktion bewerten, die einer trügerischen Sicherung des Menschen dient. Und dies gilt insbesondere auch für die Phänomene »Ich« und »Persönlichkeit«. Adler betont, dass es »Charakterzüge als etwas Seiendes, als Entität, gar nicht gibt« (1935l/1983a, 90).

Befreiung vom Leiden erscheint für den Buddhisten nicht erst in ferner, jenseitiger Zukunft möglich. Die Erfahrung, dass *Samsara* (Sanskrit, wörtl.: beständiges Wandern) gleich Nirvana und *Nirvana* gleich Samsara ist, bedeutet für den Buddhismus Befreiung und Heilung jetzt und nicht erst in ferner Zukunft. Auf den ersten Blick scheint sich hier ein deutlicher Unterschied zu Individualpsychologie Adlers feststellen zu lassen. Betont Adler nicht die Höherentwicklung des Menschen, und dass das allgegenwärtige Minderwertigkeitsgefühl bei dieser Entwicklung eine antreibende Kraft ausübe? Und verweist er nicht immer wieder darauf, dass die ideale Gemeinschaft und Vollkommenheit nie zu erreichen seien, weil ihnen ja nur eine richtungweisende Rolle zukäme? Ideale Gemeinschaft und Vollkommenheit könnten es ihm zufolge ja nur *sub specie aeternitatis,* das heißt unter dem Blickwinkel der Ewigkeit geben. Da die Ewigkeit ja keine zeitliche Begrenzung, keinen Anfang und kein Ende kennt, und da Adler dem Gemeinschaftsgefühle eine gnadenspendende und erlösende Kraft nicht erst in ferner Zukunft zuschreibt, dürfen wir davon ausgehen, dass die Beendigung des Minderwertigkeitsgefühls, und zwar nicht nur des neurotisch vergrößerten Minderwertigkeitsgefühls, jederzeit also auch jetzt möglich erscheint.

Die Wegmarken des individualpsychologischen Weges dorthin sind: 1) Entwicklung des Gemeinschaftsgefühls, im Sinne des Verbundenseins mit allen Menschen, 2) die Bereitschaft, sich der Verbindung mit dem Kosmischen zu öffnen, 3) die damit einhergehende Erkenntnis, dass alles in Bewegung ist und 4) die Erkenntnis, dass dem Ich und der Persönlichkeit keine essentielle Qualität zukommt. Die dann auftauchende Bejahung des Lebens ermöglicht ein Aufgeben der Fiktionen, die ein essentielles Ich und individuelle Unsterblichkeit zum Inhalt haben; sie führt zu einem Sterben des Ich und zur Beendigung des

Sicherungsmechanismus »Grandiosität« (ausführlicher in Brunner 2002). Krishnamurti bemerkt (1985, 68 f.):»Die meisten von uns fürchten sich vor dem Sterben, weil wir nicht wissen, was es heißt zu leben. Wir wissen nicht, wie wir leben sollen, daher wissen wir nicht, wie wir sterben sollen. Solange wir uns vor dem Leben fürchten, werden wir uns auch vor dem Tode fürchten. Der Mensch, der sich nicht vor dem Leben fürchtet, fürchtet sich nicht davor, völlig ungesichert zu sein, denn er erkennt, dass es innerlich keine Sicherheit gibt. Wenn keine innere Sicherheit vorhanden ist, beginnt eine endlose Bewegung, und dann sind Leben und Tod eins. Der Mensch, der ohne Konflikt lebt, dessen Leben voller Schönheit und Liebe ist, fürchtet sich nicht vor dem Tod, denn zu lieben heißt zu sterben.« Aus dieser Versöhntheit mit dem Leben, aus dieser Bejahung des Lebens erwachsen Achtsamkeit und Liebe. Aus Achtsamkeit und Liebe erwachsen Versöhntheit mit dem Leben und die Bejahung des Lebens.

Literatur

Die Angaben zu Adler folgen den »Schriften von Alfred Adler«. In: R. Brunner u. M. Titze (Hg.), Wörterbuch der Individualpsychologie. München: Reinhardt 1995, 571–584

A. Adler, Heilen und Bilden (1914a). Frankfurt a. M.: Fischer 1973c

A. Adler, Praxis und Theorie der Individualpsychologie (1920a). Frankfurt a. M.: Fischer 1974a

A. Adler, Kritische Erwägungen über den Sinn des Lebens (1924g). In: Psychotherapie und Erziehung, Bd. I. Frankfurt a. M.: Fischer 1982a, 79–83

A. Adler, Menschenkenntnis (1927a). Hg. und mit einer Einführung versehen von Jürg Rüedi. Alfred Adler Studienausgabe. Göttingen: Vandenhoeck & Ruprecht 2007b

A. Adler, Lebenskenntnis (1929d) (engl. Original: The science of living). Frankfurt a. M.: Fischer 1978b

A. Adler, Praxis und Theorie der Individualpsychologie (1920a). Frankfurt a. M.: Fischer 1974a

A. Adler, Wozu leben wir? (1931b) (engl. Original: What life should mean to you?). Frankfurt a. M.: Fischer 1976b

A. Adler, Der Sinn des Lebens (1933b). In: Sinn des Lebens – Religion und Individualpsychologie. Hg. u. mit Einführungen versehen von Reinhard Brunner und Ronald Wiegand. Alfred Adler Studienausgabe, Bd. 6. Göttingen: Vandenhoeck & Ruprecht 2008b, 5–176

A. Adler, Religion und Individualpsychologie (1933c). In: Sinn des Lebens – Religion und Individualpsychologie. Hg. u. mit Einführungen versehen von Reinhard Brunner und Ronald Wiegand. Alfred Adler Studienausgabe, Bd. 6. Göttingen: Vandenhoeck & Ruprecht 2008b, 177–224

A. Adler, Vorbeugung der Neurose (1935l). In: A. Adler: Psychotherapie und Erziehung. Band III. Frankfurt a. M.: Fischer 1983a, 84–95

M. D. Ainsworth u. a., Infant-mother-attachment and social development: Socialisation as a product of reciprocal responsiveness to signals. In: P. M. Richards (Hg.), The integration of a child into a social world. Cambridge 1974, 99–135 (zit. nach G. Spangler u. P. Zimmermann (Hg.), Die Bindungstheorie. Grundlagen, Forschung und Anwendung. Stuttgart: Klett-Cotta 1997)

H. L. Ansbacher, Die Entwicklung des Begriffs ›Gemeinschaftsgefühl‹ bei Adler. In: Zeitschrift für Individualpsychologie 6 (1981) 177–194

A. Bruder-Bezzel, Welchen Adler lieben wir? In: Zeitschrift für Individualpsychologie 25 (2000) 272–288

R. Brunner u. M. Titze (Hg.), Wörterbuch der Individualpsychologie. München: Reinhardt 1995

R. Brunner, Adler und Buddha. Was Adler letztlich lehrte. In: R. Brunner (Hg.), Die Suche nach dem Sinn des Lebens. München: Reinhardt 2002, 48–66

R. Brunner, Einleitung zu: ›Der Sinn des Lebens‹. In: A. Adler, Der Sinn des Lebens. Religion und Individualpsychologie. Hg. und mit Einführungen versehen von Reinhard Brunner und Ronald Wiegand. Alfred Adler Studienausgabe, Band 6. Göttingen: Vandenhoeck & Ruprecht 2008, 11–21

F. Capra u. T. Steindl-Rast, Wendezeit im Christentum. Bern: Scherz 1991

H. P. Duerr, Sedna oder: Die Liebe zum Leben. Frankfurt a. M.: Suhrkamp 1985

M. Eliade, Mythos und Wirklichkeit. Frankfurt a. M.: Insel 1988

Ch. Grof u. St. Grof, Die stürmische Suche nach dem Selbst. München: Kösel 1991

K. Grossmann u. K. E. Grossmann, Bindungen – das Gefüge psychischer Sicherheit. Stuttgart: Klett-Cotta 2004

H. Hellgardt, Schöpferische Kraft. In: R. Brunner u. M. Titze (Hg.), Wörterbuch der Individualpsychologie. München: Reinhardt 1995, 416- 419

J. Krishnamurti, Einbruch in die Freiheit. Frankfurt a. M.: Ullstein 1985

Lao Tse, Tao Te King. Hg. von Gia-Fu Feng u. J. English. Haldenwang: Irisiana 1981

D. Loy, Avoiding the void: the lack of self in psychotherapy and Buddhism. In: The Journal of Transpersonal Psychology 24 (1992) 151–179

R. Otto, Das Heilige. Breslau: Trewendt u. Granier 1918

M. Porkert, Greifbarkeit und Ergriffensein: Das Körperverständnis in der chinesischen Medizin. In: Eranos Jahrbuch 52. Frankfurt a. M.: Insel 1983, 389–429

E. O. Shafranske u. R. L. Gorsuch, Factors associated with the perception of spirituality in psychotherapy. In: The J. of Transpersonal Psychology 16 (1984) 231–241

M. de Smedt, 50 Techniken der Meditation. Freiburg: Aurum 1986

R. A. Spitz, Hospitalism: an inquiry into the genesis of psychiatric conditions in early childhood. In: The Psychoanalytic Study of the Child 1 (1945) 53–74

P. E. Stepansky, In Freud's shadow. Hillsdale, N.J.: The Analytic Press 1983

P. Valavanis, Auszug aus einem Redebeitrag in einer Sendung des Bayerischen Rundfunks vom 3. 5. 2009 von A. Karamanolis mit dem Titel ›Delphi‹. München 2009, Manuskript der Sendung, S. 6

E. Wexberg, Individualpsychologie (1926). Darmstadt: Wissenschaftl. Buchgesellschaft 1969

K. Wilber, Die drei Augen der Erkenntnis. München: Kösel 1988

K. Wilber, Halbzeit der Evolution. München: Goldmann 1990a
K. Wilber, Das Atman Projekt. Paderborn: Junferman 1990b
K. Wilber, Integrale Vision. München: Kösel 2009

Korrespondenzadresse: Prof. Dr. Reinhard Brunner, Am Waldring 10, 83562 Rechtmehring. E-Mail: brunner-reinhard@t-online.de

Eckhard Frick

Die Analytische Psychologie C. G. Jungs im religiös-spirituellen Feld der Gegenwart

Abstract: *C. G. Jung often uses religious vocabulary and imagery, even in strictly secular and psychological contexts. Focusing on western, post-traditional humankind and its search for the Self, Jung acknowledges the importance of religion in this spiritual quest. He highlights mystical and meditative experiences as crucial components of the individuation process. He does not offer a fundamentalist solution to the problems of a broken post-traditional Self nor to the lack of the sacred in our secularised societies. In his own words, Analytical Psychology may be called religion in statu nascendi. In Jung's conception, psychoanalysis accompanies the process of individuation and deals with the human being's openness towards transcendence. Lifelong experiences of absence, of suffering, and of mourning give birth to living symbols bridging the gap between this world and the world beyond its borders. The paradoxical presence of the Non-Self may be called the human being's spiritual representation.*

1. C. G. Jung und die Religion

Auf vielen Seiten der ›Gesammelten Werke‹ ist explizit von der Religion die Rede, und einige Arbeiten Jungs sprechen die religiöse Thematik bereits im Titel an, zum Beispiel: ›Das Wandlungssymbol in der Messe‹ (Jung 1941/1963), ›Antwort auf Hiob‹ (Jung 1952/1963), ›Die spirituellen Exerzitien des Ignatius von Loyola‹ (Jung 1940/2008). C. G. Jung und die Religion: Was hat es mit dem »und« auf sich: Handelt es sich um einen wissenschaftlich-psychologischen Diskurs über Religion – eine Religionspsychologie? Liegt vielleicht sogar eine Gleichsetzung vor, das heißt: Ist die Analytische Psychologie eine Religion oder ein Religionsersatz? Schließlich: Ist die Wiedererlangung der »verlorenen« Seele im Individuationsprozess gleichursprünglich für die religiöse und die psychoanalytische Erfahrung, das heißt für die Verhältnisbestimmung von bewusstem und unbewusstem Seelenleben? Für diese letzte Möglichkeit spricht, dass es sowohl in den Religionen als auch in der Psychotherapie um die »Seele« und ihre Heilung oder Rettung geht. Beiden geht es um eine Abwesenheit, die als Fehlen schmerzlich bewusst wird (Habermas 2008) und die eine spirituelle Suche auslöst. Die theologisch-philosophische Rezeption von C. G. Jungs Denken ist lang und vielseitig. Sie umfasst so prominente Namen wie den jüdischen Religionsphilosophen Martin Buber (Jung 1952/1981), den Dominikaner Victor White (Charet 1990) sowie den Jesuiten und Psychoanalytiker Louis Beirnaert (Beirnaert 1949). Diese noch keineswegs abgeschlossene Rezeptionsgeschichte soll hier nicht dargestellt werden. Stattdessen möchte ich versuchen, Jung als kundigen, einfühlsamen und innovativen Ratgeber für die spirituelle Suche heutiger Menschen (Frick u. Lautenschlager 2008) zu erschließen.

2. Hermeneutische Vorbemerkungen

Sowohl die gesellschaftliche als auch die wissenschaftliche Diskussion über die Religion haben eine Entwicklung genommen, die zur Entstehungszeit von Jungs ›Gesammelten Werken‹ nicht vorherzusehen war, die jedoch nicht nur eine Neuinterpretation des jungianischen Denkens erlauben, sondern auch eine neue, breitere Rezeption dieses Denkens. Die neuzeitliche Wissenschaft verfährt mit ihren Gegenständen *etsi Deus non daretur* (»auch wenn es Gott nicht gäbe«), einer Bedingung, die Hugo Grotius zugeschrieben wird, die sich aber schon bei früheren Autoren findet, zum Beispiel: bei Gregor von Rimini. *Etsi Deus non daretur:* Dies gilt auch für Gott selbst: Er kann zu einem (in der Regel nicht sonderlich interessanten) Objekt der Wissenschaft werden, unabhängig davon, ob es Gott gibt und ob er eine Rolle in unserem Leben spielt. Während das Denken Jungs an religiösen Bezügen reich ist, interessieren sich viele Psychoanalytiker seiner Zeit allenfalls für Religions-Psychopathologie.

Inzwischen hat sich der Verstehens-Kontext des religiös-spirituellen Feldes gründlich gewandelt. Mit einem *religious turn* ist nicht nur gesamtgesellschaftlich, sondern auch wissenschaftlich zu rechnen. Namhafte Philosophen wie J. Habermas suchen Schnittmengen mit dem religiösen Diskurs (Reder u. Frick im Druck). Neu ist außerdem der Siegeszug des Spiritualitäts-Konzepts. Ursprünglich stammt es aus der katholischen Ordenstheologie. Es knüpft an den griechischen Sammelbegriff *pneuma* (lat. *spiritus:* Atem, Wind, Geist) an, den das Urchristentum für die religiöse Erfahrung prägte. Wir stehen vor dem Paradox, dass gerade dieser Begriff heute bevorzugt für die außerkirchliche Transzendenz-Erfahrung verwendet wird und dennoch auf den kirchlichen Sprachgebrauch zurückwirkt, dort wiederentdeckt wird: »Während ›Kirche‹ auf dem semantischen Markt der Kultur ein Verlierer ist, ist ›Spiritualität‹ ein Gewinner« (Theißen 2007, 118).

Die folgende Abbildung versucht, das unübersichtliche und in Entwicklung begriffene religiös-spirituelle Feld durch die orthogonalen Achsen implizit *versus* explizit und individuell *versus* sozial/institutionell zu ordnen:

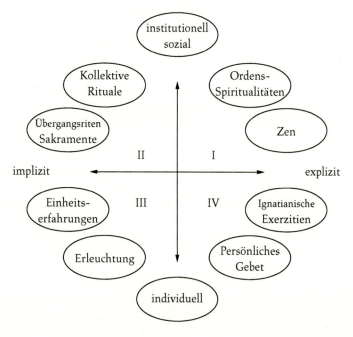

Schematische Darstellung des religiös-spirituellen Feldes (modifiziert nach: Leutwyler 2005)

Gerade in Anbetracht der Schwierigkeit, eine anerkannte Definition von »Spiritualität« zu finden, besteht eine gewisse Einigkeit darüber, dass Spiritualität individualisierte (Gräb 2006) und subjektivierte (Knoblauch 2006) Religion ist. Sie ist also vorwiegend in den Quadranten III und IV der Abb. 1 anzusiedeln. Im III. Quadranten ist die eher introvertierte Suche von Menschen zu verorten, denen die Einheit mit sich selbst, mit der Natur, vielleicht mit einer namenlosen Gottheit wichtig ist. Sie bleiben bei diesem Eindruck, ohne den Ausdruck zu brauchen. Den Suchenden im IV. Quadranten kommt es hingegen auf Ausdrücklichkeit an, allerdings in ihrem persönlichen Stil, der durch Gender, Kultur, Sprache geprägt ist, vor aller universal-religiösen Normierung. Die in das Schaubild eingetragenen Begriffe sind als Beispiele ohne Anspruch auf Vollständigkeit zu verstehen.

Damit wir Jungs Ringen um die religiöse Erfahrung und um deren Reflexion in die aktuelle Diskussion einordnen und für diese fruchtbar machen können, ist nun Folgendes zu beachten: »Jung meint mit ›religiös‹ die numinose Erfahrung jenseits von Tradition und Dogma, die Erfahrung von lebendigen Symbolen, die die Sehnsucht nach Sinn ansprechen« (Kast 2008, 66). Den so verstandenen Begriff »religiös« bezeichnen wir heute eher als »spirituell«, und wir suchen ihn vorzugsweise in den Quadranten III und IV der Abb. 1: »Es geht dabei um eine freiheitliche, offene spirituelle Praxis – eine Beziehung zwischen außen und innen. Es geht um Erfahrungen, die uns emotional tief berühren: als Sehnsucht nach Erfahrungen von Einheit, von Einheit mit sich selbst, mit der Natur, mit der Umwelt, mit der Mitwelt, und zwar im aktuellen Leben, mit dem aktuellen Leib, den Freuden und Leiden, die damit verbunden sind. In einer mystisch-sozialen Dimension der Spiritualität möchte diese Einheitserfahrung mit Menschen geteilt werden, man fühlt sich verantwortlich auch für andere Menschen« (Kast 2008, 67).

3. *Vocatus atque non vocatus, Deus aderit*

»Ob gerufen oder ungerufen, Gott wird da sein«, schreibt Jung auf den Türsturz seines Küsnachter Hauses. Im Gegensatz zur Grotius-Bedingung wohnt und denkt er also »*etsi Deus daretur*«. Bei diesem »auch wenn es Gott gäbe« geht es freilich nicht um das Vorhandensein eines beliebigen Gegenstandes, den sich die empirische Forschung ›herbeirufen‹ könnte, sondern um das Rufen oder Schweigen der Menschen angesichts eines unverfügbaren Gottes. Jung sagt, er habe sich selbst und seine Patienten daran erinnern wollen, dass die Gottesfurcht Anfang der Weisheit ist (Psalm 110,10), und:»Hier beginnt ein anderer und nicht weniger bedeutender Weg, nicht der Zugang zum ›Christentum‹, sondern zu Gott selbst, und das scheint die letzte Frage zu sein« (Jung 1960/1973). Mit dem »Zugang zu Gott selbst« (im Gegensatz zur traditionellen kirchlichen Religiosität) führt Jung eine wichtige Unterscheidung ein, die an Søren Kierkegaards beißende Analysen der bürgerlichen Religion erinnert. Jung unterläuft sowohl das neuzeitlich-religionskritische Entmythisierungsprogramm als auch jeglichen Versuch, ihn als »christlichen« Autor zu vereinnahmen, sein Denken zu »taufen«: Jung praktiziert einen direkten, häufig unorthodoxen Zugang zum Gott des Christentums und zu dessen Inhalten. Nicht selten befremdet er arglose religiöse Gemüter dadurch, dass er die Grenze zur Häresie und zur Blasphemie überschreitet, was allerdings seiner spirituellen Tiefe keinen Abbruch tut. Dies gilt in besonderer Weise für das Alterswerk ›Antwort auf Hiob‹ (Jung 1952/1963; Frick u. Lautenschlager 2008).

Angesichts der Formulierung »Zugang zu Gott selbst« ist eine wichtige methodische und ontologische Unterscheidung zu treffen, die allerdings – und dies macht die Jung-Lektüre gelegentlich mühsam – von Jung selbst nicht immer durchgehalten wird, nämlich die Unterscheidung zwischen Gott und Gottheit (mit Meister Eckhart gesprochen) oder zwischen Gottesbild als Ausdruck des Selbst und Gott (mit C. G. Jung gesprochen). Jung wird nicht müde zu wiederholen, er spreche als Empiriker, als Arzt und Psychotherapeut. Insofern überlässt er die Gottheit, den radikal transzendenten Gott der religiösen Erfahrung als solcher oder aber der Theologie und der Metaphysik. Denn es ergibt sich aus dem Begriff der transzendenten Gottheit, dass sie nicht durch immanente Empirie »begriffen« werden kann. Anders ausgedrückt: Gott ist kein Gegenstand unter anderen Gegenständen. Raguse (2008) zitiert in diesem Zusammenhang Bonhoeffer:»Einen Gott, den es gibt, den gibt es nicht. Gott ist im Personbezug.« Was sich Jung zufolge aber empirisch sehr wohl begreifen lässt, ist die Offenheit der Seele für die Transzendenz. Im Gegensatz zum Mainstream der damaligen Psychoanalyse möchte Jung diesen Transzendenzbezug der Seele offenhalten. Die Seele ist auf den fehlenden Gott bezogen. Der Mensch lebt, philosophisch gesprochen, im Vorenthalt des Heiligen und auf der Suche nach dem Heiligen. Die Unterscheidung zwischen Gottesbild und Gottheit ist – wie gesagt: trotz gelegentlicher Ungenauigkeiten in Jungs Texten! – sowohl auf der Ebene der unmittelbaren Erfahrung als auch der wissenschaftlichen Reflexion zu beherzigen.

Jung bezieht sich bei seiner Definition des Religionsbegriffs ausdrücklich auf Ottos klassisches religionsphänomenologisches Werk (Otto 1917): »Religion ist, wie das lateinische Wort re–ligere sagt, eine sorgfältige und gewissenhafte Beobachtung dessen, was Rudolf Otto treffend das ›Numinosum‹ genannt hat, nämlich eine dynamische Existenz oder Wirkung, die nicht von einem Willkürakt verursacht wird. Im Gegenteil, die Wirkung ergreift und beherrscht das menschliche Subjekt, welches immer viel eher ihr Opfer denn ihr Schöpfer ist. Das Numinosum – was immer auch seine Ursache sein mag – ist eine Bedingung des Subjekts, die unabhängig ist von dessen Willen« (Jung 1939/1963, § 6).

Er erweitert das Numinosum als Adressat der *religio* um die »Mächte«: Geister, Dämonen, Götter, Gesetze, Ideen, Ideale. Er zitiert William James, um von der »religiösen« Einstellung des »ungläubigen« Wissenschaftlers zu sprechen: »But our esteem for facts has not neutralized in us all religiousness. It is itself almost religious. Our scientific temper is devout« (Jung 1939/1963, § 8). Religion sei kein Glaubensbekenntnis, keine Konfession, keine Institution, auch wenn deren Traditionen, Dogmen und Rituale lebendiger Symbolausdruck sein können. Dies ist jedoch keineswegs immer der Fall. Eine religiöse Orthodoxie, die den Bezug zur sozialen Praxis, zur Liturgie und zur Spiritualität verliert, »tötet« die eigenen Symbole. Sie kann diese möglicherweise noch als Zeichen dekodieren oder im Rahmen einer theoretischen Rekonstruktion wiedergeben, aber sie lebt nicht mehr aus dem lebendigen Symbol (Frick 2009, 37–61).

Für die religiös-spirituelle Lebendigkeit übernimmt Jung Ottos Termini *numinosum* und *numinos*. Mit Otto charakterisiert er die lebendige Religion als Erfahrung des *Mysterium fascinosum et tremendum*. Weil er sich jedoch als »Empiriker« mit der Religion befasst, entsteht für Jung selbst und seine Leser die Schwierigkeit, dass ein und dieselbe Terminologie für die Gottheit und für das Gottesbild benutzt werden, »zur Beschreibung der Erfahrung archetypischer Vorstellungen und Energien. Die Erfahrung des Heiligen wurde für viele Jungianer die religiöse Sprachversion der Erfahrung des Selbst in Analytischer Psychologie. Es ist für sie die gleiche Erfahrung unter einem anderen Namen. Religiöse Menschen stimmen dem natürlich nicht zu und bestehen darauf, dass diese Erfahrungsart über die Imago Dei zum Deus selbst geht, über die Kreatur zum Schöpfer. Jungs Antwort darauf wäre: Kein Kommentar« (Stein 2009, 425).

Wer sind die »religiösen Menschen«, die sich gegen die Gleichsetzung von *Imago Dei* (Gottesbild) und *Deus* (Gottheit) wenden und darauf bestehen, dass die Erfahrung des Selbst über die Kreatur zum Schöpfer geht? Offenbar verwendet Stein den Begriff »religiöser Mensch« hier in einem engeren Sinn als Jung, als Bezeichnung für die theologischen und philosophischen Kritiker, welche Jung einer natürlichen Theologie, einer Psychologisierung des radikal transzendenten Gottes zeihen möchten. Dass Stein Jung ein *no comment* in den Mund legt, ist trefflich nachgefühlt. Denn einerseits bestreitet Jung die Transzendenz Gottes keineswegs. Im Gegenteil: Er findet den Transzendenzbezug als Empiriker. Er könnte jedoch nicht offenhalten, was »hinter« den manifesten Gottesbildern oder »jenseits« der Bilder liegt, wenn er die Gottheit zu beweisen versuchte. Da schweigt er lieber, und dieses Schweigen ist nicht nur für den Empiriker die adäquate Antwort: »Es ist ein Missverständnis, wenn man mir vorwirft, ich hätte damit einen ›immanenten Gott‹ und also einen ›Gottersatz‹ geschaffen. Ich bin Empiriker, und als solcher kann ich die Existenz einer dem Bewusstsein übergeordneten Ganzheit nachweisen, empirisch nachweisen. Diese übergeordnete Ganzheit wird vom Bewusstsein numinos erlebt, als tremendum und fascinosum. Als Empiriker interessiert mich nur der Erlebnischarakter dieser übergeordneten Ganzheit, die an sich, ontisch genommen, ein indescriptibile ist. Dieses ›Selbst‹ steht nie und nimmer an Stelle Gottes, sondern ist vielleicht ein Gefäß für die göttliche Gnade. Solche Missverständnisse rühren von der Annahme her, daß ich ein irreligiöser Mensch sei, der nicht an Gott glaube und dem man nur den Weg zum Glauben weisen müsse« (Jung 1959/1974, § 874).

Die Spannung zwischen empirischer Feststellbarkeit, Identifizierbarkeit einerseits und Transzendenz, ja: radikaler Fremdheit im Ur-Eigenen zeichnet auch Jungs Selbst-Konzept aus. Andere Autoren fassen das Selbst meist als Repräsentanz des Eigenen, als bedrohte narzisstische Grandiosität auf oder setzen es mit der Identitätssuche gleich. All dies würde Jung noch zum Ich-Komplex rechnen, der im Zentrum unseres bewussten Weltbezugs steht. Das Selbst hingegen entzieht sich dem bewussten Zugriff, es ist als Transzendenz und Abwesenheit »anwesend«. Lesmeister bezeichnet es deshalb als »unfassbare Präsenz«, als paradoxe Bindung an das mir Entzogene, Unerkennbare, Unbeschreibbare *(indescriptibile)* und zugleich Anwesende, im unmittelbaren Gewahrsein Gegebene (Lesmeister 2009, 11). Zwischen Jungs Auffassung des Selbst einerseits und dem religiösen Zugang zu Gott andererseits besteht eine Analogie: Für Jung wurzeln die religiösen Symbole im Selbst; für den Gläubigen ist das Akzeptieren des Selbst ein Vorlaufen zur Erfahrung der göttlichen Präsenz. Die mit dem Selbst gemeinte Totalität ist der Archetyp der Gegensätze (von gut und böse, weiblich und männlich, Vollendung und Zerstörung ...), der die Gläubigen in die Entscheidung ruft (Beirnaert 1949; Tardan-Masquelier 1998).

Die alte Einstellung der *religio,* auf welche Jung sich immer wieder bezieht, hatte ein festes Vertrauen ausgezeichnet, dass der aufrichtig hörende Mensch auch versteht, was ihm vom Schicksal oder – so jüdisch und christlich – von der Stimme Gottes zugesagt wurde. Die ontologische Gewährsgrundlage des Zwiegesprächs zwischen dem Subjekt der *Religio* und dem göttlichen Gegenüber zerschellt am nihilistischen Bruch, der bereits mit dem Beginn der Neuzeit, spätestens aber mit den ideellen Umwälzungen des 19. Jahrhunderts anhebt (Lesmeister 2009):

»Jung fand sich in einer Lage, in der er theoretisch auf die radikal veränderte existenzielle Gesamtsituation reagieren musste. Und da er auf die Idee des Zuspruchs aus einem bewusstseinstranszendenten Raum nicht verzichten wollte, blieb ihm nichts anderes übrig, als den Bruch auch in die psychische Seinsordnung hinein zu verlegen, die Stimme als eine an sich schon ›doppelzüngige‹ zu interpretieren. Nichts anderes meint er, wenn er erklärt: ›In unergründlicher Weise ist oft Niederstes und Höchstes, Bestes und Verruchtestes, Wahrstes und Verlogenstes in der Stimme des Inneren gemischt, einen Abgrund von Verwirrung, Täuschung und Verzweiflung aufreißend‹ (Jung, GW 17, § 210). [...] Und diese Gebrochenheit macht Jungs Konzeption des Selbst mehr als andere geeignet, die existenzielle Grunderfahrung des modernen posttraditionalen Menschen aufzunehmen. Um die Attraktivität seines Denkens über das Selbst wäre es vermutlich heute besser bestellt, wenn es ihm gelungen wäre, in dieser Gebrochenheit zu bleiben, sich in dieser Gebrochenheit zu bewegen. Er hat es stattdessen vorgezogen, nach einer Möglichkeit der Auflösung, der Überwindung der Gebrochenheit zu suchen, für die er zwangsläufig auf den ideellen Bestand der Tradition, sei es der religiösen oder metaphysischen (ontotheologischen) zurückgreifen musste. Statt darauf zu vertrauen, dass die Figur des gebrochenen Selbst das adäquate ›Containment‹ der modernen Subjektivität darstellt, hielt er zeitlebens Ausschau nach alten und bewährten Symbolen, die er als Containment für das gebrochene Selbst zu benötigen glaubte« (Lesmeister 2009, 22–24).

Wir können also als Zwischenergebnis festhalten: Die in Jungs Werk allgegenwärtige religiöse Sprachform ist weit mehr als eine mitgeschleppte, aber längst von ihrem religiösen Kontext gelöste Metaphorik. Sie hat auch nichts mit einer neo-gnostischen, dualistischen Heilslehre zu tun. Vielmehr führt sie mitten in die Aporien des Selbst, das Jung ausgesprochen spannungsreich konzipiert: zwischen Leib und Seele, Innen und Außen, Gut und Böse, Anwesenheit und Abwesenheit, männlich und weiblich, symbolisch vermitteltem Transzendenzbezug und schmerzlich bewusst werdendem Fehlen.

4. Ein berühmtes Zitat und sein Kontext

»Unter allen meinen Patienten jenseits der Lebensmitte, das heißt jenseits der 35, ist nicht ein Einziger, dessen endgültiges Problem nicht das der religiösen Einstellung wäre. Ja, jeder krankt in letzter Linie daran, dass er das verloren hat, was lebendige Religionen ihren Gläubigen zu allen Zeiten gegeben haben, und keiner ist wirklich geheilt, der seine religiöse Einstellung nicht wieder erreicht, was mit Konfession oder Zugehörigkeit zu einer Kirche natürlich nichts zu tun hat« (Jung, GW XI, § 509).

Diese Äußerung Jungs gehört zu einem Vortrag, den Jung vor der Elsässischen Pastoralkonferenz zu Straßburg hielt (Jung 1932/1963). Dieser Vortrag ist einerseits engagiert-konstruktiv. Er fokussiert auf den Seelenverlust des post-traditionalen westlichen Menschen, auf eine »Seelsorge« im weiteren Sinne, zu der auch die Psychotherapie ihren Beitrag leisten möchte. Andererseits ist der Vortrag frei von der Polemik, die sich häufig bei dem Pfarrerssohn C. G. Jung findet. Bei vielen Theologen störte ihn eine gewisse Engstirnigkeit, die nicht selten in der tiefen Enttäuschung, im Abgeschnittensein von der religiös-spirituellen Erfahrung wurzelte, wie dies C. G. Jung an seinem Vater erlebt hatte. Seine Tochter Helene erinnert sich: »Weil er dann bei ihnen auf gleiche Auffassungen und ihre Ablehnung der Psychologie gestoßen ist, entstanden Spannungen. Wir Kinder sahen, dass er sich aufregte ›über die Pfarrer‹. Wir sind zwar getauft und kirchlich getraut, aber konfirmieren ließ sich nur eine Schwester; der Vater stellte es uns frei« (Hoerni-Jung 2009).

Die Differenzierung zwischen Religion im Sinne konfessioneller Bindung einerseits und dem religiösen Halt im Sinne des heutigen Spiritualitätsverständnisses hat demnach auch biografische Wurzeln. An die Stelle des engen, spirituell wenig lebendigen Elternhauses, setzte Jung in der mit Emma Rauschenbach gegründeten Familie eine Weite, die konfessionelle Grenzen sprengte, ja: auch für den Reichtum anderer Religionen, insbesondere des asiatischen Kulturraumes, offen war. In der Erinnerung von Jungs Tochter Helene ging diese Weite allerdings mit einer eigentümlichen Unbehaustheit einher, mit einer archetypischen Fülle, die wiederum recht charakteristisch für die spirituelle Suche vieler heutiger Menschen ist.

5. Die Wiederfindung der Seele – Seele und Gott

Die suchende Auseinandersetzung mit Gott begleitet Jung ein Leben lang. Dies wird besonders deutlich, als der Adoleszent auf dem Schulweg am Basler Münster mit seinem prächtigen Dach vorbeikommt: »Ich kam aber wieder zum selben Schluß. ›Gott will offenbar auch meinen Mut‹, dachte ich. ›Wenn dem so ist und ich tue es, dann wird Er mir Seine Gnade und Erleuchtung geben.‹ Ich fasste allen Mut zusammen, wie wenn ich in das Höllenfeuer zu springen hätte und ließ den Gedanken kommen: Vor meinen Augen stand das schöne Münster, darüber der blaue Himmel, Gott sitzt auf goldenem Thron, hoch über der Welt, und unter dem Thron fällt ein ungeheures Exkrement auf das neue bunte Kirchendach, zerschmettert es und bricht die Kirchenwände auseinander. Das war es also. Ich spürte eine ungeheure Erleichterung und eine unbeschreibliche Erlösung. An Stelle der erwarteten Verdammnis war Gnade über mich gekommen und damit eine unaussprechliche Seligkeit, wie ich sie nie gekannt hatte. Ich weinte vor Glück und Dankbarkeit, daß sich mir Weisheit und Güte Gottes enthüllt hatten, nachdem ich Seiner unerbittlichen Strenge erlegen war. Das gab mir das Gefühl, eine Erleuchtung erlebt zu haben« (Jaffé 1961/1972, 45).

In dieser im Greisenalter niedergeschriebenen Jugenderinnerung werden Gottesbild und Gott (Gottheit) nicht geschieden. Wohl aber wird die Krise des kindlichen, zwangsneurotisch bewehrten Gottesbildes durch die Vorstellung vom göttlichen »Stuhlgang« greifbar. Und dies ist – empirisch fassbar – eine Gnadenerfahrung, in der mehr oder weniger blasphemischen Metapher der »erleichternden« Defäkation. Gnade bedeutet ja in der religiösen Sprache, dass sich der transzendente Gott im Leben manifestiert. Die Theologen »wissen«, wann, wie und wo dies geschieht. Den Begnadeten hingegen bleibt nur die beweislose dankbare Zuschreibung. Die Zertrümmerung des Kirchendaches könnte zudem als ein früher Hinweis auf Jungs spätere Differenzierung zwischen der institutionellen Religiosität (Konfession) einerseits und der spirituellen *Religio* andererseits verstanden werden.

Aus den Jahren 1913 bis 1930 stammt (mit späteren Überarbeitungen ohne größere Änderungen) das private Rote Buch. Durch die Publikation des »Roten Buches« (Jung 2009) ist es nun, achtzig Jahre seit dessen Abfassung, möglich, dem »Empiriker« Jung gewissermaßen über die Schulter zu blicken: »Er hat sich ganz allein, in der Stille, mit dem Roten Buch befasst, in der Bibliothek. Man durfte ihn bei der Arbeit nicht stören. Es waren ja auch ganz winzig kleine Figürchen, die er malte, wahnsinnig sorgfältig gemacht. Manche Bilder waren Traumbilder mit fantastischen Figuren, die uns eher Angst machten. Da wollte er nicht, dass man ihn stupft oder seine Konzentration stört. Das geht mir natürlich bis heute nach, weil er immer sagte: ›Geh weg, du störst mich!‹. Das bleibt einem Kind schon hängen. […] Er versuchte, die fremden Bilder und Phänomene zu verstehen. Er musste Begriffe finden, um sich zu erklären, was da geschieht. Als ich die ersten Seiten des Roten Buches gelesen habe, war mein Eindruck: Das war alles noch so jung, die Begriffe waren noch nicht da. Anhand seiner Erfahrungen und Bilder suchte er nach Worten: Wie bezeichnet man das, was ist das für ein Phänomen, das sich da vor meinen Augen abspielt? Man darf nicht vergessen: Es gab die Begriffe noch nicht: Anima, Schatten, Selbst usw. […] Mein Vater betonte immer, er sei ein Empiriker. Er beschreibt die Dinge, die er erfährt, während die Philosophen die Sachen erdenken. Er hingegen erfährt alles und versucht dann zu benennen, was ihm widerfährt« (Hoerni-Jung 2009).

Jung erwähnt den »Verlust der Seele« im kulturgeschichtlichen Kontext, im Zusammenhang mit dem »prekären« Entstehen des Bewusstseins in primitiven Gesellschaften (Jung 1939/1963, §29). Der späte Jung spricht vom Seelenverlust im Zusammenhang mit der Ankunft des Erlösers: »Jesus tritt zunächst als jüdischer Reformator und als Prophet eines ausschließlich guten Gottes auf. Damit rettet er den bedrohten religiösen Zusammenhang. In dieser Beziehung erweist er sich in der Tat als σωτήρ [st'r] (Retter). Er bewahrt die Menschheit vor dem Verluste der Gottesgemeinschaft und dem Verlorengehen ins bloße Bewusstsein und dessen ›Vernünftigkeit‹. Das hätte so viel wie eine Dissoziation zwischen dem Bewusstsein und dem Unbewussten bedeutet, also einen unnatürlichen bzw. pathologischen Zustand, einen sogenannten ›Seelenverlust‹, von dem der Mensch seit Urzeit immer wieder bedroht ist« (Jung 1952/1963, § 688).

Diese Zeilen erscheinen in neuem Licht, wenn wir einen Blick auf die ersten Seiten des Roten Buches werfen. Die kunstvollen Kalligrafien des Roten Buches beginnen mit: »Der Weg des Kommenden«. Die Initiale »D« steht vor dem Hintergrund einer Schweizer Landschaft mit Bergen, Kirchturm, Dorf, See, Boot und Fischen, aber auch mit fremd wirkenden, korallenartigen Gewächsen und einer Öffnung in die kosmische Weite. Jung zitiert die lateinische Übersetzung des Gottesknechtsliedes (Deuterojesaja 53,1–4): »Fürwahr, er trug unsere Krankheit und lud auf sich unsere Schmerzen. Wir aber hielten ihn für den, der geplagt und von Gott gemartert wäre.« Es folgen Zitate aus dem Buch Jesaja und aus dem Johannesevangelium, die von der Ankunft des Retters, des Erlösers handeln.

Warum dieser Akzent auf dem Ankommen, dem Advent des Erlösers? Der Herausgeber fügt in der Fußnote eine wichtige Parallelstelle an: »Die Geburt des Erlösers, d. h. die Entstehung des Symbols, findet dort statt, wo man sie nicht erwartet, und zwar gerade dort, von woher eine Lösung am allerunwahrscheinlichsten ist. So sagt Jesaia (53, 1): ›Aber wer glaubt unserer Predigt, und wem wird der Arm des Herrn offenbart?‹« (Jung 1921/1960, § 484).

Die ersten Seiten des Roten Buches sind eine Zwiesprache Jungs mit der eigenen Seele und mit Gott. Es geht um die Rettung der Seele durch das »erlösende« Symbol, das Bewusstes und Unbewusstes, Menschliches und Göttliches verbindet. Später wird Jung eine Psychologie des religionsstiftenden Prozesses entwickeln, um zu beschreiben, wie numinose Erfahrungen sich in Symbolen und dann in Dogmen und Glaubensbekenntnissen ausdrücken. Hier jedoch, diesseits der Reflexion geht es Jung darum, auf die eigene Seele zu hören, die ihm über die »neue Religion« mitteilt, diese drücke »sich aber sichtbar nur aus in der Veränderung der menschlichen Beziehungen. Die Beziehungen lassen sich aber auch durch die tiefsten Erkenntnisse nicht ersetzen. Überdies besteht eine Religion nicht nur aus Erkenntnissen, sondern auf ihrer

Eckhard Frick

sichtbaren Stufe in einer Neuordnung der menschlichen Lebensver-
hältnisse« (Schwarzes Buch S. 95, zit. in: Jung 2009, 213).
Soweit Jungs persönlicher Mythos. Jung ist oft dafür kritisiert
worden, gelegentlich auch belächelt, dass er psychologische Tatsachen
in religiöser Sprache ausdrücke. In der Tat lässt sich sein Individuati-
ons-Modell nicht auf das medizinisch-psychotherapeutische Modell
einengen. Der Weg der Individuation steht insofern der Religion näher
als dem Modell der (kurativen, auf Symptombeseitigung ausgerichte-
ten) Medizin, als es um das Finden Gottes im Unbewussten, um Annahme seines Willens, um die allnächtliche Eucharistie geht, wie Jung
im persönlichen Gespräch sagte (Storr 1999). Was ist mit dieser religiösen Metapher gemeint? Möglicherweise dachte Jung an die in der Messe gefeierte Wandlung (der Gaben von Brot und Wein, der Mitfeiern-
den), die letztlich eine Verwandlung in Jesus Christus ist. »Analytische
Psychologie ist keine Religion, kann aber beschrieben werden als Einführung in Religion oder eine Religion in statu nascendi« (Jung 1943/
1958, § 181) (Storr 1999, 536). Was spricht dafür, den Individuationsprozess als *Religion in statu nascendi* zu bezeichnen? Beispielsweise
spricht hierfür die tiefe Analogie zwischen dem individuellen Individuationsprozess und kollektiven Traditionen wie dem Kundalini-Yoga,
den spirituellen Exerzitien des Ignatius von Loyola und der mittelalterlichen Alchemie (Shamdasani 1999). In Jungs Sicht – wie wir sie nun
durch die Imaginationen des Roten Buches auf neue Weise kennen lernen – haben offenbar die individuelle Heilung und die erlösende kollektive Heilung, welche die Religionen entstehen lässt, dieselbe Quelle
im Sinne des Gottesbildes, aber – so jedenfalls darf für Jung persönlich
anhand des Roten Buches angenommen werden – auch im Sinne der
Gottheit bzw. Gottes.

6. Spirituelle Repräsentanz

Jung interessiert sich für das Fehlen des Göttlichen im modernen, post-
traditionalen Bewusstsein, weil er die Gebrochenheit des Gottesbildes
als Gebrochenheit des Selbst versteht. Das Bewusstsein von dem, was
fehlt (Habermas 2008) ist längst zum post-säkularen Bewusstsein geworden, in einer neuen Diskursgemeinschaft zwischen Rationalität
und Religion (Reder u. Frick im Druck). Die Lücke, welche die Religion
in der psychischen Entwicklung vieler Zeitgenossen hinterlassen hat,

möchte Jung keineswegs durch Beschwören traditioneller Bilder oder Begriffe auffüllen. Vielmehr beobachtet er, dass im Prozess der Symbolbildung Religiosität immer wieder neu entsteht, allerdings nicht im Sinne der Bindung an Institutionen und Konfessionen verstanden, sondern als Offenheit für die Transzendenz, die sich in lebendigen Symbolen ausdrückt. Der wichtigste Beitrag Jungs zum Symbolkonzept ist das Theorem von der Spaltbarkeit der Psyche, von der *Disjunctio*. Anders ausgedrückt: Keine Symbolbildung ohne Abwesenheit, Verlust und Trauer. »›Keine Milch‹ ist der erste Gedanke«, formuliert Roland Huber diesen jungianischen Symbol-Zugang in Anlehnung an Melanie Klein. Dissoziabilität der Psyche heißt auch Dissoziabilität des Gottesbildes, suchende, trauernde, gestaltende Auseinandersetzung mit der Bedrohung des Selbst, mit dem Nicht-(mehr-)Selbst.

In Analogie zum Konzept der Objektbeziehungsrepräsentanz meint »spirituelle Repräsentanz« einen Erfahrungsniederschlag, der sich aus unserem trauernden, fantasierenden, leidenden Umgang mit dem Nichtselbst bildet: »Ist im Falle einer Objektbeziehungsrepräsentanz der Kristallisationskern gleichsam die Spiegelung des äußeren Objekts (Person) im innerpsychischen Vorstellungs- und Affektraum, so ist bei der spirituellen Repräsentanz der innere Kristallisationskern ein imaginärer« (Huber 1998, 187). Wir erinnern andere Menschen, treten mit ihnen in einen inneren Dialog, haben eine Vorstellung (Repräsentanz) von ihnen, auch wenn sie nicht mehr da oder sogar gestorben sind. In ähnlicher Weise »hören« ein Sänger oder eine Komponistin die Musik präzise mit dem »inneren Ohr«, bevor sie in äußeren Tönen erklingt und mit physikalischen Methoden messbar wird. Das innere Ohr, die Repräsentanz der Musik, bleibt als »Ohrwurm«, wenn die äußere Musik verklungen ist. Wer wie Max Weber und Jürgen Habermas »religiös unmusikalisch« ist, kann dennoch die religiösen »Melodien« säkular weitersummen, weil er ein »inneres Ohr« für das »Fehlende« hat (Habermas 2008). Dieses »innere Ohr« soll hier spirituelle Repräsentanz genannt werden, und zwar unabhängig von der jeweiligen »religiösen Musikalität«. Wie wir gesehen haben, greift Jungs Selbst-Konzept die Gebrochenheit des modernen, post-traditionalen Subjekts in der Sprache religiöser Symbolik auf. Das Symbol hält offen, was das Gottesbild ausdrückt. Es hilft, die Gottesfinsternis (Martin Buber) unserer Zeit aufzugreifen, sich ihr ehrfürchtig zu nähern, in ihr zu feiern, zu beten und zu meditieren.

Literatur

L. Beirnaert, La dimension mythique dans le sacramentalisme chrétien. In: Eranos-Jahrbuch 17 (1949) 255–286

F. X. Charet, A dialogue between psychology and theology: The correspondence between C. G. Jung and Victor White. In: Journal of Analytical Psychology 35 (1990) 421–441

E. Frick, Psychosomatische Anthropologie. Ein Lehr- und Arbeitsbuch für Unterricht und Studium (unter Mitarbeit von Harald Gündel). Stuttgart: Kohlhammer 2009

E. Frick u. B. Lautenschlager, Auf Unendliches bezogen. Spirituelle Entdeckungen bei C. G. Jung. München: Kösel 2008

W. Gräb, Spiritualität – die Religion der Individuen. In: L. Charbonnier (Hg.), Individualisierung – Spiritualität – Religion: Transformationsprozesse auf dem religiösen Feld in interdisziplinärer Perspektive. Berlin: Lit 2006, 31–44

J. Habermas, Ein Bewusstsein von dem, was fehlt. In: M. Reder u. J. Schmidt (Hg.), Ein Bewusstsein von dem, was fehlt. Eine Diskussion mit Jürgen Habermas. Frankfurt a. M.: Suhrkamp 2008, 26–36

H. Hoerni-Jung, »Mein Vater war durchaus realitätsbezogen …« Gespräch mit Helene Hoerni-Jung. In: Analytische Psychologie 40 (2009) 231–240

R. Huber, Das Mehr im Weniger ereignet sich als Begehren. In: E. Frick u. R. Huber (Hg.), Die Weise von Liebe und Tod. Psychoanalytische Betrachtungen zu Kreativität, Bindung und Abschied. Göttingen: Vandenhoeck & Ruprecht 1998, 184–198

A. Jaffé (Hg.), Erinnerungen, Träume, Gedanken von C. G. Jung. Zürich: Buchclub Ex Libris 1961/1972

C. G. Jung, Psychologische Typen (1921). G. W., Bd. 6. Zürich u. Stuttgart: Rascher 1960

C. G. Jung, Über die Beziehung der Psychotherapie zur Seelsorge (1932). G. W., Bd. 11. Zürich u. Stuttgart: Rascher 1963, 355–376

C. G. Jung, Psychologie und Religion (1939). G. W., Bd. 11. Zürich u. Stuttgart: Rascher 1963, 1–118

C. G. Jung, The process of individuation. Exercitia spiritualia of St. Ignatius of Loyola. Notes on lectures given at the Eidgenössische Technische Hochschule, Zürich. June 1939 – March 1940 (Textauszug). In: B. Lautenschlager (Hg.), Auf Unendliches bezogen. Spirituelle Entdeckungen bei C. G. Jung. München: Kösel 2008, 71–77

C. G. Jung, Das Wandlungssymbol in der Messe (1941). G. W., Bd. 11. Zürich u. Stuttgart: Rascher 1963, 217–289

C. G. Jung, Psychotherapie und Weltanschauung (1943). G. W., Bd. 16. Zürich u. Stuttgart: Rascher 1958, 82–89

C. G. Jung, Antwort auf Hiob (1952). G. W., Bd. 11. Zürich u. Stuttgart: Rascher 1963, 385–506

C. G. Jung, Antwort auf Martin Buber (1952). G. W., Bd. 18,2. Olten u. Freiburg i. Br.: Walter 1981, 710–717

C. G. Jung, Gut und Böse in der Analytischen Psychologie (1959). G. W., Bd. 10. Olten u. Freiburg i. Br.: Walter 1974, 497–510

C. G. Jung, Brief an Eugene M. E. Rolfe (19.11.60). In: A. Jaffé (Hg.), C. G. Jung Briefe III. Olten u. Freiburg i. Br.: Walter 1960/1973, 1960–1961

C. G. Jung, Das Rote Buch. Liber Novus. Herausgegeben und eingeleitet von Sonu Shamdasani. Vorwort von Ulrich Hoerni. Düsseldorf: Patmos 2009

V. Kast, Spirituelle Aspekte in der Jung'schen Psychotherapie. In: Psychotherapie Forum 16 (2008) 66–73

H. Knoblauch, Spiritualität und die Subjektivierung der Religion. In: L. Charbonnier (Hg.), Individualisierung – Spiritualität – Religion: Transformationsprozesse auf dem religiösen Feld in interdisziplinärer Perspektive. Berlin: Lit 2006, 31–44

R. Lesmeister, Selbst und Individuation. Facetten von Subjektivität und Intersubjektivität in der Psychoanalyse. Frankfurt a. M.: Brandes & Apsel 2009

S. Leutwyler, Spiritualität und Wissenschaft. Zwei Wege, die Welt wahrzunehmen. In: M. Nägeli (Hg.), Spiritualität und Wissenschaft. Bern: Forum für Universität und Gesellschaft 2005, 13–26

R. Otto, Das Heilige. Über das Irrationale in der Idee des Göttlichen und sein Verhältnis zum Rationalen. Breslau: Trewendt u. Garnier 1917

H. Raguse, Religiöse Inhalte in der Psychotherapie: Erwägungen zur psychoanalytischen Religionskritik und zur Technik der Psychoanalyse. In: Psychotherapie Forum 16 (2008) 57–65

M. Reder u. E. Frick, Geschöpflichkeit in der post-säkularen Gesellschaft. In: Analytische Psychologie (im Druck)

S. Shamdasani, Is analytical psychology a religion? In statu nascendi. In: Journal of Analytical Psychology 44 (1999) 539–545

M. Stein, »… als welche die Göttlichkeit das Selbst ausdrückt …« In: Analytische Psychologie 40 (2009) 414–429

A. Storr, Is analytical psychology a religion? Jung's search for a substitute for lost faith. In: Journal of Analytical Psychology 44 (1999) 531–537

Y. Tardan-Masquelier, Jung et la question du sacré. Paris: Albin Michel 1998

G. Theißen, Erleben und Verhalten der ersten Christen. Eine Psychologie des Urchristentums. Gütersloh: Gütersloher Verlagshaus 2007

Korrespondenzadresse: Prof. Dr. Eckhard Frick, Hochschule für Philosophie, Kaulbachstr. 33, D-80539 München.
Email: eckhard.frick@hfph.mwn.de; www.spiritualcare.de

Friedel M. Reischies

Religiöse Psychopathologie und neurowissenschaftliche Untersuchungsverfahren

Abstract: *First, the influence of religious involvement with respect to mental health is discussed – regarding positive as well as negative consequences. Then neuroscientific aspects of religious feelings, religious representations and religious rituals are described. Some of the more recent brain imaging data are critically discussed with the main question, which may be the positive effect of the new investigations for our understanding of the role of religious life in mental health.*

1. Einleitung

Religiöse Psychopathologie ist bisher schon in vielfältiger Weise betrachtet worden. Kurt Schneider hat 1928 ein Buch über religiöse Psychopathologie und Weitbrecht 20 Jahre später 1948 seine Habilitationsschrift über dieses Thema veröffentlicht. Die deskriptive Psychopathologie von Symptomen psychiatrischer Erkrankungen, die mit religiösen Inhalten zu tun haben, ist nicht mehr wesentlich zu ergänzen. Das praktisch relevante Problem der Abgrenzung psychopathologischer Aspekte und der Religiosität gesunder Personen ist dahingehend beantwortet worden, dass eine prinzipielle Abgrenzung nicht gelingen kann (Weitbrecht 1948). Die im psychiatrischen Alltag zu leistende Abgrenzung jedoch bereitet seltener große Schwierigkeiten.

Das Interesse an religiöser Psychopathologie ist jedoch auch heute hoch. Dies gilt, obwohl es Anzeichen dafür gibt, dass bestimmte Symptome mit religiösen Inhalten wie »Versündigungswahn« seltener werden (vgl. Reischies 2007). Die aktuelle Relevanz liegt heute eher im kulturellen Wandel, speziell in dem Umstand, dass Patienten psychiatrischer Kliniken – vor allem Patienten, die an einer Schizophrenie leiden – in der Regel religiös sind (Hueguelet et al. 2006; Übersicht Seyringer et al. 2007), jedoch auf Psychiater treffen, die in der Regel

174

nicht religiös sind und im schlimmsten Fall kaum Kenntnisse über Religion aufweisen. Im Folgenden werden wir einerseits den protektiven Aspekten und andererseits den die psychopathologische Symptomatik fördernden Aspekten der Religiosität nachgehen. Die Frage, welche in dieser Arbeit beantwortet werden soll, ist, was die neuen Untersuchungsmethoden, insbesondere neurowissenschaftliche Untersuchungen beitragen können, religiöse Psychopathologie einerseits und den Einfluss von Religiosität auf psychische Gesundheit besser zu verstehen. Insbesondere ist hierbei von Interesse, welche Ebene der Hirnfunktionen die Effekte von Religiosität auf psychische Gesundheit betreffen.

2. Auswirkungen religiöser Bindung auf psychische Gesundheit

Auswirkungen religiösen Lebens auf psychische Funktionen und vor allem psychiatrische Erkrankungen sind in den letzten Jahren intensiv beforscht worden. Diese Untersuchungen sind möglich geworden, weil eine Befragung etabliert wurde, aus deren Antworten das Ausmaß religiöser Überzeugungen und die Bedeutung religiöser Praktiken für eine Person dokumentiert werden kann. Inzwischen sind viele derartige Fragebögen, beziehungsweise Interviews publiziert worden (vgl. Kendler et al. 2003; Mohr et al. 2007). Die Untersuchungsinstrumente fanden, nicht überraschend, eine große Varianz in der Enge der religiösen Bindung, der Art der religiösen Überzeugungen und der Art und Häufigkeit religiöser Praktiken. Das religiöse Gefühl, so betonte schon Weitbrecht 1948, sei ein Komplex und dieser Komplex sei nicht bei jedem Menschen gleich und auch nicht bei jeder Religionsform. In unserem Zusammenhang ist darauf hinzuweisen, dass die Validität dieser Untersuchungsinstrumente letztlich nicht belegbar ist. Zwar können Korrelationen zu Verhaltensvariablen wie Kirchbesuch hergestellt werden, aber die Gretchenfrage nach der religiösen Überzeugung kann im Einzelfall nicht validiert werden (siehe unten).

2.1. Positive Auswirkung

In praktisch allen Untersuchungen zum Einfluss von Religiosität auf die Psyche ist gefunden worden, dass Religiosität mit besserer seelischer Gesundheit korreliert (vgl. besonders die großangelegte Untersuchung von Kendler et al. 2003 und die Übersicht Seyringer et al. 2007; Braam et al. 2005). Personen mit hoher religiöser Bindung zeigen insbesondere seltener Abhängigkeitserkrankungen. Da es sich um korrelative Ergebnisse handelt, muss zunächst gefragt werden, ob eine ursächliche Beziehung tatsächlich von Religiosität zu seelischer Krankheit zu denken ist und nicht möglicherweise von der seelischen Gesundheit aus zur höheren Religiosität zielt. Ein weiterer Einwand, der bei der Diskussion dieser Ergebnisse eine Rolle spielt, ist, dass wir es mit einer Interaktion von allgemeinen kulturellen und religiösen Einflussfaktoren zu tun haben könnten. Es ist kritisch zu klären, ob einige Effekte von Religiosität mit kulturellen und nicht religiösen psychologischen Faktoren zusammenhängen. So könnten die protektiven Effekte von Religiosität zum Beispiel mit der Enge von Familienstrukturen kovariieren, die wiederum aber die wichtigeren Faktoren für die Psychopathologie darstellen. Dies gilt beispielsweise für einen protektiven Effekt von Religiosität hinsichtlich Abhängigkeitserkrankungen. Hier kann es sein, dass sich weniger die Religiosität auswirkt als ein kultureller Effekt. Die Religiosität wiederum könnte, nach dieser Annahme, nur die Ursache einer engeren Familienbindung sein.

Mit neuen Untersuchungsverfahren wurde beispielsweise die religiöse Praktik des Betens untersucht. Es wurde beim Gebet eine Aktivierung des Belohnungssystems gefunden (Schjødt et al. 2008). Diese Aktivierung wiederum könnte sich auf das psychische Geschehen positiv auswirken. Eine derartige positive Auswirkung des Betens stimmt mit der klinischen Erfahrung überein, dass schwer depressive Patienten eine Unfähigkeit zeigen, zu beten (Reischies 2007). Ein Patient berichtete mir, dass er in der schweren Depression unfähig war, die Gefühle zu erleben, die er gewohnt war, beim Beten zu erleben. Ein solcher temporärer Verlust emotionaler Aspekte ist mit der Psychopathologie des depressiven Syndroms zu vereinbaren.

Zu dem Befund einer Assoziation von Gebet und Aktivierung der Belohnungsareale des Gehirns muss gefragt werden: Was bringt uns diese Erkenntnis? Zunächst einmal ist hervorzuheben, dass ein derartiges Ergebnis keine diagnostische Qualität besitzt. Mit anderen Worten: Ein derartiges Verfahren ist nicht als Lügendetektor für die Frage nach der wahren religiösen Einstellung zu verwenden. Dies ist heute auch weniger Ziel der Forschung als die Aufklärung von religionsbezogenen

Prozessen, die in einer Beziehung zu psychiatrischen Symptomen stehen. Wir können erwarten, mit der Zeit Hirn-Repräsentationen religiöser Inhalte und die Verbindungen religiöser Prozesse mit bestimmten Hirnprozessen demonstriert zu bekommen. Mit dieser Kenntnis werden wir die Funktionsweise von Religiosität im Gehirn verstehen lernen.

Über die Auswirkung religiöser Praktiken wie die der buddhistischen Meditation sind eine Reihe von Studien veröffentlicht, und ein kürzlich erschienenes Buch dokumentiert positive Effekte auch aus neurowissenschaftlicher Perspektive (Singer et al. 2008, s. auch unten).

2.2. Negative Auswirkung

In Probleme geraten hingegen oftmals Personen, die den strikten katechetischen Vorgaben ihrer Religionsgemeinschaft nicht folgen können. Patienten mit einer psychiatrischen Erkrankung, welche den Zeugen Jehovas angehörten, litten wiederholt unter Verfehlungen, indem sie gegen die Verhaltensgebote ihrer Kirche verstießen. Dieses Problem wird auch immer wieder von Mitgliedern von Sekten genannt. Problematisch ist dabei bei manchen religiösen Gemeinschaften, dass sich die betroffenen Personen nicht einfach aufgrund ihres Leides entscheiden können, sich von der Religionsgemeinschaft zu trennen, wenn in diesem religiösen Kontext das Leid über den reflexiven Prozess der Konstruktion einer Schuld auf sich bezogen wird. Im nächsten Schritt wird dabei das Leid als negative Emotionalität aufgefasst, die auszuhalten ist.

Negativ wirkt sich eine – oftmals in Sekten oder religiösen Zirkeln zu findende – kritische Einstellung gegenüber der Psychiatrie aus. Einzelne Mitglieder einer christlich fundamentalistischen Gemeinde in Berlin litten an einer schizophrenen Psychose. Diese Patienten konnten uns berichten, dass ihnen das religiöse Leben dieser Gemeinde einerseits gut tat. Andererseits war das Gemeindeleben aber auch in der Lage, sie in Schwierigkeiten zu bringen. So herrschte – neben der oben genannten strengen Moral – vielfach die Meinung vor, wer Medikamente gegen psychiatrische Krankheiten nimmt, glaube nur nicht fest genug an Gott.

Vielfach liegt den Fragen der Untersucher ein Coping-Modell der Religiosität zugrunde. Danach hilft Religiosität über eine Bewältigung von Stressoren, die der psychischen Gesundheit abträglich sind. Es ist zu vermuten, dass auch für die sinnstiftenden Aspekte der Religiosität angenommen werden kann, dass diese bei der Bewältigung von Lebensproblemen helfen können. Religiosität aber kann, im Gegensatz zum übrigen Coping-Repertoire, nicht einfach psychotherapeutisch antrainiert bzw. »aufgebaut« werden. Die Kategorisierung als Coping verstellt m. E. den Blick auf differenziertere Analysen der Einflüsse von Religiosität auf psychische Gesundheit.

3. Hirnfunktionen, die in Religiosität involviert sind

Es ist als sicher anzunehmen, dass vielfältige Spuren von religiöser Entwicklung im Gehirn existieren – womit zugleich angedeutet wird, dass diese in bildgebenden Untersuchungen darstellbar sein müssten. Im Folgenden werden Aspekte der Religiosität dargestellt, die über neuropsychologische Daten und bereits auch schon über bildgebende neurowissenschaftliche Befunde mit der Funktion von speziellen Gehirnsystemen in Verbindung zu bringen sind. Wir müssen von einer differenzierten religiösen Prägung des Gehirns im Laufe der Kindheitsentwicklung bis hin zum Alltagsleben des erwachsenen Menschen ausgehen (Reischies 2007). Einerseits bringt die Konfrontation mit Religion in Kindheitsalter und Jugend ein Kennenlernen und Wissen über die Religion mit sich. Andererseits wird durch die Begegnung mit Religion in vielen Familien und Gemeinden in der Kindheit das Gehirn in charakteristischer Weise bereits emotional geprägt – beispielsweise vermittels eines ersten Weltmodells, welches vielfach den »lieben Gott« enthält, oder über die Auseinandersetzung mit Tod und Leid. Die Hoffnung auf ein ewiges Leben wirkt sich emotional auf das Kind aus. Die neuronalen Funktionen, die Speicherung und Verfügbarkeit von Wissen vermitteln, sind andere als diejenigen Funktionen, die bei emotionaler Prägung beteiligt sind. Wiederum andere Hirnfunktionen betrifft die Einübung religiöser Praktiken wie Beten oder Meditieren, das heißt diese Praktiken prägen andere Systeme des Gehirns mit andererseits auch anderer Charakteristik der Speicherung, des Vergessens und der Verfügbarkeit im späteren Lebensalter. Man kann begründen, dass das primäre Weltanschauungs-Emotions-Gefüge und die Einübung von Praktiken sich in der impliziten Informationsverarbeitung lange Zeit, wenn nicht das Leben lang auswirken. Es ist ebenfalls plausibel anzunehmen, dass gerade diese Prägung impliziter Informationsverarbeitung einen protektiven Effekt hat.

Wie verändert sich die Religiosität im Lebenslauf – sowohl die mentale Repräsentation im Gehirn als auch die Realisierung religiöser Praktiken? Es wird die Hypothese aufgestellt (Reischies 2007), dass viele heutige Erwachsene eine hybride religiöse Identität entwickeln. Damit ist gemeint, dass eine tiefe emotionale Prägung durch religiöse Erlebnisse in der Kindheit nur teilweise, quasi nur oberflächlich, korrigiert wird, wenn ein erwachsener Mensch sich von Glaubensüberzeugungen distanziert – oder dass Menschen ihr Leben lang religiösen Praktiken anhängen, wenn sie auch eine strenge kognitive Distanz zu Inhalten der Religion oder Erscheinungsformen der Kirche eingenommen haben. Das Resultat ist, dass bei bestimmten religiösen Inhalten der kognitive Apparat eine bewusst kritische Meinung aktiviert – das Gefühl jedoch signalisiert etwas anderes und neben dem Gefühl auch andere implizite Informationsverarbeitungsebenen. Beispielsweise lassen kirchenkritische, gebildete Menschen, welche bei jeder Gelegenheit die Missstände der Kirchen anprangern und sich von den meisten Glaubenssätzen des Glaubensbekenntnisses gelöst haben, die Anrufung von helfenden Engeln nicht.

Ein weiteres Beispiel ist eine Veränderung in der christlichen Lehre, die seit vielen Jahren nun nicht mehr den strafenden Gott in den Vordergrund stellt. Da aber viele Erwachsene noch unter dem Einfluss der alten Morallehre der Kirche geprägt worden sind, kann eine nun stattfindende Umorientierung nicht sogleich mit den bewussten Überzeugungen auch die emotionalen Reaktionen und Befürchtungen und weitere implizite Prozesse korrigieren.

In der Psychiatrie interessieren vor allem auch die psychopathologischen Symptome mit religiösen Inhalten. Im Hinblick auf solche »religiöse Psychopathologie« ist zu bedenken, dass »religiöse Symptome« nicht in jedem Fall mit religiösen Überzeugungen bzw. intensiver Religiosität in Verbindung zu bringen sind. Beispielsweise kann ein dysfunktionaler Prozess ein verfügbares Symbol, in diesem Fall ein religiöses Symbol, vereinnahmen und so zu einem religiösen psychopathologischen Phänomen Anlass geben. Schon Weitbrecht hat 1948 darauf hingewiesen, dass in einer depressiven Psychose ein primärer Schuldgedanke sich einen Erlebniskomplex aussucht, an dem er sich realisieren kann – zum Beispiel seien Versündigungsideen eine solche Konkretisierung. Mit anderen Worten kann der Patient, der nicht reli-

Friedel M. Reischies

giös ist, in seiner Selbstanklage im Rahmen von Schuldgefühlen einen Versündigungs-Gedanken bis hin zu einem Versündigungswahn ausformen. In der Klinik kennen wir viele Fälle von schizophrenen Patienten, die in der akuten schizophrenen Psychose von religiösen Inhalten bewegt werden. Diese Patienten erweisen sich jedoch nach Entaktualisierung der schizophrenen Psychose als nicht religiös, und auf Befragen hin waren sie es auch vorher nicht. Im Licht der obigen Überlegungen jedoch müssen wir annehmen, dass einerseits die frühe religiöse Prägung eine Spur in der impliziten Informationsverarbeitung gelegt hat, welche in der bewussten kognitiven Verarbeitung korrigiert war, jedoch in der schizophrenen Psychose aktualisiert wurde. Möglicherweise könnte, andererseits, gerade eine nicht ausreichend religiöse Prägung sich in einer Krise nicht ausreichend protektiv ausgewirkt haben.

In vielen anderen Fällen jedoch finden wir – inzwischen vermehrt – vor allem bei nicht religiös erzogenen Menschen im Vorfeld der Entwicklung einer schizophrenen Psychose eine Hinwendung »zu den großen Zusammenhängen« und vor allem auch zur religiösen Sinnsuche. Hier ist gerade von geringerer religiöser Prägung des Gehirns in Kindheit und Jugend und ausgeprägten Defiziten in der subjektiven Bearbeitung der »Sinnfrage« auszugehen.

Kann erwartet werden, dass mit neueren Untersuchungsverfahren wesentliche neue Erkenntnisse gewonnen werden? In dieser Arbeit können wir nur wenige Befunde neurowissenschaftlicher Untersuchungen zur Religiosität betrachten. Eins ist sicherlich festzuhalten: Aus den neurowissenschaftlichen Untersuchungen ist keine Klärung theologischer Fragen zu erwarten – was ja auch wohl die Mehrzahl der Interessierten nicht im Sinn hat: Die Neurowissenschaftler finden keine theologische Evidenz im Gehirn. Aber eine differenziertere Kenntnis über die Aktivierung von Hirnrealen bei Religiosität, bei der mentalen Aktivierung religiöser Entitäten und bei religiösen Prozessen könnte doch in manchen Fragen behilflich sein, für die wir oben Beispiele angeführt haben. Man kann davon sprechen, dass eine bildgebende bzw. neurowissenschaftliche Religionswissenschaft entsteht, die viele der die Religionswissenschaft interessierenden Fragen mit neuen Methoden angeht.

4. Neurowissenschaftliche Untersuchungen

In diesem Beitrag soll die Hoffnung begründet werden, dass mit neuen, neurowissenschaftlichen Untersuchungen die Ebenen gefunden werden könnten, auf denen sich religiöses Leben präventiv auf das Ausbleiben psychischer Probleme und Krankheiten auswirkt.

Die Untersuchung mit neurowissenschaftlichen Methoden wird für drei Ebenen nacheinander beispielhaft dargestellt: Neurowissenschaftliche Untersuchungen gelten a) erstens der Religiosität im Allgemeinen, b) zweitens einer Repräsentation religiöser Instanzen im Gehirn und c) drittens einer Aktivierung von Hirnregionen bei religiösen Praktiken.

a) Religiosität: In einer chinesischen Arbeit von Han et al. 2008 zeigen Christen bei Aufgaben der Beurteilung anderer Personen *versus* sich selbst eine Aktivierung anderer Hirnregionen als Nicht-Christen. Die Autoren interpretieren ihre Ergebnisse als Hinweis darauf, dass Christen zu mehr evaluativen selbstreflexiven Prozessen neigen. Dies steht in Übereinstimmung mit den Unterschieden in psychopathologischen Symptomen zwischen unterschiedlichen Kulturen, die zeigen, dass Christen eher zu Schuldwahn neigen als Personen in anders religiös geprägten Kulturkreisen (zum Beispiel so genannten Schamkulturen, vgl. Reischies 2007). Die Untersuchung scheint neuronale Mechanismen von Unterschieden in den allgemeinen Verhaltensdispositonen aufzudecken, die mit unterschiedlicher Religiosität verbunden sind.

Die Assoziation von pathologischer Aktivierung von bestimmten Hirnregionen mit Religiosität ist seit Langem bekannt. So weiß man, dass bei Temporallappenanfällen religiöse Erlebnisse häufiger auftreten (s. Devinsky 2003). Das psychopathologische Item »Hyperreligiosität« bei Temporallappen-Epilepsie ist allerdings sicherlich mit Vorbehalt zu sehen. Ein Streit besteht darüber, ob limbische oder präfrontale Hirnareale wichtiger für religiöse Erlebnisse seien (siehe Matthiä et al. 2007).

In einer neueren Untersuchung (Kapogiannis et al. 2009a) zeigen die Autoren an Hand der Aktivierung von bestimmten Hirnarealen, dass Religiosität als integriert in kognitive Prozesse und Hirn-Netzwerke zu deuten sei, welche in der sozialen Kognition aktiviert werden. Die Autoren entwickeln ein neues Argument: Da Religiosität über aus anderen Funktionen wohlbekannten Hirnarealen und Netzwerken des

Gehirns funktioniere, ergebe sich daraus eine Bestätigung der kultur-revolutionären Theorie, Religiosität habe adaptive kognitive Funktionen übernommen. Dieser Hinweis auf adaptive Funktion der Entwicklung von Religiosität jedoch lässt sich aus den Befunden nicht einfach extrahieren. Auch ist die Spezifizität der Aktivierung von bestimmten Hirnarealen in bildgebenden Untersuchungen viel zu gering, als dass damit der Ausschluss anderer Erklärungsmöglichkeiten gelingen könnte. Effekte von Religiosität sind in anderen Studien untersucht worden. Dabei wurden beispielsweise Relationen von Gottesfurcht und geringerem Cortexvolumen im linken orbitofrontalen Cortex und Präcuneus berichtet (Kapogiannis et al. 2009b). Eine eher enge Beziehung zu Gott war mit einem vergrößerten Volumen des rechten mittleren temporalen Cortex assoziiert. Diese sehr neuen Ergebnisse müssen erst bestätigt werden, bevor eine Interpretation versucht werden sollte.

b) Repräsentation religiöser Instanzen: Ganz allgemein ist anzunehmen, dass religiöse Entitäten im Gehirn repräsentiert sind. Wenn nämlich auch Repräsentationen kultureller Entitäten wie die Namen und Symbole großer Firmenmarken im Gehirn zu finden sind, dann auch die Repräsentationen von religiösen Instanzen. Nur wenige Untersucher nehmen an, dass bei der Repräsentation religiöser Inhalte Besonderheiten zu erwarten sind.

c) Aktivierung von Hirnarealen bei religiösen Prozessen: Da in der funktionellen Bildgebung des Gehirns meist die Aktivierung bei einem speziellen mentalen Prozess untersucht wird, liegt es nahe, religiöse Prozesse, Rituale etc. zu studieren. Das Beispiel des Betens wurde oben bereits erwähnt.

Über die Frage, inwieweit bei Meditation bestimmte Hirnfunktionen involviert sind, existiert inzwischen eine lange Forschungs-Tradition (Austin 1998, vgl. auch oben Singer et al. 2008). Buddhistische Meditations-Praktiken wurden immer wieder mit bildgebenden Verfahren untersucht (zum Beispiel von Shimomura et al. 2008). Zentral für derartige Untersuchungen war jedoch vielfach nicht die Frage nach der Religiosität, sondern die nach der Dokumentation von Veränderungen von Bewusstseinszuständen mittels bildgebender Techniken. Gerade für buddhistische Meditation existiert eine Grauzone zwischen einigen Glaubensinhalten, speziell der Kommunikation mit entfernten

Personen, und psychopathologischen Merkmalen, wie den Ichstörungen. Dies kann bei Patienten eine schwierige Abgrenzung von chronischer schizophrener Psychose und normaler Religiosität mit sich bringen. Ob für Fragen derartiger Differentialdiagnosen später auch bildgebende Verfahren einsetzbar sein werden, muss offen gelassen werden.

5. Zusammenfassung

Welche Konsequenzen ergeben sich aus den dargestellten Sachverhalten? Einerseits spielt die Religiosität eine wichtige Rolle in der psychischen Gesundheit. Der Stellenwert religiöser Informationen im psychiatrischen Alltag ist als hoch einzuschätzen (vgl. Kaiser 2007). Neben der *Vita sexualis* ist eine *Vita religiosa* zu erheben, und zwar von Psychiatern, die sich mit der Religion des Patienten beschäftigt haben.

Andererseits muss eine neurowissenschaftliche Religionswissenschaft Repräsentationen, Dispositionen, Prozesse etc. im Gehirn entdecken, die uns erlauben, den Stellenwert religiöser Prägung in der Kindheit und religiöser Praktik im Erwachsenenalter im Kontrast zu anderen Prägungen und Praktiken einschätzen zu lernen, und zwar vor allem in Hinblick auf eine Auswirkung auf die psychische Gesundheit.

Literatur

J. H. Austin, Zen and the brain. Cambridge: MIT-Press 1998
A. W. Braam, M. J. Prince, A. T. Beekman, P. Delespaul, M. E. Dewey, S. W. Geerlings, S. L. Kivela, B. A. Lawlor, H. Magnusson, I. Meller, K. Pérès, F. M. Reischies, M. Roelands, R. A. Schoevers, P. Saz, I. Skoog, C. Turrina, A. Versporten u. J. R. Copelan, Physical health and depressive symptoms in older Europeans. Results from EURO-DEP. British Journal of Psychiatry 187 (2005) 35–42
O. Devinsky. Religious experiences and epilepsy. Epilepsy Behavior 4 (2003) 76–79
S. Han, L. Mao, X. Gu, Y. Zhu, J. Ge u. Y. Ma, Neural consequences of religious belief on self-referential processing. Social Neuroscience 3 (2008) 1–15
P. Huguelet, S. Mohr, P.-Y. Brand, L. Borras u. C. Gillieron, Spirituality and religious practices in outpatients with schizophrenia or schizo-affective disorders and their clinicians. Psychiatric Services 57 (2006) 366–372

P. Kaiser. Religion in der Psychiatrie – eine (un)bewusste Verdrängung? Göttingen: Vandenhoeck & Ruprecht Unipress 2007

D. Kapogiannis, A. K. Barbey, M. Su, G. Zamboni, F. Krueger u. J. Grafman, Cognitive and neural foundations of religious belief. Proceedings of the National Academy of Science USA 106 (2009 a) 4876–81

D. Kapogiannis, A. K. Barbey, M. Su, F. Krueger u. J. Grafman, Neuroanatomical variability of religiosity. PLoS One 4 (2009b) 71–80

K. S. Kendler, X. Q. Liu, C. O. Gardner, M. E. McCullough, D. Larson u. C. A. Prescott, Dimensions of religiosity and their relationship to lifetime psychiatric and substance use disorders. American Journal of Psychiatry 160 (2003) 496–503

C. Matthiä u. A. Northoff, Die Neurobiologie der Religion. In: N. Mönter (Hg.), Seelische Erkrankung, Religion und Sinndeutung. Bonn: Psychiatrie Verlag 2007, S. 36–48

S. Mohr, C. Gillieron, L. Borras, P. Y. Brandt u. P. Huguelet, The assessment of spirituality and religiousness in schizophrenia. Journal of Nervous and Mental Disease 195 (2007) 247–253

F. M. Reischies, Religion als Auslöser und Inhalt psychischer Symptome. In: N. Mönter (Hg.), Seelische Erkrankung, Religion und Sinndeutung. Bonn: Psychiatrie Verlag 2007, S. 49–64

U. Schjødt, H. Stødkilde-Jørgensen, A. W. Geertz u. A. Roepstorff, Rewarding prayers, Neuroscience Letters 443 (2008) 165–168

K. Schneider, Zur Einführung in die Religionspsychopathologie. Tübingen: Mohr 1928

M. E. Seyringer, F. Friedrich, T. Stompe, P. Frottier, B. Schrank u. S. Frühwald, Die »Gretchenfrage« für die Psychiatrie – Der Stellenwert von Religion und Spiritualität in der Behandlung psychisch Kranker. Neuropsychiatrie 21 (2007) 239–247

T. Shimomura, M. Fujiki, J. Akiyosh, T. Yoshida, M. Tabata, H. Kabasawa u. H. Kobayashi, Functional brain mapping during recitation of Buddhist scriptures and repetition of the Namu Amida Butsu: a study in experienced Japanese monks. Turkish Neurosurgery 18 (2008) 134–141

W. Singer u. M. Ricard, Hirnforschung und Meditation. Frankfurt: Suhrkamp 2008

H. J. Weitbrecht, Beiträge zur Religionspsychopathologie. Insbesondere zur Psychopathologie der Bekehrung. Heidelberg: Scherer 1948

Korrespondenzadresse: Prof. Dr. med. Friedel M. Reischies, Arbeitsgruppe Neuropsychiatrie und psychiatrische Neuropsychologie Charité, Friedrich von Bodelschwingh-Klinik, Landhausstr. 33–35, D-10717 Berlin, Tel: 030–5472 7902.
Email: friedel.reischies@charite.de

Dirk Schmoll

Sinn- und Glaubensfragen
in der Psychotherapie

Abstract: *How should a therapist react, if a patient wants to discuss religious topics? Should he avoid them? Should he try to treat them as symptoms or should he even send the patient to a priest or a psychiatrist? Different aspects of these questions are discussed, whereby the author also reflects on the clinical contexts of these various topics. Finally, the author argues that a therapist does not need to be afraid of questions about religious topics (e. g. regarding the sense of life) but should be careful not to influence the patient by any religious dogma. It further seems helpful to consider forms of »non-religious religiosity«.*

1. Formen des therapeutischen Umgangs mit »Gottsuchern«

»Habt ihr nicht von jenem tollen Menschen gehört, der am hellen Vormittage eine Laterne anzündete, auf den Markt lief und unaufhörlich schrie: ›Ich suche Gott! Ich suche Gott!‹ – Da dort gerade viele von denen zusammen standen, welche nicht an Gott glaubten, so erregte er ein großes Gelächter.« So beginnt Aphorismus 125 aus Nietzsches »Fröhlicher Wissenschaft« (1882). Der »tolle Mensch« empfand die Welt als so kalt und dunkel, dass er schon am Vormittag mit einer Laterne auf die Suche ging. Er bezichtigte die Umstehenden ebenso wie sich selbst, Gott getötet zu haben, doch sie verstanden ihn nicht. Am Schluss des Aphorismus heißt es: »Man erzählt noch, dass der tolle Mensch desselbigen Tages in verschiedene Kirchen eingedrungen sei und darin sein Requiem aeternam deo angestimmt habe. Hinausgeführt und zur Rede gesetzt, habe er immer nur dies entgegnet: ›Was sind denn diese Kirchen noch, wenn sie nicht die Grüfte und Grabmäler Gottes sind?‹« (Nietzsche 1882/ 1988, 480)
　　Nehmen wir an, der Mann hätte am nächsten Tag, erschöpft von der Suche, enttäuscht von der Kälte der Mitmenschen und heiser von

seinen Grabgesängen, die Praxis eines Psychotherapeuten aufgesucht. Wie hätte dieser reagiert? Vier verschiedene Haltungen sind denkbar:

1.1. Er hätte ihm eine intensive Psychotherapie angeboten, um die Schuldgefühle im Zusammenhang mit einer ödipalen Vaterproblematik zu bearbeiten.

1.2. Er hätte ihm eine Behandlung angeboten, sich in der Frage nach Gott aber nicht für zuständig erklärt und ihn an einen Seelsorger verwiesen.

1.3. Er hätte eine agitierte Depression mit nihilistischem Wahn diagnostiziert und eine medikamentöse Behandlung bei einem Psychiater empfohlen.

1.4. Er hätte sich mit dem Patienten auf eine gemeinsame Suche begeben, um Gott wieder lebendig zu machen.

Für jede der vier Verhaltensweisen, die sich nicht ausschließen müssen, lassen sich gute Gründe anführen.

1.1. Die erste Haltung stützt sich auf Sigmund Freud, der die Religionen – genauer: die monotheistischen Religionen jüdisch-christlicher Tradition – bekanntlich ganz unter pathologischem Aspekt betrachtete. Das Beten und all die biblischen Gebote und Verbote hielt er im Wesentlichen für Erscheinungsformen einer kollektiven Zwangsneurose. Den Glauben an einen allmächtigen Gott verglich er mit der kindlichen Abhängigkeit vom Vater, dessen Macht der Sohn zugleich fürchtet und als Schutz ersehnt. Hinter der kindlichen Angst vermutete er die aus der ödipalen Liebe zur Mutter stammenden Schuldgefühle, die durch Zwangsrituale abgewehrt werden müssen. Stroeken (1998) weist darauf hin, dass die Psychoanalytiker in der Nachfolge Freuds davon ausgingen, die Religion diene vor allem der Abwehr von Angst vor der Einsamkeit des Erwachsenwerdens und des Sterbens. In jedem Fall galt ihnen Religiosität als ein Zeichen mangelnder psychischer Reife. Ein gläubiger Psychoanalytiker käme ihnen ebenso seltsam vor wie ein Metzger, der Vegetarier ist.

Rauchfleisch (2004) spricht von einem »religiösen Tabu«, das er in den meisten der großen Psychotherapieschulen erkennt. In der Ausbildung und in der Fachliteratur klaffe eine Lücke, denn der moderne Therapeut wolle sich auf wissenschaftlich geprüfte Methoden und nicht auf weltanschaulich geprägte Modelle stützen. Als weitere Ursache führt Rauchfleisch an, dass die einzelnen psychotherapeutischen Schulen selbst den Charakter von »Kirchen« mit eigenen »Dogmen«

angenommen haben, die sich gegenüber den anderen therapeutischen Lehrgebäuden auf das Schärfste abgrenzen. Hier sieht er gruppen-dynamische Prozesse, Machtfragen und materielle Interessen im Spiel.

1.2. Mit dem Rat, zusätzlich zu einer Psychotherapie einen Seelsorger aufzusuchen, kann sich der Therapeut auf Viktor E. Frankl, den Be-gründer der Logotherapie, stützen. Dieser vertritt eine ganz andere Einstellung als Freud. Er geht davon aus, dass der Mensch nicht nur von unbewussten Trieben beherrscht wird, sondern dass es auch eine Sphäre verdrängter Religiosität gibt, mit der er auf Göttliches bezogen ist. Entsprechend steht er religiösen Fragen offen gegenüber (wir wer-den darauf zurückkommen), stimmt mit Freud aber darin überein, dass Psychotherapie und Religion prinzipiell zu trennen sind: »Jede Kon-tamination dieser beiden Bereiche [...] ist grundsätzlich abzulehnen« (Frankl 1974/ 1992, 57). Als Begründung führt er an, dass die Ziele von Psychotherapie und Religion klar getrennt sind; Psychotherapie sei auf seelische Heilung, Religion auf das Seelenheil gerichtet. Dennoch wür-den beide Bereiche die jeweils andere Sphäre beeinflussen, und zwar ohne dies zu beabsichtigen. So sei die Religion ihrem Resultat – und nicht ihrer Intention nach – psychohygienisch, ja psychotherapeutisch wirksam, indem sie den Menschen eine Geborgenheit und Veranke-rung in der Transzendenz biete. Umgekehrt wirke Psychotherapie auf die geistliche Sphäre des Patienten, indem Erinnerungen an eine einst verdrängte Gläubigkeit wachgerufen werden.

Inwieweit halten diese Annahmen Frankls einer wissenschaft-lichen Überprüfung stand? Es gibt inzwischen eine Flut empirischer Untersuchungen zu der Frage, ob wir gesünder leben, wenn wir regel-mäßig beten, zur Kirche gehen oder zumindest im Stillen an einen Gott glauben. In älteren Studien bis Ende der 60er Jahre fanden sich vorwie-gend Hinweise darauf, dass Religiosität mit Ängstlichkeit, Dependenz-neigung und Depressivität einhergeht, wohingegen seit den 80er-Jah-ren überwiegend schwach positive Wirkungen von Religiosität auf die psychische und physische Gesundheit gefunden wurden (Klein u. Al-bani 2007). Die Befunde sind aber widersprüchlich, was zum Teil mit Unterschieden in der Definition von Religiosität erklärt werden kann (Hackney u. Sanders 2003). Nach welchen Kriterien soll man einen Menschen als religiös einstufen, und wie soll man religiöse Haltungen messen? Selbst wenn man Unterschiede im Krankheitsverlauf bei reli-giösen und nichtreligiösen Menschen findet, wie soll man sie interpretieren? Die Versuchung liegt nahe, statistische Zusammenhänge vorschnell als Ursache-Folge-Beziehungen zu deuten. So fand man zum Beispiel heraus, dass orthodoxe Juden seltener am Herzen erkranken als säkulare Juden. Nachuntersuchungen führten den Unterschied jedoch nicht auf religiöse Effekte zurück, sondern auf die gesündere Lebensweise der strenggläubigen Juden; sie rauchten weniger und aßen fettärmer. Es ist auch zu berücksichtigen, dass ein großer Teil der Studien aus den USA stammt, wo religiöse Überzeugungen und Aktivitäten viel verbreiteter sind als in Deutschland. Zudem gibt es Verflechtungen zwischen einigen amerikanischen psychiatrischen Universitätskliniken und dem indoktrinierenden, wenig seriösen *Center for the Study of Religion/ Spirituality and Health*, das über viele Jahre von einer der erfolgreichsten, weltweit anlegenden Fondsgesellschaften, der Templeton Foundation, unterstützt wurde (Schmoll 2007). Vor diesem Hintergrund wurde daher bereits vor einer »schleichenden Theologisierung der Wissenschaft« gewarnt (Schüle 2006).

Einigermaßen gut abgesichert scheinen die beiden folgenden Ergebnisse zu sein, die Kendler et al. (2003) in einer differenzierten Untersuchung auf der Grundlage eines weiten Begriffs von Religiosität gefunden haben: Erstens geht soziale Religiosität, also die Teilnahme am Gemeindeleben, mit einem niedrigeren Risiko für psychiatrische Erkrankungen einher, was den Schluss erlaubt, dass nicht der Inhalt eines Privatglaubens, sondern die soziale Integration einen gesundheitsfördernden Faktor darstellt. Zweitens sind fast alle religiösen Dimensionen mit einem niedrigeren Suchtrisiko verbunden. Das lässt sich so interpretieren, dass klare Wertorientierungen, eine übergeordnete Gewissensinstanz und das Gemeinschaftsleben die schwache Ich-Struktur von Suchtgefährdeten stärken können. Diese Aspekte finden sich in dem Glaubensbekenntnis der Anonymen Alkoholiker, den sog. »12 Schritten«, wieder, in dem es zum Beispiel heißt: »Wir waren völlig bereit, all diese Charakterfehler von Gott beseitigen zu lassen. Demütig baten wir ihn, unsere Mängel von uns zu nehmen.«

In einer gerade erschienenen Arbeit wurde bestätigt, dass regelmäßige Gottesdienstbesuche mit einer niedrigeren Rate an Depressionen einhergehen. Aber es fand sich noch ein weiteres überraschendes Ergebnis: Eine als bedeutungs- und liebevoll eingeschätzte Beziehung zu Gott *(religious well-being)* ist mit einer deutlich höheren Depressionsrate verbunden, während Menschen, die ihr Leben als sinnvoll erleben *(existential well-being)*, seltener depressiv sind (Maselko, Gilman u. Buka 2009). Als Erklärung boten die Autoren an, dass Menschen, die in ihrer Kindheit unsicher gebunden waren, zum einen eher geneigt sind, eine sichere Bindungsperson in Gott zu suchen, zum anderen aber auch depressionsanfälliger sind.

Einen anderen Interpretationsansatz wählten Tagay et al. (2006). In einer großen Untersuchung an Psychosomatikpatienten und gesunden Blutspendern fanden sie keine Korrelationen zwischen Religiosität und Variablen der psychischen Gesundheit. Dafür erwies sich das Kohärenzgefühl *(sense of coherence)* als ein Schutzfaktor für Angst und Depressionen. Damit ist nach der salutogenetischen Theorie von Antonovsky (1993) die Einstellung gemeint, dass die Anforderungen des Lebens verständlich und lösbar sind sowie wert, gelöst zu werden. Daraus folgerten die Autoren, dass nicht die Religiosität, sondern dieses Kohärenzgefühl vor psychischen Leiden schützt.

Frankls zweite These, dass in der Psychotherapie verdrängte Glaubensvorstellungen bewusst werden können, lässt sich mit statistischen Mitteln wohl kaum untersuchen. Dafür sei an Goethes Faust erinnert, den das Glockengeläut zum Osterfest an seinen Kinderglauben erinnerte und aus einer schweren depressiven Krise befreite (»Und doch, an diesen Klang von Jugend auf gewöhnt,/ Ruft er auch jetzt zurück mich in das Leben ...«, Faust I, 769 f.).

1.3. Es kann auch angezeigt sein, zunächst eine Überweisung zum Psychiater zu veranlassen. Es ist sehr wichtig, dass der Therapeut unterscheiden kann, ob jemand im Rahmen einer schwierigen Lebenssituation über Gott und den Sinn des Lebens nachdenkt oder ob es sich um ein selbstquälerisches Grübeln im Rahmen einer Depression handelt. Sollte Letzteres der Fall sein, so muss natürlich zuerst die Depression behandelt werden. Intensive Gespräche über die Lebenszweifel können den Betreffenden überfordern und das Grübeln sogar noch verstärken. Menschen, denen der Glaube stets ein Halt gewesen war, können diesen in der Depression verlieren. So schildert die Theologin Ingrid Weber-Gast im Rückblick auf ihre Depression, dass der Glaube in dieser Zeit für sie überhaupt keine Rolle mehr gespielt habe.»Mein Verstand und mein Wille mochten ihn wohl weiterhin bejahen, aber für mein Herz war er unerreichbar. Er war kein Trost, keine Antwort auf verzweifelnd quälende Fragen, keine Hilfe, wenn ich nicht weiter wusste. Ja, im Gegenteil: Nicht der Glaube trug mich, sondern ich musste noch den Glauben tragen.« (1989, 32, zit. n. Hell 2003, 232).

Freud hielt Fragen nach dem Sinn oder Wert des Lebens generell für krankhaft. So schrieb er in einem Brief vom 13. August 1937: »Im Moment, da man nach Sinn und Wert des Lebens fragt, ist man krank, denn beides gibt es ja in objektiver Weise nicht; man hat nur eingestanden, dass man einen Vorrat von unbefriedigender Libido hat, und irgendwas anderes muss damit vorgefallen sein, eine Art Gärung, die zur Trauer und Depression führt.« (Freud 1980).

1.4. Der Versuch, den Glauben des Patienten zu stärken, mag nahe liegen – gerade für einen Therapeuten, der selbst religiös ist. Manche Psychiater waren der Meinung, dass eine Trennung zwischen ärztlich-psychotherapeutischem Gespräch und Seelsorge gar nicht möglich sei. So schrieb Weitbrecht: »Er mag das wollen oder nicht – in der Lebensnot außerhalb des Krankseins zu raten ist dem Arzt vielfach heute an Stelle des Seelsorgers auferlegt.« Bei Schulte heißt es: »Nur zu oft ist die Psychotherapie darauf angewiesen, in Seelsorge auszumünden«; oder noch entschiedener bei Görres: »Die Psychotherapie ist unvermeidlich, auch wo sie es nicht weiß, noch wissen will, immer auch irgendwie Seelsorge. Oft muss sie ausdrücklich seelsorgerische Eingriffe vornehmen« (zit. n. Frankl 1974/ 1992, 67). Ähnliches las ich kürzlich in der Klinikbroschüre eines großen psychiatrisch-neurologischen Krankenhauses mit konfessionellem Träger: »Seelsorge ist Aufgabe aller Mitarbeiter. […] Die Erkundung der spirituellen Ausrichtung gehört in die Anamnese, die Bestärkung der spirituellen Kraft kann von allen am Heilungsprozess Beteiligten geleistet werden.« Vor einigen Jahren hat sich die »Akademie für Psychotherapie und Seelsorge« gegründet, von deren Mitgliedern eine persönliche Glaubensüberzeugung im Sinne der Deutschen Evangelischen Allianz gefordert wird. Zu den Zielen des Vereins gehört es, Sinn- und Werteorientierung und therapeutische Methodik zu integrieren. Die letzte Tagung der Akademie zum Thema »Identität« war wegen der Einstellung einiger Referenten zur Homosexualität in der Öffentlichkeit umstritten. Genau an solchen Fragen zeigt sich die Schwierigkeit, christlich-religiöse Wertvorstellungen mit einer unvoreingenommenen therapeutischen Grundhaltung zu verbinden. Wenn ein Therapeut die Auflösung einer Ehe grundsätzlich für Sünde hält, dürfte es ihm schwer fallen, einen Patienten mit Trennungswünschen empathisch auf seinem Weg der Selbstfindung zu begleiten. Rauchfleisch (2004) ist darauf in seinem lesenswerten Buch »Wer sorgt für die Seele?« näher eingegangen.

Mit der folgenden Therapiestudie aus einer baptistischen Hochschule von Rebecca Probst und Mitarbeitern (1992) lässt sich meines Erachtens gut belegen, dass die persönliche Einstellung des Therapeuten zu Glaubensfragen nicht in eine Therapie gehört. Depressive *religiöse* Patienten wurden in zwei Gruppen eingeteilt. Die eine Gruppe wurde mit einer kognitiven Verhaltenstherapie behandelt (KVT nach Beck), die andere Gruppe mit demselben Verfahren, nur auf religiöse Themen bezogen. Im Vergleich bildeten sich die Depressionen in der Gruppe mit der religiös orientierten Psychotherapie rascher zurück. Man hatte beide Gruppen dann noch einmal unterteilt und ihnen entweder einen religiösen oder einen nichtreligiösen Therapeuten zugewiesen. Hier war das Ergebnis für die Untersucher überraschend: Die nichtreligiösen Therapeuten waren mit der religiösen KVT-Gruppe erfolgreicher als die religiösen Therapeuten. Die Autoren der Studie konnten diesen Befund nicht erklären. Ich meine, man kann das so verstehen, dass es den Therapeuten ohne religiösen Hintergrund besser gelungen war, eine vertrauensvolle Beziehung zu den Patienten herzustellen, eben weil die Patienten spürten, dass es in erster Linie um sie als Person ging und nicht um die Vermittlung bestimmter Glaubensinhalte oder Moralvorstellungen. Denn glaubwürdig kann ein Arzt nur sein, solange er weder einem materiellen noch einem ideologischen Interesse verpflichtet ist, sondern einzig dem Wohl des Patienten.

2. Klinische Phänomenologie von Sinnfragen

Wie wahrscheinlich ist es, dass der »tolle Mensch« tatsächlich einen Psychotherapeuten aufgesucht hätte? Welcher Patient beschreibt etwas von dem Schrecken, den Pascal (1670/ 1997) – zweihundert Jahre vor Nietzsche – wie folgt formulierte: »Wenn ich bedenke, dass das ganze Weltall stumm und der Mensch ohne Einsicht sich selbst überlassen ist wie ein Verirrter in diesem Winkel des Weltalls [...], dann überkommt mich ein Grauen.« (zit. n. Safranski 2008, 253)? Die Wahrscheinlichkeit, dass ein Patient von solchen Ängsten spricht, wird umso geringer sein, je weniger ein Therapeut Offenheit für solche Themen signalisiert.

Normalerweise fragen wir nicht nach dem Sinn des Lebens. Er stellt die Grundlage unseres Daseins dar, ohne dass wir uns im einzelnen darüber Rechenschaft ablegen müssten. Ziele, an denen wir uns orientieren, müssen wir nicht jeden Tag neu formulieren. In bestimmten Umbruch- und Krisenzeiten kann der Daseinsgrund aber brüchig werden, ebenso bei Schicksalsschlägen, schweren Belastungen oder Krankheiten. Es gibt bestimmte Lebensphasen, in denen Sinnfragen häufiger aufbrechen. Dazu gehören unter anderem die Pubertät, die Wechseljahre und die Berentung. In der Pubertät geht es vor allem um die Auseinandersetzung mit der Geschlechtlichkeit und um die Entwicklung einer eigenen Identität in Abgrenzung zu den Eltern. Die Wechseljahre sind für die Frau oft schwerer zu bewältigen als für den Mann, da die körperlichen Veränderungen spürbarer sind und sich der Alltag, zum Beispiel durch Auszug der Kinder, für sie deutlicher verändert. Hinter dem Gefühl von Leere, Lust- und Ziellosigkeit, vielleicht auch Schmerzen, steckt oft der Verlust sinngebender Aufgaben. Für den Mann kann der Übergang in den Ruhestand besonders schwierig sein, vor allem wenn er keine außerberuflichen Interessen entwickelt und keine tragfähigen sozialen Kontakte hat. Ohne Arbeit mag ihm die Zeit nutzlos erscheinen, wie ein Warten auf den Tod, der dann möglicherweise zugleich herbeigesehnt und gefürchtet wird.

Menschen mit bestimmten Persönlichkeitsdispositionen sind besonders gefährdet, an Gefühlen der Sinnlosigkeit zu leiden. So sind narzisstisch strukturierte Menschen häufig gekränkt, dass das Leben ihnen bisher nicht das geboten hat, was sie eigentlich zu verdienen meinen. Sie können das Fortschreiten der Zeit lediglich negativ als weiteren Raub an Entfaltungsmöglichkeiten erleben. Aus einer Mischung von Ohnmacht, Verzweiflung, Enttäuschung und Ärger neigen sie in Krisensituationen dazu, alles in Frage zu stellen. Emotional instabilen Persönlichkeiten fällt es typischerweise besonders schwer, sich in andere Menschen einzufühlen und deren Verhaltensweisen realistisch und nicht vorschnell als feindlich einzuschätzen. Entsprechend gibt es häufige Wechsel im beruflichen und privaten Bereich, wobei Trennungen und Alleinsein immer wieder zu tiefen Sinnkrisen führen können. Hinweise für unsichere Bindungsmuster in der Kindheit wie auch ein mangelnder Sinn für Kohärenz lassen sich häufig finden.

Als Therapeuten sind wir jedoch nicht nur mit erlebtem Sinnverlust konfrontiert. Im Rahmen eines Wahns kann es auch zu einem plötzlichen Gewinn, sogar zu einem Überschuss an Sinn kommen. Menschen, die bislang nie religiös waren, können im Rahmen einer Psychose auf einmal davon überzeugt sein, Gott gefunden zu haben. In dem

Roman »Die Blendung« von Elias Canetti beneidet der Psychiater Georg Kien den wahnkranken Patienten genau aus diesem Grund: »Die wenigen Gläubigen unter uns klammern sich an Erlebnisse, die andre vor Tausenden von Jahren für sie gehabt haben. Wir brauchen Visionen, Offenbarungen, Stimmen – blitzartige Nähen zu Dingen und Menschen –, und wenn wir sie nicht in uns haben, holen wir sie in der Überlieferung. Aus eigener Armut werden wir Gläubige. Noch Ärmere verzichten auch darauf. Und er? Er ist Allah, Prophet und Moslem in einer Person.« (Canetti 1935/ 1977, 360) Hier scheint sich das Verhältnis umzukehren. Der Kranke ist der metaphysisch Gesunde, während sein Arzt an der Endlichkeit und Gottverlassenheit des Seins leidet. So mag es vielleicht sogar eher das Bedürfnis des Arztes als das des Kranken sein, über Erfahrungen der Transzendenz zu sprechen. Jeder Psychiater weiß aber natürlich, dass eine Psychose in der Regel nicht nur aus glückhaft-ekstatischen Erfahrungen besteht, sondern ebenso auch aus Ängsten.

Ein junger Mathematikstudent, nicht gläubig und in atheistischem Elternhaus aufgewachsen, war überzeugt, dass seine Freunde ihn durch bestimmte Gesten und Andeutungen warnen wollten vor einer Macht, die ihn verfolge und töten wolle. Dann glaubte er, dass es göttliche Zeichen wären, die er empfangen habe. Diese religiöse Sinnstiftung verringerte seine Ängste jedoch nicht, denn er dachte, dass Gott in seiner Seele gegen das Böse kämpfen müsse. Er suchte eine Pfarrerin auf. Als diese ihm eine psychiatrische Behandlung empfahl, kam ihm erstmals der Gedanke, verrückt zu sein. Nach einigen Tagen folgte er ihrem Rat. Nach dreiwöchiger Behandlung war der Wahn eines Morgens zerplatzt wie ein Albtraum nach dem Erwachen. Seine atheistische Einstellung hat diese Erfahrung nicht beeinflusst.

3. Empfehlungen zur therapeutischen Grundhaltung

3.1. Im Hinblick auf den therapeutischen Umgang mit Sinn- und Glaubensfragen halten wir an einer Grundhaltung fest, wie sie Freud (1919, 246) formuliert hat: »Wir haben es entschieden abgelehnt, den Patienten, der sich Hilfe suchend in unsere Hand begibt, zu unserem Leibgut zu machen, sein Schicksal für ihn zu formen, ihm unsere Ideale aufzudrängen und ihn im Hochmut des Schöpfers zu unserem Ebenbild, an dem wir Wohlgefallen haben sollen, zu gestalten.« Freud räumt zwar ein, dass es Patienten gibt, bei denen der Therapeut auch als Erzieher und Ratgeber gebraucht wird, aber »dies soll jedes Mal mit großer Schonung geschehen, und der Kranke soll nicht zur Ähnlichkeit mit uns, sondern zur Befreiung und Vollendung seines eigenen Wesens erzogen werden.«

Wie soll sich ein Therapeut aber nun verhalten, wenn er Fragen nach Lebenssinn und Werten weder von vornherein ausblenden noch den Patienten beeinflussen will? Befragen wir noch einmal Frankl, der die von ihm gegründete Logotherapie in Ergänzung zur Freudschen Psychoanalyse als eine sinnzentrierte Therapieform versteht. Sinnfragen waren für ihn nie abstrakt. Schon als Schüler gründete er kostenlose Jugendberatungsstellen, um die Suizidrate unter Schülern am Ende eines Schuljahres zu senken. Dies ist ihm auch tatsächlich gelungen. Von 1942 bis zur Befreiung musste er in verschiedenen Konzentrationslagern um das Überleben kämpfen. In seinem Buch »… trotzdem Ja zum Leben sagen«, das in Millionenauflage erschienen und in über zwanzig Sprachen übersetzt ist, berichtet er darüber und beschreibt, wie selbst unter widrigsten Umständen noch das »Geistige« im Menschen, also Würde, Sinn, Liebe, Glaube und Verantwortung bewahrt werden konnten. In diesem Buch empfiehlt er, die Sinnfrage umzukehren: »Wir müssen lernen und die verzweifelnden Menschen lehren, *dass es eigentlich nie und nimmer darauf ankommt, was wir vom Leben noch zu erwarten haben, vielmehr lediglich darauf: was das Leben von uns erwartet!*« (Frankl 1977/ 1982, 125; Hervorh. von F.). Die Antwort auf diese Frage sollte nicht durch Reden oder Grübeln gegeben werden, sondern durch ein Handeln, das die Aufgaben erfüllt, die das Leben uns täglich und stündlich stellt. Der Sinn des Lebens lasse sich nie allgemein angeben, denn die Forderungen des Lebens wechselten von Mensch zu Mensch und von Tag zu Tag. Das Leben, wie Frankl es versteht, ist nichts Vages, sondern stets in eine konkrete, einmalige und einzigartige Situation eingelassen, die ein bestimmtes Handeln erfordert. Fruchtlos ist es also, mit einem Menschen über den Sinn des Lebens zu sprechen, wenn dieser meint, solche Fragen erst theoretisch geklärt haben zu müssen, bevor er sich im Leben engagieren könne. Er wäre wie jemand, der schwimmen lernen will, bevor er ins Wasser geht.

3.2. Am Ende der »Fröhlichen Wissenschaft« nimmt Nietzsche die vom »tollen Menschen« angestoßene Frage in allgemeiner Form wieder auf, nämlich, »ob nicht ein Dasein ohne Auslegung, ohne ›Sinn‹ eben zum ›Unsinn‹ wird« (Aph. 374). Er stellt – durchaus ähnlich wie Frankl – fest, dass sich diese Frage nicht allgemein beantworten lässt, da jeder Mensch seine eigene Perspektive auf die Welt habe und sie auf seine Weise auslege. »Die Welt ist uns vielmehr noch einmal ›unendlich‹ geworden: insofern wir die Möglichkeit nicht abweisen können, dass sie *unendliche Interpretationen in sich schließt*. Noch einmal fasst uns der große Schauder – aber wer hätte wohl Lust, *dieses* Ungeheure von unbekannter Welt nach alter Weise sofort wieder zu vergöttlichen?« (Nietzsche 1882/ 1988, 627; Hervorh. von N.).

An dieser Stelle setzt Wilhelm Schmid (1998) mit einer »Philosophie der Lebenskunst« an, deren Praxis er in späteren Büchern weiter ausgearbeitet hat. Er schlägt vor, dass jeder sich die Welt so denke, dass sie für ihn lebbarer wird. Warum sollte der Mensch Transzendenz nicht auch anders, nämlich auf weltliche Weise, denken können, wenn die Religion ihre Bindungskraft verloren hat? Schmid ermutigt den Menschen, sich seine jeweils eigene Religion zu erschaffen. Dafür reiche es schon, wenn er sich die Möglichkeit eines Anderen, das über das unmittelbar Gegebene hinausreicht, offen hält. Auf diese Weise rücke die Frage nach dem Sinn des Lebens in einen größeren Zusammenhang. Die »Wahrheit« einer solchen Vorstellung erwiese sich dann nicht daran, ob es sie wirklich gibt (das wäre sowieso nicht zu entscheiden), sondern daran, ob sie das Leben erträglicher macht und zum Beispiel Geborgenheit vermittelt. In dem Bewusstsein, in der Unendlichkeit eine ewige Heimat zu finden, könnte sich die Traurigkeit über die eigene Sterblichkeit in heitere Gelassenheit verwandeln. Das wäre ein Projekt, das es schon einmal gab, nämlich in der Zeit der Romantik, und das vielleicht in nicht allzu ferner Zeit wieder aufgenommen wird in einer erneuerten, zweiten Moderne. Die Dichter der Romantik hatten versucht, das Unsagbare poetisch auszudrücken, so zum Beispiel Eichendorff in äußerster Verknappung in seinem berühmten Gedicht »Wünschelrute« (1835):

»Schläft ein Lied in allen Dingen,
Die da träumen fort und fort.
Und die Welt hebt an zu singen,
Triffst du nur das Zauberwort.«

Neben der Poesie, der Kunst oder der Musik lässt sich auch über das Beten – in säkularer Form das Meditieren – eine gedankliche Konzentration auf eine Dimension des Jenseits herstellen. »Beten ist *Religion machen*«, schreibt Novalis in seinen nachgelassenen Fragmenten (zit. n. Schmid 2008, 16).

Man darf allerdings skeptisch sein, ob ein rein gedanklicher, auf einem Privatglauben gründender, ethisch-ästhetischer Lebensentwurf die tradierten Formen und die Gemeinschaft der Kirche letztlich wird ersetzen können. Für den psychotherapeutisch Tätigen, der sich metaphysischen Fragen nicht von vorneherein verweigern will, sehe ich nur den Weg einer individuellen, auf die Situation des einzelnen Patienten bezogenen »säkularen Religiosität«, wie Schmid es nennt. Damit gemeint ist eine Haltung der Offenheit, die das Bedürfnis nach transzendenter Geborgenheit ernst nimmt, ohne in eine religiöse Weltanschauung flüchten zu müssen. Eine vom Therapeuten angebotene Orientierung an religiösen Glaubenssätzen birgt die Gefahr, den Patienten in seiner Persönlichkeitsentfaltung und Selbständigkeit zu hemmen. Das heißt aber nicht, dass über religiöse Themen nicht gesprochen werden dürfte. Thomae und Kächele empfehlen in ihrem »Lehrbuch der psychoanalytischen Therapie« (1997) eine Grundhaltung von Wertoffenheit, ohne sich zu einer sowieso unerreichbaren ethisch-weltanschaulichen Neutralität zu zwingen. Der niederländische Psychoanalytiker und Professor für Religionspsychologie Harry Stroeken schreibt in seinem Buch »Psychotherapie und der Sinn des Lebens«: »Wenn ein Psychotherapeut vor dem Thema Religion – und gleiches gilt für andere Themen – Angst hat, er nichts dazu zu sagen weiß, sich nicht dafür interessiert oder wenn er sich selbst davon ausgeschlossen hat, nachdem er eine einschränkende und lebensfeindliche religiöse Erziehung erfahren hat oder er noch immer darin verstrickt ist – kurzum wenn er, aus welchen Gründen auch immer, nicht aufgeschlossen dem Thema gegenüber ist, dann kann er peinlich darauf achten, dass dieses Thema auf keinen Fall angesprochen wird. Das ist weiter kein Problem, die Patienten gehen häufig davon aus, dass Glaubensfragen ohnehin nicht in eine Therapie gehören, oder sie fühlen einfach, dass dies kein geeignetes Thema ist.« (Stroeken 1998, 87).

3.3. Längst haben religiös-spirituelles Gedankengut und Meditation in Fachkliniken für Psychosomatik und Psychotherapie Eingang gefunden. Unter dem Begriff der »Achtsamkeit« *(mindfulness)* sind inzwischen zahlreiche Fachpublikationen erschienen. Die von Marsha Linehan 1993 eingeführte Dialektisch-behaviorale Therapie für Borderline-Patienten bezieht solche Elemente ebenfalls mit ein. Einen spielerischen Umgang mit religiösen Texten lernte ich an der Marburger Universitätsklinik kennen. Dort hatte mein damaliger stationsärztlicher Kollege Thomas Reuster zusammen mit der Klinikpfarrerin biblische Geschichten von Patienten nachspielen lassen, um die darin enthaltenen Grundkonflikte herauszuarbeiten und den Patienten zu helfen, ihre eigenen Anteile zu erkennen und sich für neue Lösungsmöglichkeiten zu öffnen (Reuster u. Kohl-Eckhardt 1993).

Abschließend sei noch eine Fallvignette aus der eigenen Klinik geschildert. Es gibt dort eine Lesegruppe, in der Patienten kurze Texte – meist Gedichte, Kurzgeschichten oder Märchen – auswählen, vorlesen und anschließend diskutieren. An dieser Gruppe nahm auch ein Pfarrer teil, der wegen einer depressiven Erkrankung behandelt wurde. Er wählte das Hohelied der Liebe aus dem 1. Korintherbrief:»Wenn ich in den Sprachen der Menschen und Engel redete, / hätte aber die Liebe nicht, / wäre ich dröhnendes Erz oder eine lärmende Pauke. / ... (1 Kor.13). Bei den Teilnehmern kam das Lied unabhängig von ihrer religiösen Orientierung sehr gut an. Im zweiten Teil der Stunde wurde dann eine kleine Geschichte von Hans Fallada gelesen, in der es um die kindliche Liebe zu einem Stofftier ging. Auf diese Weise bekam die Liebe eine ganz konkrete, irdische Gestalt. In dem Buch»Selbstermutigung«, das ich gemeinsam mit dem Germanisten Thomas Isermann geschrieben habe, habe ich die Idee der Lesegruppe weitergeführt. Mit dem Buch wenden wir uns an Menschen, die gerne lesen und mit uns darüber nachdenken wollen, welche Einsichten zu Fragen der Lebensführung in literarischen Texten stecken. Einige unserer Essays enthalten auch religiöses Gedankengut, ohne im engeren Sinne religiös zu sein – es sei denn, man schließt sich der weiten Definition von Paul Tillich an, nach der religiös sein heißt, nach Sinn zu fragen.

Literatur

A. Antonovsky, The structure and properties of the sense of coherence scale. Social Science and Medicine 36 (1993) 725–733

E. Canetti, Die Blendung. Roman (1935). Frankfurt a. M.: Fischer TB 1965

V. E. Frankl, ... trotzdem Ja zum Leben sagen. Ein Psychologe erlebt das Konzentrationslager (1977). München: dtv 1982

V. E. Frankl, Der unbewusste Gott. Psychotherapie und Religion (1974). München: dtv, 7. erw. Aufl. 1992

Dirk Schmoll

S. Freud, Wege der psychoanalytischen Therapie (1919). Studienausgabe. Ergänzungsband. Frankfurt a. M.: Fischer 1975

S. Freud, Briefe 1873–1939. Frankfurt a. M.: Fischer 1980

C. H. Hackney u. G. S. Sanders, Religiosity and mental health: A meta-analysis of recent studies. In: Journal for the Scientific Study of Religion 42 (2009) 43–55

D. Hell, Seelenhunger. Der fühlende Mensch und die Wissenschaften vom Leben. Bern: Huber 2003

T. Isermann u. D. Schmoll, Selbstermutigung. Essays zur Lebensführung. Kröning: Asanger 2006

K. S. Kendler, X. Q. Liu, C. O. Gardner, M. E. McCullough, D. Larson u. C. A. Prescott, Dimensions of religiosity and their relationship to life-time psychiatric and substance use disorders. In: American Journal of Psychiatry 160 (2003) 496–503

C. Klein u. C. Albani, Religiosität und psychische Gesundheit. Eine Übersicht über Befunde, Erklärungsansätze und Konsequenzen für die klinische Praxis. In: Psychiatrische Praxis 34 (2007) 58–65

M. M. Linehan, Skills training manual for treating borderline personality disorder. New York: Guilford 1993

J. Maselko, S. E. Gilman u. S. Buka, Religious service attendance and spiritual wellbeing are differentially associated with risk of major depression. In: Psychological Medicine 39 (2009) 1009–1017

F. Nietzsche, Die Fröhliche Wissenschaft (1882). Kritische Studienausgabe. Bd. 3. München: dtv 1988

B. Pascal, Gedanken (Pensées) (1670). Stuttgart: Reclam 1997

R. L. Probst, R. Ostrom, P. Watkins, T. Dean u. D. Mashburn, Comparative efficacy of religious and nonreligious cognitive-behavioral therapy for the treatment of clinical depression in religious individuals. In: Journal of Consulting and Clinical Psychology 60 (1992) 94–103

U. Rauchfleisch, Wer sorgt für die Seele? Grenzgänge zwischen Psychotherapie und Seelsorge. Stuttgart: Klett-Cotta 2004

T. Reuster u. M. Kohl-Eckhardt, Psychobibliodrama in der psychiatrischen Therapie. In: Integrative Therapie 2 (1993) 62–72

R. Safranski, Das Böse oder Das Drama der Freiheit. Frankfurt a. M.: Fischer TB 1999

W. Schmid, Philosophie der Lebenskunst. Eine Grundlegung. Frankfurt a. M.: Suhrkamp TB 1998

W. Schmid, Gottvertrauen oder: die Kunst des Lebens. In: Psychologie Heute compact 19 (2008) 12–17

D. Schmoll, Einflüsse religiösen Glaubens auf psychische Erkrankungen und die Therapie. In: N. Mönter (Hg.), Seelische Erkrankung, Religion und Sinndeutung. Bonn: Psychiatrie-Verlag 2007

C. Schüle, Gott lehrt beten. In: Die Zeit 19 (2006) 19

H. Stroeken, Psychotherapie und der Sinn des Lebens. Göttingen: Vandenhoeck & Ruprecht 1998

S. Tagay, Y. Erim, E. Brähler u. W. Senf, Religiosität und Sense of Coherence – Protektive Faktoren für psychische Gesundheit und Wohlbefinden? In: Zeitschrift für Medizinische Psychologie 15 (2006) 165–171

H. Thomae u. H. Kächele, Lehrbuch der psychoanalytischen Therapie. Berlin u. a.: Springer 1997

198

I. Weber-Gast, Weil du nicht geflohen bist vor meiner Angst. Ein Ehepaar durchlebt die Depression des einen Partners. Mainz: Matthias Grünewald 1980

Korrespondenzadresse: Dr. Dirk Schmoll, Schlosspark-Klinik, Psychiatrische Abteilung, Heubnerweg 2, 14059 Berlin. Email: dirk.schmoll@arcor.de

IV. Neue kulturelle Formen der Religiosität

Hjördis Becker

Die Bühne auf der Bühne

Kierkegaards Philosophie des Einzelnen als Kulturkritik göttlicher Provenienz

Abstract: *Kierkegaard's philosophy is based on a criticism of modern culture. In order to explicitly reach the reader as an individual recipient and to draw attention to his personal existence in the face of God, Kierkegaard explicitly addresses the potential reader, but also develops a theory of indirect communication. Furthermore, to confirm the validity of his works, he stagemanages his own public appearances. Kierkegaard's cultural critique (›Kulturkritik‹) and philosophy of religion deal with new aspects of the theatrum mundi metaphor. In addition, it shows ways how to approach the ›tyranny of intimacy‹, which has been detected by Richard Sennett.*

Einleitung

Kierkegaards Philosophie erhält ihre Motivation aus einer Kulturkritik, vielmehr: Sie ist *philosophische Kulturkritik.* Sie beklagt weniger singuläre Verfallsprozesse – sich dabei an einem festen Kanon kultureller Werte orientierend –, sondern geht aufs Ganze, auf die unterschwelligen Annahmen des menschlichen Zusammenlebens (vgl. Konersmann 2001). Kierkegaards Kulturkritik zielt auf das moderne Massenphänomen, auf einen falschen Umgang mit Wissen und auf das damit einhergehende misslingende Selbstverhältnis des Menschen.

Ich beginne mit einer Analyse von Kierkegaards Kulturkritik (1.), um anschließend auf deren Konsequenzen für seine Philosophie zu sprechen zu kommen. Diese äußern sich in einem expliziten Leserbezug (2.), in Reflexionen über das Medium seiner Philosophie (3.), in einer Literarisierung der philosophischen Form (4.) und in der Inszenierung seiner Autorrolle (5.) – genauer: in der Inszenierung von Authentizität (5.1) und der Suggestion eines göttlichen Auftrages (5.2). In

Kierkegaards Theatermetaphorik fügen sich diese Elemente zu einem einheitlichen Bild zusammen (6.). Überlegungen zur Aktualität Kierkegaards bilden den Abschluss der Untersuchung (7.).

1. Zeitdiagnose und Kulturkritik

Kierkegaard gründet seine Kulturkritik auf eine Zurückweisung der Vorstellung, der Mensch sei ein Kollektivwesen. Wenn er von »einer Zeit der Auflösung« spricht (Kierkegaard 1859/1951, 114), dann nimmt er nicht nur Stellung zu den politischen Entwicklungen des Vormärz, sondern auch und vor allem zu einer Abwertung des Einzelnen zugunsten der Masse. Sein Haupteinwand richtet sich gegen ein Leben unter Prämissen der popularisierten Philosophie Hegels: »Mitten in allem Jubel über unsere Zeit und das neunzehnte Jahrhundert erklingt im Verborgenen der Ton einer verborgenen Verachtung dessen: Mensch zu sein […]. Welthistorisch will man sich in dem Totalen betören, keiner will ein einzelner existierender Mensch sein« (1846/1958, 59 f.). In düsteren Farben beschreibt Kierkegaard, »wie selbst gutmütige und brave Menschen, sobald sie ›Menge‹ werden, gleichsam zu ganz anderen Wesen werden«, indem sie ihre Meinung und ihr Verhalten durch das »Schneegestöber von Klatsch und Nachrede« bestimmen lassen. Dies resultiere in »Herzenshärtigkeit« und »Charakterlosigkeit«: »Man muß sehen, […] wie selbst ein Mensch, der sich tapfer in Lebensgefahr stürzen würde für einen, der ihn nichts angeht, nicht weit davon wäre, Vater und Mutter zu verraten, wo die Gefahr des Gelächters wäre, weil dieser Angriff den Angegriffenen am meisten isoliert« (1859/1951, 60).

Kierkegaard spricht nicht von der Warte des »unberührbaren Philosophen« aus, sondern als einer, der an seiner Zeit leidet (vgl. Huber, Stoellger, Ziemer et al. 2007, 7). Das Involviertsein in die kritisierte kulturelle Situation sowie seine Intention, weniger die Probleme lösen zu wollen, als sie allererst seinen in der Menge betäubten Zeitgenossen bewusst zu machen, indem er seine Leser in eine (Selbst-)Krise stürzen lässt, kennzeichnet Kierkegaard nicht nur als Kritiker der Moderne, sondern auch als modernen Kritiker.

Der »Nivellierung« des Einzelnen liegen zwei Ursachen zugrunde: Neben die Bevorzugung des Allgemeinen vor dem Individuellen, die zur Anpassung des Einzelnen an durch die »Masse« generierte Verhaltens-, Denk- und Wertmuster führt, tritt der falsche Umgang mit Wissen. Das – schon von Kierkegaard als solches beschriebene – *Massenmedium* der Tagespresse trägt dazu bei, Wissen einer breiten Bevölkerungsschicht zugängig zu machen, somit auch Gruppen, denen laut Kierkegaard die geistige Vorbildung fehlt, um die Informationen beurteilen zu können. Die Kombination von Wissenszugang und Selbstüberschätzung eines sich als »Menge« organisierenden dritten Standes führe dazu, dass zuletzt »alle Fragen Allerweltsgut« werden, dass alle glauben, »Meinungen« auch über komplexere Fachgebiete haben zu können (1963, 35). Darin spricht sich Kierkegaards Abneigung ebenso gegen die Art der Rezeption wie gegen das Medium selbst aus, gegen die oberflächliche Aneignung von Wissen wie gegen eine Informationsflut, die keinen Ansatzpunkt für eine individuelle Zugangsweise mehr bietet. Die Konzentration auf das jeweils eigene Leben, so Kierkegaard, werde durch diesen Wissensüberfluss verhindert, sodass der Mensch verlerne zu existieren (vgl.1846/1958, 250).

Nicht nur die Quantität des Wissens, auch die Art, wie es im Namen einer scheinbaren Objektivität vermittelt wird, trägt Schuld an der Verkümmerung der Fähigkeit zur individuellen Lebensführung. Die Grundverwirrung der Moderne, so Kierkegaard, bestehe darin, »nicht bloß vergessen zu haben, dass es etwas gibt, was Mitteilung eines Könnens heißt, sondern in sinnloser Weise die Mitteilung des Könnens und Könnensollens in die Mitteilung eines Wissens verwandelt zu haben. Das Existenzielle ist ausgelöscht« (1963, 115). Während das Christentum ursprünglich den Einzelnen zu einem Leben in ständiger Aufmerksamkeit auf sich selbst anleitete, diagnostiziert Kierkegaard seiner Zeit, in der »alle soso Christen sind«, »dass die Christenheit irre gegangen ist in Reflexion und Gescheitheit« (1859/1951, 21, 85).[1]

Kierkegaard beschreibt demnach das Problem des uneigentlichen Existierens aus zwei Blickrichtungen: Zum einen aus religionsphilosophischer Sicht als defizitäre Weise des Vor-Gott-Seins, zum anderen aus einer Perspektive, die man heute sozialpsychologisch nennen könnte – als Folge eines Umgangs mit Wissen. Dieser beeinträchtigt die Entfaltung des Individuums entweder dadurch, dass das Wissen kollektiv rezipiert wird (bzw. zumindest der Form nach daraufhin angelegt ist), oder dadurch, dass die Menge des Wissens zwar durch ein Massenmedium prinzipiell zugänglich ist, jedoch einer tieferen persönlichen Aneignung entgegensteht.

Aus dieser »Nivellierung des Einzelnen« durch einen falschen

Umgang mit Wissen schließt Kierkegaard zweierlei: Es gilt zum einen, in seinen Schriften den Leser als Einzelnen anzusprechen und so die Menge »zu zerscheiden« (1859/1951, 103), zum anderen, die intellektuellen Voraussetzungen des Lesers zu berücksichtigen.

2. Leserbezug

Normalerweise, so Kierkegaard, beginne man als Schriftsteller mit einzelnen Lesern und begeistere dann ein größeres Publikum. Er jedoch sei umgekehrt vorgegangen: »Hier wurde, *maieutisch*, der *Anfang* gemacht mit einer Sensation, und dem, was dazugehört, dem Publikum […], und die Bewegung war maieutisch, die ›Menge‹ abzuschütteln, um ›den Einzelnen‹ zu fassen zu bekommen« (1851/1951, 8). Zuerst zieht er mit seinen ästhetischen Schriften die Aufmerksamkeit und Begeisterung der breiten Menge auf sich und arriviert zum »Liebling des Publikums«. Nachdem eine gewisse Fallhöhe sichergestellt ist, tut Kierkegaard alles, um die Missbilligung der Menge auf sich zu ziehen und sich »in Richtung wider das Publikum abzustoßen« (vgl. 1859/ 1951, 57 u. 54; 1851/1951, 8). Nur derjenige, der sich trotz dieser öffentlichen Verachtung für Kierkegaards Schriften interessiert, bringt die Voraussetzungen mit, eine individuelle Rezeptionshaltung einzunehmen und während der Lektüre auf seine eigene Existenz aufmerksam zu werden.

Da jedoch auch ein derart verstandener »Einzelner« in seiner Wahrnehmung durch die von Kierkegaard kritisierte kulturelle Situation geprägt ist, kann er, so Kierkegaard, nicht direkt mit religiösen und existenziellen Aussagen konfrontiert werden. Die Erkenntnis, dass das Christentum ein »ungeheurer Sinnentrug« ist und dass man entgegen dem eigenen Verständnis kein selbstbestimmtes und authentisches Leben führt, ist schmerzhaft. Deswegen könne der Leser nur langsam und über Umwege an eine Selbsterkenntnis herangeführt werden: Er müsse »hineingetäuscht werden in das Wahre« (1851/1951, 6). Die Taktik, die Kierkegaard daraufhin entwickelt, ist ein zweifaches Täuschungsmanöver: auf Inhaltsebene und auf formeller Ebene. Inhaltlich ködert Kierkegaard den Leser durch unterhaltsame Schriften: Mit sogenannten »ästhetischen Schriften« wie ›Entweder/Oder‹ als »Handgeld« sei Kierkegaard in »Rapport« mit dem Leser gekommen, um anschließend »das Religiöse an den Tag [zu] geben, sodass die gleichen Menschen mit dem Schwunge der Hingebung an das Ästhetische hart auf das Religiöse auflaufen« (1859/1951, 37 f.). Auf formaler Ebene manifestiert sich das Täuschungsmanöver mithin in der Art der Mitteilung.

3. Reflexionen über das Medium

Die Art der Vermittlung muss angepasst werden an die veränderten Rezeptionsbedingungen. Diesbezüglich erfüllen die konventionellen Ausdrucksmittel der Philosophie nicht mehr ihre Funktion. Die Form eines logischen Traktates, ja jede direkte Aussage verfehle ihre Wirkung, denn »unmittelbare Mitteilung setzt voraus, daß beim Empfänger alles in Ordnung ist fürs Empfangenkönnen« (1859/1951, 48). Da jedoch »die Christenheit irre gegangen ist in Reflexion und Gescheitheit«, müsse ein Autor sich auf andere Mittel besinnen. Ausgehend von dieser Bestandsaufnahme entwickelt Kierkegaard eine Theorie der indirekten Kommunikation: Da im »Zeitalter der Reflexion« die Reaktion der Leser auf eine unangenehme direkte Mitteilung darin bestehe, »mit Hilfe einer Begriffsbestimmung« den Sprecher und seine Aussage »hinwegzupraktizieren« und sich anschließend weiterhin »ganz wohlbehaglich im Sinnentrug« einzurichten, müsse der Autor »von hinten her über den kommen, welcher im Sinnentrug befangen ist« (1859/1951, 85 u. 88, 36). Mit einer direkten Mitteilung brüskiere man nur den Leser und zwinge ihn in eine Defensivhaltung, welche jegliche Möglichkeit von Einsicht zunichte macht. Deswegen soll der Leser seine Erkenntnis im Stillen treffen können. »Dies wird erreicht durch das mittelbare Verfahren, das im Dienste der Wahrheitsliebe für den Verstrickten alles dialektisch zurechtrückt und alsdann [...] sich dem entzieht, Zeuge bei dem Eingeständnis zu sein« (1859/1951, 37).

Auffallend ist an der Konsequenz, die Kierkegaard zieht, dass er mit den Mitteln einer *gesteigerten Reflexion* den Leser zu erreichen sucht: »Man wird nicht Christ durch Reflexion, aber in Reflexion Christ werden bedeutet, dass da ein Andres ist, davon man sich abwendet; man reflektiert sich nicht in das Christ-Sein hinein, sondern aus Anderem heraus, um Christ zu werden« (1859/1951, 90). Durch die Figur der doppelten Verneinung will Kierkegaard den Leser wieder zu sich selbst als existierendem Individuum zurückführen, ihn »einfältig« machen (vgl. 1851/1951, 5). So dienen zum Beispiel die unterschiedlichen Pseudonyme dazu, einander widersprechende Positionen auszuarbeiten und diese in einem Netz von gegenseitiger Bezugnahme durch Negation der Negation in vielfältiger Verschachtelung aufeinander zu beziehen. Dies kann man als eine Art Training des Lesers verstehen. Der Leser wird so zu einem anderen Umgang mit dem autoritär sich gebärdenden Wissensüberfluss befähigt. Hierbei folgt Kierkegaard einer kulturkritischen Strategie, wie sie Rousseau in der ersten Version seines »Gesellschaftsvertrages« forderte: das Mittel zur Heilung aus dem Übel zu gewinnen. Die Ursache für den bemängelten Zustand der Kultur stellt demnach gleichzeitig deren Heilmittel dar. Wohlgemerkt geht es hier nicht darum, einen verlorenen Zustand wiederherzustellen – sei es den des Naturmenschen oder des ursprünglichen Christen –, sondern um eine *Weiter*entwicklung der Kultur zugunsten eines postulierten Wesens des Menschen, um eine Aufhebung der Kultur im hegelschen Sinne. Auch hier erweist sich Kierkegaards Denken als postrestitutive, moderne Kritik der Kultur: *Durch die Reflexion* will Kierkegaard den Einzelnen von den *Folgen der Reflexion* befreien.

4. Philosophiekritik und Literarisierung der Philosophie

Führt man die Argumentation Kierkegaards konsequent weiter, dann trägt auch die (spekulative) Philosophie Schuld an dem misslingenden Selbstverhältnis des Menschen. Denn in ihrem Systemdenken manifestiere sich ein Überfluss des Wissens, das aufgrund seiner Abstraktheit den Einzelnen von sich ablenke. Auch gefalle sich die Philosophie darin, nur noch um ihrer selbst willen, das heißt ausgehend von systemimmanenten anstatt wirklicher Forderungen betrieben zu werden: »Was die Philosophen über die Wirklichkeit sagen, ist oft ebenso irreführend, wie wenn man bei einem Trödler auf einem Schilde liest: Hier wird gerollt. Würde man mit seinem Zeug kommen, um es rollen zu lassen, so wäre man genasführt; denn das Schild steht bloß zum Verkaufe aus.« (1843/1964, 34) Die Philosophie, so Kierkegaard, habe eine Phase erreicht, in der sie keine Bedeutung mehr für den Menschen als existierendes Individuum hat.

Eine zeitgemäße Philosophie müsse deswegen zweierlei leisten: Zum einen habe sie »von hinten her, gegen das System und die Spekulation« kommend, dafür zu kämpfen, »dass ›der Weg‹ nicht vom Einfältigen zu System und Spekulation geht, sondern von System und

Spekulation zurück zu dem Einfältigen, dem Christ-Werden« (1859/ 1951, 91). Zum anderen soll sie »Mitteilung des Könnens und Könnensollens« (1963, 115; vgl. Deuser 1985, 58–83) sein, das heißt den Leser auf die Individualität seiner Existenz und die damit einhergehende Forderung, vor Gott er selbst zu werden, aufmerksam machen.

Wie oben erläutert, kann dieses »Könnensollen« nicht direkt beschrieben werden. Philosophie wird deswegen bei Kierkegaard zur Literatur,[2] exemplarisch dargestellt in ›Entweder/Oder‹: Geheime Schubladen springen hier auf und geben Papiere frei, deren sich eine Herausgebergestalt mit sprechendem Namen auf detektivische Weise annimmt, ein Verführer berichtet von seiner Intrige, und ein Gerichtsrat reflektiert über die Ehe. Einer unmittelbaren Illusion, wie sie sich gewöhnlich beim Lesen von literarischen Texten ähnlichen Inhalts ergibt, steht jedoch das reflektierte Spiel mit den verschiedenen, ineinander verschachtelten Erzählebenen und den unterschiedlichen Persönlichkeiten der Erzähler im Wege: Ein offensichtlich fiktiver Herausgeber kommentiert nicht nur die Verfasser der Texte und verweist auf einen möglichen Missbrauch seiner Herausgeberfunktion, sondern er deutet auch an, dass die Verschachtelungen ein »novellistischer Kniff« sein könnten, um der eigenen literarischen Produktion den Anschein des Dokumentarischen zu verleihen. Damit problematisiert das Pseudonym Victor Eremita die Wahrhaftigkeit und Eindeutigkeit der Aussagen und thematisiert sogar seine eigene Fiktionalität. So fürchtet er, dass der Novellistentrick »dazu beitrüge, meine eigne Stellung überaus verwickelt zu machen: der eine Verfasser kommt nun dazu, in dem andern drinzustecken wie ein Kästchen in einem chinesischen Kästchenspiel« (1843/1964, 9).

Überlegungen zur Tragödientheorie, Ausführungen über die Wechselwirtschaft und Operninterpretationen tragen weiterhin dazu bei, jeglichen Anschein eines systematischen Argumentationsganges zu zerstören. Anstatt gemäß der cartesianischen Methode nach Klarheit und Deutlichkeit zu streben, wird gezielt für Ausschweifung gesorgt. Dass das Ganze jedoch mehr ist als ein *novellistischer* Trick, verrät auch das Selbstzeugnis. Die Absage an philosophische Verfahren und deren Ersetzung durch Literarizität ist insofern philosophisch, als sie gezielt den Leser zur Hauptaussage von Kierkegaards Philosophie geleitet: Es gilt, als Einzelner sein Leben verantwortlich vor Gott zu führen. Von Anfang an habe Kierkegaard »Signale aufgezogen«, »die gleichzeitig mit der pseudonymen Schriftstellerei in Richtung auf das

Religiöse telegraphieren« (859/1951, 48). Die von ihm selbst als »äs-
thetisch« bezeichneten Schriften hatten demnach eine philosophische
Funktion, welche eine vom hegelschen Systemdenken geprägte Philosophie nicht erfüllt: Den Leser in seiner konkreten Lebenssituation
– in seiner Befangenheit im »Sinnentrug« – zu fassen und auf sich
selbst aufmerksam zu machen.

5. Inszenierung der Autorrolle

Aufgrund einer falschen Vorstellung von Wissen und Sachlichkeit werde, so Kierkegaard, nicht nur der Leser entindividualisiert, sondern
auch der Verfasser: »Aber was ist in unseren Zeiten, in denen es Weisheit geworden ist [...], daß man nicht nach dem Mitteilenden fragen
soll, sondern allein nach der Mitteilung, bloß nach dem Was, dem Objektiven – was ist in unseren Zeiten ein Schriftsteller? Es ist, oft sogar
wenn er namentlich bekannt ist, ein X, ein unpersönliches Etwas, das
vermittels des Drucks sich abstrakt an Tausende und aber Tausende
wendet, aber selber ungesehen ist, [...] so anonym [...] wie möglich
lebend« (1859/1951, 51 f.). Prototypisch für das moderne Bild eines
Schriftstellers ist der Redakteur der Tagespresse. Da er als individueller
Verfasser hinter dem Massenmedium zurücktrete, brauche er keine
Verantwortung mehr zu übernehmen für seine Aussagen, von denen
»er vielleicht in Person in der Lage der Einzelnheit nicht den entfern-
testen Mut hätte, auch nur das Geringste zu sagen«. Man habe deswegen »in diesen Zeiten [...] die Vorstellung davon verloren, dass
Schriftstellersein ist und sein soll ein Handeln und darum ein persönliches Existieren« (1859/1951, 103 f., 51 f.). Kierkegaard sucht deswegen die Ernsthaftigkeit seiner Aussagen textextern zu beweisen.

5.1 Inszenierte Authentizität

Kierkegaard inszeniert sein Leben als Garant für den Wahrheitsgehalt
der Schriften. Die Leser sollen sehen, dass es keinen Unterschied zwischen Schreiben und Handeln gibt. Die Hauptrolle, die sich Kierkegaard sucht, ist die des religiösen Schriftstellers, der auch als vermeintlich ästhetischer Schriftsteller immer im Sinne seiner religiösen
Mission gearbeitet habe. Da jedoch der Leser zuerst mit unterhalt-

samen Inhalten und interessanten Darstellungen gleichsam geködert werde müsse, gilt es für Kierkegaard, die Aussagekraft der ästhetischen Schriften durch entsprechendes Verhalten zu steigern. Denn in *jedem* Stadium der Hinführung zum Religiösen muss der Leser von der Wahrhaftigkeit der Aussagen überzeugt sein, sonst misslingt das Unternehmen. Das bedeutet, dass Kierkegaard seinen Lebensstil jeweils an die verschiedenen Phasen seines Schrifttums anpassen musste. Seine Authentizität war demnach immer eine *inszenierte*.

Als Verfasser der ästhetischen Schriften führt er das Dasein eines Dandys, lässt sich als »Liebling des Publikums« feiern und war »wohlangeschrieben bei jedermann als interessant und pikant« (1859/1951, 57). Dem Übergang zur ethischen und schließlich zur religiösen Existenz in seinen Texten passt Kierkegaard dann sein öffentliches Leben an: »Dass mein persönliches Existieren in Entsprechung hierzu umgebildet werden musste, oder, dass ich streben musste, den Mitlebenden einen anderen Eindruck von meinem persönlichen Existieren beizubringen, sah ich sofort ein« (1859/1951, 59). Einem Publikumsliebling und Lebemann nimmt man schließlich nicht die Ernsthaftigkeit der Forderung ab, dass man die Menschenansammlungen zu meiden und sich weniger im Lebensgenuss zu verlieren als streng mit sich selbst ins Gericht zu gehen habe. Kierkegaard instrumentalisiert deswegen den verbalen Schlagabtausch, den er sich mit der Satirezeitschrift ›Corsaren‹ liefert, um sich als eifernden Eigenbrödler zu stilisieren und zum Spottbild des öffentlichen Lebens zu arrivieren.

Dies ist laut Kierkegaard die einzige Möglichkeit, in seiner Zeit einer Philosophie Glaubwürdigkeit und Wirksamkeit zu verleihen. Denn die Formen der wissenschaftlichen Darstellung seien nicht mehr zeitgemäß: »Was man weder mit 10 Büchern erreicht […], auch nicht mit 10 Vorlesungen darüber«, so Kierkegaard, erwirke man »in gegenwärtigen Zeiten einzig und allein damit, dass man das Lachen dahin bringt, sich auf einen zu richten, damit dass man die Menschen ein bisschen böse macht, und also damit, dass man sie dahin bringt, einem mit Hohn […] immerzu das vorzuwerfen – […] Das ist unbedingt die sicherste Art von Repetitorium« (1859/1951, 108 f.)

In Entsprechung zu dem Bild des uneigennützigen Schriftstellers, das Kierkegaard durch sein Verhalten zu erzeugen sucht, stellt er auch innerhalb seiner Texte die Autorrollen dar, sei es die, für die er mit seinem Namen eintritt, oder die der Pseudonyme und der (fingierten) Herausgeber. Als *Arzt* arbeitet der Erzähler gegen den Widerstand des

Patienten an dessen Heilung, und als *Lehrer* ist er gleichzeitig Mitschüler, weil er durch sein lehrhaftes Beispiel lernt, ein Einzelner zu sein. Die Pseudonyme Constantin Constantius, Frater Taciturnus und Gerichtsrat Wilhelm bezeichnen sich als *Polizisten*, welche bei öffentlichem Aufruhr »Zurück!« rufen und die Menschenmenge von möglichem Fehlverhalten abhalten. Ferner verwendet Kierkegaard die Metapher des »Spions«, der »bei seinem Spionieren, bei seinem Bescheidwissen von Misslichkeiten [...], bei seinem Aufsichthalten selber unter der strengsten Aufsicht ist«, nämlich unter der Gottes. Der Gottesbezug ist auch in dem Bild des Mönchs konstitutiv: So versichert Kierkegaard zum Beispiel, »dass der Verfasser von ›Entweder/Oder‹ einen jeglichen Tag regelmäßig, und mit klösterlicher Peinlichkeit bestimmte Zeit damit verbrachte, um seiner selbst willen erbauliche Schriften zu lesen, dass er mit Furcht und viel Zittern seine Verantwortung bedachte« (1859/1951, 31).

5.2 Suggestion eines göttlichen Auftrages

Kierkegaard sucht den Wahrhaftigkeitsanspruch seiner Schriften weiterhin dadurch zu untermauern, dass er sie als Auftragsarbeit im Namen Gottes darstellt. Er sei kein Dichter und kein Genie, sondern der Schreiber Gottes: »Denn selbst wenn es so wäre, dass vielleicht der eine oder andre glühende Ausdruck mir entwischte, die Hervorbringung ist eine andre, ist nicht aus Leidenschaft des Dichters oder Denkers, sondern aus der Gottesfurcht und für mich im Dienst Gottes.« Allerdings darf dies nicht – dies betont Kierkegaard explizit – als traditionelle *inspiratio dei* verstanden werden. Für den Inhalt seiner Schriften sei er selbst verantwortlich; Gott habe ihn vielmehr zur Selbstdisziplin angehalten, ohne die er sein Werk nicht habe niederschreiben können: »Und so hab ich viele, viele Male mehr Freude denn an dem Gedanken, den ich erzeugte, an dem Gehorsamsverhältnis zu Gott gehabt.« Dieser sich in der Selbstdisziplin zeigende Gottesbezug und seine kreative Individualität seien jedoch ineinander verschränkt, so Kierkegaard weiter: »Das ist [...] der Ausdruck dafür, dass ich nicht ein unmittelbares Verhältnis zu Gott habe, [...] nicht sagen kann oder darf, er sei es, der mir die Gedanken unmittelbar eingebe, sondern dass mein Verhältnis zu Gott ein Reflexionsverhältnis ist [...], wie denn überhaupt Reflexion die Bestimmung meiner Individualität ist« (1859/1951, 68 f.).

6. Theatermetaphorik: Die Bühne auf der Bühne

In Kierkegaards Überlegungen zum Theater und in der Theatermetaphorik[3] laufen die verschiedenen Stränge seiner Philosophie zusammen: die Kulturkritik, die Analyse der Kollektivrezeption, die Emphase des Einzelnen sowie der Entwurf einer adäquaten Philosophie und Autorrolle.

Seit der Antike wird das Theater als Metapher für das Weltgeschehen, für gesellschaftliches Verhalten oder göttliche Vorsehung verwendet (Gonzáles García u. Konersmann 1998; Langbehn 2007; Konersmann 1994; 1986/87). Während man sich dabei jedoch immer auf den Bühnenraum konzentriert, wendet zum ersten Mal Kierkegaard den Blick *in den Zuschauerraum*. Walter Benjamins Theorie der Kollektivrezeption geradezu vorwegnehmend, betont Kierkegaard das Spezifische einer Aufnahmehaltung inmitten einer Menschenmasse im Gegensatz zu einer individuellen Rezeptionshaltung.[4] Laut Kierkegaard ist bei einer Aufnahmehaltung, die sich in größeren Menschenversammlungen einstellt, die Aufmerksamkeit weniger auf das gerichtet, was auf der Bühne dargeboten wird, als vielmehr auf das, was im Zuschauerraum passiert. Der einzelne Rezipient wird nicht von dem Bühnengeschehen, nicht von der Sache her, sondern von dem Zuschauergeschehen affiziert. Kierkegaard lässt das Pseudonym Constantin Constantius schildern: »Ebenso lag ich in meiner Loge abgeworfen wie eines Badenden Kleider, hingestreckt an des Lachens und des Mutwillens und des Jubelns Strom, der unaufhaltsam vorbeirauschte an mir; ich vermochte nichts zu sehen als des Theaters Raum, nichts zu hören als den Lärm, in dem ich wohnte« (1843/1955, 40).[5]

Ein Jahrhundert später weist Benjamin in seinem Aufsatz ›Das Kunstwerk im Zeitalter‹ seiner technischen Reproduzierbarkeit‹ auf die Variabilität und Beeinflussbarkeit der menschlichen Rezeptionshaltung hin: »*Innerhalb großer geschichtlicher Zeiträume verändert sich mit der gesamten Daseinsweise der menschlichen Kollektiva auch die Art und Weise ihrer Sinneswahrnehmung.* Die Art und Weise, wie menschliche Wahrnehmung sich organisiert, [...] ist nicht nur natürlich, sondern auch geschichtlich bedingt« (Benjamin 1936/1991, 478). In der Moderne werde die Rezeptionsweise von der technischen Reproduzierbarkeit des Mediums geprägt. Damit einher gehe eine kollektive Rezeptionshaltung, in der »die Reaktionen des Einzelnen, deren Summe die massive Reaktion des Publikums ausmacht«, sich als »von vornherein durch ihre unmittelbar bevorstehende Massierung bedingt« erweisen (1936/1991, 497). Indem die Einzelnen innerhalb eines derart verstandenen Publikums ihre Reaktionen äußern, werden sie von diesem kontrolliert. Benjamin deutet in der Folge das politische Potential an, das hierin schlummert. Durch die Kollektivrezeption könne die Masse sich organisieren und Einstimmigkeit über Ziel und Werte erzeugen.

Während Benjamin die positiven Aspekte einer Kollektivrezeption hervorhebt,[6] verwirft Kierkegaard diese kategorisch: In der Publikumsmasse vergesse der Mensch seine Bestimmung, als Einzelner eigenverantwortlich über seine Wertmaßstäbe und sein Verhalten zu entscheiden. Gesteigert wird dies durch die Tagespresse, die gezielt Massenemotionen hervorzurufen bestrebt ist. Dadurch verlerne der Einzelne, auch wenn er als Einzelner rezipiert, eine individuelle Aufnahmehaltung einzunehmen und mache sich manipulierbar. Er verliere sich in der Menge als an ein »Abstraktum, das keine Hände hat«, und werde so »der Reue und Verantwortung ledig« (Kierkegaard 1859/ 1951, 101; 1841/1951, 9).

Dementsprechend hält es Kierkegaard für seine Aufgabe, »die Menge zu zerscheiden« und individuelle Rezeptionshaltungen zu erzeugen. Wie oben gezeigt, sieht Kierkegaard hierin einen göttlichen Auftrag, dessen Ausmaße und Sinn er laut Selbstaussage erst rückblickend erschließen kann. Damit gestaltet Kierkegaard seine Autorrolle gemäß einem Vorsehungsmodel stoischer Provenienz: »Merke«, so Epiktet in seinem ›Handbüchlein der Moral‹, »du hast eine Rolle zu spielen in einem Schauspiel, das der Direktor bestimmt. [...] Deine Aufgabe ist einzig und allein, die zugeteilte Rolle gut durchzuführen; die Rolle auszuwählen, steht nicht bei dir« (Epiktet 1954, Abschn. 17). Die Rolle Kierkegaards ist die des religiösen Schriftstellers, der den Einzelnen auf sich aufmerksam macht, und, so Kierkegaards eigene Worte: dieses »Kostüm war richtig« (Kierkegaard, 1859/1951, 62).

Kierkegaard erfüllt seine Rolle, indem er sich selbst mehrere Rollen gibt. Auf der von Gott eingerichteten Weltbühne inszeniert er sich im Sinne der Vorsehung: als Publikumsliebling und Lebemann, als weltabgewandter Eigenbrödler, Nichtsnutz, Seelenarzt, Lehrer, Polizist oder Märtyrer. Dies stellt er als einzige Möglichkeit dar, seiner Aufgabe gerecht zu werden, nämlich die »im Sinnentrug befangenen« Zeitgenossen zu erreichen, denn die traditionelle Philosophie hatte mit Hegel einen Zustand erreicht, in dem sie nur noch um sich selbst kreiste und nicht in der Lage war, sich mit dem zu beschäftigen, »was der Zeit Not tut«: mit der Auflösung der Masse und mit den Individuen in ihren Lebenswirklichkeiten.

Die Verschachtelungen, denen wir auf der Erzählebene von Kierkegaards Texten begegnen, prägen demnach auch die Metaphorik, mit der Kierkegaard seine Philosophie und deren Rezipienten begreift: Auf der großen Weltbühne Gottes, wo er sich zusammen mit seinen Zuschauern befindet, erstellt er selbst wiederum eine Bühne. Auf dieser spielt er mehrere Rollen, immer mit der Absicht, die Rezeptionshaltung der Zuschauermenge zurückzuführen auf eine individuelle Aufnahmefähigkeit im Bewusstsein ihrer selbst.

7. Die Aktualität Kierkegaards oder: ›Tyrannei der Intimität‹?

In ›Verfall und Ende des öffentlichen Lebens. Die Tyrannei der Intimität‹ beschreibt Richard Sennett (1974/2008), wie sich seit dem 19. Jahrhundert das öffentliche Leben und die Vorstellung des Selbst verändert. Die Intimität der privaten Beziehungen werde in das öffentliche Leben hineingetragen, es gebe keinen Unterschied mehr zwischen einem der öffentlichen und einem der privaten Sphäre angemessenen Ausdruck. Keine entlastenden Rollenkonventionen, sondern Authentizitätserwartungen bestimmten das gesellschaftliche Verhalten. Überfordert von dieser Anforderung, ständig »echt« sein zu müssen, sei der Mensch in der Öffentlichkeit zu einem passiven Zuschauer geworden, der das Bedürfnis nach einem authentischen Selbst durch das voyeuristische Interesse an öffentlichen Personen wie Politikern oder Künstlern befriedige. Diese, so Sennett, stehen weniger aufgrund ihrer inhaltlichen Beiträge zu einer öffentlichen Angelegenheit im Mittelpunkt der Aufmerksamkeit, sondern vielmehr aufgrund ihrer Persönlichkeit. An Stelle dessen, *was* diese »Stars« tun oder sagen, tritt die Art, *wie* sie es tun, wie sie sich ausdrücken.

Je expressiver deren Verhalten, umso größer die Bewunderung des normalen Bürgers. Dieser sei unsicher, worin seine Identität bestehe, und wage deswegen gar nicht erst die Anstrengung, eigene Urteile kundzutun. Er habe nicht mehr die Möglichkeit, sich wie die Mitglieder vormoderner Gesellschaften in dem Erfüllen von Rollenerwartungen selbst zu erfahren und verschiedene Ausdrucksmöglichkeiten des Selbst zu erproben. Der Mensch der Gegenwart, so Sennetts Bilanz, sei ein »seiner Kunst beraubter Schauspieler«, der die Sehnsucht nach authentischem Sein über die passive Teilnahme an der zur Schau getragenen Intimität von VIPs erfülle. Dies ist ein *circulus vitiosus*, denn durch die Habitualisierung einer solchen Zuschauerhaltung verkümmert die individuelle Ausdrucksfähigkeit noch stärker, die eigene Identität wird zunehmend als leer empfunden.

Kierkegaards Überzeugung, dass in der Moderne Texte, ja Aussagen überhaupt, nur eine Wirkung entfalten, wenn die Persönlichkeit des Sprechers öffentliche Aufmerksamkeit errege, bestätigt Sennetts Diagnose. Gleichzeitig erschließt sie aber auch Wege, dem ›Fall of Public Man‹ entgegenzuwirken. Kierkegaards Inszenierung von Authentizität gibt der Gegenwart zwei Impulse: Zum einen verdeutlicht sie dem heutigen Leser, der mit dem zeitlichen Abstand von mehr als 100 Jahren eine kritische Distanz zu der Biographie Kierkegaards hat, dass auch die Verve der Persönlichkeit, mit der sich zeitgenössische Politiker und Künstler öffentlich zeigen, vielfach inszeniert ist. Die Bewunderung für die scheinbar genuine, ausdrucksstarke Persönlichkeit weicht so einer Bewunderung für kunstvolle Rhetorik und antrainiertes Verhalten – wenn sie nicht gar vollends schwindet. Dies entzieht der von Sennett beklagten Passivität des Zuschauers ihren Grund: Der Leser realisiert, dass Authentizität schwer im öffentlichen Umgang auszudrücken ist, dass sie vielmehr in die Sphäre der Privatheit gehört. Diese Einsicht entlastet. Sie ermutigt dazu, sich mit der eigenen Identität bewusst auseinanderzusetzen und die Möglichkeiten auszuloten, sich selbst innerhalb gesellschaftlicher Rollen zu erfahren, anstatt vor vermeintlich großen Persönlichkeiten der Öffentlichkeit in bewundernde Schockstarre zu verfallen.

Rollenverhalten, dies zeigt Kierkegaards Philosophie weiterhin, ist nicht zwangsläufig gleichbedeutend mit Verstellung. Kierkegaard betont, dass er seiner Identität – der des religiösen Schriftstellers – innerhalb der vielen, teilweise widersprüchlichen Rollen, in denen er den Kopenhagenern begegnete, treu geblieben sei. Mehr noch: *Indem* er als ein angesehener Lebemann, verlachter Nichtsnutz oder Märtyrer in der Öffentlichkeit auftrat, *war* Kierkegaard er selbst.

Diese Rehabilitierung der Rolle im Dienste eines bewussten Selbstverhältnisses, der wir in Kierkegaards Reflexionen über seine Autorschaft begegnen, regt dazu an, Wege aus der »Tyrannei der Intimität« dort zu suchen, wo sie begann. In diesem Sinne gilt: »*The 19th century is not yet over*« (Sennett 1977, 27).

Literatur

W. Benjamin, Das Kunstwerk im Zeitalter seiner technischen Reproduzierbarkeit (Dritte Fassung) (1936). Gesammelte Schriften, Bd. 1.2. Frankfurt a. M.: Suhrkamp 1991, 471–508

H. Deuser, Kierkegaard. Die Philosophie des religiösen Schriftstellers. Darmstadt: Wissenschaftliche Buchgesellschaft 1985

Epiktet, Enchiridion. Handbüchlein der Moral, hrsg. von H. Schmidt. Stuttgart: Kröner 1954

G. Gabriel u. C. Schildknecht (Hg.), Literarische Formen der Philosophie. Stuttgart: Metzler 1990

J. M. Gonzáles García u. R. Konersmann, Theatrum mundi. In: J. Ritter, K. Gründer u. G. Gabriel (Hg.). Historisches Wörterbuch der Philosophie, Bd. 10. Darmstadt: Wissenschaftliche Buchgesellschaft 1998, Sp. 1054–1270

D. Greenspan, Kierkegaard, Aristotle and the Rebirth of Tragedy. Berlin u. New York: de Gruyter 2008

J. Huber, P. Stoellger, G. Ziemer et al., Wenn die Kritik verdeckt ermittelt. Einleitende Überlegungen zu einer Ästhetik der Kritik. In: J. Huber et al. (Hg.), Ästhetik der Kritik. Verdeckte Ermittlung. Zürich: Voldemeer 2007, 7–20

S. Kierkegaard, Entweder/Oder. Erster Teil (1843). Gesammelte Werke, Bd. 1.1. Düsseldorf u. a.: Diederichs 1964

S. Kierkegaard, Tagebücher. Gesammelte Werke, Bd. 2. Düsseldorf u. a.: Diederichs 1963

S. Kierkegaard., Abschließende unwissenschaftliche Nachschrift zu den Philosophischen Brocken (1846). Gesammelte Werke, Bd. 15/16, Düsseldorf u. a.: Diederichs 1958

S. Kierkegaard, Die Wiederholung. Ein Versuch in der experimentierenden Psychologie (1843). Gesammelte Werke, Bd. 5/6. Düsseldorf u. a.: Diederichs 1955, 1–97

S. Kierkegaard, Der Gesichtspunkt für meine Wirksamkeit als Schriftsteller (1859). Gesammelte Werke, Bd. 33. Düsseldorf u. a.: Diederichs 1951, 21–95

S. Kierkegaard, Der Einzelne. Zwei Noten betreffs meiner Wirksamkeit als Schriftsteller, Nr. 2 (1859). Gesammelte Werke, Bd. 33. Düsseldorf u. a.: Diederichs 1951, 96–120

S. Kierkegaard, Über meine Wirksamkeit als Schriftsteller (1851). Gesammelte Werke, Bd. 33. Düsseldorf (u. a.): Diederichs 1951, 3–17

R. Konersmann, Das kulturkritische Paradox. In: R. Konersmann (Hg), Kulturkritik. Reflexionen in der veränderten Welt. Leipzig: Reclam 2001, 9–37

R. Konersmann., Welttheater als Daseinsmetapher. In: R. Konersmann, Der Schleier des Timanthes. Perspektiven der historischen Semantik. Frankfurt a. M.: Fischer 1994, 84–168

R. Konersmann., Die Metapher der Rolle und die Rolle der Metapher. In: Archiv für Begriffsgeschichte 30 (1986/87) 84–137

C. Langbehn, Theater. In: R. Konersmann (Hg.), Wörterbuch der philosophischen Metaphern. Darmstadt: Wissenschaftliche Buchgesellschaft 2007, 443–458

K. Müller-Wille, Phantom Publikum. Theatrale Konzeptionen des corps politique in der dänischen Ästhetik von Andersen bis Kierkegaard. In: M. Gamper u. P. Schnyder (Hg.), Kollektive Gespenster. Die Masse, der Zeitgeist und andere unfassbare Gespenster. Freiburg i. Br. u. Berlin: Rombach 2006, 105–127

G. Pattison, Life in the Magic Theatre. In: G. Pattison, Kierkegaard: The Aesthetic and the Religious. From the Magic Theatre to the Crucifixion of the Image. Hampshire u. London: SCM, 2. Aufl. 1999, 9–124

R. Sennett, Verfall und Ende des öffentlichen Lebens. Die Tyrannei der Intimität. Berlin: BvT 2008

R. Sennett, The fall of public man. Cambridge u. a.: Cambridge University Press 1977

C. Schildknecht, Philosophische Masken. Literarische Formen der Philosophie bei Platon, Descartes, Wolff und Lichtenberg. Stuttgart: Metzler 1990

G. Simmel, Der Begriff und die Tragödie der Kultur (1911). In: Gesammelte Werke, Bd. 14. Frankfurt a. M.: Suhrkamp 1996, 385–416

M. Thust, Das Marionettentheater Sören Kierkegaards. In: Zeitwende 1 (1925) 18–38

B. Troelsen, Det tragiske og det moderne. In: B. Troelsen, Manden på Flydebroen. En fortælling om Søren Kierkegaard og det moderne menneskes tillblivelse. Frederiksberg C.: Anis 1997, 73–94

Korrespondenzadresse: Hjördis Becker, Philosophisches Seminar der Christian-Albrechts-Universität zu Kiel, Leibnizstr. 6, D-24118 Kiel.
Email: hbecker@philsem.uni-kiel.de

Anmerkungen

[1] Diese von Kierkegaard angedeutete »Übermacht des objektiven über den subjektiven Geist« wird Simmel ein halbes Jahrhundert später wirkungsstark als »Tragödie der Kultur« bezeichnen (1911/1996, 385).

[2] Schildknecht (1990, 15) und Gabriel (1990) betonen, dass Kierkegaard aufgrund der Unfähigkeit der Philosophie, nicht-propositionales Wissen darzustellen, zu literarischen Formen greift. Sie betonen, dass bei ihm die indirekte Mitteilung auf den Bereich des Ethischen zielt. Literarische Formen in der Philosophie haben jedoch nicht nur die Funktion, nicht-propositionales Wissen zu vermitteln, sondern stellen auch eine Stellungnahme zum konventionellen Verständnis der Philosophie dar: Kierkegaards indirekte Mitteilung ist nicht nur vom Gegenstand her motiviert (dem ethischen Wissen), sondern reagiert auch auf externe Faktoren (veränderte Rezeptionshaltungen).

[3] Zu den theoretischen Ausführungen Kierkegaards über das Theater: Troelsen (1997), Pattison (1999). Greenspan (2008) verweist auf den paradigmatischen Charakter der griechischen Tragödie für Kierkegaards Konzeption der Stadien. Der Funktion, welche die Metapher des Theaters im Werk Kierkegaards einnimmt, wurde weniger Beachtung geschenkt, lediglich Thust (1925) deutet Kierkegaards Pseudonymverwendung mit der Metapher des Marionettentheaters.

[4] Müller-Wille arbeitet die politischen Implikationen dessen heraus (2006, 117).

[5] Pattison betont die Selbstwerdung des Protagonisten in dieser Szene, schenkt dabei jedoch dem paradoxen Sachverhalt, dass diese durch die Zuschauerreaktionen hervorgerufen wird, keine Beachtung (1999, 111–113).

[6] Benjamin weist auch auf das Gefahrenpotenzial einer durch die Masse geprägten Wahrnehmung hin: Nicht immer vermag die Masse sich im Sinne ihrer eigenen Interessen (i. e. der Arbeiter) zu kontrollieren, sondern vielfach werde sie auch manipuliert – durch die Besonderheit der Darstellungsmedien, die eine »neue Auslese« ergebe, »eine Auslese vor der Apparatur, aus der der Star und der Diktator hervorgehen« (1936/1991, 491 f.).

Joachim Heil

Unruhe des Herzens und Vielfalt religiöser Erfahrung

Spuren des Heiligen in der »religiösen Wellness-Kultur«

Abstract: *The article investigates actual trends of postmodern pop-culture which can more or less be characterized as »religious«. Drawing on existential philosophy and phenomenology it can be asked whether these phenomena require personal involvement or if they can go without. The article argues that certain forms of ›patchwork spirituality‹ do not afford personal commitment but can be performed in the sense of a skin-deep ›spiritual wellness‹.*

1. Einleitung: Shampoo, Sekt und Seelenheil

Wellness-Kuren, die globalisierende Dimension des Internets und die populärkulturellen Rituale zwischen Fußball, Kino und Musik-Event, aber auch das kapitalistische Wirtschaftssystem entfalten für den evangelischen Theologen H.-M. Gutmann (2005, 8) »religiöse Macht«. Dabei fragt ›Religiöse Wellness‹ im Besonderen nach ungebrochenen ›heilen‹ Erlebnismöglichkeiten, in ihr drückt sich die Sehnsucht nach Mitteln und Orten einer Kraft aus, die schlechterdings positiv für das seelisch-körperliche Wohlbefinden des Menschen sorgen soll. Werden aber solche im populärkulturellen Raum angesiedelten spirituellen Bewegungen wie etwa der esoterische Engelkult der »unhintergehbaren Ambivalenz des Lebens […] zwischen Krisen- und Glückserfahrung, Schuld und Erlösung, Leben und Tod [gerecht]?« Oder stellen sie lediglich den Abgesang einer ›neuen deutschen religiösen Welle‹ dar, auf deren Wogen auch der Wohlfühl-Gott des evangelischen Pfarrers C. Bittlinger (2007; Bittlinger u. Plüss 2001), der mit Shampoo und Sekt zugleich Seelenheil im Angebot hat, die VIVA Charts zu überschwemmen droht? »Wo bleibt die in allen Religionen bekannte Idee, dass Götter etwas von den Menschen erwarten?«, fragt der Religionspsychologe S. Murken in einem Interview mit GEOkompakt (Henk u. Simon 2008, 56) und weist in seinen Arbeiten zur ›Renaissance der Engel‹ (Murken u. Namini 2008; 2007) über eine bloße Analyse der aus den Versatzstücken verschiedener Religionen und Philosophien zusammengestellten Patchwork-Spiritualität hinaus. Die von Murken aufgeworfene Frage nach der inneren Verbindlichkeit religiöser oder spiritueller Erfahrungen soll unsere Überlegungen leiten.

2. ›Wiederkehr der Götter‹ in säkularer Zeit

In den 50er und 60er Jahren des 20. Jahrhunderts verkündete Adorno (1957/1969, 20): »Nichts an theologischem Gehalt wird unwandelbar fortbestehen; ein jeglicher wird der Probe sich stellen müssen, ins Säkulare, Profane einzuwandern.« Lässt sich die Prognose einer Gesellschaft, in der der Einzelne einer zur bloßen Privatsache gewordenen ›unsichtbaren Religion‹ (Luckmann 1967/1991) nur mehr als Käufer gegenübertritt, heute noch bestätigen? Gegenwärtig steht man solchen Prognosen eher kritisch gegenüber. Das wohl prominenteste Plädoyer für die unabgeschlossene Dialektik des abendländischen Säkularisierungsprozesses und die Religionsproduktivität der modernen Wissensgesellschaft hält J. Habermas (2001) in seiner Rede zum Friedenspreis des Deutschen Buchhandels. Habermas korrigiert in diesem Zusammenhang – darauf hat M. Sellmann (2004, 24) hingewiesen – seine eigene These der ›Versprachlichung des Sakralen‹ (Habermas 1981/1987, 118–169) und redet – dies sei noch darüber hinaus angemerkt – einmal mehr dem »universalen Aspekt der Hermeneutik« (Gadamer 1960/1999, 478–494) das Wort. Denn die wesentliche Sprachlichkeit des Verstehens äußert sich weniger in unseren Aussagen als vielmehr in unserer Suche nach Sprache für das, was wir in der Seele haben – das ›innere Wort‹ (verbum interius) – und heraussagen wollen. »Der actus signatus«, bemerkt H.-G. Gadamer im Gespräch mit J. Grondin (2001, 9), »deckt sich nie mit dem actus exercitus«. »Wenn nämlich das Wissen durch einen Klanglaut gesprochen wird oder durch irgendein körperliches Zeichen, dann wird es nicht gesprochen, wie es ist, sondern wie es durch den Leibessinn gesehen oder gehört werden kann« (Augustinus 399–419/2001, 299).

Auch der evangelische Systematiker und Ethiker F. W. Graf (2007) wendet sich mit seiner These der ›Wiederkehr der Götter‹ gegen das

Paradigma der Säkularisierung und damit gegen jene Sozialhistoriker, die möglicherweise immer noch glauben, im Religiösen, wenn überhaupt, nur eine Funktion des Sozialen erkennen zu können. Grafs gegen die dogmatische Idee einer entkirchlichten Kultur gerichteten Analysen der fortdauernden Macht der Religionen in der modernen Kultur stützen sich dabei nicht zuletzt auf M. Webers (1920/1991, 2) These der »religöse[n] Bestimmtheit der Lebensführung«. Die Fortschreibung der These Webers (1920/1991, 11), dass Wahrnehmung und Deutung der politischen und ökonomischen Strukturelemente nicht nur, aber immer auch von religiösen Ideen und Weltbildern mitbestimmt wurden, soll den ›dogmatischen Schlummer‹, in den die Theologen gegenüber der modernen Kultur gefallen zu sein scheinen, unterbrechen. Entsprechend gilt es für Graf (2000, 286; 2007, 103), »Religion und die in ihr erzeugten Weltbilder und Wertideen nicht als ein Epiphänomen des kulturellen Weltumgangs des Menschen oder als einen Sonderbezirk der Kultur zu deuten, sondern religiösen Glauben als eine elementare Sinnstruktur ernst zu nehmen, die alle Handlungsvollzüge des Menschen (mit-)bestimmt«. Dabei versteht Graf (2007, 112) ›Religion‹ im Anschluss an H. Lübbe (1986, 149–160) als »Kontigenzbewältigungspraxis« und jegliche ›religiös‹ konnotierten Phänomene der modernen populären Kultur als »Diesseitsreligionen«, da sie nur »geringe Kontingenzentlastung« liefern (Graf 2007, 60). Auch wenn Graf (2004) aus seiner Position heraus dem Kognitionspsychologen und Anthropologen P. Boyer (2004), der Religion zum bloßen Derivat der Evolution erklärt, mit Recht vorwerfen kann, es gelinge neurowissenschaftlich nicht, religiöse Bilder von Leben und Tod mit den ihnen korrespondierenden rituellen Praktiken zu deuten, so bleibt doch, »die Spuren der Transzendenz zu lesen und die Symbole religiöser Gewissheit zu interpretieren […], ein mühevolles, theoretisch anspruchsvolles Geschäft« (Graf 2007, 9). Dazu müsse man bereit sein, sich auch auf die Nachtseiten der Vernunft zu begeben, und versuchen, die eigene Deutungskraft von Mythen, Symbolen und Riten zu erschließen.

Die Frage nach der ›Deutungskompetenz‹ weist über den populärkulturellen Raum der ›religiös‹ konnotierten Wellness-Phänomene hinaus in den zivilgesellschaftlich-politischen Raum hinein. Denn im Götterfeld der Moderne sind nicht alle Götter gleich, wobei die hier geführten Unterscheidungskämpfe unvermeidlich auch die Frage nach dem Unterschied von wahrer und falscher Religion berühren. Wer sich also den vielen neuen ›Kampfgöttern‹, die bei Graf als Symbole für die mannigfaltigen um Anerkennung streitenden religiösen Gruppierungen stehen, nicht wehrlos ausliefern will, »muss alte normative Fragen nach der Unterscheidung von humaner Religion und barbarisierenden Glaubensmächten neu stellen« (Graf 2007, 67). Insbesondere religionsrechtliche Konflikte wie auch Auseinandersetzungen um religiöse Symbole finden nicht nur hohe mediale Aufmerksamkeit und werden von starken Emotionen begleitet, sondern zeigen darüber hinaus, »dass überkommene Mechanismen der institutionellen Differenzierung von politischer und religiöser Ordnung den konfliktreichen Pluralisierungsschüben im religiösen Feld nicht mehr gerecht werden« (Graf 2007, 54). Unter den Bedingungen des modernen Pluralismus der vielen Götter und angesichts der Ohnmacht des Staates hinsichtlich religionsrechtlicher Fragen ernennt Graf in seinem gegen die Vereinnahmung theologischer Lehrstühle in *Departments of Religious Studies* gerichteten wissenschaftspolitischen Schlussplädoyer unter den »akademischen Deutungsexperten der Religion« (Graf 2007, 153) die protestantische Theologie zum »denkenden Statthalter« (Graf 2007, 278) jenes »unendliche[n] Wert[es] der Menschenseele«, der für A. v. Harnack (1900/2007, 43) das ›Wesen des Christentums‹ ausmacht. Für den Religionswissenschaftler H. G. Kippenberg (2004) steht diese Behauptung allerdings in schrillem Kontrast zu den exzellenten Studien, auf die Graf sich selber bei seiner Analyse der fortdauernden Macht der Religionen in der modernen Kultur stützt und die überwiegend nicht von Theologen, sondern von Historikern, Philosophen, Religionswissenschaftlern und Sozialwissenschaftlern stammen. So berechtigt Grafs Zweifel an einer Gleichsetzung von Entkirchlichung und Entchristlichung der Kultur auch sei, ein positiver Begriff von Religion in der modernen Kultur lasse sich durch ihn noch nicht gewinnen.

Bei aller Pluralität der Werte gibt der Religionswissenschaftler und Indologe A. Michaels (2004, 13) zumindest einen Hinweis auf ein mögliches Allgemeines der Deutungsorientierung, dass nämlich Religion einen Bezug zu den existenziellen Fragen des Lebens aufweist, insofern sie die »Antwort des Menschen auf das Bewusstsein seiner Sterblichkeit« ist. Anstelle einer festen Begriffsdefinition plädiert Michaels im Anschluss an B. Gladigow und H. G. Kippenberg (1983) dann allerdings doch für eine Bewahrung der Religionswissenschaft in ihrer »Offenheit für neue Fragen« (Michaels 2004, 13) und folgt der Empfehlung von J. Waardenburg (1993, 33; Hock 2008), weder aus einem substanzialistischen noch funktionalistischen Religionsverständnis heraus eine letztgültige Definition dessen geben zu wollen, was Religionen sind, sondern die Definition des Religionsbegriffes in der Religionswissenschaft offen zu lassen und Religion als »offenes Konzept« zu bestimmen. Für den Soziologen F. H. Tenbruck (1993, 67) sieht sich das Dauergespräch über Religion in den Wissenschaften heute allerdings nicht dem Interesse an der Religion verdankt, sondern wird geleitet »vom Interesse an der Reflexion über Religion«. Damit findet wiederum für den katholischen Theologen L. Neuhold (2000, 24) eine Verdünnung in Richtung auf theoretische Befassung mit Religion in einem sehr allgemeinen Sinn statt.

3. ›Kontingenzbewältigung‹ und ›schlechthinnige Abhängigkeit‹

Der nötigenden Dimension, die diesen existenziellen Fragen zugrunde liegt, wendet sich H. Lübbe zu. Mit dem Begriff der ›Kontingenzbewältigung‹ opponiert er nicht zuletzt gegen S. Freuds (1927/2007) Theorie, Religion sei eine kollektiv-zwangsneurotisch praktizierte Form der Flucht aus der Wirklichkeit. Diese und ähnliche Theorien hätten sich sowohl der Thematisierung der Unverfügbarkeit unserer Lebensvoraussetzungen selbst als auch der Unvermeidlichkeit, dass Menschen sich zum Faktum der Unverfügbarkeit von Lebensvoraussetzungen verhalten müssen, verweigert. Religion sei eben nicht ein Vermeinen oder Tun ›stattdessen‹, sondern »lebensnotwendige Kultur der Anerkennung der Unverfügbarkeiten des Lebens einschließlich der Unverfügbarkeit des Lebens selbst« (Lübbe 2005, 67). In religiöser Lebenspraxis verhalten wir uns zu derjenigen Kontingenz, die sich der Transformation in Handlungssinn prinzipiell widersetzt. Das Faktum, das wir sind und nicht vielmehr nicht sind, ist für Lübbe ein Bestand von der charakterisierten Struktur: »kognitiv trivial, lebenspraktisch fundamental und schlechterdings handlungstranszendent, das heißt auch durch Zurechnungsexpansion prinzipiell nicht einholbar, nicht auf die Verantwortlichkeit anderer zurückbeziehbar, weder als Schadensfall noch als Gewinn bilanzierbar« (Lübbe 2005, 68–69). Das Verhalten zum Unverfügbaren hat für Lübbe nicht sektoriale, sondern integrale Bedeutung. In diesem Verhalten wird vergegenwärtigt, »dass wir in keiner Lebenslage der Bedingungen unseres Daseins mächtig sind und darauf antworten die […] Lieder [erg. des Gesangbuches] dann mit ihrem Dank, ihren Bitten und Klagen« (Lübbe 2005, 70).

Was nun ›Bewältigung‹ der Kontingenz heißen könnte und in welchem Sinne Religion Kultur der Bewältigung solcher Kontingenz wäre, bringt Lübbe (2005, 69) auf die kurze Formel:»Bewältigte absolute Kontingenz ist anerkannte absolute Kontingenz«.

Bei Schleiermacher (1830–1831/1999), auf den der Begriff ›Kontingenzbewältigung‹ zurückführt, zeigen sich bereits die Konnotationsverschiebungen des Religionsbegriffs, die sich vom Beginn der Neuzeit über die Aufklärung und Romantik bis ins 20. Jahrhundert vollzogen haben. Begriffsgeschichtliche Untersuchungen verdeutlichen, dass sich die neuzeitlich-protestantische Religion im Unterschied zur antiken und mittelalterlichen Verwendung des Begriffs»wesentlich durch ihre ›Innerlichkeit‹ aus[zeichnet], sie gilt als sublimste, subtilste ›tiefste‹ Wirklichkeit des Menschen, die allen von Natur aus eigen, d. h. natürlich ist und über allen anderen Qualifikationen steht« (Feil 1995, 450). V. Krech folgt zwar der Vermutung von G. Alexander und J. Fritsche (1989), dass die Unterscheidung zwischen den Begriffen ›Religion‹ und ›Religiosität‹ im 18. Jahrhundert wenn nicht entstanden, so zumindest doch wichtig geworden ist, wobei für ihn die oben genannten begriffsgeschichtlichen Beobachtungen allerdings außer Acht lassen, »dass die Fassung des Religionsbegriffes als ›Religion der Innerlichkeit‹ ein Gegenüber braucht, von dem sie sich abheben kann, das damit aber zugleich virulent bleibt« (Krech 2002, 11). Dennoch zeigt sich auch für Krech, dass sich im Begriff der Religiosität eine Tendenz zur Subjektivierung von Religion dokumentiert: Erleben und Erfahren, der gesamte Bereich der Emotionalität wurde religiös konnotiert.

Die sukzessive Umwandlung des Religionsbegriffes hat wohl im Ansatz von Schleiermacher ihren reinsten Ausdruck gefunden. Gemeinsam mit Kant ist dabei die Verortung der Religion auf der Bewusstseinsebene. Während allerdings für Kant (1793/1977, 822) »Religion […] (subjektiv betrachtet) das Erkenntnis aller unserer Pflichten als göttlicher Gebote [ist]«, will Schleiermacher (1799/1970, 29) die Religion vom (metaphysischen) Erkennen wie auch von der moralisch-gebietenden Vernunft Kants getrennt wissen, vielmehr sei »ihr Wesen […] weder Denken noch Handeln, sondern Anschauung und Gefühl«. Damit wendet sich Schleiermacher, für den sich Religion notwendigerweise immer nur in individuellen Variationen manifestiert, keineswegs gegen die Forderungen der moralischen Vernunft, sondern gegen die aufklärerische Unterstellung, Moral lasse sich als ein in säkularisierter Kultur verfügbares Äquivalent der Religion auffassen.

Blickt man weiter auf die Religionsforschung um 1900, so zeigt sich, dass »allen Fassungen des Religionsbegriffs […] die Verortung im – teils nur individuellen, teils auch gemeinschaftlichen – Bewusstsein [gemeinsam war], im Unterschied zur objektiven Religion, die sich in den historischen Religionen als einem Teil der objektiven Kultur manifestiert hat« (Krech 2002, 19). Religion in der ›Innerlichkeit‹ zu verorten, »eröffnete dann die Möglichkeit, sie nicht ausschließlich als eine objektive Größe fassen zu müssen. Der wissenschaftliche Umgang mit Religion musste sie freilich als verdinglichte Objektivation begreifen. Indem jedoch berücksichtigt wurde, dass sie im Erleben ihren Ausgang hat, ging Religion – wie im Übrigen auch Kunst – nicht im Erklären auf und konnte vor destruierender Kritik geschützt werden« (Krech 2002, 23).

Frömmigkeit im Sinne Schleiermachers, Spiritualität augustinischer Prägung und ›spirituelle‹ Wellness-Erfahrungen, sie alle gehen nicht im Erklären auf, sie alle weisen einen Bezug zum Transzendenten auf, doch sind sie durch das Wie des Bezuges deutlich unterschieden. Wird bei Schleiermacher durch einen rationalen Schluss auf den unverfügbaren Grund erkannt, dass »Selbstgesetzgebung nicht Selbstgebung« ist (Grätzel 1997, 68), so wird bei Augustinus im Innersten unseres Geistes offenbar, dass die eigene Lebensgeschichte mit ihren Brüchen, Krisen und Schulderfahrungen verbindliche Antwort darstellt auf die unermessliche Schuld, die wir gegenüber dem ›wahren‹ Leben‹ haben, das uns anruft und das auch wir im Innersten sind. Wie aber lässt sich das ›Bedeutsame‹ unbedingten Angerufenseins lebensweltlich fassen?

4. Die dunkle Seite der Vernunft

Die abendländisch ideengeschichtliche Entwicklung der Grundbegriffe Raum, Zeit und Kausalität hin zu ihrer wissenschaftlich formalen Gestalt zeigt sich für Grätzel (2008) nicht lediglich in einer Technifizierung der Erkenntnis und des Umgangs mit der Welt, sondern führt im gleichen Maß zu einer Abwertung jener Welt, die wir bewohnen, die uns umgibt und die nach ganz bestimmten existenziellen Dimensionen ausgerichtet ist – der Lebenswelt. Nicht nur im Raum und in der Zeit, sondern auch in der Kausalität stoßen lebensweltliches und wissenschaftlich rationales Verständnis aufeinander. Im Falle der Kausalität wird der von der klassischen Physik entnommene Begriff in geradezu paradigmatischer Weise auf die Lebenswelt übertragen, wodurch ein pseudowissenschaftliches Verständnis der Lebenswelt entsteht. Denn das gesamte ›In-der-Welt-sein‹, welches sich nicht aus berechenbaren Größen zusammensetzt, sondern sich in Sinn- und Verstehenszusammenhängen konstituiert, wird dabei nach geometrischen und physikalischen Modellen ausgelegt. E. Husserl (1936/1976) verweist in diesem Zusammenhang auf das Problem der ›universellen Induktivität‹: Alle einzelnen Fakten sehen und integrieren wir in einem übergeordneten Zusammenhang, als liege der Welt immer schon eine kausale Ordnung zugrunde, die alles miteinander verbindet und im einzelnen Fall nur nachgewiesen und belegt werden müsste. Was eine solche idealisierte Kausalität leisten soll, ist »eine ins Unendliche erweiterte *Voraussicht*« (Husserl 1936/1976, 51; Hervorh. v. H.). Durch die Induktivität der idealisierten Kausalität werden die Einzelheiten des alltäglichen Lebens ins Unendliche gesteigert, so dass sich eine fast prophetisch zu nennende Weltsicht ergibt. Dieser naive Seinsglaube wird allerdings nicht hinterfragt und fließt damit auch in die wissenschaftliche Aussage ein. Für Husserl lässt sich diese Problematik nur klären, »*wenn* der Wissenschaftler in sich die Fähigkeit ausgebildet hat, nach dem *Ursprungssinn* aller seiner Sinngebilde und Methoden *zurückzufragen*« (Husserl 1936/1976, 57; Hervorh. v. H.).

Im Anschluss an Husserl sucht insbesondere M. Heidegger den ursprünglichen Sinnzusammenhang kausaler Folgen wiederherzustellen. Dabei geht er von der Unterscheidung der Kausalität in ihren vier Formen aus, die für die Philosophie seit der Antike maßgeblich waren. Sie differenzierte ihn in die ›causa materialis‹, die ›causa formalis‹, die ›causa finalis‹ und die ›causa efficiens‹. Heidegger (1953/2004, 12) erkennt dabei in den vier Ursachen »die unter sich zusammengehörigen Weisen des Verschuldens«. Denn etwas entsteht nicht allein durch sich selbst, sondern ist einem anderen verschuldet. Die Form der Kausalität eröffnet sich insofern als die gründende Form des Verschuldens im Sinne des Verdanktseins; ein Sinnzusammenhang, der in der idealisierten Kausalität nicht oder nicht mehr erkennbar ist. Die vier Weisen des Verschuldens sind für Heidegger das, »was man später Kausalität nennt« (Heidegger 1953/2004, 14), wobei es sich hierbei im ursprünglichen Sinn um vier Aspekte eines Herstellens bzw. der ›poíesis‹ handelt, welches die vier Aspekte des Verdanktseins versammelt. Die engere Bedeutung der ›poíesis‹ zeigt sich für Heidegger im Rückgriff auf

Aristoteles in der ›téchne‹, als Herstellen oder Hervorbringen in einem anderen oder durch andere, also durch Künstler oder Handwerker. Die *poíesis* in weiterer Bedeutung erkennt Heidegger in der *phýsis*, ein Naturbegriff der als ein Durch-sich-selbst-Hervorbringen übersetzt werden kann. Beide Bedeutungen dienen der Aufdeckung und dem Hervorbringen der Wahrheit – der *a-létheia*. Hier liegt der eigentliche Ursprung der Technik und der Grund ihrer Macht. Technik ist nichts anderes, als das Hervorbringen von Wahrheit. Denn sie stellt in ihrem ursprünglichen Sinne etwas dar, was auf den Schuldzusammenhang, in dem wir uns befinden und seine vierfache Form des Verschuldens verweist. Die moderne Technik ist nicht mehr Offenbarung eines alltäglichen Schuldzusammenhanges mit der *phýsis*. Technik ist nurmehr die auf Wirkung abzielende Bestellung der bloßen Natur. Indem die Schuld zur bloßen Kausalität geworden ist, spricht uns die *phýsis* auch nicht mehr als Gegenüber einer Schuldgemeinschaft an. Natur ist nicht mehr in oder durch sich selbst da, ist nicht mehr *phýsis*, sondern bloßes Produkt, welches im Warenlager den Wissenschaften zur Verfügung steht. Heidegger (1951/2004, 183) verweist in diesem Zusammenhang auf Kunst und Dichtung. Denn die herausragende Stellung, die dem Vermögen des Dichtens in diesem Zusammenhang zukommt, begründet sich darin, dass lediglich die *poíesis* den Sinn- und Erzählzusammenhang darstellen kann, welcher den ursprünglichen Schuldzusammenhang repräsentiert.

Die Differenzierungen des modernen juristischen Schuldbegriffs behandeln Schuld nur insoweit, als sie im Sinne der Vorwerfbarkeit abgeklärt werden kann. Doch Schuld tritt nicht nur bei Verfehlungen auf, sondern – und dies ist ein stark unterschätzter Faktor – auch spontan und ohne Anlass; sie ist nicht zwangsläufig begleitet von einem Wissen um Verfehlung, sei es gesetzlicher oder moralischer Art. Bei einer solchen schuldlosen Schuld sind aber die eigentlichen Wurzeln der Schuld zu suchen, sie stellt die Grund-Erfahrung des Menschen im Alltag dar. Heidegger (1927/1977, 286) bezeichnet diese diffuse schuldlose Schuld als ›schlafende Schuld‹, die nicht dort auftritt, wo wir uns durch das Gewissen irgendeiner bestimmten Schuld bewusst werden. Hier kommt es vielmehr zum Bewusstsein der Schuld, dem bereits die schlafende Schuld zugrunde liegt, welche aus der Verfassung unseres Selbstverständnisses hervorgeht, insofern wir unseres eigenen Seins nie mächtig sind. Im Gewissen wird dieser Abgrund des Wissens laut, die schlafende Schuld geweckt und aktualisiert. Dieser

Aktualisierungsvorgang ist deshalb ein ›Ruf‹, ein ›Mahnruf‹, weil hierin ein Rechtfertigungsvorgang gegenüber dem grundsätzlichen Schuldigsein des Selbstverstehens zum Ausdruck kommt. Die unbedingte Nötigung entsteht aus der Offenheit, in der sich das Dasein grundsätzlich befindet. Indem ich mir aber selbst einen Grund gebe, bleibt die schlafende Schuld immer als diffuses Bewusstsein gegenwärtig. Als Anknüpfungspunkte fungieren die Krisen und ihre Bewältigung, denn gerade die eigene Lebensgeschichte ist wesentlich dadurch bestimmt, dass Verhängnisse und Geschicke unverschuldet einbrechen und zu Krisen führen.

5. ›Himmlische Dienstleister‹

Beklagte der Soziologe P. L. Berger noch gegen Ende der 60er Jahre des letzten Jahrhunderts das Entschwinden der Götter und Engel, jener »Mächtigen«, die »das Aufbrechen der innerweltlichen Wirklichkeit [...] verkörperten« (Berger 1969/1981, 108), so sind Engel für die Religionspsychologen Murken und Namini gegenwärtig nicht nur ein selbstverständlicher Bestandteil der Alltagskultur, sondern auch Bestandteil der gegenwärtigen Spiritualität. Auf das spezifische Bedürfnis nach Transzendenz unter den Bedingungen der Moderne zu verweisen, reicht für Murken und Namini zur Klärung der Frage, was es genau ist, das die Menschen derzeit in diesem Maße für die Engel einnimmt, allerdings nicht hin. Über den religiös-spirituellen und ästhetischen Aspekt der Engel hinaus stellt sich vor dem Hintergrund der gegenwärtigen gesellschaftlichen Situation die Frage nach der psychologischen Bedeutsamkeit der himmlischen Dienstleistungen.

Wie die Beschreibung des ›esoterischen Lebenshilfe-Engel-Marktes‹ (Murken und Namini 2007, 9–42) zeigt, sind neben den auch für das New Age zentralen Überzeugungen Lebenshilfe und Heilung die wichtigsten Motive der inhaltlichen Ausrichtung aktueller esoterischer Engelbewegungen. Engel schützen und helfen, sie vermitteln das Gefühl von Besonderheit und Zugehörigkeit, sie stiften Sinn, heilen und trösten (Murken u. Namini 2007, 43–61). Engel erfüllen damit insbesondere die nach E. L. Deci und R. M. Ryan (2000) grundlegenden psychologischen Bedürfnisse des Menschen nach Beziehung, Autonomie und Kompetenz:»Durch ihre (und anderer Engel) – menschenunmögliche – allgegenwärtige Präsenz und bedingungslose Liebe ge-

Joachim Heil

ben die Engel ein Gefühl von Bezogenheit und die Versicherung, dass der Einzelne in einer individualistischen Gesellschaft nicht alleine ist. [...] Eben diese Gewissheit kann darüber hinaus ein Gefühl der Kompetenz vermitteln, ist doch für den, der einen Engel an seiner Seite hat, kein Problem unlösbar« (Murken u. Namini 2008, 73). Will sich das Kompetenzerleben nicht einstellen, erfüllen die Engel immerhin noch jenes Bedürfnis nach Sicherheit, wie es insbesondere von A. Maslow (1954) postuliert wurde. Auch dem ›Leiden am sinnlosen Leben‹ (Frankl 1977/2002, 78) und der damit verbundenen ›Sorge um den Sinn der Existenz‹ wirkt der Engel entgegen:»Durch seine Führung und den Auftrag, den er den Menschen bringt, entlastet er den Einzelnen von der Schwere der individuellen Entscheidung und Verantwortung. Mit Hilfe der Engel erlangt das Leben (auch in der Krise) Bedeutsamkeit, Verstehbarkeit und Handhabbarkeit – nach Antonovsky die grundlegenden Merkmale für das Gefühl von Kohärenz, das wiederum der entscheidende Faktor psychischer Gesundheit sei« (Murken u. Namini 2008, 74). In ihrer kritischen Reflexion weisen Murken und Namini darauf hin, dass Engelerfahrungen und Engelvorstellungen im Zusammenhang mit Druck, Angst und Stressphänomenen durchaus heilsame Impulse geben können, dass die Angebote des esoterischen Engelmarktes aber auch Gefahren von Abhängigkeit, Passivität und unangemessener Realitätsverzerrung beinhalten.

Vor dem Hintergrund der gesellschaftlichen Entwicklung in den modernen westlichen Gesellschaften erweist sich»die Wiederkehr der Engel als Konsequenz der Bedingungen der Postmoderne« (Murken u. Namini 2007, 67). Denn auf der Ebene des Einzelnen gehen»die mit Individualisierung, Pluralisierung und Globalisierung verbundenen Freiheiten und Chancen [...] einher mit der Forderung nach Flexibilität, Leistung, Eigenverantwortung sowie mit einem Verlust an festen sozialen und Wertestrukturen, sodass sich der Einzelne der Aufgabe gegenübersieht, sein Leben selbst zu gestalten und – auch im religiösen Bereich seinen eigenen Glauben zu finden. [...] Gerade in dieser Situation kommt die Vorstellung hilfreicher Engel gerade recht, da durch sie ein Gefühl der Sicherheit, Schutz und Stabilität in einer instabilen, unsicheren Welt entstehen kann« (Murken u. Namini 2007, 62–63). Können derzeitige Engelvorstellungen einerseits als Ergebnis postmoderner Wahlmöglichkeiten und individualisierter Wirklichkeitskonstruktionen verstanden werden,»sind sie zugleich der Versuch, das Leiden an den Bedingungen der postmodernen Gesellschaft zu überwinden« (Murken u. Namini 2007, 66).

Im Hinblick auf die Frage nach der besonderen Attraktivität der Engel beziehen Murken und Namini insbesondere das Konzept des ›Übergangsobjektes‹ des Psychoanalytikers D. W. Winnicott (1953) in ihre Überlegungen mit ein: »Dort, wo der Mensch sich von Gott getrennt erlebt, hat er Engel, die ein Bezogensein und einen Bezug zur Transzendenz bieten. Somit sind Engel gleichzeitig Symbol der Trennung von Gott und der Verbindung zu ihm« (Murken u. Namini 2007, 79). Ihre ausgezeichnete Popularität vor anderen spirituellen Gestalten wie etwa Feen erklärt sich nicht zuletzt aufgrund ihrer kulturellen Kontinuität und Verwurzelung in unserer christlich geprägten Kultur. Sie übernehmen dabei diejenigen Funktionen, »die im christlichen Kontext traditionell dem göttlichen Wirken zugeschrieben werden, jedoch nun ohne einen verbindlichen theologischen Rahmen« (Murken u. Namini 2008, 74). Denn »die Engel werden stets als die idealen Begleiter und Bezugswesen erlebt, die nichts fordern, jedoch stets zu Diensten sind« (Murken u. Namini 2007, 85). Legt man die von J. Waardenburg (1996) entwickelte Definition von Religion zugrunde, wird »der religiöse Charakter des Engelmarktes deutlich«, der zwar »nicht der traditionellen christlichen Religion [entspricht], aber ganz der modernen Patchwork-Spiritualität, die sich individualistisch, oft im Privaten, gestaltet und überall da bedient, wo es der persönlichen Befindlichkeit oder Erfahrung gemäß am besten passt« (Murken u. Namini 2007, 76). Doch weisen Murken und Namini abschließend darauf hin, »dass die Vorstellung einer Transzendenz, die gänzlich der Wunscherfüllung verpflichtet ist, eine nicht nur hilfreiche Konstruktion spiritueller Wirklichkeit ist«, hatte doch »schon R. Otto [...] darauf hingewiesen, dass zum ›Heiligen‹ nicht nur das Moment des ›Fascinans‹, sondern auch das des ›Tremendum‹ gehört« (Murken u. Namini 2007, 86). Bei aller Kritik an Ottos Versuch, Kants transzendentallogische Theorie der Erkenntnis im Anschluss an J. F. Fries psychologischanthropologisch zu deuten, zeigt Otto dennoch, dass eine Psychologie, die die Vielfalt religiöser Erfahrung rein pragmatisch zu deuten sucht, Gefahr läuft, die Bedingung der Möglichkeit dieser Erfahrung auszublenden.

6. ›Spuren des Heiligen‹

In seinem für die (frühe) Religionsphänomenologie konstitutiven Werk ›Das Heilige‹ (1917/2004) wendet sich Otto – wie vor ihm bereits in ähnlicher Weise Schleiermacher – gegen die Verstandeskultur seiner Zeit, die »›Religion‹ als eine Funktion geselliger Triebe und sozialen Wertens oder noch primitiver zu deuten [versucht]« und setzt dagegen die Vorstellung, Religion begründe sich vielmehr in »einem Moment starker und möglichst einseitiger religiöser Erregtheit«, wobei es auch für den Religionswissenschaftler gelte, dieses eigentümlich religiöse Gefühl nachzuempfinden, wenn er wirklich Religionskunde betreiben will (Otto 1917/2004, 8). Bei aller möglichen Kritik an dieser Voraussetzung erweist sich Otto für Kippenberg und Stuckrad (2003, 32) damit dennoch im Rahmen der Wissenschaftstheorie und Religionsgeschichte als »Anwalt einer religiösen Erfahrung […], die es verdient, in der modernen Zivilisation wieder Gehör zu finden«.

Otto greift Schleiermachers Gefühl der schlechthinnigen Abhängigkeit auf, wendet sich allerdings gegen die subjektive Komponente in diesem Verhältnis und sucht, die Beziehung des Subjekts zu seinen nichtindividuellen Herkunfts- und des Heilsgründen auf eine objektive Größe zu stützen. Um die begriffliche Unschärfe und die Analogien zu überwinden, die mit dem Begriff des Gefühls schlechthinniger Abhängigkeit verbunden sind, spricht Otto vom »*Kreaturgefühl* – das Gefühl der Kreatur die in ihrem eigenen Nichts versinkt und vergeht gegenüber dem, was über aller Kreatur ist« (Otto 1917/2004, 10; Hervorh. v. O.). Nicht die schlechthinnige Abhängigkeit, die gegenüber diesem Übermächtigen empfunden wird, und bereits das Ergebnis einer transzendentalen Reflexion darstellt, ist für Otto das Primäre, sondern das Versinken und Ertragen der eigenen Nichtigkeit gegenüber dieser konkreten Erfahrung. Der Einzelne, soweit er sich seiner Existenz bewusst werden kann, erfährt sich hierbei in dem Grundverhältnis, das er zu seinem Ursprung hat.

Wiederum im Gegensatz zur gegenstandslosen schlechthinnigen Abhängigkeit Schleiermachers stellt Otto die Bewusstwerdung der eigenen Nichtigkeit in den Zusammenhang mit einem unsagbar übermächtigen Objekt – dem »Numinosen«. Das Numinose bildet die Grundlage des Kreaturgefühls und stellt ein Verhältnis einer »schlechthinnigen Überlegenheit (und Unnahbarkeit)‹ seiner« her (Otto 1917/2004, 12), welches die einzelne bewusste Kreatur gegenüber ihrem Ursprung hat. Da das objektive, außer mir gefühlte Numinose für uns schlechthin nicht verstehbar ist, bleibt es *mysterium*, »weil ich hier auf ein überhaupt ›Ganz Anderes‹ stoße, das durch Art und Wesen meinem Wesen inkommensurabel ist und vor dem ich deshalb in erstarrendem Staunen zurückpralle« (Otto 1917/2004, 32–33). Hatte doch bereits Augustinus dieses erstarren machende Moment des ›Ganz Anderen‹, des *dissimile* des *numen* und seinen Gegensatz gegen die rationale Seite des *numen*, gegen das *simile* angegeben: »Was ist das für ein Licht, das mich blitzartig erleuchtet und mein Herz erschüttert, ohne mich zu verwunden? Ich erschrecke und ich verlange heftig nach ihm: Ich erschrecke, weil ich ihm unähnlich bin; ich verlange nach ihm, weil ich ihm ähnlich bin« (Augustinus, 396–398/2003, 310).

Entsprechend wirft Otto Schleiermacher vor, er habe durch seine Bestimmung des Kreaturgefühls nicht im Sinne der »*Geschöpflichkeit*«, sondern der kausalen »*Geschaffenheit*« (Otto 1917/2004, 23; Hervorh. v. O.) eine rationale Anbindung des ›Ganz Anderen‹ an die Vernunft und durch die Form des Abhängigkeitsgefühls den eigentlichen Inhalt des religiösen Gefühls selbst zu bestimmen gesucht. Das aber ist für Otto völlig gegen den seelischen Tatbestand. »Das ›Kreaturgefühl‹ ist vielmehr selbst erst subjektives Begleitmoment und Wirkung […] eines anderen Gefühlsmomentes (nämlich der ›Scheu‹), welches selber zweifellos *zuerst* und *unmittelbar* auf ein *Objekt außer mir* geht. Das aber ist eben das *numinose* Objekt.« Nur wo das *numen* als Präsenz erlebt oder wo ein Etwas numinosen Charakters gefühlt wird, kann für Otto das Kreaturgefühl als Reflex im Gemüte entstehen. »Das ist eine so klare Erfahrungstatsache, dass sie sich auch dem Psychologen bei der Zergliederung des religiösen Erlebnisses als erste aufdrängen muss« (Otto 1917/2004, 11). Hatte doch schon W. James, auch wenn ihm letztlich aufgrund seiner empirischen und pragmatischen Grundhaltung der Weg zur Anerkennung von Erkenntnisanlagen und Ideengrundlagen im Geiste verbaut blieb, dieser Tatsache Rechnung getragen, wenn es bei ihm heißt: »Es ist, als gäbe es im menschlichen Bewusstsein ein Empfinden von Realität, ein Gefühl von objektiver Gegenwart, von ›da ist etwas‹ – eine Wahrnehmung, die tiefer und allgemeiner reicht als irgendeiner der besonderen ›Sinne‹, denen die gängige Psychologie das ursprüngliche Entdecken realer Existenz zuspricht« (James 1902/1997, 89).

7. Fazit

Die Untersuchungen von Murken und Namini verdeutlichten exemplarisch, inwiefern eine durchaus als ›religiös‹ zu charakterisierende Bewegung des popkulturellen Raums nur ›geringe Kontingenzbewältigung‹ liefert. Die esoterischen Engelkulte entfalten ihre Bedeutsamkeit nicht unmittelbar vor dem Hintergrund der Abgründigkeit des Daseins, sondern vor dem Hintergrund der gesellschaftlichen Verhältnisse einer durch ein technisches Verständnis geprägten Moderne, die das eigentliche Drama der Existenz verstellt und den Einzelnen letztlich ratlos zurücklässt. Für die Bewältigung der Leiden des Einzelnen an den Bedingungen der modernen Gesellschaft reicht es offensichtlich nicht, die äußere Natur in Dienst zu stellen, sondern es scheint geboten, auch die innere Natur, die innere Transzendenz – freilich nur die Wohlfühl-Momente voller Licht und Liebe – dienstbar zu machen. Damit ist aber weder Ganzheit erfasst noch das eigentliche, grundlegende existenzielle Problem zur Sprache gebracht.

Gewiss tritt gegenwärtig an die Stelle der unter Metaphysik- und Theologieverdacht getretenen Formen ›klassischer‹ Religionsphänomenologie maßgeblich die so genannte ›Neustil-Religionsphänomenologie‹, die nicht länger nach dem ›Wesen‹ der Religionen oder religiöser Phänomene jenseits von Zeit und Raum sucht, sondern nach den subjektiven Sinndeutungen innerhalb eines gegebenen zeitlichen und räumlichen Kontextes. Dennoch, und dies gilt für eine Auseinandersetzung mit der Philosophiegeschichte in gleichem Maße wie für eine Behandlung der Geschichte der Religionswissenschaft: Sie kann niemals bloß historisch gemeint und bloß historisch orientiert sein. »Denn der Rückgang auf die [...] Vergangenheit will und muss stets zugleich ein Akt der eigenen [...] Selbstbesinnung und Selbstkritik sein« (Cassirer 1932/2007, XV). Eine solche Form der Selbstbesinnung und Selbstkritik ist gerade angesichts des Nachweises der praktischen Realität der Willensfreiheit durch Kant umso dringlicher. Denn, und darin darf Graf auch vor dem Hintergrund der Dramatik des Daseins zugestimmt werden, »von seiner Freiheit kann das Individuum allerdings sündhaft falschen Gebrauch machen: indem es sich mit seinem göttlichen Grund unmittelbar in eins zu setzen sucht und als absoluter Herr seiner Welt aufspielt« (Graf 2007, 278).

Literatur

T. W. Adorno: Vernunft und Offenbarung (1957). In: T. W. Adorno, Stichworte. Kritische Modelle 2. Frankfurt a.M.: Suhrkamp 1969, 20–28

G. Alexander u. J. Fritsche, ›Religion‹ und ›Religiosität‹ im 18. Jahrhundert. Eine Skizze zur Wortgeschichte. In: K. Gründer u. K. H. Rengstorf (Hg.), Religionskritik und Religiosität in der deutschen Aufklärung. Heidelberg: Lambert Schneider 1989, 11–24

Augustinus, Confessiones (396–398). Stuttgart: Reclam 2003

Augustinus, De trinitate (399–419). Hamburg: Meiner 2001

P. L. Berger, Auf den Spuren der Engel. Die moderne Gesellschaft und die Wiederentdeckung der Transzendenz (1969). Frankfurt a.M.: Fischer 1981

C. Bittlinger, Gott tut gut. Sieben spirituelle Wege zum Wohlbefinden. München: Kösel 2007

C. Bittlinger u. D. Plüss, Shampoo, Sekt und Seelenheil. Das Anekdotenbuch. Witten: Brockhaus 2001

P. Boyer, Und Mensch schuf Gott. Stuttgart: Klett-Cotta 2004

E. Cassirer, Die Philosophie der Aufklärung (1932). Hamburg: Meiner 2007

E. L. Deci u. R. M. Ryan, The ›what‹ and ›why‹ of goal pusuits. Human needs and self-determination of behaviour. In: Psychological Inquiry 11, H. 4 (2000) 227–268

E. Feil, Zur Bestimmung und Abgrenzung von Religion. In: Ethik und Sozialwissenschaften 6 (1995) 441–514

V. E. Frankl, Das Leiden am sinnlosen Leben. Psychotherapie für heute (1977). Freiburg i. Br.: Herder 2002

S. Freud, Die Zukunft einer Illusion (1927). In: S. Freud, Massenpsychologie und Ich-Analyse. Die Zukunft einer Illusion. Frankfurt a.M.: Fischer 2007, 109–158

H.-G. Gadamer, Wahrheit und Methode. Grundzüge einer philosophischen Hermeneutik (1960). Gesammelte Werke, Bd. 1. Tübingen 1999

B. Gladigow u. H. G. Kippenberg (Hg.), Neue Ansätze in der Religionswissenschaft. München: Kösel 1983

F. W. Graf, Die Wiederkehr der Götter. Religion in der modernen Kultur (2004). München: Beck, 2., erw. Aufl. 2007

F. W. Graf, Und der Mensch schuf Gott. Pascal Boyer erklärt Religion als Nebenprodukt der Evolution. In: Neue Züricher Zeitung, Nr. 232, 5. Oktober 2004, S. B. 19

F. W. Graf, Die Nation – von Gott ›erfunden‹? Kritische Randnotizen zum Theologiebedarf der historischen Nationalismusforschung. In: G. Krumeich u. H. Lehmann (Hg.), ›Gott mit uns‹. Nation, Religion und Gewalt im 19. und frühen 20. Jahrhundert. Göttingen: Vandenhoeck & Ruprecht 2000, 285–217

S. Grätzel, Raum – Zeit – Kausalität. Propädeutik der Praktischen Philosophie. London: Turnshare 2008

S. Grätzel, Utopie und Ekstase. Vernunftoffenheiten in den Humanwissenschaften. St. Augustin: Gardez 1997

J. Grondin, Einführung in die philosophische Hermeneutik. Darmstadt: Wissenschaftliche Buchgesellschaft, 2., überarb. Aufl. 2001

H.-M. Gutmann u. C. Gutmann (Hg.), Religiöse Wellness. Seelenheil heute. München: Fink 2005

J. Habermas, Glauben und Wissen. Rede zum Friedenspreis des Deutschen Buchhandels 2001. Frankfurt a. M.: Suhrkamp 2001

Joachim Heil

J. Habermas, Theorie des kommunikativen Handelns. Band 2. Zur Kritik der funktiona-
listischen Vernunft (1981). Frankfurt a. M.: Suhrkamp 1987
A. v. Harnack, Das Wesen des Christentums. Sechzehn Vorlesungen vor Studierenden
aller Fakultäten im Wintersemester 1899/1900 an der Universität Berlin, gehalten
von Adolf von Harnack (1900). Tübingen: Mohr Siebeck 2007
M. Heidegger, ›… Dichterisch wohnet der Mensch …‹ (1951). In: Martin Heidegger,
Vorträge und Aufsätze. Stuttgart: Klett Cotta 2004, 181–198
M. Heidegger, Die Frage nach der Technik (1953). In: Martin Heidegger, Vorträge und
Aufsätze. Stuttgart: Klett Cotta 2004, 9–40
M. Heidegger, Sein und Zeit (1927). Tübingen: Niemeyer 1977
M. Henk u. C. P. Simon, ›Spiritualität kann das Ich entlasten‹. Der Religionspsychologe
Sebastian Murken über die Entstehung und Wirkung von Glaubenswelten. In: GEO-
kompakt 16 (2008) 56–58
K. Hock, Einführung in die Religionswissenschaft. Darmstadt: Wissenschaftliche Buch-
gesellschaft 2008
E. Husserl, Die Krisis der europäischen Wissenschaften und die transzendentale Phäno-
menologie. Eine Einleitung in die phänomenologische Philosophie (1936). Gesam-
melte Werke, Bd. VI. Den Haag: Nijhoff 1976
W. James, Die Vielfalt religiöser Erfahrung. Eine Studie über die menschliche Natur
(1902). Frankfurt a. M.: Insel 1997
I. Kant, Die Religion innerhalb der Grenzen der bloßen Vernunft (1793). Werkausgabe,
Bd. 8. Frankfurt a. M.: Suhrkamp 1977, 645–879
H. G. Kippenberg, Besser ohne Metaphysische Stiefel. Friedrich Wilhelm Graf zeigt den
Einfluss der Religion in der modernen Kultur und in der Wirtschaft. In: Süddeutsche
Zeitung, 13. 05. 2004, Literatur Buchkritik
H. G. Kippenberg u. K. v. Stuckrad, Einführung in die Religionswissenschaft. Gegen-
stände und Begriffe. München: Beck 2003
V. Krech, Wissenschaft und Religion. Studien zur Geschichte der Religionsforschung in
Deutschland 1871 bis 1933. Tübingen: Mohr Siebeck 2002
T. Luckmann, Die unsichtbare Religion (1967). Frankfurt a. M.: Suhrkamp 1991
H. Lübbe, Religion nach der Aufklärung. In: H.-M. Gutmann u. C. Gutmann (Hg.), Re-
ligiöse Wellness. Seelenheil heute. München: Fink 2005, 59–80
H. Lübbe, Religion nach der Aufklärung. Graz, Wien u. Köln: Styria 1986
A. Maslow, Motivation und Persönlichkeit (1954). Reinbek bei Hamburg: Rowohlt 2002
A. Michaels (Hg.), Klassiker der Religionswissenschaft. Von Friedrich Schleiermacher
bis Mircea Eliade. München: Beck 2004
S. Murken u. S. Namini, Himmlische Dienstleister. Zur psychologischen Bedeutsamkeit
der Engel in einer komplexen Welt. In: M. N. Ebertz u. R. Faber (Hg.), Engel unter
uns. Soziologische und theologische Miniaturen. Würzburg: Königshausen & Neumann 2008, 67–75
S. Murken u. S. Namini, Himmlische Dienstleister. Religionspsychologische Überlegungen zur Renaissance der Engel. EZW-Texte 196 (2007)
L. Neuhold, Religion und katholische Soziallehre im Wandel vor allem der Werte. Er-
scheinungsbilder und Chancen. Münster u. a.: LIT Verlag 2000
R. Otto, Das Heilige. Über das Irrationale in der Idee des Göttlichen und sein Verhältnis
zum Rationalen (1917). München: Beck 2004
F. D. E. Schleiermacher, Der christliche Glaube nach den Grundsätzen der Evangelischen

Kirche im Zusammenhange dargestellt (1830/31). Berlin u. New York: de Gruyter 1999

F. D. E. Schleiermacher, Über die Religion. Reden an die Gebildeten unter ihren Verächtern (1799). Hamburg: Meiner 1970

M. Sellmann, ›Der Buddha wohnt auch auf Mikroprozessoren.‹ Analysen zur religiösen Produktivität von Wissensgesellschaften. In: H.-M. Gutmann u. C. Gutmann (Hg.), Religiöse Wellness. Seelenheil heute. München: Fink 2005, 21–58

F. H. Tenbruck, Die Religion im Malstrom der Reflexion. In: J. Bergmann, A. Hahn u. T. Luckmann (Hg.), Religion und Kultur. Sonderheft 33 der Kölner Zeitschrift für Soziologie und Sozialpsychologie. Opladen: Westdeutscher Verlag 1993, 31–67

J. Waardenburg, Religion und Religionen. Systematische Einführung in die Religionswissenschaft. Berlin u. New York: de Gruyter 1996

J. Waardenburg, Perspektiven der Religionswissenschaft. Würzburg: Echter 1993

M. Weber, Die Wirtschaftsethik der Weltreligionen I. Konfuzianismus und Taoismus (1920). Schriften 1915–1920. Studienausgabe, Bd. I/19. Tübingen: Mohr Siebeck 1991

D. W. Winnicott, Übergangsobjekte und Übergangsphänomene. Eine Studie über den ersten, nicht zum Selbst gehörenden Besitz (1953). In: D. W. Winnicott, Vom Spiel zur Kreativität. Stuttgart: Klett Cotta 2002, 10–36

Korrespondenzadresse: Dr. Joachim Heil, Philosophisches Seminar der Johannes Gutenberg-Universität Mainz, Jakob Welder Weg 18, D-55099 Mainz.
Email: jheil@uni-mainz.de und joaheil@aol.com

Robert Bögle und Andreas Manz (†)

Naturrituale als spirituelle Impulse für Postmaterialisten[1]

Abstract: *After a period of devaluation of rituals we now face a renaissance of these rituals as cultural events which can also be found beyond religious contexts. Furthermore, »nature« is no longer seen as a mere source which can be utilized and exploited as a reservoir to cover materialistic human needs (e. g. forest as a reservoir for wood). Its concept rather changed in a depth-ecological way towards an integrated »holon« which encloses mankind as living creatures. Vision quest is a reconstructed ritual which is performed in the »wilderness« and which can be regarded as a method to promote subjectivity and spirituality. Vision quest supports the personality development of postmodern human beings, puts them in new tangible relations to internal and external nature and enables a placement within the integrated whole.*

Nach einer Periode der Abwertung von Ritualen erleben wir nun seit einiger Zeit eine Renaissance solcher kultureller Formen, die nicht mehr ausschließlich dem religiösen Kontext zugeordnet werden. Weiter wird die »Natur« nicht mehr nur als Ort der Nutzung und als Ressourcenspeicher für materielle menschliche Bedürfnisse gesehen (der Wald als Holzlager), sondern tiefenökologisch als größeres »Holon« verstanden[2], das den Menschen als Lebewesen umschließt. Die Visionssuche ist ein re-konstruiertes Ritual, das in der »Wildnis« durchgeführt wird und das wir als eine Methode zur Förderung von Subjektivität und Spiritualität verstehen können. Die Visionssuche unterstützt die Persönlichkeitsentwicklung des postmodernen Menschen, setzt ihn in ein neu erfahrbares Verhältnis zu innerer und äußerer Natur und ermöglicht eine Einordnung in das große Ganze.

1. Darstellung des Rituals »Visionssuche«

Der französische Ethnologe Arnold van Gennep (2005) veröffentlichte 1909 eine grundlegende Studie ›Les rites de passage‹. Riten, die räumliche, soziale oder zeitliche Übergänge sowohl begleiten als auch gewährleisten und kontrollieren, bezeichnet van Gennep als Übergangsriten. Ihre Funktion ist die Kontrolle der Dynamik des sozialen Lebens, ihre Form die Dreiphasenstruktur: Auf die Trennungsphase *(rites de séparation)*, die vom früheren Ort oder Zustand löst, folgt die Schwellen- oder Umwandlungsphase *(rites de marge)*, in der man sich gleichsam zwischen zwei Welten befindet. Den Abschluss bildet die Angliederungsphase *(rites d'agrégation)*, die in den neuen Ort oder Zustand integriert.

Die »Vision Quest«, deutsch »Visionssuche«, ist ein sehr altes, in vielen Kulturen verbreitetes Ritual der Selbstheilung und Sinnsuche, das S. Foster und M. Little (1991) in den 1970er Jahren von nordamerikanischen indianischen Lehrern erlernten und »re-konstruierten«. Sie hielten sich klar an die drei Phasen van Genneps, und ihr Vorgehen wurde und wird von vielen Visionssucheleitern in aller Welt übernommen.

Im Vorfeld nehmen Interessenten Kontakt mit einem Visionssucheleiter auf und entscheiden sich in einem intensiven Prozess für die Teilnahme. Eine schriftliche »Absichtserklärung« wird abgegeben, in der sie persönliche Hintergründe und Motivationen darstellen. Sie führen selbstständig eine eintägige »Medizinwanderung« von Sonnenaufgang bis Sonnenuntergang durch, um Erfahrungen mit dem alleinigen, fastenden Dasein in der natürlichen Umwelt zu sammeln (darüber berichten sie in der Vorbereitungzeit im Basislager) und sie beschäftigen sich mit der »Ausrüstung«. In der drei- bis viertägigen Vorbereitungsphase im Zielgebiet hält sich die Teilnehmergruppe im Basislager auf, klärt noch einmal die Absicht und die persönliche Fragestellung, übt sich ein in die Orientierung im Gelände und im Umgang mit der natürlichen Welt, erlernt und gestaltet Zeremonien und Rituale, bekommt Einweisungen in das »Sicherheitssystem« und jeder findet den persönlichen Lagerplatz für die nächsten Tage. In der Schwellen- und Umwandlungsphase (Victor Turner: *Between and betwixt«)* treten die Teilnehmer nach einer Abschiedszeremonie in einem Steinkreis »über die Schwelle« und halten sich vier Tage und Nächte alleine und fastend (nur Wasser ist erlaubt) in der Wildnis jeweils an ihrem Platz und in der nahen Umgebung auf. Sie gehen mit so wenig Ausrüstung wie möglich und so viel, wie zu ihrer Sicherheit nötig ist, »hinaus«, während die Leitung im Basislager für Sicherheit und Unterstützung sorgt. Am Morgen des fünften Tages kehren alle wieder zum Steinkreis zurück und die Angliederungsphase beginnt mit zeremoniellem Fastenbrechen, Zeiten der Ruhe und dem rituellen Erzählen der Erlebnisse und Erfahrungen »draußen« sowie dem »Spiegeln« der Geschichten durch die Leiter. Es folgen Überlegungen zur Integration des Erfahrenen in den Lebensalltag und der Abschied von der Gruppe. Nach der Heimkehr beginnt die eigentliche Integrationsphase, in der sich viele Bewährungsproben stellen und in der die Leitungen noch um Unterstützung gebeten werden können. Nach einem Jahr sollte jeder noch einmal eine Medizinwanderung machen und einen zeremoniellen Abschluss gestalten.

Im Folgenden wollen wir einige Wirkfaktoren detaillierter beschreiben. Die »Schwelle« – ein Steinkreis oder eine natürliche Markierung am Boden – dient konkret und sichtbar der räumlichen Trennung der Welten und kennzeichnet auch zwei verschiedene Erlebnisformen im »profanen« und im »heiligen« Raum. Die Teilnehmer öffnen sich jenseits dieser selbst gewählten Markierungen absichtsvoll nicht-alltäglichen Wahrnehmungen und Verhaltensmöglichkeiten. Sie erfahren sich und ihre Umgebung wesentlich anders. Émile Durkheim nannte 1912 als Hauptfunktion des Rituals die Strukturierung des sozialen Raumes durch das Unterscheiden des *Profanen* vom *Sakralen*. Dies finden wir bei Falter wieder, wenn er fragt: »Bist du bereit, was du am Fluss siehst, als Ausdruck eines Göttlichen anzuerkennen?« (Falter 2006, 225)

Während eines Natur-Seminars »Living and Dying in nature« fand ein Teilnehmer bei der Rückkehr von einer Naturübung zum Sterbeprozess seine Schwelle nicht wieder. Dies stürzte ihn in tiefe Verwirrung; er fürchtete, nicht mehr in den Zustand alltäglicher Wahrnehmung zurückkehren zu können oder diese beiden Weltanschauungen nicht mehr differenzieren zu können und so »verrückt« zu werden. Die Erzählung vor der Gruppe und das Spiegeln der Leitung ermöglichten es ihm, das konkrete *räumliche* Konzept der beiden Welten in ein reflexives Konzept von zwei *Zuständen* umzuwandeln.

Das »Fasten« unterstützt das Durchbrechen üblicher – auch sozial gestalteter – Essensgewohnheiten. Es wird ein Verzicht geleistet, der ungewöhnlich ist, den Körper und Geist reinigt und öffnet für neuartige Erfahrungen. Der Verzicht auf Gewohnheiten, Bequemlichkeiten bedeutet eine Unterbindung bekannter Muster. So ist es für viele Teilnehmer schwierig, auf ihre Uhr als Taktgeber und Orientierungsinstrument für den gewohnten Tagesablauf zu verzichten. Ein junger Mann hatte große Probleme, auf Zigaretten und Joints zu verzichten. Die Medien (Fernseher, Computer, Handy, Bücher) fallen als »Zeitfüller« oder »Zeitfresser« weg und schaffen »lange Weile« und Freiräume.

Schützende Sicherheiten, wie die uns umgebenden »vier Wände«, trennen uns nicht mehr von der natürlichen Umgebung und den Einflüssen von Sonne, Wind und Regen. Nur noch eine Zeltplane bietet ein wenig Schutz. »Drinnen« und »draußen« als Kontextangaben bekommen wechselnde Bedeutungen. Zuerst sprechen wir alle davon, dass die gewohnte Umgebung »drinnen« und der ungewohnte Aufenthalt in der natürlichen Umwelt »draußen« ist. Später taucht die Frage auf, ob es nicht genau umgekehrt gesehen werden kann. Wir erleben uns »mitten in der Wildnis« und das übliche Leben in Städten und Gebäuden scheint weit »außerhalb« der natürlichen Welt zu sein.

Auch die Vorstellungen über das Alleinsein können sich wie bei einem »Kippbild« umdrehen. Oft denken Teilnehmer/innen, dass sie »da draußen« mutterseelenallein sein werden, weil sie mit keinem Menschen in einen direkten Kontakt treten werden, und sie sind voller Furcht vor dem Alleinsein. Wir gehen in dieser Betrachtungsweise von einer »Reiz-Deprivation« aus. Andererseits erleben die Visionssucher bald, dass sie sich in der Physio-, Bio- und Noosphäre mitten in einer sehr besiedelten materiellen, lebendigen und geistigen Welt wieder finden, die in ungeahnter Weise in Kontakt mit ihnen tritt und die Kommunikation sucht. Nicht weniger, sondern andersartige Reize erreichen den Menschen von der ihn umgebenden Welt und aus seinem Inneren (Körper, Seele, Geist).

So kann es nicht nur zu Erlebnissen der Getrenntheit und oft auch zu Erinnerungen früherer Verlassenheitsgefühle kommen, sondern – ebenso intensiv – zu Erfahrungen tiefer Verbundenheit mit »Gott und der Welt«, mit dem All-eins-Sein. Der – oben erwähnte – 28-jährige Raucher und Kiffer setzte sich draußen intensiv mit seinem Vater auseinander, der verstarb, als er zehn Jahre alt war. Am ersten Tag kämpfte er gegen sichtbare Mücken und unsichtbare Angreifer und verband sich in seiner Vorstellung mit zahlreichen Repräsentanten des Archetypus des »Kriegers«. Am zweiten Tag errichtete er aus Naturmaterialien ein Vater-Denkmal, spürte tief vergrabenen Gefühlen der Wut und

Trauer nach, drückte seine Sehnsucht nach dem Vater in selbst kreierten Texten aus. Dies ermöglichte ihm auf der biografischen Ebene eine erneuerte Beziehung zum Verstorbenen und auf symbolischer Ebene eine erste Annäherung an den männlichen Archetypus des »Königs«. Von den Teilnehmern verlangt das Ritual die Bereitschaft, Abschied zu nehmen von Vertrautem, sich mutig auf unbekanntes Neues einzulassen, achtsam mit sich und der natürlichen Umwelt umzugehen und das »Elixier des Lebens« von der persönlichen Heldenreise (Campbell 1999) mitzubringen. Das durchschnittliche Verständnis mitteleuropäischer Teilnehmer für solche Rituale ist erst einmal gering, und die einzelnen Elemente müssen sorgsam eingeführt und achtsam durchgeführt werden. Dies verlangt nicht nur vielfältiges Wissen und gute methodische Kenntnisse, sondern auch eine tiefe und intensive Selbsterfahrung von Leitern mit klarer ethischer Orientierung. Der festgelegte Verlauf des Rituals und der Verweildauer »jenseits der Schwelle« schafft eine räumliche und zeitliche Orientierung mit klar abgegrenzten Zeit-Räumen und definiert damit einen sichernden Rahmen, innerhalb dessen völlig unterschiedliche Erfahrungen möglich werden.

Um das Ritualverständnis systematischer differenzieren zu können, greifen wir auf die Studien von J. Gebser (1999) zurück, der in der kollektiven (und der individuellen) Entwicklung des Bewusstseins fünf prinzipielle Strukturunterschiede erkannte. In der Frühzeit mit einer »archaischen« Bewusstseinsstruktur, erlebte sich der Mensch als eins mit der Welt und entwickelte noch kaum Rituale. In der »magischen« Struktur wurde die Welt animistisch erlebt. Naturwesen waren Kräfte, die unser Dasein beeinflussten und von denen man sich angstvoll abhängig erlebte. Mit Ritualen wollten die Menschen diese Geister beeinflussen (Wetter-, Jagd- oder Liebeszauber). Grundlage für die vielfältige Ritualpraxis war der Glaube an die Wirksamkeit von Bannen und Beschwören, Totem und Tabu, Bitten und Beten. In der »mythischen« Bewusstseinsstruktur wurden diese Geisterkräfte auf Göttinnen und Götter übertragen, später auf Heldengestalten. Es kam zur Bewusstwerdung der Seele, der Innenwelt, die von der Außenwelt differenziert wurde. In der »mentalen« Struktur tauchten starke Zweifel an der Wirksamkeit von Ritualen auf. Ihre Abschaffung wurde betrieben. Der Mensch und seine »Kultur« wurden immer stärker der »Natur« gegenübergestellt. Gebser sah in der Mitte des 20. Jahrhunderts Anzeichen für die Ablösung einer defizient gewordenen rationalen durch eine »integrale« Struktur. Die integrale Bewusstseinsstruktur ermöglicht eine Neugestaltung von Ritualen, die den »Ursprung« durchscheinen lassen und vergegenwärtigen. Gebser nannte sein Hauptwerk deshalb ›Ursprung und Gegenwart‹.

Der jüdische Philosoph M. Buber (1974) differenzierte in seinem Buch ›Ich und Du‹ zwei Arten, wie wir in der Welt sein können, wie wir »Grundworte« sprechen. Er unterschied das Grundwort »Ich-Es« (das dem *hylotropen* Bewusstsein nach S. Grof entspricht) und das Grundwort »Ich-Du«, bei dem wir in eine umfassende *(holotrope)* gegenseitige Beziehung beispielsweise mit einem Baum eintreten. Beide »Grundworte« werden jenseits der Schwelle gesprochen, beide Zustände erlebt.

Der Mensch sieht sich selbst während der Visionssuche in der von ihm gesehenen natürlichen Umwelt, er spürt, hört, fühlt sich. Im hylotropen Zustand wird die äußere Welt als vom Beobachter unabhängig analysiert; im holotropen Zustand ist der Beobachter Teil des Geschehens. Jeder Akt des Erkennens bringt eine Welt hervor. Ich reagiere auf Geschehnisse wie die Begegnung mit einem Frosch oder einem Baum, und die mich umgebenden Wesen/Holons in der natürlichen Welt reagieren auf mich.

2. Naturverständnis

Wenn man im Rahmen von Ritualen in der natürlichen Umgebung arbeitet, muss man zu einem präzisen Verständnis von »Natur« oder »Wildnis« kommen. Naturrituale bedürfen einer Art naturphilosophischer Grundlage.

Während der Tage in der Schwellenzeit erlebt der Teilnehmer seine »innere Natur« in Form von Wahrnehmungen, Gefühlen, Gedanken, unabhängig davon, ob die Anstöße dazu von inneren körperlichen, emotionalen, kognitiven Prozessen oder von äußeren Impulsen aus der natürlichen Umwelt evoziert werden. Er kann bei der selbstständigen Verarbeitung dieser Bewusstseinsvorgänge in alte Bewältigungsmuster regredieren oder – für ihn – neuartige, kreative und authentischere Formen erproben. Er wird zum Phänomenologen. Dieser Zugang zu Erkenntnissen wurde bereits in der Prä-Moderne genutzt. Eine andere Form der Beobachtung ist eine quasi objektive Seite des Geschehens, die registriert, wie sich Wind und Wetter, Helligkeit und Dunkelheit verändern. Wissenschaftliche Erkenntnisse des Teilnehmers fließen ein, er wird zum Empiriker, nimmt eine distanzierte Beobachterposition ein. Es geht um die »Natur der Sache«, die besonders die Moderne beschäftigte. Falter differenzierte ähnlich: Beobachtungen in der Natur werden im *Bedeutungswissen* nicht auf ihre kausalen Verknüpfungen, sondern auf ihren »Geschehenssinn« hin befragt. *Kausalwissen* bezieht sich auf Dinge, *Bedeutungswissen* auf Qualitäten, Charaktere oder »Atmosphären« (vgl. Falter 2006, 62 f.). In Letzteres ist der Beobachter immer schon involviert, es kann nicht von außen erkannt werden. Wir finden die Aufforderung, diese beiden Ansätze zu integrieren, bereits bei Goethe in seinem Gedicht ›Epirrhema‹: »Müsset im Naturbetrachten immer eins wie alles achten; nichts ist drinnen, nichts ist draußen. Denn was innen, das ist außen. […]« Des Weiteren geht jeder Teilnehmer bei seiner Wahrnehmung und Interpretation von kulturellen Bedeutungskontexten aus. So ist beispielsweise eine Eiche – ein weit verbreiteter Laubbaum und bedeutsames Symbol in der germanischen Mythologie – Auslöserin persönlicher Kindheitserinnerungen. Mit den kulturellen Bedeutungen (sprachlich, symbolisch, kontextbezogen) beschäftigt sich besonders die Postmoderne.

Man kann verstehen, dass sich die »Großen Drei« (das Schöne, Gute, Wahre, oder Bewusstsein, Kultur, Natur, oder das Ich, Wir, Es) in der Epoche der Aufklärung zu Beginn der Moderne und Postmoderne nicht nur differenzierten, sondern »dissoziierten«, also auseinanderfielen. Dazu kam, dass die Naturwissenschaften (also das Es) die Alleinherrschaft beanspruchten und die individuellen und kulturellen Entwicklungen weniger Beachtung erfuhren. Natur wurde als Objekt der Nutzung und Ausbeutung verstanden, als empirisch erforschbarer Gegenstand, ohne besonderen Wert, dem Menschen zur Verfügung gestellt. Die heutige ökologische Krise ist auch das Ergebnis der fortgesetzten Dissoziation der Großen Drei, weil wir unfähig sind zur Gesamtschau von Natur, Kultur und Ethik. Der amerikanische Erkenntnistheoretiker Wilber geht hart mit den Naturromantikern (dem »Öko-Lager«) ins Gericht, die vermehrt auftreten, seit wir die Verbindung zum Natürlichen verloren haben, und ebenso mit ihren Antipoden den Aufklärern (dem »Ego-Lager«).

»Das rationale Ego-Lager – das Aufklärungslager von Descartes über Locke zu Fichte – war vor allem bestrebt, die natürliche Welt zu beherrschen, zu berechnen und zu unterwerfen. Das Leben in der Natur war einsam, kärglich, garstig, brutal und kurz – und nicht zuletzt auch recht amoralisch –, weshalb man begreiflicherweise die Aufgabe des rationalen Ego darin sah, sich aus diesem brutalen und amoralischen Netz zu befreien. Das Ego sollte sich vom Netz der Natur *abkoppeln*. Deshalb wird dieses rationale Ego oft auch als das entkoppelte Selbst, das unbehinderte Selbst, das autonome Selbst und so weiter bezeichnet. Die Rebellen der Ökoromantik hielten dies für unerträglich, insbesondere deshalb, weil damit ein massiver Dualismus, eine massive Kluft zwischen dem Ego und der Welt der Natur aufgerissen wurde. Den Begründern der öko-romantischen Rebellion im weiteren Sinne – Rousseau, Herder, die beiden Schlegel, Schiller, Novalis, Coleridge, Wordsworth, Whiteman in ihrer je unterschiedlichen Weise – war vor allen Dingen an der Schaffung eines gewissen Maßes an Ganzheit, Harmonie und Einheit zwischen dem Selbst und der Welt gelegen. Insbesondere wollten sie Selbst und Natur in einem breiten Strom kosmischen Lebens vereint sehen. Sie wollten keine distanzierende Repräsentation, sondern ein mitfühlendes Einfügen in dieses große Gewebe der Natur, die höchste Wirklichkeit, an der sich alles Wirken und alle Erkenntnis festmachen muss. Kurz gesagt, sie strebten nach Einheit mit sich selbst, indem sie Einheit mit der Natur suchten. Aber sehen Sie: Es handelt sich um dieselbe Natur. Es ist dieselbe monologische Natur wie im Ego-Lager, nur dass man sich ihr mit einer ganz anderen Absicht nähert: Man will sie nicht beherrschen, berechnen und steuern, sondern eins mit ihr werden und dadurch auch in sich selbst zur Ganzheit gelangen« (Wilber 1997, 355). Da Wilber ein Vertreter einer integralen Sicht von Körper, Seele (Psyche), Geist (Ratio) und GEIST (Spirit) ist, würdigt er zwar die Errungenschaften beider Lager, kritisiert sie aber auch wegen ihrer Einseitigkeiten und fehlenden Tiefen und Höhen.

So leidet das Ego-Lager beispielsweise darunter, dass es den eigenen Körper, die eigene Biosphäre, die eigenen Lebenssäfte unterdrückte und verdrängte (die Psychoanalyse konnte diese *Repression* aufzeigen). Die Vertreter des Öko-Lagers andererseits verwenden zwei verschiedene Definitionen von Natur. Einerseits sprechen sie von NATUR, die *alles* umschließt, die die allumfassende Wirklichkeit ist (und von der der Mensch ein eingeschlossener Teil ist), und andererseits sprechen sie von Natur, von der wir Menschen uns mit der Kultur entfernt, abgespalten hätten. Durch diese Verwirrung der Natur-Verständnisse kommt es – nach Wilbers Auffassung – zu einer *Regression* (»Zurück zur Natur«, »Der edle Wilde«, »Das verlorene Paradies«) statt zu einer

Vorwärts-Bewegung in der Evolution. Um diese Verwirrung zu vermeiden, sprechen wir hier von »natürlicher Welt«, wenn wir Materie, Pflanzen und Lebewesen meinen, und von »Natur«, wenn wir das größere Holon meinen, das dies alles (inklusive den Menschen) ein- und umschließt.

Es ist möglich, in der natürlichen Welt intensive spirituelle Erfahrungen zu machen, etwa während einer Visionssuche. Von einer spirituellen Weltsicht aus sollte jedoch zwischen den auslösenden Naturgeschehnissen und dem schöpferischen Göttlichen dahinter differenziert werden, um nicht in reine Naturmystik zu verfallen. Die Teilnehmer einer Visionssuche erleben also sich selbst im Kontext der sie umgebenden natürlichen Umwelt und sie erleben die Aktivitäten der Materie, Pflanzen, Tiere und geistigen Wesenheiten um sich herum. So kommt es einerseits zu einer »Selbstauslegung in Bildern der Natur«, das heißt: Ich spiegle mich in den äußeren natürlichen Vorgängen: Der beobachtete Bach auf der Almwiese »er-innert« mich an das Fließen in mir. Andererseits geschieht eine »Naturdeutung in Bildern der Seelenlandschaft«; ich stelle einen Zusammenhang her zwischen einem inneren Empfinden und einer äußeren Beobachtung, beispielsweise meiner Verwirrung und dem aufkommenden Nebel (siehe Falter 2006, 224).

Ein wichtiges Element der Integrationsphase nach der Zeit des Alleinseins in der natürlichen Umwelt ist die Erzählung der persönlichen Geschichte über die Erfahrungen während der vier Tage »draußen«. Es gilt, das Erlebte und Empfundene zu versprachlichen, in die Welt zu bringen. Damit zeige ich mich und werde sichtbar und hörbar für die anderen, die meinen Bericht »bezeugen«. Im so genannten »Spiegeln« erzählen die Leiter noch einmal das gerade berichtete Geschehen, und der Teilnehmer hört seine eigene Geschichte erneut, doch dieses Mal aus dem Munde eines anderen. Zugleich eröffnet das Spiegeln den Leitern vorsichtig die Möglichkeit, Wesentliches herauszuarbeiten, Wertschätzung auszudrücken und das subjektiv Erfahrene »im Lichte der kollektiven Weisheit der Völker« in mythologische Zusammenhänge, symbolische Bedeutungen, archetypische Bilder hineinzustellen. Damit wird auch der Ich-Erzähler in die größeren Ordnungen gestellt, die uns umgeben.

244

3. Auswirkungen

Analog zu religiösen Erfahrungen trägt das Ritual zur *Identitätsstützung* und *Identitätsstiftung* bei, gerade weil es auf gewohnte Umgebungen und Sicherheiten verzichtet und dadurch ein (innerer) Raum der Leere, der Nacktheit, des Ausgeliefertseins entsteht, in dem alte Hüllen und Verhaltensmuster abfallen, existenzielle Fragen auftauchen können und oft unerwartete Antworten aus der inneren und äußeren »Natur« kommen können. Die Frage nach dem *rechten Handeln* in den schnell sich verändernden Lebensverhältnissen, nach dem roten Faden im eigenen Leben, nach dem Boden unter den Füßen, wird durch die Fragen nach der Intention (»Absichtserklärung«) ermöglicht und der Bitte um eine Vision, die das »Wesentliche« aufzeigt, sowie durch die Erkenntnis vieler Teilnehmer über ihre Aufgabe in der Welt. Es kommt zu einer *Kontingenzbewältigung*, wenn nächtliche Sterbeerfahrungen, Zweifel, diverse Ängste und Schwächeerlebnisse mit der Neugeburt am letzten Morgen der Schwellenzeit kontrastiert werden. Obwohl jeder an seinem Platz draußen ist und alle menschlichen Kontakte vermieden werden, wissen doch alle, dass sich in diesem Moment alle anderen Teilnehmer ebenfalls freuen, fürchten, eine Aufgabe bewältigen wollen. Besonders in den Tagen nach der Rückkehr spüren meist alle tiefes Mitgefühl und Verbundenheit mit den anderen, sodass es zu einer starken *sozialen Integration* kommt. Anschließend hat dann jeder Einzelne die Aufgabe der Umsetzung der persönlichen Vision. Viele erleben Einheitserfahrungen (vom Alleine-Sein zum All-Einssein), eine *Kosmisierung* ihres individuellen Lebens, die starke ethische Impulse auslöst in Richtung eines kosmozentrischen Weltbildes und großer Achtsamkeit für alle Mitgeschöpfe. So gehen Impulse zum Schutz der äußeren mit Impulsen zum Schutz der inneren »Natur« einher.

Postmoderne Menschen suchen die göttliche Kraft in Verbindung mit körperlicher, emotionaler, mentaler und spiritueller Energie und in der Überwindung des Subjekt-Objekt-Dualismus. Das Ritual der Visionssuche ermöglicht eine Distanzierung von Egozentrismus und Narzissmus und eine spürbare Verbindung mit energiereichen transpersonalen Zuständen, Wärme- und Lichterfahrungen nach dem »Tod des kleinen Ichs«, wie es der Dichter und Gründer des mystischen Islams, Rumi, beschreibt: »Wahrheit willst du, unverschleiert? Wähle den Tod! Nicht den Tod, der dich zu Grabe trägt – den Tod, der eine

Wandlung ist. Damit du eins wirst mit dem Licht.« Oder wie Buddha sagte:»Um das Leiden zu beenden, musst du das Ich beenden; sie entstehen und vergehen gemeinsam.« Der junge Mann konnte auf einer biografischen Ebene dem verstorbenen Vater begegnen und den frühen Verlust betrauern, in sich selbst das»Väterliche« und»Königliche« und in der natürlichen Umwelt Zeichen für»Macht und Herrschaft« entdecken und so mehr Selbstbeherrschung und Verantwortung für sich und andere in seinem Alltag übernehmen.

In den»Ethischen Grundlagen der Visionssuche-Arbeit« wurden solche Wirkungen auch als erwünscht beschrieben:»Wir verstehen unsere Arbeit als einen Beitrag zur nachhaltigen Gestaltung unserer Welt. Uns liegt daran, dass Menschen, die für inneres Wachstum in die Wildnis gehen, ihr Eingebundensein in die natürliche Welt wieder entdecken und sich für ihre Schönheit, ihre Vielfalt und ihren Geist öffnen können.«[3]

4. Naturerfahrung und Spiritualität

Heidegger weist mit seinem»Geviert« auf ähnliche Verbundenheiten hin:»Mensch sein heißt: als Sterblicher auf der Erde sein, heißt, wohnen«, und er fährt nach der Herleitung des Begriffes»Wohnen« aus dem»Schonen« fort:»Doch ›auf der Erde‹ heißt schon ›unter dem Himmel‹. Beides meint *mit* ›Bleiben vor den Göttlichen‹ und schließt ein ›gehörend in das Miteinander der Menschen‹. Aus einer ursprünglichen Einheit gehören die Vier: Erde und Himmel, die Göttlichen und die Sterblichen in eins« (Heidegger 1954, 149).

A. Martin (2005) analysiert mehrere»Dimensionen« aktueller spiritueller Strömungen, die sich auch bei vielen Visionssucheteilnehmern wiederfinden:

- Die»Reise zu sich selbst«. Dazu gehören die eigene Befindlichkeit, der eigene Status, die Selbst(er)findung; das Verlassen der alten»Gehäuse«.
- Die»Verzauberung«. Dazu gehören Erlebnis und Abenteuer, Wunder und Übersinnliches, die Ästhetisierung des Lebens.
- Die»Heilung« (von Körper, Seele, Geist). Dazu gehören Heilswege und Heilsbilder.
- Die»Festigkeit«. Dazu gehören Orientierung (Rituale), Gewissheit (Sinn, Ordnung, Verlässlichkeit).

- Die »Gemeinschaft«. Dazu gehören Zugehörigkeit, soziales Bezugssystem, Netzwerke von Gleichgesinnten, Gemeinschaftsprojekte.
- Die »Reise in die Weite«. Dazu gehören physische Bewegung (Pilgern, Hinausgehen), virtuelle und spirituelle Reisen (Sehnsucht nach Höherem oder Tieferem, Transzendenz, Erwachen und Erleuchtung).
- Das »Weltverhältnis« (Einstellungen, Haltungen zur Umwelt und konkretes Verhalten). Dazu gehören auch Negationen, Retrospektiven und Perspektiven.

Durch das *setting*, die rituelle Gestaltung des pankulturellen Rituals der Visionssuche besteht die Möglichkeit einer spirituellen Erfahrung, also einer direkten persönlichen Erfahrung des Göttlichen. Dies ist auch im Sinne Buchers, der Spiritualität versteht als Verbundenheit sowohl zu einem höheren geistigen Wesen als auch zur natürlichen Umwelt und sozialen Mitwelt und – daraus folgend – als eine Selbst-Transzendierung des eigenen Ego (Bucher 2007, 56). Für den Zen-Meditationslehrer und Benediktinermönch Willigis Jäger ist die Spiritualität (und Mystik) Quelle und Urgrund aller Religionen: »Nicht der Verstand und nicht die Sinne können sie fassen, alle Bilder, Symbole und Begriffe sind wie Glasfenster. Glasfenster, die uns etwas erzählen vom Licht, das dahinter ist.« Er sieht die Notwendigkeit einer »Neubelebung der Religion durch die *Erfahrung* der Wahrheiten. Die Religion ist nur eine Landkarte, die den Weg der Erfahrung zeigen soll, in die Urerfahrung der so genannten Religionsstifter« (Jäger 1995, 16 f.).

Literatur

A. Bellinger u. D. Krieger (Hg.), Ritualtheorien. Ein einführendes Handbuch. Wiesbaden: Westdeutscher Verlag, 2. Aufl. 2003

M. Buber, Ich und Du (1923). Heidelberg: Verlag Lambert Schneider, 8. Aufl. 1974

A. Bucher, Psychologie der Spiritualität. Weinheim: Beltz-Verlag 2007

J. Campbell, Der Heros in tausend Gestalten (1978). Frankfurt am Main: Suhrkamp Verlag 1999

S. Foster u. M. Little, Vision Quest. Sinnsuche und Selbstheilung in der Wildnis. Braunschweig: Aurum Verlag 1991

J. Gebser, Ursprung und Gegenwart (1986). Die Fundamente der aperspektivischen Welt, 1. und 2. Teil sowie Kommentarband (Gesamtausgabe Band 2–4). Schaffhausen: Novalis Verlag, 2. Aufl. 1999

A. van Gennep, Übergangsriten (1999). Frankfurt: Campus Verlag, 3. Aufl. 2005

Robert Bögle und Andreas Manz (†)

R. Falter, Natur als Spiegel und Rahmen. Psycho-logik. Jahrbuch für Psychotherapie, Philosophie und Kultur 1 (2006) 219–237

M. Heidegger, Bauen Wohnen Denken. In: Vorträge und Aufsätze. Pfullingen: Neske-Verlag 1954

W. Jäger, Philosophia Perennis in Ost und West. Tagungsbericht 1995

S. Koch-Weser u. G. von Lüpke. Vision Quest. Visionssuche: Allein in der Wildnis auf dem Weg zu sich selbst. Kreuzlingen: Hugendubel Verlag (Ariston) 2000

A. Martin, Sehnsucht – der Anfang von allem. Dimensionen zeitgenössischer Spiritualität. Ostfildern: Schwabenverlag 2005

K. Wilber, Das Wahre, Schöne, Gute. Geist und Kosmos im 3. Jahrtausend. Frankfurt am Main: Fischer Taschenbuch Verlag 2002

K. Wilber, Halbzeit der Evolution. Der Mensch auf dem Weg vom animalischen zum kosmischen Bewusstsein (1996). Frankfurt am Main: Fischer Taschenbuch Verlag 2002

Korrespondenzadresse: Robert Bögle, Pädagogisch-psychologische Informations- und Beratungsstelle für Schüler/innen, Eltern und Lehrer/innen, Karlstr. 34, D-80333 München. E-Mail: info@pib-muenchen.de

Anmerkungen

[1] *In memoriam* Dr. Andreas Manz, der leider Anfang 2008 vor Fertigstellung dieses Beitrags verstarb.

[2] Wilber geht davon aus, dass die Welt aus »Holons« aufgebaut ist. Ein Holon ist einerseits ein »Ganzes«, andererseits zugleich ein »Teil von einem (größeren) Ganzen«. So ist z.B. die Zelle einerseits ein relativ abgeschlossenes Ganzes und andererseits Teil eines Organs, das Organ ein Ganzes und Teil meines Körpers, mein Körper ein Ganzes und wiederum Teil der Natur. Ähnlich argumentiert der amerikanische Kulturwissenschaftler Gregory Bateson, wenn er in einem anderen Zusammenhang sagt: »Die Basis aller Spiritualität ist die Beziehung des Teils zum Ganzen« (in: Koch-Weser u. Lüpke 2000, 233). Der große Irrtum, die Hybris des modernen Menschen- und Weltbildes, ist die Leugnung dieser Eingebundenheit in eine solche Hierarchie, oder genauer »Holarchie«.

[3] Die Mitglieder des deutschsprachigen Netzwerks der Visionssucheleiter/innen verabschiedeten 2007 verbindliche »Ethische Grundlagen der Visionssuche-Arbeit« (veröffentlicht: www.visionssuche.net).

Literaturbericht

Frédéric Seyler

Michel Henrys Philosophie des Christentums als Ethik der Hingabe an das absolute Leben

Christi Worte. Freiburg u. München: Alber 2010, 150 S., ISBN 978-3-495-48396-1, EUR 19,–

Inkarnation. Eine Philosophie des Fleisches. Freiburg u. München: Alber, 2. Auflage 2004, 431 S., ISBN 978-495-48051-9, EUR 22,–

»Ich bin die Wahrheit.« Für eine Philosophie des Christentums. Freiburg u. München: Alber, 2. Auflage 1999, 406 S., ISBN 978-3-495-47856-1, EUR 45,–

Die Barbarei. Eine phänomenologische Kulturkritik. Freiburg u. München: Alber 1994, 397 S., ISBN 978-3-495-47769-4, EUR 32,–

Michel Henrys Spätwerk steht ganz im Zeichen einer Philosophie des Christentums, welche vom Autor im Sinne seiner Lebensphänomenologie entwickelt wurde. Man kann hier durchaus von einer lebensphänomenologischen Interpretation der christlichen Offenbarungslehre sprechen, insofern Henry die Resultate seines früheren Schaffens auf diese Lehre anwendet bzw. wesentliche Übereinstimmungen zwischen der Lebensphänomenologie und dem Christentum hervorhebt. Daher ist diese als Spätwerk bezeichnete Trilogie von doppeltem Interesse. Einerseits zielt es auf ein lebensphänomenologisch fundiertes und daher erneuertes Verständnis der christlichen Religion ab, andererseits erfährt auch die Lebensphänomenologie eine nicht zu unterschätzende Weiterentwicklung. Diese stellt jedoch keine Abkehr von den zuvor von Henry vertretenen Thesen dar, sodass das Spätwerk keineswegs in

Opposition zu einer frühen und mittleren Schaffensperiode gedacht werden kann. Vielmehr besitzt Henrys Gesamtwerk eine fast erstaunliche Kontinuität und seine Philosophie des Christentums ist dabei keine Ausnahme. Im Gegenteil, von dem 1996 in der französischen Originalfassung erschienenen ›Ich bin die Wahrheit‹ bis zu ›Christi Worte‹, Henrys letztem Werk, welches nun auch in einer deutschen Übersetzung beim Karl Alber Verlag verfügbar ist, werden bereits durchgeführte Untersuchungen vom Autor übernommen und eine Konvergenz zwischen Lebensphänomenologie und christlicher Lehre eingesetzt. Ein bezeichnendes Beispiel dafür ist die von Henry schon 1987 in ›Die Barbarei‹ (dt. 1994) unternommene Kulturkritik der Modernität, welche sich in allen drei Büchern wiederfindet. Dass dies kein Zufall ist, liegt unter anderem an der Präsenz eines ethischen Ansatzes in diesem zuweilen polemischen Essay, ein Ansatz, der in einer Philosophie des Christentums nicht fehlen durfte und sich sogar für diese als zentral herausstellen mag. Hier sei deswegen noch einmal kurz an die wichtigsten Punkte einer Ethik der Lebensphänomenologie anhand von ›Die Barbarei‹ erinnert. Der Begriff Ethik bezeichnet dort zunächst eine *ursprüngliche oder erste Ethik*, die mit dem Ethos identisch ist. Dieses kennzeichnet die »Gesamtheit der unbegrenzt wieder begonnenen Vorgänge, in denen das Leben sein Wesen vollzieht« (Henry 1994, 274). In dieser Hinsicht ist das Ethos die Affektivität selbst in ihrem immanenten Vollzug, das heißt die Bewegung des Lebens, insofern sie dessen Selbststeigerung bedeutet. Es ist somit auch identisch mit dem von Henry später eingeführten »Wort des Lebens« *(parole de la vie)* als Selbsterprobung und In-sich-Kommen einer lebendigen Subjektivität, welche eine Habitualität und die Ausformung entsprechender »Lebensstile« impliziert.

In seiner zweiten Bedeutung bezeichnet »Ethik« die Thematisierung der ursprünglichen Ethik im Diskurs und in der Vorstellung. Die diskursive Ethik besitzt daher einen sekundären und abgeleiteten Charakter gegenüber der ursprünglichen Ethik. Sie beruft sich letztlich auf die der Affektivität eigene Gewissheit, und die Vorstellungen, die sie von der Affektivität entwickelt, finden ihr Wahrheitskriterium in der Affektivität selbst. Als Vorstellungen handelt es sich aber um Bilder-des-Lebens, die die lebendige Wirklichkeit nur indirekt reflektieren. Sie entstammen jedoch dieser Wirklichkeit, insofern sie der Bewegung angehören, mit der das immanente Leben sich selbst bejaht, und zwar »in Gestalt seiner Selbstrepräsentation« (ebd.). Das grundlegende ethische Problem besteht darin, dass die Affektivität Verzerrungen unterliegt, bei denen sich das Leben gegen sich selbst kehrt, vor sich zu fliehen sucht, was schließlich zur Verneinung des Lebendigen führt. »Barbarei«, »Verzweiflung« und »Krankheit des Lebens« sind die Termini, die diese mehr als problematische Situation beschreiben sollen. In diesem Kontext besitzt der ethische Diskurs die Legitimität eines »Ausnahmefalles«, der durch ein reflexives Selbstverhältnis des Lebens gekennzeichnet ist, insofern es dort versucht, »sich zu repräsentieren […], was es will«, und es dadurch zu einem

»Innehalten oder [einem] Zögern in der Handlung kommt« (ebd. 273). Das Problem der Ethik analysiert sich daher in der Lebensphänomenologie als Alternative zwischen Lebensvergessenheit und Bejahung bzw. Steigerung des Lebens. Eine Alternative, die sich letzten Endes mit der Frage nach dem *Heil* als identisch erweist.

Mit dem ersten von drei Werken zu einer Philosophie des Christentums wird nun dieser ethische Ansatz explizit mit dem *absoluten* Leben und seiner Offenbarung in Beziehung gesetzt. Dass die Dimension des Absoluten hier keine plötzliche Entdeckung für Henry darstellt, zeigt sich bereits in ›L'Essence de la manifestation‹ (1963), wo der Autor mit einem Verweis auf das Verhältnis von Existenz und absolutem Leben Gottes bei Kierkegaard schließt. Auch die wichtigen Kapitel dieses Werkes, die den Immanenzbegriff durch eine ausführliche Eckhart-Rezeption entwickeln, halten davon ab, Henrys Phänomenologie vor 1996, trotz einer manchmal möglicherweise in die Irre leitenden Begrifflichkeit, als Egologie aufzufassen. Mithin stellt ›Ich bin die Wahrheit‹ streng genommen keine Wende hin zum Christentum dar, sondern das Explizitmachen einer bereits skizzierten Orientierung. Wie entwickelt also Henry diesen ersten Teil seiner Religionsphilosophie? Das Werk kann in vier Abschnitte gegliedert werden. Einleitend wird zunächst der Wahrheitsbegriff untersucht und dabei in Beziehung zur christlichen Offenbarung gesetzt. Im Rahmen dieser Untersuchung entwickelt Henry die Dualität des Wahrheitsbegriffes, die in den Gegensatz zwischen einer »Wahrheit der Welt« *(vérité du monde)* und der Wahrheit des Christentums als »Wahrheit des Lebens« *(vérité de la vie)* mündet. Im Gegensatz zu einem Wahrheitsverständnis, das vom Horizont der Welt und seiner Sichtbarkeit abhängig und daher immer in einem äußeren Verhältnis zu dem als real Beschriebenen bleibt, verkündet die christliche Lehre die Identität von Wahrheit und Leben. Wenn aber das Leben die Wahrheit *ist*, wie Henry zunächst unter Berufung auf das Johannes-Evangelium unterstreicht, so muss klargestellt werden, was eigentlich unter »Leben« im Gegensatz zur Welt zu verstehen ist. Und in diesem Gegensatz von Leben und Welt (als These von der *Duplizität* des Erscheinens) zeichnet sich eine erste Konvergenz zwischen der Lebensphänomenologie und der christlichen Lehre ab, denn das Leben, von dem hier die Rede ist, ist nicht das einer empirischen Wissenschaft, welche gerade auf eine Objektivierung, das heißt auf eine ekstatische Phänomenalität angewiesen ist. Wenn das Leben hingegen als immanente Selbstaffektion, also als ein von der ekstatischen Phänomenalität radikal zu unterscheidendes affektives Erscheinen, aufgefasst wird, muss sich das Leben auf eine andere, dem Horizont der Welt und seiner Sichtbarkeit unabhängige Weise offenbaren. Diese wesenhafte Unsichtbarkeit des Lebens und seinen nicht-welthaften Charakter entdeckt Henry ebenfalls bei Johannes.

Doch muss nicht eingestanden werden, dass auch die christliche Offenbarung auf eine Überlieferung angewiesen ist, das heißt auf Texte und deren historisch-kritische Auslegung? Dann würde sie aber gerade auch von einem Sichtbarwerden in Sprache und Geschichtswissenschaft abhängen, zwei Bereichen, die jedoch von Henry der Wahrheit der Welt zugeordnet werden und als solche für die Offenbarung des absoluten Lebens nicht in Betracht kommen können. Wie kann aber überhaupt ein Begriff des Christentums angeführt werden, ohne auf diese Quellen zu rekurrieren? Wie bereits die Einleitung von ›Ich bin die Wahrheit‹ anzeigt, soll hier ein radikaler Perspektivwechsel vorgenommen werden: Nicht die Texte und deren historisch-kritisches Studium sind es, welche uns zur Wahrheit des Christentums führen, sondern umgekehrt, die absolute Wahrheit des Lebens ist es, welche es uns ermöglicht, die überlieferten Texte zu verstehen. Mit anderen Worten offenbart sich Gott als absolutes Leben auf einer anderen Ebene als der sprachlich-historischen Überlieferung, und erst durch diese rein immanente und affektive Offenbarung können die Evangelien überhaupt für uns einen Sinn haben, mehr noch, sich in ihrer Wahrheit entdecken lassen. Diese religionsphilosophische Umkehr hat einen zentralen Stellenwert für das Spätwerk Henrys, denn sie steht im direkten Verhältnis zur *phänomenologischen* Umkehr, welche in den Paragraphen 15 und 16 von ›Inkarnation‹ darlegt wird und ohne die der Anspruch der Lebensphänomenologie auf Wahrheit nicht einzulösen ist, wie noch zu zeigen sein wird. Eine solche Parallele bekräftigt zugleich die oben erwähnte Konvergenz-These: natürlich nicht im Sinne des Aufstellens einer Identität von Lebensphänomenologie und christlicher Überlieferung, wohl aber im Sinne eines identischen Wahrheitsbegriffes, der sich aus zwei verschiedenen Wegrichtungen, der radikal phänomenologischen und der christlich-religiösen, ergibt. Aufgrund der Unzertrennlichkeit von Wahrheit und Leben muss aber in einem zweiten Schritt aufgezeigt werden, inwiefern im Rahmen der Lebensphänomenologie überhaupt von einem absoluten Leben gesprochen werden kann und welche Bedeutung dabei der Person Christi zukommt.

Dies ist ein wesentlicher Bestandteil der Kapitel 3 bis 5, in denen unter anderem ausgeführt wird, wie die Form, in der sich das absolute Leben als Leben erzeugt, keine andere als die der *Ipseität,* das heißt die eines lebendigen Selbst oder »Sich« ist. Christus ist somit der Erstlebendige *(Premier vivant),* absolutes und individuiertes Leben zugleich. Wenn aber die Ipseität die Form ist, in der sich das absolute Leben beständig sich selbst offenbart und Christus daher als Gottes Sohn anzusehen ist, dann teilen auch die Menschen selbst diese »Sohnes*bedingung*« *(condition de Fils)* mit Christus, was bedeutet, dass sie als Gottes Söhne ebenfalls aus dem Selbsterzeugungsprozess des absoluten Lebens hervorgehen, ein Vorgang, den Henry als die *transzendentale Geburt (naissance transcendantale)* des Menschen im Leben bezeichnet. Wenn sich aber Gott im Menschen als Ipseität selbst offenbart – und zwar als sich in der Affektivität kontinuierlich offenbarendes Leben –, so muss jedoch auch zwischen dem absoluten Leben und dem menschlichen unterschieden werden. Der Mensch ist als Lebendiger *in* Gott und *in* Christus als Ur-Ipseität, ist aber mit Freiheit ausgestattet, insofern er subjektive Vermögen ausübt (Henry bezieht sich hier auf das husserlsche »Ich kann«) und dadurch seine individuelle wie kollektive Existenz gestaltet. Das heißt aber zugleich, dass der Mensch nicht selbst Gott ist, was schon allein aus der Tatsache hervorgeht, dass er nicht sein eigener Grund *(fondement de soi)* sein kann. Er ist im Leben, aber nicht das Leben.

Die »Sohnes*bedingung*« des Menschen ist aber, nach Henry im Einvernehmen mit den Evangelien, auch als Wesen der *conditio humana* zu verstehen. So ist der sich mit dieser *conditio* befassende dritte Teil des Buches von besonderer Bedeutung für die Ethik in der Lebensphänomenologie. Wie die Kapitel 6 bis 10 belegen, findet die in ›Die Barbarei‹ angedeutete Ethik in der Religion zu ihrer eigentlichen Berechtigung, und der Grundgehalt dieser religiös-christlichen Ethik im Sinne der Lebensphänomenologie kann als *Hingabe an das absolute Leben* bezeichnet werden, das heißt als die wieder gefundene Einheit von Existenz und Leben in Gott. Dies geht besonders aus den Kapiteln 8 und 9 hervor, die bereits in ihren jeweiligen Titeln das ethische »Problem«, das Vergessen der »Sohnes*bedingung*« *(oubli de la condition de Fils)*, und dessen »Lösung«, das Wiedererkennen bzw. die Anerkennung *(reconnaissance)* dieser *conditio* im Rahmen einer »zweiten Geburt« *(seconde naissance)*, angeben. Interessant und paradox ist zunächst die Ausgangssituation des Menschen: Als Lebendiger ist der Mensch immer im absoluten Leben Gottes, da das Leben sich durch seine phänomenologische und ontologische Inkommensurabilität mit der Welt auszeichnet. Nicht das Leben geht aus der Welt hervor, sondern umgekehrt, die Transzendenz der Welt gründet sich auf die Immanenz des Lebens, und das in der Welt Erscheinende kann sich nur dem zeigen, der sich als Lebendiger in diesem Erfahren und Tätigsein selbst erprobt, das heißt selbst *affiziert*.

Dadurch, dass sich Gott als das absolute Leben im menschlichen unmittelbar selbst offenbart, gibt es ein nicht aufzulösendes Band zwischen Gott und dem Menschen. Die transzendentale Geburt ist somit eine Geburt in Gott. Zwar können diese Geburt sowie das Leben im Absoluten nicht aufgehoben werden, doch kann der Mensch sie vergessen und negieren. Der wesentliche Grund für diese »Lebensvergessenheit«, die zugleich eine »Gottvergessenheit« ist und zur Negation der menschlichen *Bedingung* als »Sohnschaft« *(filiation)* führt, liegt nach Henry in der Illusion des transzendentalen Egoismus, welche darin besteht, dass sich der Mensch für seinen eigenen Grund hält. Mit der Freiheit seine subjektiven Vermögen auszuüben und mit der wesensbedingten »Diskretion« eines unsichtbaren sowie immanenten Lebens entsteht eine Illusion, in der sich das Ego nicht nur zum »Zentrum«, sondern auch zur Ursache der ihm »eigenen« Subjektivität macht. Mithin versteht es sich als absoluten Anfang und steht einer Welt gegenüber, die es zu erobern gilt. Mit der sich scheinbar als einzige Wirklichkeit aufzwingenden Welt wird das Leben als eigentliche Quelle der subjektiven Vermögen aus den Augen verloren, und dies notwendigerweise, insoweit der ek-statischen Phänomenalität, der Sichtbarkeit also, das Monopol des Wirklichen zugesprochen wird. Daher schließt ›Ich bin die Wahrheit‹ mit der schon in ›Die Barbarei‹ entwickelten Kulturkritik an der Modernität, welche nun von Henry im krassen Gegensatz zur Wahrheit des Christentums gestellt wird. Die Reduzierung des Lebens, und daher auch des Menschen, auf das Objektiv-Messbare ist letzten Endes eine Figur des Todes, die Negation der christlichen Botschaft und ihres Wahrheitsbegriffes. Paradox ist jedoch der Ausgang aus einer Kultur des Todes, i. e. aus der Barbarei, in eine Kultur des Lebens. Denn die Überwindung der »Lebensvergessenheit«, welche gleichbedeutend wäre mit einer »zweiten Geburt«, von der Henry schreibt, dass sie keine andere sei als die »erste«, uns stets im Leben haltende transzendentale Geburt (aber eben als wiedergefundene, anerkannte und die Existenz orientierende), ist keine auf menschliche Freiheit beruhende Willensentscheidung. Da eine von der Affektivität losgelöste Freiheit in der Lebensphänomenologie keinen Sinn ergibt, kann der Wandel des Menschen nur auf die Affektivität selbst zurückgeführt werden. Diese unterliegt aber nicht den Befehlen menschlicher Willkür. Henrys Interpretation der christlichen Ethik als »Heil« führt somit in die Problematik menschlicher Freiheit, scheint aber gleichzeitig die Schlussfolgerung nahezulegen, das Heilsbestreben entziehe sich ihrem Zugriff. So kann der Mensch sich nicht selbst erlösen, und die »zweite Geburt« ist, wie die Sprache bereits suggeriert, ein Geboren-*werden*, das heißt das Werk des Lebens in ihm.

Die Frage ist dann aber, ob es überhaupt noch einen Sinn hat, von einer *Ethik* der Lebensphänomenologie zu sprechen. Das mit der »zweiten Geburt« verbundene Wissen ist kein intentionales. Die Überwindung der »Lebensvergessenheit« ist keine Bewusstwerdung eines Unbewussten, und scheinbar auch kein diskursiv zu vermittelndes Wissen. Da sich aber die Selbstoffenbarung des Absoluten stetig in uns ereignet, besteht für den Menschen die prinzipielle Möglichkeit, das »Wort des Lebens« erneut zu hören, und zwar durch die Vermittlung einer in der Sprache des Menschen und der Welt verfassten Botschaft. Die Evangelien sind Henry zufolge diese Botschaft, insofern sie das Wort des Lebens in der Gestalt Christi als Mensch gewordener Gott wiedergeben. Dies ist genau der Punkt, an dem Henrys letztes Werk anknüpfen wird, ein Ansatz, der bereits im 12. Kapitel von ›Ich bin die Wahrheit‹ maßgeblich vorliegt.

Auch das zweite Buch der Trilogie, ›Inkarnation‹ (2000, dt. 2002), verbindet die Weiterentwicklung der Lebensphänomenologie mit einer Interpretation der christlichen Lehre, und die dort erzielten Ergebnisse werden sich in gedrängter Form ebenfalls in ›Christi Worte‹ wieder finden. ›Inkarnation‹ ist aus mindestens zwei Gründen ein wichtiges Buch in Henrys Gesamtwerk. Zum einen wird hier die vom Autor vollzogene phänomenologische Umkehr *(renversement phénoménologique)* im Dialog mit Husserl, Heidegger, aber auch mit Merleau-Ponty und Eugen Fink, erneut bekräftigt und expliziert. Dies ist Thema eines ersten Teiles, das in den Paragraphen 15 und 16 seine Schlussfolgerung findet. Das Problem ist dabei folgendes: Wenn eine phänomenologische Umkehr, das heißt also eine Phänomenologie des Fleisches *(chair)* als rein immanenter Selbstaffektion, möglich sein soll, muss der epistemologische Status einer solchen Radikalität geklärt und legitimiert werden (zur Übersetzung von *chair* mit *Fleisch* vgl. das Nachwort von R. Kühn in Henry 2004, 417 f.). Eine solche Legitimierung ist insofern notwendig, als die Lebensphänomenologie die prinzipielle Irrealität eines notwendig auf Idealitäten beruhenden Diskurses unterstreicht, jedoch selbst eine Form der Idealität und des Diskurses darstellt. Mit anderen Worten: Wie ist ein phänomenologischer Diskurs über das unsichtbare Leben möglich und, vor allem, wie kann der Wahrheitswert des in diesem Rahmen Ausgesagten *überprüft* werden? Es ist leicht einzusehen, dass es sich hierbei um keine nebensächliche Frage handelt, sondern dass mit ihr überhaupt die Möglichkeit der Lebensphänomenologie als *theoria* auf dem Spiel steht.

Henrys originelle Lösung besteht darin, die Überprüfung seiner eigenen Theorie von der inneren *Gewissheit* des Lebens selbst abhängig zu machen. Ein anderer Weg, nämlich der der *Evidenz*, ist nicht mehr möglich, nachdem diese der Phänomenalität des Sichtbaren zugeordnet und folglich als Wahrheitskriterium abgelehnt worden ist, wie vor allem aus der Auseinandersetzung mit Husserl hervorgeht. Für eine radikalisierte Phänomenologie muss daher ein anderes Wahrheitskriterium angeführt werden, welches sich ebenfalls als letzter und nicht mehr zu hinterschreitender Grund durch Selbstbezüglichkeit auszeichnet. Ein solches Kriterium kann nur die lebendige Gewissheit selbst sein, eine Lösung, die Henry so zusammenfasst: Einen Zugang zum Leben gibt es allein im Leben selbst (vgl. Henry 2004, 138 ff.). Dabei beruft sich der Autor wesentlich auf die zweite Meditation Descartes', anhand derer er, in Kontrast zu Husserls Göttinger Vorlesungen von 1907, den Begriff der Gegen-Reduktion entwickelt (ebd. §18). Nicht die Intelligibilität des Evidenten kann die Wahrheit der Lebensphänomenologie ausmachen, sondern die Ur-Intelligibilität *(Archi-Intelligibilité)* des sich selbst affizierenden Lebens und dessen Gewissheit. So beansprucht der lebensphänomenologische Diskurs den Status eines aus dieser Gewissheit heraus entworfenen Bilds-des-Lebens *(image-de-la-vie)*, und die Berechtigung dieses Anspruchs kann nur durch eine entsprechende Gewissheit bei der Rezeption des Textes gesichert werden. Die Theorie ist dabei keineswegs das Leben selbst, sondern nur dessen Übersetzung in ideelle Bedeutungszusammenhänge. Die Frage ist also allein, ob es sich hier um eine *getreue* Übersetzung handelt, welche, soweit es eine Theorie überhaupt vermag, die Wahrheit des Lebens sprachlich wiedergibt und umschreibt.

Konsequent lädt Henry auch in ›Inkarnation‹ den Leser dazu ein, ein solch affektives Bewerten seiner Thesen durchzuführen (Henry 2004, 292).

Allerdings ist Henrys Antwort auf die von ihm selbst gestellte Frage nicht nur von erkenntnistheoretischer Bedeutung. Insofern sie den *Zugang* zum immanenten Leben als Affektivität betrifft, steht sie in enger Verbindung zur ethischen Problematik, wie sie sich aus dem vorhergehenden Werk ergeben hat und mit dem Begriff der »zweiten Geburt« bezeichnet werden konnte. Denn es ergibt sich aus dem oben Zusammengefassten, dass der henrysche Text als Bild-des-Lebens, und in Anlehnung an das cartesianische Modell selbst eine Gegen-Reduktion vollzieht und das rezeptive Vollziehen einer solchen beim Leser zumindest potentiell beinhaltet. Die eventuell dadurch zustande kommende Rückführung auf das Leben als pathisch-affektives Erscheinen gibt dem lebensphänomenologischen Text eine ethische Dimension, insofern es bei dieser Ethik gerade um ein Wiedererkennen bzw. Anerkennen des Lebens geht. Wie Henry jedoch selbst einschränkend festhält, handelt es sich hier um eine bloße Möglichkeit. Keine Theorie, auch nicht die der Lebensphänomenologie, kann als Voraussetzung oder gar als Ersatz für die in der Affektivität stattfindenden Umwandlungsprozesse gelten. Daher gilt auch hier der Satz, wonach nur das Leben zu seiner eigenen Wiederentdeckung führen kann. Die theoretisch-philosophische Vermittlung einer solchen Rückführung ist dabei nur eine Möglichkeit, aber weder eine hinreichende noch eine notwendige *Bedingung*.

Diese henrysche Lösung wirft jedoch neue Fragen auf, und das selbst im Rahmen des vorgeschlagenen Paradigmenwechsels von Evidenz zur Gewissheit: Zu untersuchen wäre nämlich, inwieweit eine *Theorie* überhaupt mit Gewissheit überprüft werden kann. Als Übersetzung besitzt die lebensphänomenologische *theoria* einen sprachlich-ideellen Charakter, der sich vom »Wort des Lebens« radikal unterscheidet. Wenn es aber auf der Ebene der Affektivität Gewissheit gibt, ja das affektive Erscheinen selbst lebendige Gewissheit *ist*, dann ist damit noch nicht geklärt, ob und wie sich diese Gewissheit auf ihre diskursive Übersetzung übertragen lässt. Denn gesetzt, die Lebensphänomenologie sei Ausdruck und Bild-des-Lebens, so entsteht dennoch durch den sprachlichen Ausdruck ein Sprung, bei dem die Affektivität als Ur-Intelligibilität in Elemente aus der sprachlich-ideellen Sinnbildung verwandelt wird. Doch diese ergeben eben nur Bilder des Lebens, und sie können nur insofern Gewissheit beanspruchen, als sie auf Nicht-Bildliches *bezogen werden*. Nun ist die Frage, ob ein solcher Bezug oder Sprung selbst mit Gewissheit vollzogen werden kann, oder ob es hier einen *Interpretationsspielraum* gibt. Wenn Letzteres aber der Fall sein sollte, könnte die diskursive Übersetzung des rein immanenten Lebens nicht mehr selbst als gewiss gelten, obwohl sie als gewiss *empfunden* wird. Allgemeiner verweist diese Frage auf die Verbindung zwischen Intelligibilität und Ur-Intelligibilität, wie sie im Rahmen von Produktion und Rezeption eines Diskurses entsteht, der die Affektivität sprachlich zu »fassen« sucht.

Ein zweiter wichtiger Aspekt von ›Inkarnation‹ kann mit dem dort eingeführten Begriff der *Passibilität (passibilité)* ausgemacht werden. Henry führt hier seine bereits 1965 veröffentlichten Analysen zur Leiblichkeit weiter aus, um mit dem Begriff des »Fleisches« die radikal immanente Realität der Selbstaffektion als nicht-objektivierbare leibliche Realität zu umschreiben. Das Leben kann demnach nur in der »Form« einer sich ipseisierenden Leiblichkeit, das heißt als »Sich«, bestehen. Im Leben geboren zu werden bedeutet daher die Geburt in diesem, das Lebenspathos ertragenden Fleisch, wie der zweite bzw. dritte Teil des Buches ausführlich darlegen. Gegenüber dem zuvor publizierten ›Ich bin die Wahrheit‹ wird somit die Selbstoffenbarung des absoluten Lebens im Menschen präzisiert: Im Einklang mit der christlichen Lehre bedeutet die Inkarnation Gottes seine »Fleischwerdung«, somit auch ein sich selbst *empfindendes absolutes* Leben. Das »christliche Cogito« ist mithin ein »fleischliches Cogito«, das Henry zum Beispiel unter Bezugnahme auf Irenäus thematisiert. Das bedeutet aber zugleich, dass die lebendige Selbstaffektion im Menschen zunächst durch Passivität ausgezeichnet ist, denn sein rein impressionales Leben ist ein Sich-Erleiden, welches jedem aktiven Vermögen zugrunde liegt. Eine Phänomenologie der Inkarnation (Teil III), der »Fleisch*werdung*« also, wird vom Autor als notwendige Weiterführung einer Phänomenologie des Fleisches *(phénoménologie de la chair)* verstanden, insofern diese Grund und Ursprung des Menschen als Lebendigen beleuchten soll.

Die Inkarnation Gottes ist in diesem Rahmen die Ur-Passibilität *(Archipassibilité)*, die das »Modell« für das sich selbst erprobende und erleidende Leben gibt: »Dass [der Mensch] die Ur-Passibilität nicht von sich aus besitzt, *das heißt die ursprüngliche Fähigkeit, sich im Modus einer pathisch-phänomenologischen Leistung in sich zu begründen,* ist genau, was ihn zu keinem Augenblick von ihr trennt. In der Ur-Passibilität des absoluten Lebens ist jegliches Fleisch empfindend *(passible)*. In ihr ist es möglich. Ein Fleisch ist in der Tat nichts anderes als *die Passibilität eines endlichen Lebens, welches seine Möglichkeit in der Ur-Passibilität des unendlichen Lebens schöpft«* (Henry 2004, 269; Hvh. M. H.). Diese Stelle unterstreicht auch, dass die Unterscheidung zwischen absolutem und endlichem Leben keine unüberbrückbare Transzendenz implizieren muss, sondern eher eine Immanenz, da das menschliche Leben als Passibilität nur in der Ur-Passibilität des Absoluten sein kann. Doch die Inkarnation Gottes ist seine Menschwerdung in der Gestalt Christi. So versteht es sich, dass Henry vor allem in diesem dritten Teil auf die religiöse Überlieferung zurückgreift. Die Frage, ob die Phänomenologie dabei nicht in die Sphäre der Theologie abgleitet, wird explizit in der Schlussfolgerung aufgeworfen. Die Ur-Intelligibilität, die sowohl ethisch als auch erkenntnistheoretisch für die Lebensphänomenologie von großem Belang ist, liefert dem Autor zufolge einen dritten Ansatzpunkt, *jenseits* von Theologie *und* Phänomenologie. Der Sitz dieser Ur-Intelligibilität ist das sich selbst affizierende fleischliche Leben, welches jenseits aller Diskurse eine lebendige Gewissheit ausmacht, die als Maßstab für die Wahrheit eines jeden Diskurses anerkannt werden soll. Auch das letzte Buch Michel Henrys, dessen Erscheinen der Autor nicht mehr erleben sollte, steht ganz im Zeichen der Kontinuität und beschließt die Trilogie der Philosophie des Christentums. Die gerade erschienene Übersetzung mit dem Titel ›Christi Worte‹ schließt somit auch die letzte Lücke im Spätwerk Henrys im Hinblick auf dessen Zugang für deutschsprachige Leser. In seiner französischen Originalfassung (›Paroles du Christ‹, Paris 2002) umfasst das Werk 155 Seiten, was es zur kürzesten philosophischen Schrift Henrys macht. Diese Tatsache erklärt sich möglicherweise daraus, dass es hier nicht vorwiegend um neue, weiterführende Analysen der Lebensphänomenologie als solcher geht, sondern um deren zusammengefasste Anwendung auf die Worte Christi, wie sie durch die Evangelien überliefert wurden. Die Offenbarung des absoluten Lebens durch das Wort, aber auch die Beschaffenheit von Wort *(parole)* und Sprache *(langage)* angesichts der Duplizität des Erscheinens, stehen dabei im Zentrum der Untersuchung: Kann das Wort Gottes sich in der menschlichen Sprache so offenbaren, dass es dem Menschen möglich wird, dieses Wort auf eine ganz andere Weise bzw. in einer ganz anderen »Sprache« zu hören? Und inwiefern können die Worte Christi den Anspruch erheben, nicht nur eine solche Offenbarung zu überliefern, sondern diese selbst zu sein? Um diese Fragen schrittweise zu beantworten, nimmt Henry vier verschiedene Perspektiven ein, welche zugleich die Gliederung der Untersuchung darstellen: Die Worte Christi werden demnach betrachtet als: 1. Worte eines Menschen, die an die Menschen gerichtet sind, deren Existenz und Leben betreffen und sich der menschlichen Sprache bedienen; 2. Worte, in denen Christus über sich selbst spricht; 3. Gottes Wort in seiner Wesensverschiedenheit vom menschlichen Wort; 4. Gottes Wort (zugleich *Parole* und *Verbe*) mit Bezug auf die Frage, ob und wie es den Menschen möglich ist, auf ein Wort zu hören, welches nicht das ihrige ist. Wie Henrys Einleitung hervorhebt, geht es dabei letztendlich um das Verständnis dessen, was der Mensch eigentlich ist und worin sein Heil besteht: Entweder wird dieses Verständnis aus dem menschlichen Dasein selbst hergeleitet, oder dieses Dasein ist selbst nur insofern verständlich, als es in seinem wesenhaften Verhältnis zum absoluten Leben Gottes gedacht wird. Wie bereits in ›Ich bin die Wahrheit‹ und ›Inkarnation‹ wird auch in ›Christi Worte‹ eindeutig die zweite These bekräftigt. Damit befindet sich dieses Buch an der Nahtstelle zwischen Philosophie und Theologie, genauer: Es bietet eine lebensphänomenologische »Exegese« der Evangelien, die zugleich phänomenologische Erschließung des Menschen als Lebendigen im absoluten Leben ist. Wie geht nun eine solche Phänomenologie vor, wenn es um die Worte Christi geht? Die ersten drei Kapitel befassen sich mit der *conditio humana*, wie sie in den Worten Christi dargestellt und mit Präskriptionen versehen wird. Dabei führt Henry den Begriff des ›Herzens‹ ein *(coeur)*, um mit Markus (7, 14–23) und Matthäus (15, 11–20) das Böse nicht in der Äußerlichkeit der Welt, sondern im Inneren des Menschen, in seinem Herzen eben, zu situieren. Doch ist diese Umschreibung des Bösen zugleich eine Charakterisierung der menschlichen *conditio* als Leben: Das *Herz* ist daher kein neuer Begriff der Lebensphänomenologie, sondern der in ›Worte Christi‹ verwendete Terminus für das Leben als immanente Affektivität. Weil der Mensch ein Lebendiger ist, das heißt, weil sein innerstes Wesen in der kontinuierlichen Selbstaffektion besteht, ist seine eigentliche Wirklichkeit, die des lebendigen Empfindens, des Herzens. Daher ist das Herz auch nicht das »radikal Böse«, sondern die einzige Wirklichkeit in der sich das Böse einfinden kann, genauso wie es die einzige Wirklichkeit darstellt, in der dieses Böse besiegt werden kann, in der – oder besser: für die – es folglich so etwas wie Werte geben kann. Der absolute Wert des Lebens ist somit mit der Aufforderung verbunden, das Nicht-Lebendige dem Leben absolut unterzuordnen (wie zum Beispiel aus Mth 6, 25–34 hervorgeht). Lebensphänomenologisch ausgedrückt, wird hier der Gegensatz zwischen der Sichtbarkeit der Welt und der Unsichtbarkeit des Lebens betont und geht mit der Kritik des Menschen einher, insofern er dieses Unsichtbare seinem Erfolgsstreben in der Welt unterordnet. Doch ist diese Trennlinie, so wichtig sie auch ist, nicht das eigentlich Spezifische der christlichen Offenbarung, denn sie wäre wahrscheinlich auch ohne Letztere möglich gewesen: Haben nicht Descartes oder auch Schopenhauer und Maine de Biran zum Beispiel diese Entdeckung gemacht, ohne auf die Worte Christi rekurrieren zu müssen? Man bliebe dann im Rahmen der Philosophie und das heißt im Rahmen eines Denksystems, das der Offenbarung Gottes noch nicht bedarf, eines Systems, wo alles noch vom Menschen abhängt. Auch die Worte Christi scheinen sich, sofern sie aus der ersten der oben genannten Perspektiven betrachtet werden, in ein solches System einzufügen. Dann wären sie aber nur die Worte eines Menschen, dessen Diskurs sich auf eine ebenso menschliche Weisheit und eine damit verbundene Ethik reduzieren ließe. Der christlichen Theologie zufolge ist Christus allerdings ein Mensch, doch ist er zugleich auch Gottes Wort *(le Verbe de Dieu)* und sein Sohn. Und so erklärt sich nach Henry auch die Tatsache, dass die Worte Christi gerade eine rein menschliche Ethik oder Weisheitslehre ablehnen, selbst wenn es zeitweilig den Anschein hat, sie würden eine solche vorschlagen.

Die Kritik am Humanismus, insofern er als ein solches »System« verstanden wird und Ethik, Weisheit, aber nicht zuletzt auch das Wissen vom Menschen aus dem Dasein des Menschen selbst ableiten will, scheitert Henry zufolge an der radikalen Kritik, welche Christus an den Menschen übt. Weil das Herz des Menschen nicht rein ist, weil es das Böse gibt, wie kann dann aus der Beobachtung des Menschen überhaupt etwas bezüglich seines Heils und seiner Bestimmung gefolgert werden? Provokativ und unverständlich erscheinen zunächst die Worte Christi, zum Beispiel wenn sie auf die Auflösung einer auf Familie und Volk gegründeten Solidarität und Reziprozität abzielen (u. a. bei Mth 10, 34–36), ja den gesellschaftlichen Frieden selbst für beendet erklären (Lk 12,51–53). Was vom Menschen gefordert wird, ist eine komplette Verwandlung *(transsubstantiation)* seiner Natur, eine radikal zu fassende Wiedergeburt *(nouvelle* oder *seconde naissance)*, welche aber vorerst als Rätsel erscheint, wie zum Beispiel die bekannte Aufforderung belegt, man solle seine Feinde lieben oder, wichtiger noch, das Paradoxon eines Glücks im Leiden (Mth 5, 5 f., 10 f.). Im dritten Kapitel löst Henry dieses Rätsel auf: Nicht die Trennung zweier Erscheinungsreihen, einer sichtbaren und einer unsichtbaren, kann für diese Verwandlung aufkommen, sondern die Ergänzung dieser Trennung durch den Bezug auf das absolute Leben, und das innerhalb der Unsichtbarkeit selbst.

Die aus ethischer Sicht so verständliche Erwartung der Reziprozität im menschlichen Verhalten wird hier auf scheinbar skandalöse Weise untergraben, weil sie das Verhältnis des Lebendigen zum absoluten Leben, seinem Grund und Ursprung, untergräbt: Die so verstandene Autonomie bedarf Gottes nicht. Aus lebensphänomenologischer Sicht macht sich der Mensch somit zu seinem eigenen Grund, und gerade dieses Vergessen seines eigentlichen Grundes, des absoluten Lebens, ist nach Henry Quelle des transzendentalen Egoismus, der das eigentliche Wesen des Lebens verkennt und auf existenzieller Ebene Entfremdung und Verzweiflung impliziert: Dem Herzen sowie seiner Liebesbotschaft gegenüber blind und taub geworden, ist der Mensch »abgehärtet, auf sich selbst zurückgeworfen und in jenem monadischen Ego gefangen, welches sich für die einzige Realität hält«, und diesem taubblinden Herzen »entspringt das Böse« (Henry 2010, 123). Die Worte Christi bedeuten somit eine radikale Nicht-Reziprozität, welche die Asymmetrie zwischen dem Lebendigen einerseits und dem absoluten Leben andererseits versinnbildlicht: Während das absolute Leben sich selbst und den Menschen als Lebendigen zeugt, fehlt diesem Lebendigen die Allmacht, sein eigener Grund und Ursprung zu sein. Seine *Bedingung* ist daher nicht die eines empirischen Lebewesens, sondern wesentlich die der »Sohnschaft«, wie Henry schon in ›Ich bin die Wahrheit‹ ausgeführt hatte. So kennzeichnet die in den Evangelien enthaltene Nicht-Reziprozität die immanente Zeugung des endlichen Lebens im unendlichen Leben Gottes. Aus ethischer Sicht geht es also darum, die ursprüngliche *Bedingung* der Sohnschaft wiederzuentdecken, eine *Bedingung*, die zwar immer besteht, jedoch vergessen und verkannt werden kann. Daher generiert eine derartige religiöse Ethik eine neue Solidarität und Reziprozität, welche der gemeinsam geteilten »Sohnesbedingung« entspringt. Hier findet sich ebenfalls ein Ansatzpunkt Henrys wieder, der eine Phänomenologie der Gemeinschaft ermöglicht, und zwar im Sinne einer affektiven Gemeinschaft der Lebendigen, die traditionelle Solidaritäten übersteigt und in ihrer Universalität alle Menschen einschließt (vgl. Mk 3, 32–35; Mth 12, 48–50). Doch kann diese religiös-ethische Aufforderung Christi nur dann befolgt werden, wenn dessen *Bedingung* nicht nur eine menschliche, sondern zunächst eine göttliche ist, wie die Kapitel IV und V ausführen. Und Christus selbst kann man nur folgen, insofern er nicht nur durch Worte das Göttliche offenbart, sondern selbst die Offenbarung Gottes, das heißt sein Wort *ist*. Aber auch dieser Anspruch gibt sich, zumindest zum Teil, in der Sprache des Menschen kund, sodass die Frage aufkommt, wie sich eine für viele Zeitgenossen Jesu unglaubliche Behauptung legitimieren lässt.

Dies ist nun der dritte Gesichtspunkt der Untersuchung, der in Kapitel - VI und, vor allem, in Kapitel VII zu einer wichtigen Anwendung der Duplizitätsthese auf Wort und Sprache Anlass gibt. Das Resultat dieser Anwendung wird von Henry bereits implizit im VI. Kapitel vorgezeichnet, wenn deutlich gemacht wird, dass die Legitimation der Worte Christi, wie sie von den Evangelien überliefert wurden, nur durch das Wort Gottes vollzogen werden kann. Denn es gibt zwei »Sprachen«, die menschliche und die göttliche, und somit eine Duplizität des »Sprachlichen«, im Rahmen derer das menschliche Sprechen über das absolute Leben nur durch das mit Gewissheit erprobte göttliche Wort bestätigt werden kann. Und so ist auch die Einordnung des Johannes-Prologs zu verstehen, dessen Vorhaben darin besteht, die Behauptung Christi, er sei Gottes Sohn, sozusagen »von innen« und durch eine Identifizierungsbewegung nachzuvollziehen. Ein sofort einsichtiger Grund dafür, dass nicht nur Johannes eine solche identifizierende »Bestätigung« vollziehen konnte, sondern dass prinzipiell jeder Mensch dazu befähigt und berufen sei, ist die »Sohnesbedingung« eines jeden Menschen – eine *conditio*, die also nicht auf Christus beschränkt bleibt und dennoch durch die Inkarnation offenbart werden soll. Dann aber drängt sich sofort eine Parallele zu den Paragraphen 15 und 16 von ›Inkarnation‹ auf, denn diese gestatten nur eine Interpretation bezüglich der Verifizierung des lebensphänomenologischen Diskurses als sprachlich vermitteltes Bild eines seinem Wesen nach unsichtbaren Lebens: Die Wahrheit der Lebensphänomenologie kann nur durch die sich selbst erprobende immanente Gewissheit bestätigt werden. Weil die Lebensphänomenologie vom unsichtbaren Leben *spricht*, können ihre Aussagen nur durch dieses unsichtbare Leben eine Bestätigung erfahren, das heißt also letztendlich durch ein »unsichtbares Sprechen«, welches nichts anderes als die Affektivität selber ist (vgl. oben). Sicher hat Michel Henry damit keine Gleichstellung der Lebensphänomenologie mit den Worten Christi intendiert, und doch ist eine gewisse Parallele unübersehbar, insofern es sich in beiden Fällen um einen Diskurs handelt, der das unsichtbare Leben als Ipseität und als Verhältnis zum Absoluten sprachlich zu vermitteln sucht. Nicht zuletzt ist damit auch eine weitere Teilerklärung für die Konvergenz der Lebensphänomenologie mit der christlichen Lehre gegeben und dafür, dass Henry der Verfasser eines Buches wurde, welches den Titel ›Christi Worte‹ trägt und diese Konvergenz zumindest implizit thematisiert bzw. praktisch-diskursiv vollzieht.

Nachdem wir in Kapitel VII an die Begrenzungen der Sprache erinnert werden, wird die lebendige Affektivität als Wort des Lebens charakterisiert *(parole de la vie)*, was einer *Offenbarung* des Lebens gleichkommt. Gegenüber dem Wort der Welt, das heißt der menschlichen Sprache, aber besitzt das Wort des Lebens, verstanden als immanente Affektivität, das Merkmal des göttlichen Wortes, nämlich unmittelbare Wahrheit: Affektive Tonalitäten sind ihrer selbst gewiss, nicht weil sie diese oder jene besonders prägnante Intensität hätten (wie es zum Beispiel im Leiden geschieht), sondern weil sie affektiv sind: Die Grundstimmungen der Freude und des Leidens können als solche nur deswegen gewiss sein, weil das Leben Gewissheit seiner selbst ist, und was dieses Leben kennzeichnet, ist genau die Selbstaffektion als lebendige »Matrix« der sich einander ablösenden und wechselnden Stimmungen bzw. Impressionen, was ebenfalls mit der Bezeichnung der Lebensphänomenologie als materialer Phänomenologie *(phénoménologie matérielle)* im Sinne der husserlschen *Hylé* in Einklang steht (vgl. Henry 2004).

Inwiefern kann aber Christus selbst als Gottes Wort verstanden werden? Bei dieser Frage kommt erneut dem Johannes-Prolog eine besondere Bedeutung für Henry zu. Denn dort stoßen wir auf folgende wichtige Aussagen: Zunächst, dass Gott Leben ist. Und daraus folgt, dass der Mensch »ein Gott wissender Mensch« ist, wie Henry (2010, 102) durch dieses Eckhart-Zitat unterstreicht. Doch geht die Identität von Gott und Leben mit einer Differenzierung einher, welche das absolute, sich selbst erzeugende und unendliche Leben von dem endlichen Leben des Menschen unterscheidet, auch wenn dieses nur in jenem möglich ist. Dabei entsteht aber auch die scheinbar unmöglich zu beantwortende Frage, wie das absolute Leben sich selbst als Leben gibt und erzeugt. Der Kernbegriff, den Henry bei seiner Johannes-Interpretation verwendet, ist abermals jener der *Ipseität*. Wenn das Leben Erprobung und Offenbarung seiner selbst ist, dann kann sich das Leben nur als Ipseität zeugen, das heißt als »Sich« *(Soi)*. Somit ist das Wort Gottes *(Verbe)* die Selbstzeugung des absoluten Lebens im »Ersten Sich« *(Premier Soi)*, das heißt in Christus als Erstgeborenem Sohn. Dabei muss zwischen Schöpfung *(création)* und Zeugung *(génération)* unterschieden werden: Während die Schöpfung die Exteriorität der Welt betrifft, ist die Erzeugung ein kontinuierlicher Prozess, der das Leben als solches gibt. In dieser Hinsicht, und im Einklang mit der These der Duplizität des Erscheinens, müssen Welt und Leben weiterhin unterschieden werden. Weil die Erzeugung des Erstlebendigen die Selbstoffenbarung des Lebens ist, versteht Johannes diesen Erstlebendigen als Wort Gottes, in dem das absolute Leben »sagt«, was es ist. Deshalb endet die Untersuchung des dritten Gesichtspunktes im VIII. Kapitel mit der folgenden wichtigen Schlussfolgerung: Die göttliche Natur, die Christus für sich beansprucht, kann nur dann bezweifelt werden, wenn seine Worte als menschliche bzw. als »Worte der Welt« *(paroles du monde)* verstanden werden. Als Wort Gottes aber *(Verbe)* spricht Christus eine gänzlich andere

»Sprache«, nämlich die des Lebens, ja er *ist* das Wort des Lebens *(Parole de la Vie)*.

Im Gegensatz zum Wort der Welt, welches das, worauf es sich bezieht, nicht erzeugt oder erschafft, besteht kein äußeres Verhältnis zwischen dem Wort des Lebens und der Realität, von der es das Wort ist. Im Gegenteil, das Wort des Lebens ist das Leben selbst, genauso wie die affektive Offenbarung des Leidens zum Beispiel das Leiden selbst ist. Aus der »Sicht« Christi kann sein Anspruch auf Wahrheit genauso wenig problematisch sein wie die Aussagen eines Leidenden über die Realität seines Leidens: Er kann sich nur auf die innere Gewissheit berufen, in der sich diese Realität affektiv selbst offenbart. So kann auch Christus sich nur auf das stützen, was er ist, das heißt auf seine innere »Kenntnis«, die Selbstoffenbarung Gottes zu sein: »Insofern er nämlich das Wort Gottes ist, *ist Christus nichts anderes als die Erkenntnis, die Gott von sich selbst hat,* das heißt [...] *die Selbstoffenbarung des absoluten Lebens.*« (Henry 2010, 112; Hvh. M. H.) Dann stellt sich aber die Frage, wie wir eine solche Gewissheit nachvollziehen können und wo *für uns* die Legitimierung des christlichen Anspruchs gegeben sein kann (ebd.). Die henrysche Lösung dieses Problems führt notwendig auf das zurück, was oben als »affektives Bewerten« eines Diskurses bezeichnet wurde. So wird vielleicht an dieser entscheidenden Stelle von Henry nicht deutlich genug hervorgehoben bzw. daran erinnert, dass die Worte Christi auch als Worte des Lebens eine Duplizität besitzen: Einerseits sind diese Worte Aussagen, welche Christus über sich selbst trifft und die in der Sprache, im »Wort der Welt« formuliert werden. Auf der anderen Seite handelt es sich bei diesen Aussagen um die Übersetzung einer affektiven Selbstoffenbarung, die sich, als »Wort des Lebens«, mit unmittelbarer Gewissheit gibt. Es muss daher »für uns« einen Weg geben, die Triftigkeit dieser Übersetzung überprüfen und bewerten zu können. Aber die Möglichkeit, eine solche Bewertung vorzunehmen, kann nur durch die Selbstoffenbarung des absoluten Lebens in uns gegeben sein, das heißt also in der »Sohnesbedingung«, die der Mensch gewissermaßen mit Christus »teilt« oder, wie es ›Ich bin die Wahrheit‹ und ›Inkarnation‹ ausdrücken, in der *in* Christus gelebten »Sohnes*bedingung*«. Wenn aber diese Offenbarung des Absoluten schon in uns »stattfindet«, wozu dann, so könnte man fragen, eine »zweite Offenbarung« in der Form der Worte Christi und seiner Inkarnation als Gottes Wort? Dies führt erneut auf das ethisch-religiöse Problem der »zweiten Geburt« zurück, das Henry in ›Ich bin die Wahrheit‹ behandelt und hier in der Thematik des »Herzens« sowie in den Schlusskapiteln IX und X wieder anführt.

Zwar ist der Mensch »ein Gott wissender Mensch«, doch kann er dieses immanente Wissen »vergessen« und sein Herz der Wahrheit des Lebens verschließen. Die »Wiedergeburt« des Menschen und seine Befreiung vom Bösen sowie von dessen Potenzierung in der Sünde kann sich nur im immanenten Leben selbst vollziehen, sie bedarf einer radikalen Umkehr, welche das

Weltliche dem Lebendigen unterordnet. Die Offenbarung Gottes durch seine Menschwerdung in Christus hat daher diese Erlösung zum Ziel. Doch auch dieser »Eingriff« des absoluten Lebens in der Geschichte der Menschen garantiert keineswegs, dass letztere das Wort des Lebens erneut vernehmen. Wie die Schlussfolgerung Henrys hervorhebt, sind die religiöse Erfahrung *(expérience religieuse)* des absoluten Lebens in uns und die damit verbundene ethische Umkehr mit einem Zirkel behaftet: »Nur das Hören auf das Wort [des Lebens] kann uns vom Bösen erlösen, aber das Böse hat das Hören auf das Wort unmöglich gemacht.« (Henry 2010, 151) Henrys letztes Werk würde mit dieser Aporie enden, wenn sich nicht in den letzten Zeilen eine lebensphänomenologische Deutung der Eucharistie befände: Musste nicht, um diesen Zirkel zu brechen, das Wort des Lebens zu uns kommen und uns (erneut) gegeben werden? »Ist nicht die Bedingung dafür, dass Gottes Wort von uns wirklich vernommen werden kann, dass Christus uns sein eigenes Fleisch *(chair)* gibt, welches das des Wortes ist [...]?« (Ebd.) Mit dem entsprechenden Johannes-Zitat (6, 54) endet die Schlussfolgerung, aber was in Bezug auf die Eucharistie nur eine Andeutung blieb, kann nicht ohne Weiteres als Lösung des erwähnten Zirkels gelten. Denn man wird demgegenüber immer einwenden können, dass nur für den, der bereits an Christus glaubt, die Eucharistie den Sinn einer Einheit mit Gott als dem absoluten Leben haben kann (zur lebensphänomenologischen Bedeutung der Eucharistie vgl. die weiterführenden Analysen von: R. Kühn, Gabe als Leib in Christentum und Phänomenologie, Echter Verlag 2004, 81 ff., sowie A. Vidalin, La Parole de la Vie. La phénoménologie de Michel Herny et l'intelligence chrétienne des Écritures, Parole et Silence 2006, 137 ff.).

›Christi Worte‹ ist ein Buch, das schwer einzuordnen scheint. Auf der einen Seite ist es eine philosophische Schrift, in der die lebensphänomenologischen Begriffe durchgehend verwendet werden. Andererseits aber ist das Thema, auf das diese Begriffe angewendet werden, ein religiöses und von der Überlieferung einer bestimmten religiösen Tradition abhängig, sodass erneut die Frage aufgeworfen wird, ob sich hier nicht die Philosophie unversehens in christliche Theologie verwandelt. Zwei abschließende Hinweise dazu: Erstens ist Henrys Spätphilosophie zwar explizit eine Philosophie des Christentums, aber die Frage, ob diese den christlichen *Glauben* voraussetzt, um begrifflich und argumentativ nachvollzogen zu werden, muss eine negative Antwort erhalten. Wenn der Autor daher im Rahmen der Lebensphänomenologie die christliche Lehre entdeckt, so handelt es sich dabei grundsätzlich um eine *philosophische Interpretation* dieser Lehre. Allerdings muss dabei hinzugefügt werden, dass sich Henry der christlichen Religion im Rahmen dieser Interpretation *zuwendet*, indem er ihrem Anspruch auf Wahrheit und göttliche Offenbarung philosophisch zustimmt. In diesem Sinne muss ›Christi Worte‹ als ein »religiös engagiertes« Werk bezeichnet werden.

Zweitens ist mit Rückblick auf die Mitte der neunziger Jahre entfachte

Debatte um eine »theologische Wende« besonders in der zeitgenössischen französischen Phänomenologie darauf hinzuweisen, dass die vermeintliche Schwierigkeit einer Einordnung oder Klassifizierung die *Religionsphilosophie* insgesamt betrifft bzw. die Frage nach dem Begriff der Religionsphilosophie überhaupt aufwirft. In der Geschichte der Philosophie zumindest haben religionsphilosophische Schriften oft einen bedeutenden Platz eingenommen, so zum Beispiel im deutschen Idealismus mit Fichtes ›Anweisung zum seligen Leben‹ oder in der schellingschen Spätphilosophie. Eine Philosophie, die sich das Absolute zum Gegenstand nimmt, kann den Bereich der Religionsphilosophie wohl kaum umgehen. Henrys Lebensphänomenologie steht als eine Phänomenologie des *absoluten* Lebens in dieser Tradition. Dass die in dieser Perspektive vertretenen Thesen eine rein *philosophische* Diskussion erfordern, versteht sich von selbst (vgl. hierzu auch C. Ciocan [Hg.], Philosophical Concepts and Religious Metaphors, Zeta Books 2009).

Andererseits aber wird gerade das letzte Buch Henrys aufgrund seines etwas zugänglicheren Schreibstils breitere, religionsphilosophisch interessierte Leserkreise ansprechen können und nicht zuletzt auch unter Theologen für Debatten sorgen, wie die Rezeption Henrys in Frankreich bereits gezeigt hat. Dass heute im deutschen Sprachraum die besten Bedingungen für eine Henry-Rezeption gegeben sind, liegt vor allem an der unermüdlichen und überragenden Übersetzungsarbeit Rolf Kühns, einer Arbeit, welche mit ›Christi Worte‹ jetzt von Maurice de Coulon weitergeführt wurde.

Korrespondenzadresse: Dr. Frédéric Seyler, 22 avenue de Nancy, F-57000 Metz.
Email: fseyl@sfr.fr

Rezensionen

a) Religion und Kultur

Franz von Kutschera, Was vom Christentum bleibt. Paderborn: Mentis Verlag 2008, 147 S., ISBN 978-3-89785-609-7

Ausgehend vom Diktum Bonhoeffers einer schon eingetretenen und sich weiterhin verstärkenden »religionslosen Zeit« untersucht Kutschera das geschichtliche Christentum unter den beiden Aspekten von *mythischen* Gehalten und einer *mündigen Vernunft*. Dies wird zentral an der jesuanischen Botschaft mit ihrem Liebesgebot dargestellt, ohne messianische oder göttliche Ansprüche i. S. einer ewigen Sohnschaft oder Logoshaftigkeit historisch-exegetisch aufrechterhalten zu können. Vom Christentum bliebe daher nur dieses Liebesgebot, insofern der »Glaube« an Jesus auch bei Sinnverlust und Tod das Festhalten an einer auf Gott hin offenen Zukunft der Menschen ermögliche. Da Kutschera seinen eigenen Vernunftbegriff nicht phänomenologisch radikal hinterfragt (sondern nur als eine aufklärerische Selbstbewährung bei notwendiger Eigenkorrektur postuliert), tritt der Sachverhalt der Zugehörigkeit der absoluten Selbstoffenbarungsrealität Gottes in Jesus Christus zu einer *anderen* Phänomenalisierungsweise als der Weltvernunft nicht in den Blick. Eine solche fundamentale Korrektur bietet etwa M. Henry, ›Ich bin die Wahrheit‹. Für eine Philosophie des Christentums, Freiburg/München 1997. Eine Zukunft des Christentums auf der Ebene eines Humanismus nach K. ist daher mehr als fraglich, weil eine autonome Selbstgründung des Menschen durch Vernunft an der Faktizität eines *rein vor-gegebenen Lebens* scheitert, welches die hermeneutische und reflexive Dichotomie von Mythos/Vernunft immer schon hinterschritten hat (vgl. auch R. Kühn, Gabe als Leib in Christentum und Phänomenologie, Würzburg 2004; Gottes Selbstoffenbarung als Leben. Religionsphilosophie und Lebensphänomenologie, Würzburg 2009).

Rolf Kühn (Freiburg i. Br.). Email: rw.kuehn@web.de

Jean-Luc Marion, Le Visible et le Révélé. Paris: Cerf 2007, 190 S., ISBN 2-204-07898-0, Euro 20,–

Dieser Sammelband mit verschiedenen Beiträgen Marions zur Frage der Metaphysik, Ersten Philosophie, christlichen Philosophie und Offenbarung in ihrem Verhältnis zur Phänomenologie gruppiert sich um den Begriff der *gesättigten Phänomene*, wie er vom Autor in den letzten Jahren als zentrale Problematik einer *Phänomenologie der Gegebenheit* eingeführt wurde und in diesem Buch mit Bezug auf verschiedene Einwände diskutiert wird (vgl. Kap. I–V: Le possible et la révélation; Le phénomène saturé; Métaphysique et phénoménologie – une relève pour la théologie; La «philosophie chrétienne» – herméneutique et heuristique; Ce qui ne se dit pas – l'apophase du discours amoureux).

Der husserlsche Begriff der *Sättigung* meinte eine Intuition, deren intentionaler Gehalt ganz von Evidenz gefüllt ist, um so die Identität von Erfahrung und Begriff zu ermöglichen, wie sie vor allem in einer geometrischen oder mathematischen Definition beispielsweise gegeben ist. Bei Marion, der zu den maßgeblichen Phänomenologen heute zählt, impliziert die Sättigung hingegen ein Übermaß *(excès)* an Anschauung, welche durch keinen Begriff bzw. keine hermeneutische Horizontverschmelzung mehr eingefangen werden kann, sondern jegliche transzendentale Kategorialität des Ego, Daseins oder Bewusstseins schlechthin in Frage stellt. Damit vermag das intentionale Korrelationsprinzip der klassischen Phänomenologie nicht länger der apriorische Konstitutionsmaßstab zu sein, weil jede egologische oder subjektive Voraussetzung von der gesättigten Gegebenheit übertroffen werde, wie dies Schönheit, Leiblichkeit, Gesicht des Anderen, Erotik unter anderem erkennen lassen. Über die Analyse solcher überbordenden Phänomenalität soll sich nach Marion schließlich die äußerste *Möglichkeit* ergeben, das »Phänomen« der Offenbarung (Gottes, Christi) angemessener als in der Vergangenheit denken zu können, weil es dann nicht mehr mit metaphysischen oder onto-theologischen Vorgaben wie Seinsbegriff, *ratio*, Kausalität etc. vorbelastet sei. Allerdings ist das Offenbarungsphänomen kein bloß zusätzliches Paradigma in der Hierarchie gesättigter Phänomene, sondern es greift all deren Charaktere wie den Gegensatz von Idol/Ikone auf, um eine eigenständige Manifestation der Herrlichkeit *(dóxa)* im Sinne der alt- oder neutestamentlichen Theophanien etwa zu bedeuten (vgl. auch: Étant donné. Essai d'une phénoménologie de la donation. Paris: PUF 1997; De surcroît. Études sur les phénomènes saturés. Paris: PUF 2001).

Auf diesem allgemeineren Hintergrund greifen wir in unserer Besprechung hauptsächlich den Text im Kap. VI über die »Banalität der Sättigung« auf (143–182), insofern hier am deutlichsten der *Erfahrungsbegriff* im Sinne der Kantischen Möglichkeitsbedingungen diskutiert wird, deren Anspruch als solcher nicht aufgegeben wird, um allerdings durch den Fall der Sättigung

eine neue kritische Bestimmung zu erhalten. Wenn sowohl der Evidenz-
begriff wie der Erfahrungsbegriff die Bedingung von *objektiver Gegenständlichkeit* als solcher meinen, so ist für Marion damit gerade noch nicht die
phänomenologische Triftigkeit geklärt, ob solches Objekt-sein der einzige
Maßstab für jegliche Phänomenalität überhaupt bedeutet. Ist nämlich die
Phänomenologie ihrem eigenen methodologischen Anspruch nach prinzipiell
für *jedes* »Phänomen« offen, so kann sie sich nicht gegenüber einer Gegeben-
heitsweise sperren, in der gerade die kategorialen Bestimmungen durch
Quantität, Qualität und Relation wie auch Modalität ins Wanken geraten –
das heißt eben durch ein Überbieten jener Bedingungen, wie sie für die alltägliche oder lebensweltliche Objektwahrnehmung grundlegend sind. Mit
anderen Worten wird sowohl die Univozität eines Erfahrungsbegriffs in empirischer wie transzendentaler Hinsicht in Frage gestellt, als auch die Univozität eines Subjektbegriffs im Sinne letzter apperzeptiver Rechtfertigung für
jegliche Erfahrungskohärenz. Dadurch rückt letztlich das Phänomen des *Widerstands* oder der *Passivität* in den Mittelpunkt, nämlich in jener Umkehr,
welche aus dem ichlichen »Subjekt« (oder der Subjektivität) einen *Zeugen*
bzw. einen *Hingegebenen* an das Phänomen mache *(adonné)* – mithin jemanden, dem die Sättigung oder die Überfülle der Gegebenheit jegliche Herrschaft von sich allein aus über das Phänomen entreißt.

Die kritischen Einwände, welche gegenüber Marions Konzept des gesättigten Phänomens in diesem Sinne in den letzten Jahren immer wieder
gemacht wurden, beruhen im wesentlichen darin, dass man den Erfahrungsbegriff der intendierten Anschauungserfüllung der Phänomene nicht aufgeben dürfe, nur um die Möglichkeit einer Offenbarung Gottes einzuräu-
men. Marion betont hingegen immer wieder, dass es ihm nicht um einen
theologischen Begriff der Offenbarung gehe (der die geschichtlich einmalige
Positivität derselben einschließt), sondern um eine solchen in seiner rein phänomenologischen Formalität. Dies beinhaltet allerdings, dass auch die Theologie letztlich die ihr eigentümliche Phänomenalität der Selbstoffenbarung
Gottes *phänomenologisch* und nicht länger *metaphysisch* zu durchleuchten
habe (183 ff.), indem auch sie sich dem methodisch phänomenologischen
Prinzip stelle: Je mehr Reduktion, desto mehr Gebung/Gegebenheit *(donation).*

Indem auf diesem reduktiven Weg die verschiedenen Sinnesorgane beispielhaft an Malerei, Musik, Berührung etc. analysiert werden (157 ff.), stellt
sich für Marion heraus, dass jedes »banale« oder an Intuition »arme« Phänomen (in Bezug auf seine begrifflich geläufige Bedeutung) immer auch eine
diese Referenz überschreitende Sättigung implizieren kann. Diese führt
ihren bloßen Vorhandenheits- oder Zuhandenheitscharakter im Heideggerschen Sinne weiter – so wenn ich etwa die Farben einer Fahne nicht mehr
nur als Zeichen oder Nationalsymbol wahrnehme, sondern als ästhetische
Farben wie etwa auf einem *mural* von Rothko.

Gesteht man diese Möglichkeit für jedes Phänomen in seiner gänzlich ent-falteten Gegebenheit als Erscheinung zu, dann lässt sich des Weiteren zum prinzipiellen Einwand voranschreiten: Werden die (transzendentalen) Erfahrungsbedingungen durch eine *Grenzphänomenalität* der Sättigung aufgehoben, insofern hier eine *Gegen-Erfahrung* eintritt, welche nicht nur den leitenden Objektbegriff der Gegenständlichkeitskonstitution annuliert, sondern auch jene Grundannahme selbst in Frage stellt, dass sich jede Erscheinung überhaupt »Bedingungen« zu unterwerfen habe? (166 f.; vgl. zum Begriff solcher *Ent-faltung* auch J.-L. Marion, Reduktive »Gegen-Methode« und Faltung der Gegebenheit. In: R. Kühn u. M. Staudigl [Hg.], Epoché und Reduktion. Formen und Praxis der Reduktion in der Phänomenologie. Würzburg: Königshausen & Neumann 2003, 125–137). Gesteht man diese umfassendere Möglichkeit nicht zu, so ergibt sich daraus für Marion nur eine fortbestehende transzendentale Selbstinszenierung des Ich, welches vom Privileg seiner Gegenwärtigsetzung der Objekte oder Seienden nicht lassen will, um das Seinsapriori der Dinge zur Bestätigung seines eigenen Apriori als reiner Bewusstseinsinstanz zu erheben. Man kann nicht leugnen, dass sowohl Kant, und vor allem dann Husserl wie Heidegger, Manifestationsweisen des *Unscheinbaren* (Ding an sich, Freiheit, Ereignis) angedacht haben, welche eine Gegen-Erfahrung *(contre-expérience)* zum Banalen oder bloß Objektiven nicht von vornherein ausschließen.

Sollte man dieser Begrenztheit von transzendentalem Subjekt und universaler Objektkonstitution als so genanntem »Erfahrungsapriori« zustimmen, dann ergibt sich des »Weiteren jene phänomenologisch neue Situation, dass sich ein nicht länger transzendentales »Ich« (oder wie immer man es nennen möchte) bei den gesättigten Phänomenen »nicht-konstituierbaren« Gegebenheiten gegenüber befindet. Die rein objektiven Erfahrungsbedingungen verschwinden mit anderen Worten, um eine Erfahrung *(épreuve)* zu ermöglichen, wo die *Endlichkeit* dieses Ich keineswegs aufgehoben ist, sondern Letzteres ausschließlich im Sinne des Hin-gegebenen *(adonné)* an das Phänomen erlebt wird. Die Abwesenheit des Begriffs allein bedeutet also auch für Marion hierbei noch nicht die Faktizität eines gesättigten Phänomens, aber zumindest muss phänomenologisch aufgeklärt werden, warum in diesem Fall eine bloße Objektbeschreibung nicht länger mehr möglich ist. In Bezug auf Gott, der in der Tat weder ein Begriff ist noch mit irgendeinem Begriff identifiziert werden kann, überlebt sich dann der herkömmliche Gegensatz von Theimus/Atheismus oder Gläubigem/Ungläubigem beispielsweise, weil »Gott« unter den genannten Voraussetzungen nicht mehr »zu sein« oder »nicht zu sein« hat (170).

Geht man mit Marion außerdem so weit, dass eine »Sättigungserfahrung« die *un-bedingte* Gegebenheitsintentionalität aufscheinen lässt, dann handelt es sich dabei nicht nur um eine Reduktion der Gegenständlichkeit als phänomenologischem Leitfaden, sondern die radikalere Endlichkeit solcher Intention bedeutet, dass sie *gegen sich selbst* gewandt wird, wie im übrigen schon Lévinas für die *ethische* Intentionalität gezeigt hat. Eine solche *Gegen-Intentionalität* erprobt die Grenze meiner intentionalen Schau als »Enttäuschung«, wie seinerseits Husserl ebenfalls für alle »Hemmungsphänomene« innerhalb der Evidenzverhinderung schon herausgestellt hatte. Marion kennzeichnet diese Situation des intentional endlichen Ich als dessen »Verfremdung« oder »Veränderung« *(altération)*, welche sich positiv durch ein Phänomen des *Geblendetseins* seitens des Übermaßes der Sättigung ausdrückt. Das enttäuschte bzw. geblendete Ich kann in solcher Situation weiterhin alle bisher bekannten Strategien durchspielen: einen anderen Erfahrungsbegriff versuchen, um seine Enttäuschung zu überwinden, bzw. sich selbst letztlich ganz vom Phänomen des Überflusses abwenden, um seine vermeintliche Autonomie nicht zu verlieren, etc. Phänomenologische Tatsache bleibt dennoch, dass solche Erprobung der einen oder anderen Art jenen schon genannten *Widerstand* impliziert, der *vor* jeder singulären Ethik oder Religion eine *Liebe* zur »Wahrheit« herausfordert, wie sie Pascal als eine *logique du cœur* schon etwa angemahnt hatte, ohne sie des Weiteren ausreichend zu präzisieren. Marion versucht mit anderen Worten, jeden philosophischen Subjekt- oder Subjektivitätsbegriff zu verabschieden (worin er den postmodernen Dekonstruktivismen bis hin zu Derrida und Nancy folgt), um einem gesättigten Wahrheitsphänomen gerecht zu werden, welches durchaus »mich« *affiziert*, ohne dadurch jedoch noch eine transzendentale Bedingungsgröße solcher »Affektion« abzuleiten.

Achtet man daher genauer auf die Figur des *Zeugen*, der diese phänomenologische Situation adäquat »beschreiben« soll (179 f.), so fällt jener Widerspruch auf, der sich unserer Ansicht nach gegen die letzte Konsequenz einer bloß *intentionalen* »Phänomenologie gesättigter Gegebenheit« als solcher wendet. Selbst wenn es möglich sein sollte, eine reine Affektion als Widerständigkeit zu denken, welche keine Anschauungskategorien von Raum und Zeit mehr einschließt (man denke an den Anstrengungsbegriff bei Pierre Maine de Biran und Michel Henry), so dürfte es hingegen unmöglich sein, eine *Affektion* ohne *Subjektivität* zu denken. Denn wie wüsste ich sonst konkret in meiner affektiven Individualität, dass »ich« betroffen und zum Zeugen berufen bin? Diese mangelnde Erhellung einer radikal phänomenologischen Passivität (oder besser endlichen Passibilität) bei Marion ergibt sich zudem daraus, dass jede Zeugenschaft für ihn noch ein »Gegenüber« impliziert, anders gesagt die klassische phänomenologische Grundkategorie der Distanz, Differenz oder Transzendenz. Diese verhindert notgedrungen eine reine Sättigung durch die *Unmittelbarkeit* einer solchen absoluten Ge-gebenheit, die in sich selbst reine *Gebung* ohne jeden Horizont wäre – mithin originäre Selbstaffektion, ohne die Endlichkeit des radikal passiblen Ich als »Mich« aufzuheben. Und definiert Marion den Zeugen als jemanden, dessen Affektion durch das gesättigte Ereignis immer ein »Zu-spät« *(retard)* hinsichtlich dieser Widerfahrnis impliziert, so wird dadurch wieder jene Zeitlichkeit eingeführt, die (abgesehen von der intuitiven Kategorialität) eine »unendliche Hermeneutik« heraufbeschwört, um den »Anruf« (wenn auch vielleicht nur für sich selbst) zu artikulieren, ohne ihn jemals in seiner Sinnfülle einzuholen (180 f.; vgl. 99 ff.). Selbst in solch letzter Gebung/Gegebenheit (deren begrifflicher Unterscheidung Marion aufgrund metaphysischer Kritik nicht stattgibt) bleibt also für ihn ein *Entzug* (Heidegger) oder eine *Geiselhaft* (Lévinas) bestehen, welche die herkömmlichen Grundprinzipien der Phänomenologie von Schau, Gegenüber (An-ruf), Transzendenz und Horizont keineswegs erschüttern. Damit ist die gegenwärtige Phänomenologie als solche zwar zu einer größeren Achtsamkeit hinsichtlich der Sättigungsphänomene aufgerufen, aber eine eigentlich *materiale* Phänomenologie der Passivität (Passibilität) findet sich letztlich auch in diesem Buch von Marion nicht (vgl. ebenfalls R. Kühn, Radikalisierte Phänomenologie [Heidegger, Lévinas, Derrida, Marion]. Wien: Lang 2003, 211 ff. Zu einer reflexionstheoretisch gelagerten Kritik auch Th. Alferi, »Worüber hinaus Größeres nicht gegeben werden kann ...« Phänomenologie und Offenbarung nach Jean-Luc Marion. Freiburg/München: Alber 2007). Es reicht nicht, den Seinsbegriff bei aller Berechtigung einer onto-theologischen Kritik durchzustreichen, ohne eine phänomenologisch absolute Materialität des Selbsterscheinens in jedem Erscheinen zu erhellen, in der Ich/Gegebenheit nicht mehr länger auseinander fallen, sondern sich eben in einer *Selbstgebung* der lebendigen Affektion vereinen. Erst dies würde auch das Verständnis ermöglichen, wie es Marion prinzipiell fordert, warum beispielsweise im Neuen Testament der Begriff der *Zeugenschaft* dahingehend abgelehnt wird, dass nicht irgendein anderer Zeugnis ablegt, sondern Christus »von sich selbst Zeugnis gibt« (vgl. Joh 14, 17), weil er die Wahrheit als Leben ist und diese somit von seinem eigenen Wesen her bezeugen kann.

Wir verstehen dies hier nicht in einem theologischen Sinne als dogmatische Christusaussage, sondern gerade als »Paradigma« der letzten phänomenologischen Möglichkeiten hinsichtlich der zu verstehenden Erscheinensrealität und ihrer inneren Selbstbestimmung. Dennoch bleibt zu wünschen, dass die diskutierte Position Marions auch im deutschsprachigen Raum noch größeres Gehör findet, um zentrale Fragen phänomenologischer wie epistemologischer Natur im Zusammenhang mit einem oft einseitigen (szientistischen/hermeneutischen) Erfahrungs- und Objektbegriff deutlicher zu erkennen (vgl. für eine weitere Diskussion auch J.-L. Marion, Die Phänomenalität des Sakraments. Wesen und Gegebenheit. In: S. Nowotny u. M. Staudigl [Hg.], Perspektiven des Lebensbegriffs. Randgänge der Phänomenologie. Hildesheim: Olms 2005, 201–218; sowie K. Wolf, Philosophie der Gabe. Meditationen über die Liebe in der französischen Gegenwartsphilosophie. Stuttgart: Kohlhammer 2006, 110–160: Jean-Luc Marion: Vom Gegebenen zur Offenbarung; M. Gabel u. H. Joas [Hg.], Von der Ursprünglichkeit der Gabe. Jean-

Luc Marions Phänomenologie in der Diskussion. Freiburg/München: Alber 2007).

Rolf Kühn (Freiburg i. Br.). Email: rw.kuehn@web.de

Thomas Slunecko, Von der Konstruktion zur dynamischen Konstitution. Beobachtungen auf der eigenen Spur. Wien: Facultas WUV Universitätsverlag, 2., überarb. Aufl. 2008, 224 S., ISBN 978-3-7089-0171-8, Euro 22,20

Wie der Untertitel »Beobachtungen auf der eigenen Spur« ankündigt, handelt es sich um ein Sachbuch der besonderen Art. Denn statt einfach zur Sache zu reden, blickt Slunecko auf die Stationen seines bisherigen Denkweges als Kulturpsychologe zurück.

Vom Positivismus zum Konstruktivismus. Ausgangspunkt ist die Misere der universitären Psychologie, die sich heute fast ganz dem Positivismus verschrieben hat. Verloren ist der frühere Methodenpluralismus, geblieben ist empirische Forschung mit quantitativen Methoden, die angeblich allein wissenschaftliche Erkenntnis zu generieren vermag. Sluneckos Wunsch und Wille, aus der Enge und Ödnis dieser Psychologie auszubrechen, ist deshalb bei allen hinzukommenden persönlich-biographischen Motiven in erster Linie sachlich begründet. Ein wichtiges Zielpublikum des Buches bilden denn auch all jene Psychologen, die sich ihre Ausbildung an der Universität holen (müssen) und also ein vergleichbares »Bildungsschicksal« erleiden bzw. erlitten haben. – Für Slunecko war es zunächst der in den 1990er Jahren an der Universität Wien von Wallner vertretene konstruktive Realismus, welcher ihm eine kritische Distanzierung ermöglichte. Denn der Konstruktivismus richtet das Augenmerk auf das im Positivismus systematisch verleugnete Subjekt und dessen realitätsgenerierenden Leistungen. Damit ist die (vermeintliche) Objektivität empirischer Forschung als Illusion entlarvt, und das Interesse kann sich auf die persönlich-subjektive wie auch auf die kollektiv-kulturelle Abhängigkeit jeglicher Wissensbestände richten.

Vom Konstruktivismus zur Medientheorie. Doch für Slunecko ist der Konstruktivismus nur ein relativ kurzer Zwischenhalt auf dem Weg zu jener Position, dessen Entfaltung das Buch zum größeren Teil gewidmet ist. Diese dritte Position als »Medientheorie« zu bezeichnen ist allerdings ein unbefriedigender Kürzel, denn es geht um mehr, nämlich um den Entwurf einer medientheoretisch geleiteten und zugleich philosophisch fundierten *Anthropologie und Kulturgeschichte.* Es sind dieselben zentralen geistigen Strömungen des 20. Jahrhunderts, welche Slunecko das Ungenügen des Konstruktivismus vor Augen führen und auch die neue Etappe seines Denkweges prägen. Dazu gehören Husserls Phänomenologie und Heideggers existenziale Anthropologie einerseits, Maturanas und Luhmanns Systemtheorie und McLuhans Medientheorie andererseits. Für Slunecko ist entscheidend, dass diesen Denkrichtungen bei aller sonstigen Disparatheit gemeinsam ist, nicht mehr in den Kategorien von Subjekt und Objekt zu denken. Auf den Ausstieg aus diesem seit der Antike in Philosophie und Wissenschaft herrschenden Denkmuster aber kommt es an. Gleichgültig also, ob man von Heidegger oder von Maturana oder von McLuhan aus den Blick auf die bisher vorgestellten Positionen des Positivismus und des Konstruktivismus richtet, man gewinnt eine Aussenperspektive, von welcher aus die beiden vermeintlichen Antipoden unversehens zusammenrücken.

Die medientheoretische Position ist nicht nur die dritte in der Sukzession der bisher durchlaufenen Positionen, sondern sie vertritt auch jenes »Dritte«, das weder der Subjekt- noch der Objektseite zugeschlagen werden kann: das *Medium*. Dass Slunecko den Konstruktivismus zugunsten einer Medientheorie verlässt, ist keineswegs selbstverständlich. Zwei andere Vorschläge, die gerne als *intersubjective turn* und als *linguistic turn* bezeichnet werden, sind weit gängiger und entsprechend ausgetretener. Slunecko hat aber gute Gründe, bei seinem Vorschlag zu bleiben. Denn während die Wende zur Intersubjektivität immer noch an einer grundsätzlich dualen Relation festhält und damit die Bedeutung des Dritten verkennt, verabsolutiert die Wende zur Sprache ein einziges, wenn auch zweifellos wichtiges Medium, und engt damit die Sicht auf die grundsätzliche Bedeutung von Medien für den Menschen unnötig ein. Was sind Medien? Es sind Gegebenheiten, die dem Menschen zwar äußerlich sind, ihm aber nicht als Objekte gegenüber stehen, sondern für seine Konstitution eine so maßgebliche Rolle spielen, dass sich ohne Medien vom Menschen gar nicht sprechen lässt. Weil der Positivismus nur subjektsunabhängige Objekte kennt, der Konstruktivismus hingegen nur subjektive Konstrukte, muss beiden Richtungen die konstitutive Bedeutung dieser in der Mitte stehenden Größen verborgen bleiben. Kommt man wie Slunecko vom Konstruktivismus her, dann liegt das Neue auch in der Wiedereinführung von subjektsunabhängigen, äußerlich-materialen Gegebenheiten. Dass daraus schon folgt, dass es sich bei der Medientheorie um eine Spielart von Materialismus handelt – Slunecko spricht von »erleuchtetem Materialismus« – scheint mir allerdings etwas vorschnell behauptet.

Auf Heidegger zulaufen. Der Titel »Von der Konstruktion zur dynamischen Konstitution« spricht von einer doppelten Wende. Was zuerst nämlich nur ein Wechsel von erkenntnistheoretischen Positionen zu sein scheint: vom Positivismus über den Konstruktivismus zur Medientheorie, erweist sich im Laufe des Buches zugleich als eine Wende von der Erkenntnistheorie zur Ontologie bzw. zur philosophischen Anthropologie. Es geht Slunecko darum, Menschwerdung und Menschsein vom Medienbezug her zu denken. Den Anstoß dafür hat ihm McLuhans Medientheorie gegeben. Doch die bereits erwähnten Denkströmungen, welche ihn vom Konstruktivismus weggeführt haben, bilden dabei ebenfalls einen wichtigen Part. Dazu eine Kostprobe, die das diesbezügliche Raffinement zeigt. Es besteht darin, mit Heideggers Ontologie einen Schwachpunkt des systemtheoretischen Ansatzes auszumachen, und zugleich mit der Systemtheorie die Schwäche von Heideggers ontologischem Ansatz offen zu legen. Die Systemtheorie muss sich aus der Perspektive Heideggers sagen lassen, dass sie den Menschen unweigerlich »rebiologisiert«, wenn sie ihn wie allen anderen Lebewesen den Leitkategorien von System und Umwelt unterstellt und damit die grundlegende Differenz von »Umwelt« und »Welt« ignoriert. Doch umgekehrt muss sich Heideggers Ontologie aus systemtheoretischer Perspektive den Vorwurf des Statischen gefallen lassen. Statisch ist Heideggers ontologische Bestimmung des Menschen deshalb, weil sie immer schon mit dem Menschen anfängt und damit implizit vorgibt, er sei vom Himmel gefallen, und dabei die Dynamik seines Gewordenseins ausblendet.

Slunecko zeigt, dass erst die Systemtheorie mit der traditionellen Vorstellung von Entwicklung als »Ausfaltung von schon Angelegtem« bricht und damit die Voraussetzung schafft, um menschliche Evolution als einen dynamischen Prozess denken zu können, aus dem etwas wirklich *Neues* entstehen kann: der nicht mehr in die Umwelt verspannte, sondern weltoffene Mensch. An die Stelle der philosophischen Frage nach dessen Wesen soll die historisch-genetische Frage nach dem *Wie* der (Selbst-)Konstitution vom Primaten über den Vormenschen zum heutigen Menschen treten. Nun liegt das Besondere der in diesem Buch erzählten Entstehungsgeschichte des Menschen meines Erachtens darin, dass sie auf *Heidegger* zuläuft und deshalb von der philosophischen Grundfrage nach der Seinsverfassung des Menschen geleitet bleibt. Dadurch entgeht Slunecko der Gefahr, sich in bloßer Aufzählung empirischer Fakten zu verlieren, und liefert stattdessen eine spannende Interpretation auch scheinbar banaler paläoanthropologischer Befunde im Lichte von Heideggers Ontologie.

Warum ist die Paläoanthropologie überhaupt kulturtheoretisch relevant? Die Frage ist berechtigt, weil es durchaus unüblich ist, in kulturpsychologischer Absicht soviel Gewicht auf die Entstehungsgeschichte des Menschen zu legen. Für Slunecko ist der Einbezug der Vor- und Frühgeschichte des Menschen in die Kulturtheorie unabdingbar, weil er erst erkennbar macht, dass der historische Prozess, der zum Menschen geführt hat, *zum Menschsein selber gehört* und es deshalb – und dieser Schluss enthält nun einigen Zündstoff – keinen Grund gibt, diesen Prozess als abgeschlossen und das Resultat der bisherigen Entwicklung zum Menschen als endgültig zu denken. Diese brisante These verdankt sich der Einsicht in die fundamentale Bedeutung der Medien sowohl für die evolutionäre Genese des Menschen wie für die spätere kulturgeschichtliche Entwicklung. Versteht man den Menschen als »Ausgeburt« seiner Medien, dann rücken die bislang scharf getrennten Domänen von menschlicher Naturgeschichte hier und Kulturgeschichte dort noch einmal zusammen, weil es in beiden Geschichten um die wechselseitige Dynamik des Menschen mit seinen Medien und der daraus resultierenden Entwicklung geht: »Unter Beibehaltung der Darwinschen Regeln geben wir dem Affen einen Stein in die Hand und lassen ihn damit so lange arbeiten oder spielen, bis der Stein aus dem Affen den Menschen und der Mensch aus dem Stein die Atombombe gemacht hat.«

Steinmeditation. Slunecko verweilt lange, aber keineswegs zu lange beim Stein als dem ersten Medium, das aus dem Affen den Menschen werden ließ. Denn an diesem einfachsten Medium lässt sich veranschaulichen, dass nicht zuerst der Mensch da ist und dann den Stein ergreift, sondern dass es die Praxis des Vormenschen mit dem Stein ist, die ihn aus dem Tier-Mensch-Übergangsfeld hinausführt in Richtung Mensch. Slunecko bezeichnet diesen Teil selber als »Steinmeditation«, und er will damit andeuten, dass es ihm nicht darum geht, eine exakt wissenschaftliche Abhandlung vorzulegen, sondern jenen *anthropotechnischen Grundzirkel* aufzuzeigen, der (Vor-)Mensch und Stein so miteinander interagieren lässt, dass man ebenso gut sagen kann, der Mensch habe sich selber mittels des Steines hervorgebracht wie auch, der Stein habe den Menschen erzeugt.

Mutter-Kind-Medium Sprache. Slunecko ist sich sehr bewusst, dass die wirklichen Bedingungen der Menschwerdung viel komplexer sind, weshalb Stein- Stock- und Werkzeuggebrauch allein »für den vollen Eintritt in die menschliche Situation« niemals ausgereicht hätten. Da ist in erster Linie ein anderes, »schwaches« Medium mitzudenken, das »mindestens ebenso unhintergehbar« ist wie das »harte« Medium Stein: die *Sprache.* Vergleicht man die Affenkommunikation mit der menschlichen Sprache, dann liegt der Unterschied darin, dass die Laute dem Affen nur dazu dienen, sein momentanes Befinden auszudrücken und mitzuteilen, während der Mensch mit dem Mitmenschen »über ein Drittes«, nämlich »die geteilte Realität« zu kommunizieren vermag. Wichtig ist Sluneckos Nachweis, dass die Sprachentwicklung derselben prozessualen Logik folgt wie die Entwicklung der Werkzeuge, und dass beide sich von allem Anfang an gegenseitig bedingen und auch gegenseitig potenzieren. Deshalb ist es dem Autor zufolge wenig sinnvoll, Stein und Sprache gegeneinander auszuspielen und dem einen Medium Vorrang vor dem anderen geben zu wollen. Es erweist sich als weit fruchtbarer, die »Ko-Evolution« von Stein und Sprache nachzuzeichnen, wobei Slunecko dabei wiederum Philosophie und Empirie zu verbinden weiß. Zunächst hält er fest, dass das Medium Sprache seinen Ort in der »seelischen Gemeinschaft zwischen Mutter und Kind« hat, weshalb er es in Abhebung vom »starken« Medium Stein auch als »weiches« Medium bezeichnet. Während das Werfen des Steines für die Sprengung jener Umwelthülle steht, in welche Affen noch eingebunden sind, steht die Sprache für die Schaffung einer neuen – symbolischen – Hülle, welche die offen-unbestimmte Welt für den Menschen erst lebbar macht. Sie kompensiert somit jenen »Überschuss an Welt-ausgesetztsein«, welche »die Grundangst des Daseins ins Dasein bringt«. Diese Gedanken zur notwendigen Beruhigung der Grundangst sind geleitet von Heidegger berühmten Ausführungen zur Sprache als dem »*Haus des Seins*«. Menschen ziehen immer schon in ein sprachlich verfasstes Haus ein, das ihnen allerdings niemals jenen Halt und jene Sicherheit zurückzugeben vermag, welches durch den Auszug aus der Umwelthülle verloren ging.

Kulturgeschichte als systemtheoretische Naturgeschichte. Der lange Exkurs in die Paläoanthropologie lässt sich in kulturpsychologischer Absicht nur rechtfertigen, wenn sich die Evolution der Gesellschaft in analoger Weise erzählen lässt wie die Evolution des Menschen. Der letzte Teil des Buches zeigt anhand von überaus interessanten Analysen vorab zum Medium der Schrift und des Buchdrucks, dass dem so ist, weil auch die Geschichte der Gesellschaft dem Prinzip der dynamischen Konstitution folgt. Es gibt ohne Medien nicht nur keine Menschen, sondern auch keine Gesellschaften, und diese sind ebenfalls nicht zuerst da, um dann erst ihre spezifischen Medien auszuformen, sondern sie entstehen in dynamischer Wechselwirkung mit diesen. Darum schließt die Kulturgeschichte nicht nur an die Naturgeschichte an, sondern ist medientheoretisch betrachtet nichts anderes als Naturgeschichte mit anderen, nämlich kulturspezifischen, kulturbildenden und kulturabhängigen, Medien. Die prozessuale Logik bleibt dieselbe: So wie der (Vor-)Mensch den Stein ergreift und von diesem ergriffen wird, so ergreift später der Mensch »die Sprache, die Schrift, das Buch, das Radio, das Fernsehen, das Internet usw. und *wird von diesen ergriffen*, physiologisch wie psychologisch, als Individuum und als Kollektiv, in seinen sozialen und kulturellen Bildungen«.

Medientheorie ohne Medienapriori. Erhält in einer Theorie, die nicht nur den Menschen, sondern auch die einzelnen Kulturen als »Ausgeburten« ihrer Medien bestimmt, nicht das Medium die Bedeutung des letzten Verursachers, aus dem sich alles erklären lässt? Slunecko verortet die Gefahr einer zu einseitigen Konzentration auf das Medium vor allem bei McLuhan und setzt sich in der hier besprochenen 2. und überarbeiteten Auflage des Buches dezidiert davon ab. Auch die Medien fallen nicht vom Himmel, um dann überall dieselbe Wirkung zu entfalten, sondern es hängt von sehr vielem ab, ob sich bestimmte Medien in einer je konkreten historischen Situation zu entfalten vermögen oder nicht. Doch das schmälert ihre eminente Rolle für die kulturelle Entwicklung keineswegs. Es passt zur Intention des Buches, »Beobachtungen auf der eigenen Spur« anstellen zu wollen, dass Slunecko gegen Schluss auch einen medientheoretisch geleiteten Blick auf jene Position des »starken Subjekts« wirft, die er als Konstruktivist vormals selber vertreten und dann zugunsten der Medientheorie verlassen hatte. Doch nun geht es ihm nicht mehr darum, den »Wahnsinn des starken Subjekts« aus einer medientheoretischen Perspektive zu kritisieren, sondern ihn medientheoretisch zu erklären – nämlich als Frucht des *Vokalalphabetes.* Nicht dank dem Medium Schrift als solchem, sondern erst dank seiner Ausformung als

Alphabetschrift konnte sich das starke Subjekt entwickeln. Voraussetzung dafür ist das durch die Alphabetschrift ermöglichte autodidaktische Selbstlesen und Selbstlernen, mit dem der Einzelne aus der früher unabdingbaren Zugehörigkeit zum Kollektiv heraustritt und »autonom« wird.

Damit ist das starke Subjektskonzept nicht nur medientheoretisch interpretiert, sondern zugleich auch historisch relativiert; es erweist sich als eine Auffassung, die heute, da ganz andere, neuartige Medien dominant sind, obsolet ist. Dass die anthropotechnische Dynamik nicht abgeschlossen und deshalb der Mensch in seiner heutigen Verfassung nicht als Endprodukt der Evolution zu sehen ist, ist ein Grundgedanke, der das ganze Buch durchzieht. Analog versteht auch der Autor das derzeitige Resultat seines eigenen Denkweges nicht als Endpunkt, sondern »eher als Zwischenhalt«. Daran kann man als Leser, der die bisherige Strecke seines Weges mit ihm durchlaufen und dabei die den Autor auszeichnende geistige Neugierde und seinen intellektuellen Drive kennen gelernt hat, nicht zweifeln. Man ist also auf die nächste Etappe gespannt – insbesondere darauf, ob sie wieder zu einer Relativierung der in diesem Buch so überzeugend vorgestellten medienanthropologischen Position führen wird.

Alice Holzhey-Kunz (Zürich). Email: alice.holzhey@bluewin.ch

b) Philosophie und Psychologie

Günter Gödde, Traditionslinien des »Unbewussten«. Schopenhauer – Nietzsche – Freud. Gießen: Psychosozial-Verlag (Bibliothek der Psychoanalyse) 2009, 688 Seiten, ISBN-10: 3-89806-826-9, Euro 49,49

Es ist bekannt, dass Kandidaten der Psychoanalyse im Rahmen ihres Studiums in Vergangenheit und Gegenwart lernen, Sigmund Freud habe sich wenig für die Philosophie erwärmen können. Als Quelle dienen Bemerkungen wie etwa diese: »Die Philosophie ist der Wissenschaft nicht gegensätzlich, sie gebärdet sich selbst wie eine Wissenschaft, arbeitet zum Teil mit den gleichen Methoden, entfernt sich aber von ihr, indem sie an der Illusion festhält, ein lückenloses […] Weltbild liefern zu können, das doch bei jedem Fortschritt unseres Wissens zusammenbrechen muss« (Freud, Neue Folge der Vorlesungen zur Einführung in die Psychoanalyse, GA, Bd. 15, 12). Auch an anderen Stellen seines Werkes hat Freud immer wieder darauf hingewiesen, dass »es gerade unsere kurzsichtig beschränkte Kleinarbeit ist, welche deren Neuauflagen notwendig macht, und dass selbst die modernsten dieser Baedeker Versuche sind, den alten, so bequemen und so vollständigen Katechismus zu ersetzen. Wir wissen genau, wie wenig Licht die Wissenschaft bisher über die Rätsel dieser Welt verbreiten konnte; alles Poltern der Philosophen kann daran nichts ändern, nur geduldige Fortsetzung der Arbeit, die alles der einen

Forderung nach Gewissheit unterordnet, kann langsam Wandel schaffen«
(Hemmung, Symptom und Angst, GA, Bd. 14, 123). Philosophie als die
heimliche Verwandte der Psychoanalyse oder die Philosophie als Mutter psychoanalytischen Denkens: bereits die in Freuds Formulierung enthaltene
Zielsetzung beider Disziplinen enthält diese Aussage. Der Kampf um die Lösung der »Rätsel der Welt« sind Philosophie und Psychoanalyse gemeinsames Ziel, die Ersetzung des vollständigen Katechismus« durch wissenschaftliche »Gewissheit ist hingegen der wissenschaftlichen Psychoanalyse
allein vorbehalten. Wenn man so will, ist darin Freuds gesamte wissenschaftstheoretische Auffassung *in nuce* enthalten. Ob Freuds Anspruch ein-
gelöst werden kann, ist aber bis heute Streitgegenstand zahlreicher der Psychoanalyse benachbarter Disziplinen ebenso wie innerhalb der *Scientific
Community* der Psychoanalytiker selbst.

Diesen Umstand zu verändern, scheint Göddes Absicht gewesen zu sein:
»Nach wie vor ist diese Sichtweise (der ›antiphilosophischen‹ Position Freuds)
verbreitet und trägt dazu bei, dass die philosophische Tradition des Unbewussten noch immer ein Schattendasein in der Geschichtsschreibung der
Psychoanalyse und Tiefenpsychologie führt«, schreibt er in seiner Einleitung
(14).

Dass die bissigen Bemerkungen Freuds über Philosophie und Philosophen nicht einmal die halbe Wahrheit darstellen, zeigt Günter Gödde dann
in seiner eben so material- wie gedankenreichen Arbeit in aller Ausführlich-
keit und Genauigkeit. Schon vor nunmehr zehn Jahren stellte er zum ersten
Mal sein umfangreiches Buch über die Traditionslinien des Unbewussten der
Fachwelt vor, damals in der »Edition diskord« veröffentlicht. Nun ist es neu
im Psychosozial-Verlag erschienen, in der Reihe »Bibliothek der Psychoanalyse«, herausgegeben von Hans-Jürgen Wirth. Es erscheint unter gleichem
Titel und mit identischem Inhalt, erweitert nur durch eine Einleitung und
eine umfangreichere Literaturliste.

In seinem Werk entfaltet Gödde die These, Freud habe sich nachweislich
bereits in seinen Jugendjahren für Philosophie interessiert. Darüber hinaus
habe er zentral wichtige Anregungen vonseiten der Philosophie für sein vor-
dergründig naturwissenschaftlich imponierendes Werk empfangen. Das Zentrum seiner Tätigkeit, die Erforschung des »Unbewussten« und die Konzepte
der Verdrängung und des Widerstands, »Säulen psychoanalytischen Denkens«, gingen auf die Philosophen Schopenhauer und Nietzsche zurück, deren Überlegungen den deutschen Idealismus ablösten.

Das besondere Verdienst des Buches besteht darin, dass Göddes sorgfältige Recherchen und genaue Diskussion der philosophischen Vorgänger
Schopenhauer und Nietzsche einschließlich deren empirischer Forschungen
an Kranken zeigen, dass und wie Freud, anderen Meinungen zum Trotz, nicht
nur Anregungen aus der Philosophie erhielt, mehr oder weniger über den
(bekanntlich in vielen Teilen unbewussten) »Zeitgeist« vermittelt, sondern

278

dass er über diese Philosophen weit hinausgegangen ist. Dies gelte nicht nur
in klinischer Hinsicht, sondern insbesondere bezüglich der begrifflichen
Schärfe, der wissenschaftstheoretischen Begründung und der aufgezeigten
Gesetzmäßigkeit des Auftretens der erforschten Phänomene. Insofern hat
Gödde die Kontroverse um die alten Fragen: Hat Freud sich für Philosophie
interessiert, hat er gar entscheidende Paradigmen aus ihr bezogen, ohne diese
bezüglich ihrer Herkunft ausreichend kenntlich zu machen oder war er nicht
vielmehr der Philosophie gegenüber so abgeneigt, wie er sich selbst darzustellen beliebte? – in ausführlicher Synthese beantwortet: Freud hat sich
für Philosophie mehr interessiert, als er selbst wahrnehmen wollte, er ver-
dankte ihr wirksame Anregungen in vielerlei Hinsicht. Gerade weil er seine
Arbeit von seinem Selbstverständnis her zu den exakten Naturwissenschaften rechnete, konnte er über die spekulativen Ideen und Systeme der Philosophen hinausgehen und schließlich ein Instrumentarium schaffen, das bis
heute empirischer Überprüfung genügend Anregung bietet.

Im Einzelnen führt Gödde seine Leser auf eine spannende Reise durch die
Vorgeschichte der Philosophie des »Unbewussten« und der Begegnung Freuds
mit dieser philosophischen Tradition (Kapitel I und II) über die Darstellung
der Geschichte der Psychoanalyse anhand der Konzeptualisierung des »Unbewussten« (Kapitel II bis VIII) über den Vergleich der Denkstrukturen Schopenhauers und Freuds (Kapitel IX bis X) bis zu den Ähnlichkeiten und Differenzen des Denkstrukturen Nietzsches und Freuds (Kapitel XI bis XIII).

Die Zeit des 19. Jahrhunderts scheint günstige Bedingungen für die klassische Philosophie geboten zu haben, deren Credo seit Plato der unbedingte
Rationalismus war, die *Grundlagen* des philosophischen Denkens und Seins
selbst zu erforschen. Dabei stießen Philosophen wie Schelling, Schopenhauer
und Nietzsche auf das, was Freud später den »gewachsenen Fels« nannte: die
sich im Ungefähren, letztlich im Somatischen verlierende Spur der Triebe
(des »Willens« bei Schopenhauer, des »Dionysischen« bei Nietzsche), welche
in letzter Instanz die Bedingung für die Entfaltung rationalen Denkens dar-
stellten. Ob man diese Forschungen und ihre Ergebnisse nun als »Zweite
Aufklärung« bezeichnet, wie Gödde es tut, oder als »dunkle Aufklärung«,
eine Metapher, die den Hinweis auf die nicht-gewollten Ergebnisse, die
»Kränkungen« der Menschheit, enthält: Tatsache ist, dass die Philosophie
Schopenhauers und Nietzsches und die Psychoanalyse Freuds das Denken
des gesamten 20. Jahrhunderts erschüttert, beeinflusst und sogar beherrscht
haben, dass sie wohl ein für allemal den Glauben des Menschen an die Dominanz seiner *Ratio* und die Bewusstheit seines Handelns in Frage stellten. Nur
der Psychoanalyse Freuds gelang es schließlich, dieses Unbewusste selbst der
Forschung zu unterwerfen und methodische Vorgehensweisen zu entwickeln,
zuvor »Unbewusstes« in »Bewusstes« umzuwandeln. Allein diese Arbeit hätte ausgereicht, Freuds wissenschaftliches (und von ihm selbst antiphilo-
sophisch aufgefasstes) Werk unsterblich zu machen.

Obgleich die Darstellung der Denkverwandtschaft Freuds zu Schopenhauer und Nietzsche als solche nicht neu ist – Gödde beruft sich in der akribischen Entfaltung seiner Arbeit auf zahlreiche Aufsätze und Schriften, die sowohl die zeitweise begriffliche Nähe als auch die wissenschaftstheoretische und strukturelle Verwandtschaft Freuds mit dem Denken Nietzsches und Schopenhauers bereits herausgestellt haben –, wird der Leser mit zahlreichen Neuigkeiten und neuen Auffassungen in Göddes Buch konfrontiert. Gödde gelingt es, sowohl das, was er als »Traditionslinien« bezeichnet, als auch den im Laufe der Lektüre schließlich unbezweifelbaren Fortschritt des freudschen Denkens klar herauszuarbeiten. Angefangen vom 17. Jahrhundert, in dem sich langsam das Wissen um »unmerkliche Vorstellungen« herauszubilden beginnt, bis zum 19. Jahrhundert, in dessen Verlauf das »kognitive Unbewusste« schließlich dominiert, werden die Traditionen, die Schöpfer der Traditionen und die Umstände, unter denen diese gesellschaftlich erst entstehen konnten, in wünschenswerter Klarheit und Deutlichkeit herausgearbeitet.

Drei Hauptlinien unbewusster Vorstellungen existierten schließlich nebeneinander: die der kognitiven, der vitalen und der triebhaft-irrationalen unbewussten Vorstellungen. Gödde weist darauf hin, dass diese Traditionslinien bei Freud keineswegs eine kontinuierliche Einheit bildeten. Darüber hinaus fußte Freuds psychoanalytisches Theoriegebäude außer auf den drei genannten »Traditionslinien« des Unbewussten, deren Ursprung in der Philosophie liegt, auf der Traditionslinie des genetischen Unbewussten und des klinisch–psychologischen Unbewussten, die Freud mit der Dynamischen Psychiatrie verbinden.

Gödde stellt in seiner gut zu lesenden, leicht verständlichen, der Komplexität des Stoffes aber immer angemessenen Darstellung heraus, dass aus diesen Traditionslinien schließlich Freuds innovativer Beitrag resultierte, der »eine radikale Veränderung des traditionellen Arzt-Patient-Verhältnisses voraussetzte und erst dadurch die Erfassung unbewusster Sinnzusammenhänge ermöglichte. Da sein Zugang zur Sphäre des Unbewussten mit seiner therapeutischen Praxis aufs engste verbunden war, kann man von einer klinischen Konzeption des Unbewussten sprechen« (80).

In dem darauf folgenden Kapitel stellt Gödde ebenso interessant wie lesenswert die verschiedenen Einflüsse und Quellen von Freuds philosophischen und medizinischen Entwicklungen heraus. Nach einem großen Hauptteil des Buches, der der Entwicklung der Psychoanalyse entlang der Theoriebildung vor dem Hintergrund einer Philosophie des Unbewussten gewidmet ist, vergleicht Gödde die Denkstrukturen Schopenhauers und Freuds, dann Nietzsches und Freuds. Die sorgfältige Untersuchung der Denkstrukturen Schopenhauers und Freuds schließlich »stützen […] die These, dass die Grundstruktur der freudschen Theorie des Unbewussten in der Willensmetaphysik Schopenhauers vorgeprägt ist« (407).

Nach dem »geistigen Emanzipationsprozess«, den Freud ebenso wie

Nietzsche »bereits im Jugendalter« vollzogen habe, vor allem als »Loslösung von der Religion«, sei von beiden Denkern eine Abkehr und Ablehnung jeder Metaphysik zugunsten einer »Physiologie und Psychologie der Triebe« vollzogen worden (488). In der Folge behandelte Freud konsequent jede Konstruktion einer übersinnlichen Realität als ein Phänomen, das in die »Psychologie des Unbewussten« zurückverwandelt werden müsse. Unschwer stünden Freud und Nietzsche in Hinsicht auf ihr »Streben nach Wahrhaftigkeit, ihrer Wissenschaftsgesinnung, ihrer Religions-, Vorurteils-, und Ideologiekritik« der Aufklärung im 18. Jahrhundert nahe. Gödde bezeichnet sie deshalb nachvollziehbar als Vertreter einer »Zweiten Aufklärung« (489).

In seinem Schlussabschnitt »Rückblick und Ausblick« fasst Gödde noch einmal die wichtigsten Themen und Ergebnisse seiner Erörterungen zusammen. Da mittels einer Rezension nicht einmal im Ansatz dem Reichtum eines Werkes von 688 Seiten Gerechtigkeit widerfahren kann, hier nur die notwendig verkürzten Antworten: Bezüglich des Verhältnisses von Traditionsbindung zu kreativer Eigenständigkeit entscheidet sich Gödde für das Überwiegen der Eigenständigkeit. Freud sei kein »Nachdenker« gewesen (572 ff.).

Für die Vernachlässigung der Philosophie des Unbewussten (darüber hinaus wohl die der Philosophie allgemein) macht Gödde im Wesentlichen wissenschaftspolitische Motivationen verantwortlich: »Freud entschied sich [...] für die über Jahrzehnte konsequent durchgehaltene Strategie, sich nach zwei Seiten abzugrenzen: von der akademischen ›Bewusstseinsphilosophie‹, um nicht der Gefahr der Rationalisierung des Unbewussten zu erliegen, und von der ›Philosophie des Unbewussten‹, um nicht in das Fahrwasser der Ontologisierung des Unbewussten zu geraten« (589).

Damit ist dem Autor ein Beitrag gelungen, »die Philosophiegeschichte besser als bisher in die Wissenschaftsgeschichte der Psychoanalyse und Tiefenpsychologie zu integrieren« (595); es ist ihm auch gelungen, ein überaus lesenswertes Buch zu den philosophischen Traditionslinien, die zu Freuds wissenschaftlicher Konzeption der Psychoanalyse in Theorie und Praxis geführt haben, zu schreiben, das zum vertieften Diskurs zwischen Psychoanalyse, Philosophie und Tiefenpsychologie beiträgt. Schließlich ist es ihm hervorragend gelungen, seinem selbst gesetzten Anspruch gerecht zu werden: nämlich »historisch, kontextualisierend, diskursorientiert und strukturvergleichend« (15) die Traditionslinien des »Unbewussten« herauszuarbeiten sowie dem Leser auf dieser Grundlage zu erlauben, alte Fragen auf tiefere und bewusstere Weise neu zu stellen.

Sieglinde Eva Tömmel (München). Email: s.toemmel@gmx.de

Sebastian Knöpker, Existenzieller Hedonismus. Von der Suche nach
Lust zum Streben nach Sein (Seele, Existenz und Leben, Band 9). Frei-
burg/München: Karl Alber Verlag 2008, 362 S., ISBN 978-3-495-
48329-8, Eur 39,–

Wird unter Hedonismus im klassischen Sinne das Streben nach Lust unter
Minimierung des Unlusterlebens verstanden, hat sich ›Existenzieller Hedonismus‹ zum Ziel gesetzt, das Spektrum hedonistischer Werte zu erweitern.
Pointiert geschieht dies in der Entgegensetzung von Lust und Unlust, die im
Begriff Daseinslust aufgehoben wird. Damit soll zum Ausdruck kommen,
dass auch im Leiden ein Moment der Freude an sich gegeben ist, welches
nicht auf Lust reduziert werden kann. Im Gegensatz dazu wiederum steht
die zweite Erweiterung des hedonistischen Spektrums, in der Gefühle ohne
distinkten Lust- und Unlustcharakter als besondere Formen des hedonistisch
an sich Wertvollen herausgestellt werden.

Ausgangspunkt für die Entwicklung der These, es gäbe jenseits von Lust
und Unlust eine *Daseinslust*, die auf erstgenannte nicht reduziert werden
kann, sind bestimmte Fälle wollüstigen Leidens. Würde das hedonistische
Spektrum nur aus den beiden Polen Lust und Unlust gebildet werden, so
könnte es keine Wollust des Leidens geben. Tatsächlich aber, so der Autor,
erfreut man sich nicht selten am eigenen Leiden, etwa im Hören der Mat-
thäus-Passion. Das Erleben dieser Musik ist nicht trotz des Traurigen so ein-
drücklich, sondern gerade in diesem. Die Erfahrung von Tiefe, Selbstmächtigkeit und innerem Echo übersteigt den Unlustcharakter des Traurigen, beruht
aber zugleich auch auf ihm (22). Denselben Befund zeigt der Autor im Heim-
weh auf, ein Gefühl, welches insofern eine Art Traumzustand des Egoismus
bilden kann, als dass das Fehlen der Heimat und das Leiden daran zugleich
eine so vitale Selbstpräsenz zu bilden vermag, dass diese Lust am Existieren
alles andere übersteigt (19).

Um nicht bei Erfahrungen aus der Ästhetik zu verbleiben, die vielleicht
nicht für jeden nachvollziehbar sind, überträgt Sebastian Knöpker diese Hinweise auf eine »Lust der dritten Art«, auf die alltägliche Erfahrung des Gespräches mit sich selbst (141 ff.). Es geht dabei um eine Form des Solilo-
quiums, deren Kern in wertenden Verneinungen besteht. In einem solchem
»Moralisieren« wird man innerlich von negativen Erfahrungen beschäftigt,
indem man diese immer wieder durchdenkt. Hat man z. B. jemandem seine
Hilfe angeboten, wird aber mit den Worten »Du und deine gottverdammte
Hilfsbereitschaft!« beleidigt, so vollzieht man in der Folge immer wieder Urteile über diese Beleidigung. Ein solches Urteil prädiziert einen Mangel als
intentionales Objekt (etwas hätte nicht geschehen dürfen) und stellt »hedo-
nisch« betrachtet wiederum einen Mangel dar (Unlust beim Urteilen)
(147 ff.). Dieser privativen Kennzeichnung des Urteils in noematischer Hinsicht steht nun aber die noetische Fülle gegenüber, im Vollzug einer solchen

wertenden Verneinung eine Selbstmächtigkeit zu erfahren *(sens de l'existen-ce)*, die eine besondere Form der Lust an sich darstellt. Zwar ist dies eine Er-fahrung, die jeder mit sich selbst machen kann, aber das Entdecken egoisti-schen Leidens bleibt doch schwierig, weil der epistemische Gehalt eines wertenden Verneinungsurteils zusammen mit dem Leiden am Urteil den Mängelcharakter des Urteilsaktes festzuschreiben scheint. Phänomenolo-gisch betrachtet, ist eine solche Auffassung jedoch nicht haltbar, weil die Wei-se der Manifestierung des intentionalen Mangels selbst nicht noch einmal auf einem Mangel beruhen kann.

Die effektive Phänomenalisierung des Urteils, so der Autor mit Bezug auf Michel Henry, verdankt sich nicht einer einfachen Evidenz, sondern be-darf eines materialen Prinzips. So wie die Langeweile als Ausdruck eines Mangel selbst nicht einen Mangel an Intensität darstellt – ganz im Gegen-teil –, so gibt es auch im Vollzug wertender Verneinungsurteile eine dem Mangel zugrunde liegende Fülle (94 ff.). Ein Mangel kann sich also ontolo-gisch betrachtet nicht selbst zur Präsenz bringen. Dass er Präsenz hat, bringt ein Spannungsverhältnis zu seiner Bestimmung als Mangel auf. Die Selbst-affektion, also die Weise seiner Manifestierung, so das Argument aus ›Exis-tenzieller Hedonismus‹, stammt selbst nicht aus seiner intentionalen Verfas-sung. Diese Selbstaffektion wird dabei mit der Affektivität als dem gesuchten materialen Prinzip der Phänomenalisierung zusammengebracht. Die These lautet, dass es die transzendentale Affektivität ist, welche die Manifestierung von sprachlichen Äußerungen hervorbringt, so dass es eine noematisch-noe-tische Differenz gibt, wie sie deskriptiv anhand des wertenden Verneinungs-urteils beschrieben wurde (45–92).

Solche fundamentalontologischen Analysen, die in diesem Buch nur thetisch wiedergegeben werden, wechseln mit sehr detaillierten phänomeno-logischen Miniaturen ab. Ziel der Einzeluntersuchungen ist es, die abstrakte Denkfigur der transzendentalen Affektivität praktisch herauszustellen. Das gelingt in Bezug auf das Sprechen als Weise der pathischen Selbsterprobung überzeugend, da der Autor das Soliloquium um die typischen Sprechsituatio-nen der Ereigniserinnerung und des Gewissens erweitert (287–313). Der schmale Grat zwischen Metaphysik und Miniatur wird erfolgreich bewältigt.

Die Aufhebung der Dichotomie »Lust zu Unlust« in der Benennung der Wollust des Leidens geschieht in ›Existenzieller Hedonismus‹ noch auf eine andere Weise. Da es auch Gefühle ohne distinkten Lust- und Unlustcharakter gibt, so die Grundthese des Autors, kann man als »Hedonist« nach diesen Gefühlen streben, da auch sie wie die Lustgefühle irreduzible Werte an sich darstellen können. Um welche Gefühle geht es dabei? Beispiele finden sich in Kants Gefühl der Achtung, Epikurs Ataraxie und Rousseaus *sens de l'existen-ce* (33 ff.). Die Ataraxie ist dabei von besonderem Interesse, da Epikur in sei-nen Schriften genau die Entwicklung von einem klassischen Hedonisten zu einem neuen Verständnis vom guten Leben zurücklegt, welchem sich auch

›Existenzieller Hedonismus‹ verschrieben hat. In der Meeresstille der Seele *(galéne)* sind phänomenal betrachtet die Momente der Lust und Unlust nicht oder nur marginal vorhanden. Dennoch gibt es ein tiefes affektives Bewegtsein, ein Affekt der Affektlosigkeit als Form der *eudaimonia*. Der scheinbare Gegensatz von Affekt zu Affektlosigkeit löst sich dann auf, wenn der Dichotomie »Lust – Unlust« das Moment des *pathos* hinzugefügt wird.

Die Erscheinungsformen des Pathos sind nicht auf Affekte begrenzt wie sie in der griechischen Tragödie kultiviert werden. Dieses stille Pathos ist dabei auch nicht ein bloß phänomenaler Zustand, nicht nur Gefühl, sondern hat auch einen vorintentionalen Gehalt. Epikurs Ataraxie etwa ist kein reines Daseinsgefühl, sondern Ausdruck einer Befreiung von der Angst vor dem Tod. Die Präsenz eines thematisch Konkreten, welches sich weder in der Anschauung noch in sprachlichem Ausdruck manifestiert, sondern affektiv appräsentiert wird, ist dabei philosophiegeschichtlich keineswegs eine Unbekannte. Unter den Bezeichnungen Stimmung, Aura, Halo, Atmosphäre etc. werden in der Stoa, bei Kierkegaard, Dilthey, Heidegger, Sartre, aber auch bei William James, solche *abwesende Gegenwärtigkeiten* aufgenommen. Diese affektiven Tonalitäten können dabei auch leidvoll sein, etwa im Falle der melancholischen Stimmung oder in der hintergründigen Präsenz des bevorstehenden, eigenen Todes.

Der Autor untersucht nun die vorintentionalen Gefühle ohne Lust- und Unlustcharakter unter dem Vorzeichen eines erweiterten hedonistischen Verständnisses. Abseits der distinkten Lustgefühle, so seine Grundthese, bilden die abwesenden Gegenwärtigkeiten eine Erlebnisform, welche mehr als bloße Hintergrundgefühle darstellt. Stimmungen und Atmosphären werden dabei anknüpfend an Husserls »passiver Synthesis« anhand ihrer Genese untersucht. Anders als in Hermann Schmitz' »Neuer Phänomenologie«, in der Atmosphärisches deskriptiv wiedergegeben wird, geht es in ›Existenzieller Hedonismus‹ um die Bildung von abwesenden Gegenwärtigkeiten und somit um ein praktisches Herstellungswissen. Der Autor wählt ein einfaches Grundbeispiel für eine abwesende Gegenwärtigkeit: Wohnt man längere Zeit in einem Haus, so kann man wohl dieses Haus als raumzeitlichen Gegenstand verlassen, aber gleich, wohin man geht, man nimmt ein hintergründiges Anwesendsein des Hauses mit (123 ff.). Ein aus dem Gefängnis entlassener Gefangener kann so lange Zeit das Gefängnis mit seinen Gängen, Innenhöfen, Zellen usw. nicht von sich weisen. Er ist »durchstimmt« von einem Gegenstand, der weit von ihm entfernt ist, keinerlei Anschauung besitzt, und auch nicht von ihm gedacht wird, aber dennoch Präsenz ausübt. Dasselbe gilt für langjährige Hauseigentümer, die ebenso ihrem Besitz niemals entkommen können.

Wie kommt es nun zu der Transformation »Haus als distinkt Wahrgenommenes« zu »Haus als abwesende Gegenwärtigkeit«? Der Autor argumentiert mit Husserl, dass ein Gegenstand in der äußeren Wahrnehmung niemals adäquat gegeben sein kann. Hat ein Haus die Form eines Quaders, so sind für einen Beobachter von ihm in der Außenperspektive maximal drei Seiten sichtbar. Das hindert den Beobachter aber nicht, das Haus zu sehen, phänomenologisch ausgedrückt den intentionalen Gegenstand »Haus« zu setzen, der gegenüber dem unmittelbar Angeschauten einen Überschuss aufweist (120 ff.). Der besteht in der Mitsetzung der Teile des Hauses, die nicht gesehen werden (Rückseiten, das Hausinnere etc.). Eine solche Differenz zwischen Gegenstand und seiner Anschauung kann nun sukzessive so ausgeweitet werden, dass immer weniger von ihm gesehen wird, dabei jedoch der Gegenstand als solcher in seiner Präsenz nicht abnimmt. Kennt man das betreffende Haus gut, so reicht auch ein sehr kleiner Ausschnitt von ihm, die Ansicht eines Teils der Vorderfront etwa, um den Gegenstand »Haus« als Vollgegenstand setzen zu können.

Das klingt zunächst banal, zeigt aber das Auseinanderfallen von anschaulicher Erfüllung zu Präsenz des teils angeschauten Gegenstandes. Ein Haus kann auch ohne jegliche Anschauung präsent sein, ohne damit eine metaphysische Entität darzustellen. Vielmehr wäre eine solch reine abwesende Gegenwärtigkeit nur der Spezialfall, in dem der Überschuss des intentionalen Gegenstandes gegenüber dem Ausmaß seiner Anschauung maximiert ist. Mit Husserls Begriffen der Abschattung, des Auffassungswechsels, der Appräsentation, sowie der retentionalen und protentionalen Reihe vermag Sebastian Knöpker überzeugend den Übergang von einem manifesten Gegenstand zu einer abwesenden Gegenwärtigkeit darzulegen. Er beschreibt solche Transformationen am Beispiel einzelner Gegenstände (Haus, Gefängnis) und anhand von Raumausschnitten (Landschaft, urbaner Raum: 264 ff.), geht dann aber auch über die äußere Wahrnehmung hinaus und wendet seine Methode auf die Appräsentation von personalen Eigenschaften (Boshaftigkeit: 193 ff.) und von Zeit (230 ff.: »Stimmung des Unvergangenen«) an. So ergibt sich ein »Durchstimmtsein« der Existenz von abwesenden Gegenwärtigkeiten. Diese fluide, unsichtbare Weise des Existierens ist dabei dem Autor eine Grundform des Daseins, die gegenüber dem Gegenständlichen, sprachlich Fixierten oder Fixierbarem in nichts nachsteht.

›Existenzieller Hedonismus‹ überzeugt darin, auf originelle Weise eine Spielart des Hedonismus zu entwickeln, der man sowohl in theoretischer wie auch in lebenspraktischer Hinsicht etwas abgewinnen kann. Zwar bilden die einzelnen Kapitel des Buches kein geschlossenes Ganzes, sind aber so am Thema »Hedonismus« orientiert, dass der Sinn, insbesondere die praktische Bewandtnis jeder Einzeluntersuchung, nie verloren geht. Interessant ist der Umgang mit philosophiehistorischen Quellen. Husserls genetische Phänomenologie etwa wird sehr gut aus der lastenden Tradition orthodoxer Husserl-Exegese befreit. Die »passive Synthesis« ist in ›Existenzieller Hedonismus‹ mehr als eine Vorstufe im Erfüllungsgeschehen von Leerintentionen. Sie gewinnt eine eigenständige Kontur und zwar im Besonderen durch die Verbindung mit Michel Henrys nichtintentionaler Phänomenologie. Auch

Henry wird nicht passiv rezipiert, wie dies im deutschsprachigen Raum sonst oft der Fall ist. In der Aufnahme der Lebensphänomenologie durch den Autor beeindruckt die Fähigkeit, Henrys nichtintentionalen Lebensbegriff analytisch nachzuvollziehen, ohne dabei Henrys Anspruch zu verfehlen, die Abstraktion von der Konkretion her zu verstehen. Die Leistung des Autors besteht darin, die Relevanz einer materialen Bestimmung für eine Ontologie überzeugend darzustellen. Anders ausgedrückt, kommt ›Existenzieller Hedonismus‹ über eine abstrakte Definition des Lebensbegriffes hinaus.

Sophia Kattelmann (Dresden).
Email: Sophia.Kattelmann@mailbox.tu-dresden.de

Winfried Rohr, Viktor E. Frankls Begriff des Logos. Die Sonderstellung des Sinnes in Substanz- und Relationsontologie (Seele, Existenz und Leben, Band 11). Freiburg/München: Alber 2009, 363 S., ISBN 978-3-495-48356-5, Euro 59,–

Winfried Rohr stellt sich in seiner Promotionsschrift der äußerst anspruchsvollen Aufgabe, aus Viktor E. Frankls Gesamtwerk die Systematik des Logosbegriffs emendativ zu entwickeln. Diese Operation führt den Leser vom höchst aktuellen psychologischen Phänomen einer zeitgenössischen Sinndefizienz in der Gesellschaft über deren ontologische Verankerung und Sinnbestimmung zur systematischen Grundlegung der Sinnerkenntnis.

Ausgangspunkt der These ist Frankls Theorem des *Willens zum Sinn,* das der Begründer der Logotherapie und Existenzanalyse Freuds *Willen zur Lust* und Adlers *Willen zur Macht* entgegensetzt. Dieser Wille zum Sinn sei es, der zum einen den Menschen als solchen auszeichnet. Zum anderen konstatiert Frankl in ›Der unbewusste Gott‹, dass gerade dieser Wille zum Sinn zu seiner Zeit frustriert werde und sich daher auch in zunehmendem Maße des Menschen ein Sinnlosigkeitsgefühl bemächtige. Das Gefühl der »inneren Leere« trete vergesellschaftet auf, was von Frankl auch als »existenzielles Vakuum« bezeichnet wird.

Diese Diagnose einer neuen Form neurotischen Verhaltens im 20. Jahrhundert – der sogenannten »noogenen Neurose« – basiert auf praktischen Beobachtungen, insbesondere auf Frankls Leidenszeit im KZ von September 1942 bis April 1945, und zugleich auf seinen theoretischen Erörterungen. So wird von Frankl, dem Psychologen *und* Philosophen (er promovierte nämlich bei Leo Gabriel, was sich an seiner Psychologismus- und Soziologismuskritik immer wieder zeigt) die Sinnfrage als anthropologisches Faktum untersucht. Da die Frage nach den Gründen, wie es zu einer solchen Eliminierung der Sinnorientierung des Menschen kommen kann, in erster Linie zu Schopenhauer, Nietzsche und Freud führt, werden diese drei Denker einleitend aus philosophischer Sicht auf die psychologische Problematik hin diskutiert.

Die begriffliche Unterscheidung zwischen *Sinn* und *Logos* stellt einen neuralgischen Punkt in Rohrs Arbeit dar. Für seinen psychologischen Zweck unterscheide Frankl selbst die beiden Begriffe in ihrer Bedeutung nicht, gleich wenn diese Unterscheidung für die Untersuchung von höchstem Wert ist. Denn zum einen verweist sie auf die griechische Tradition, in der der Mensch sich in einer metaphysischen, göttlich begründeten Gesamtordnung versteht, die prinzipiell eine Antwort auf die Sinnfrage ermöglicht, und zum anderen auf eine neuzeitliche Tradition, die durch Kants Wende zum Subjekt diesen Antworthorizont in Frage gestellt sein lässt, wie das Aufkommen der Thematik »Sinn des Lebens« in der Folgezeit zeigt. Wie Rohr letztlich aber doch zum Logosbegriff kommt, soll später gelöst werden. Zunächst weiter zum Sinnbegriff.

Wenn also, wie der Autor feststellt, vor allem der *Sinn*begriff von Frankl verwendet wird, so könne dadurch bereits eine Verbindung zwischen der philosophiegeschichtlichen Entwicklung und dem aktuellen Problem, dem existenziellen Vakuum, gesehen werden. Wie aber soll ein zwar praktisch plausibler, jedoch nur eklektizistisch bestimmter Sinnbegriff ein kohärentes Konzept geschichtspsychologischer und -philosophischer Entwicklung tragen? Um diese Aufgabe zu lösen, folgt Rohr konsequent einer höchst subtilen, wie nicht minder stark belegten Argumentationskette, die in die Ontologie führt.

Die Brücke zwischen dem Franklschen Sinnbegriff und dem philosophischen Seinsbegriff wird über Max Müllers Analyse des Sinnbegriffs geschlagen. Demzufolge gibt es drei Sphären von Sinn: erstens, der theoretisch-abstrakte Sinn der Worte, Sätze und Urteile, zweitens, der praktisch-konkrete Sinn der Handlungen und einzelnen Lebensvollzüge und drittens, der absolute Sinn als der Selbstsinn der Ganzheit des Lebens und seiner Welt. Müllers zweite Sphäre beinhalte jene Bedeutung von Sinn, die in Frankls Theorie und Praxis im Mittelpunkt steht, da sich Logotherapie prinzipiell mit dem konkreten Handlungssinn beschäftige. Die erste Sphäre sei vorausgesetzt und garantiere den mentalen Kontakt zur Lebenswelt. Die dritte Sphäre spräche, wie Rohr interpretiert, das Proprium Frankls an, sofern sein Sinnbegriff erst durch den von ihm so genannten *Übersinn* in seiner metaphysischen Einbindung erfasst werde.

Über die Doppelbedeutung dieses Übersinns – einerseits als Grenzbegriff, die der nach dem letzten Sinn Fragende nicht umgehen kann, und andererseits als Begriff, der offen für eine personale Gottesvorstellung bleibt – erschließt Rohr das ontologische, d. h. das Sein betreffende Spannungsfeld. Stets in nächster Nähe zur Primärliteratur wird das Verhältnis von Sein und Anders-sein genau betrachtet. Das Ergebnis ist, dass alles Sein von Frankl als Bezogen-sein und letztlich als Relation definiert wird, was Rohr das *relationsontologische Axiom* nennt. So kann Frankls Relationsontologie auf die Formel »Sein wird durch Sinn« gebracht werden.

Rezensionen

Die Folge dessen ist weitreichend. Auf sozusagen der praktischen Seite ist damit geklärt, dass erst die Beziehung liebenden Entdeckens und die freie Zuwendung und Bejahung dieses Sinnes zum eigentlichen relationsontologischen Sein, der Existenz, führt. Auf der theoretischen Seite gerät jedoch das Proprium des Sinnbegriffs in eine prinzipielle Spannung zum relationsontologischen Axiom. Denn Frankl insistiert darauf, dass der Sinn ein *gegebener* und *nicht* ein vom Subjekt gesetzter ist. Und wenn daher der Sinn *transzendent* ist – denn nur so könne man Frankls Formel »ins bedingende Sein greift ein bewirkender Sinn ein« verstehen –, dann müsse auf einen personalen Gott geschlossen werden, der sich in einer metaphysischen Bewegung im Sinn dem Menschen zuwendet. Die Objektivität dieses transzendenten Sinns, der letztlich einzigartig und einmalig für diese Person in dieser Situation gegeben ist, sei also mit eingeschlossen.

Für die ontologische Fragestellung ist damit Entscheidendes ausgesagt. Das Sein, das durch den Sinn entsteht, hat seine transzendente Ursache primär im metaphysischen Grund und sekundär im bedingenden Faktischen der situativen Umstände, d. h. sowohl im Psychophysikum als auch in den Personen und Dingen außerhalb des Subjekts. Somit sei die Relationsontologie in der extramentalen Transzendenz verankert. Im Sinnbegriff selber wird also nach Rohr ein Relationsbegriff sichtbar, der nur durch Abhängigkeit von einer *Substanz* im Faktischen bzw. als Dependenzbeziehung zu Gott verständlich wird. Der von Frankl folglich *implizierte* Wurzelgrund des Sinns zeigt sich in seinem Denken als *substanz*ontologischer, während er eine systematische *relations*ontologische Grundlage theoretisch begründet und *expliziert*. Daher spricht der Autor auch von einer *ontologischen Ambivalenz*, die sich an diesem Sinnbegriff zeigt.

Die Beweisführung und Methodik dieser Arbeit ist bestimmt von Frankls eigener Forschungsweise. Da er sich selbst hinsichtlich seiner Position unter den psychotherapeutischen Schulen als Eklektiker versteht und, wie er sagt, nicht summativ oder additiv, sondern *integrativ* vorgeht, musste die philosophische Herangehensweise dementsprechend analysierend erfolgen. Wenn also Frankl als Gewährsmänner seines Denken in erster Linie Max Scheler, Karl Jaspers und Martin Heidegger nennt, so ist der Diskurs dazu wissenschaftlich nachvollziehbar und notwendig. So scheut der Autor auch nicht zurück, Frankls Einzelthesen über das gesamte Werk hinweg auf ihre philosophische Tragfähigkeit – im direkten Vergleich zum jeweilig bemühten Philosophen – zu prüfen und zu diskutieren.

Die Systematik ist dabei jedoch nicht ungerichtet. Frankls Wahl seiner philosophischen Impulsgeber ist, wie Rohr festhält, bezüglich seiner explizierten Relationsontologie konsequent. Denn Scheler, Jaspers und auch Heidegger lehnen einen Aristotelischen bzw. scholastischen Substanzbegriff weitestgehend ab. Stattdessen stehe im Zentrum ihrer eigen gearteten Seinsaussage die *Erkenntnisrelation* und damit verbunden ein enger Bezug zu

Kant: Schelers materialer Apriorismus ist ohne die Kritik des Kantischen Formalismus' unverständlich – sein Seinsbegriff geht auf das Bewusstsein zurück. Jaspers' Transzendentalphilosophie rekurriert unmittelbar auf Kant und bestimmt den Zugang zum Sein periechontologisch – Sein als eine Weise des Umgreifenden. Und Heidegger, sofern es in ›Sein und Zeit‹ darum geht, den »Sinn von Sein« durch ein ausgezeichnetes Seiendes, das »Dasein«, zu explizieren, bezieht seine Seinsaussage auf die Strukturen im Verstehen – durch die verständlich werden soll, »dass es diesem Seienden«, dem Dasein, »in seinem Sein um sein Sein geht«.

Allen drei Denkern ist es also nach Rohr eigen, für die Seinbestimmung vom *Primat der Erkenntnisrelation* auszugehen, der mit dem von Frankl explizierten ontologischen Anliegen übereinstimmt. Doch inwieweit Frankl für seinen relationsontologischen Ansatz in ihnen eine Stütze findet und wie man mit dieser *ontologischen Ambivalenz* umzugehen hätte, das ist noch offen. Das Ergebnis dieser Prüfung macht der Autor an zwei Fragen fest:

Erstens die Frage nach Kants Stellung selber. Hier kann herausgestellt werden, dass Kants transzendentalphilosophisches Denken eine Verbindung zur ontologischen Relation der Freiheit bei Frankl *weder* theoretisch *noch* praktisch kritisch zulässt. So zeigt sich auch ein Grundproblem der von Frankl gewählten Denker auf, das an den *Primat der Erkenntnisrelation* und den daraus hervorgehenden Formen des *Apriorismus'* gebunden sei.

Zweitens fragt Rohr nach der Herkunft jenes als Relationontologie bezeichneten Denkens. Dies führt zu jenem Denker, der die Erkenntnisrelation erstmals in der für die Neuzeit relevanten Systematik zu ihrem Primat verholfen hat und selber trotz anti-Aristotelischer Stoßrichtung in einer ontologischen Ambivalenz verhaftet blieb: Nikolaus von Kues, oder auch Cusanus genannt. Das Ergebnis dieser vergleichenden Untersuchung ist eine gegenläufige Ambivalenz zwischen Frankl und Cusanus, sofern Cusanus im Gegensatz zu ihm den Relationsprimat konsequent durchführt.

Rohrs angewandte systematische und konzeptuell-vergleichende Methode zeigt also, dass Frankls eklektische *Integration* die Systematik seiner zitierten Philosophen unbeachtet lässt. Stattdessen unterwirft Frankl diese einzelnen philosophischen Anleihen für seine in sich kohärente und eigenständige Theorie. Diese, so des Autors Anspruch, fordere allerdings ihrerseits eine systematische Grundlage ein. Der relationsontologische Zug des Sinnes hat zwar die Kompatibilität mit der Moderne nahegelegt, aber wegen seiner substanzontologischen Verankerung letztlich verhindert. Der Blick richtet sich daher auf die substanzontologische Implikation Frankls – in ihr sei die Frage nach einer Systematik vorgelegt.

Es folgt ein außergewöhnlicher, aber nicht minder logischer Schlussakkord *in fortissimo*. In hoch reflektierten Deduktionsschritten zeichnet der Autor mit großem philosophischem Gespür eine solche Systematik für Frankl in *Thomas von Aquins* Denken nach. Frankls Betonung auf der an-

Rezensionen

thropologischen *Einheit des ganzen Menschen kraft des Geistes* finde ihre Entsprechung in der Thomasischen *anima intellectiva.* Von ihr aus könne die *von der Substanz getragene Relation* gedeutet werden. Auf dieser Basis könne weiter der ethisch begründete Seinsgehalt der Relation als ein jeweiliges Novum, das durch Sinnerkenntnis und Entscheidung zum Sinn zustande kommt, angemessen eingeordnet werden – nämlich als ein personaler Akt kraft des substanziellen Seinsaktes einer menschlichen Natur. Und eben nur über diesen hochscholastischen Logosbegriff, entwickelt über das Grundprinzip der Thomasischen Ethik, dem *medium rationis,* der Mitte der Vernunft, könne Frankls Sinnbegriff ganzheitlich verständlich werden.

Das Werk ist 2009 im Alber-Verlag in der Reihe»Seele, Existenz und Leben« als Band 11 für 59,– € erschienen. Der geübte Leser von philosophischen Texten findet hier auf 863 Seiten einen Fundus an einschlägigen und weiterführenden Primär- und Sekundärtextstellen. Besonders hervorzuheben ist, dass dem Autor ein – zumindest philosophisch – höchst gewagter Dreisprung beeindruckend gelungen ist: nämlich die in sich schlüssige Verzahnung von Psychologie, Philosophie und Theologie im Kontext der Geschichte. Eine beachtliche Arbeit mit sehr hohem intellektuellen Anspruch, Aktualitätsbezug, Raffinesse, Beweiskraft und wissenschaftlicher Dringlichkeit.

Dr. Stefan Klar (Neustadt/Waldnaab). Email: stefan_klar@web.de

Eva Weber-Guskar, Die Klarheit der Gefühle – Was es heißt, Emotionen zu verstehen. Berlin, New York: Walter de Gruyter 2009, 296 S., ISBN 978-3-11-020463-0, Euro 49,95

Gefühle verstehen zu wollen, heißt nichts anderes, als deren Bezüge zur Welt, zu Werten, zum Subjekt des Gefühls und zu intensiven Differenzen in affektiven Zuständen selbst aufzuklären. Dabei ist die Versuchung groß, die so gewonnenen Bezüge an die Stelle der Gefühle selbst treten zu lassen. Das gilt insbesondere für den Ausweis kognitiver Gehalte in affektiven Zuständen. Gelingt es, den epistemischen Gehalt von Emotionen zu fassen, so ist man versucht, deren Empfindungscharakter außer Acht zu lassen. Diese Reduktion des Phänomenalen auf das Intentionale will Eva Weber-Guskar in ›Die Klarheit der Gefühle‹ vermeiden. Der Autorin geht es darum, innerhalb der Diskussion um die affektive Intentionalität in der analytischen Philosophie die Trennung zwischen affektiven Zuständen als reinen Phänomenen und kognitiven Gehalten aufzuheben, ohne das eine auf das andere zu reduzieren. Die These Weber-Guskars ist es, dass Gefühle mehr als bloße Befindlichkeiten sind. Vielmehr drücken sie explizite Verhältnisse zur Welt aus, womit auch behauptet wird, Gefühle hätten einen epistemischen Gehalt. Weber-Guskar versucht dementsprechend, die zunächst vage Verortung des epistemischen Gehaltes affektiver Zustände anhand des Ausschlusses zweier Extreme (reine Phänomenalität/propositionale Verfasstheit) Schritt für Schritt zu präzisieren.

Dabei greift sie zunächst auf die Bestimmung des Verhältnisses von Affektivität und Intentionalität im kognitiven Reduktionismus Martha Nussbaums zurück (Kap. I). Nussbaums reduktive Position behauptet, bestimmte Klassen von affektiven Zuständen könnten auf Werturteile reduziert werden. Eine solche Identitätssetzung von evaluativem Urteil und Emotion *qua* Reduktion der Emotion auf das Intentionale bietet sich etwa im Falle der Furcht an. Die Furcht vor etwas hat ein Objekt in der Welt, auf welches sie sich bezieht und von welchem ihre Existenz abhängig ist. Furcht zu empfinden, kann so als Ausdruck eines Werturteils aufgefasst werden. Für Nussbaum ist somit das Entscheidende am evaluativen Urteil dessen intentionale Verfasstheit. Das Emotionale an diesem Urteil hat hingegen nur die Funktion, das Urteil in seiner Relevanz für den Urteilenden zu manifestieren. Die Bedeutung des Emotionalen bleibt demnach auf den Aktcharakter des Urteils selbst beschränkt, ohne dessen Gehalt auszumachen. Weber-Guskar entwickelt hierzu eine Reihe von Einwänden. Demnach kann Nussbaum dem Moment des In-etwas-Involviertseins von Emotionen nicht gerecht werden (23), verwechselt Urteile mit Überzeugungen (26) oder Assoziationen (24), vermag Emotionen bei urteilsschwachen Wesen (z. B. Kindern) nicht zu erklären (23) und qualifiziert Emotionen, deren epistemischer Gehalt falsch ist, insgesamt als falsch (25). Letzteres entspricht nicht unserem Empfinden, denn die Furcht vor einer Spinne, von der man weiß, dass sie ungefährlich ist, kann sich durch alles besseres Wissen hinweg erhalten. Dann könne man, so die Autorin, wohl von einer Selbsttäuschung reden, nicht jedoch von einem falschen Gefühl.

Auf Basis dieser Argumente entwickelt Weber-Guskar ihre eigene Position, demnach Emotionen Wahrnehmungen vergleichbar seien. Sie schreibt: »Denn mit Wahrnehmungen teilen Emotionen zwei entscheidende Eigenschaften. Erstens sind beide sowohl intentional als auch phänomenal. Zweitens stehen sie in einem ähnlichen Verhältnis zu Überzeugungen: Sie können in vielen Fällen als Grundlage für eine Überzeugung fungieren« (33–34). Die Argumentation gegen Nussbaum ist dabei auch der sprachpragmatischen Überlegung geschuldet, dass man mit der Reduktion von Emotionen auf Urteile keinen Erkenntnisgewinn erzielt, den man nicht auch in der Verwendung einer Begrifflichkeit erzielen kann, die sich aus der These von der Verfasstheit von Emotionen in Analogie zu Wahrnehmungen ergibt. Ein grundsätzlicher Nachteil des Konzeptes Weber-Guskars ist die Reduktion des Horizontes affektiver Zustände auf die Kategorie der Emotionen. Nur gerichtete Gefühle wie die Furcht vor etwas, der Ärger über etwas, die Wut auf jemanden etc. lassen sich so klassifizieren. Stimmungen, das Selbstgefühl und leiblich-affektive Empfindungen werden hingegen ausgeschlossen. Der Untersuchungsgegenstand »Gefühl« wird damit also sehr beschränkt. Das ist problematisch, weil der Titel ›Die Klarheit der Gefühle‹ doch deutlich mehr verspricht und überdies im Untertitel ›Was es heißt, Emotionen zu verstehen‹ bereits zu großen Teilen zurückgenommen wird. Wenn nun gilt, das Emotionen eigenständige Phänomene sind, die nicht auf körperliche Zustände, Werturteile, Überzeugungen usw. reduziert werden können, so ist das Verständnis der Emotionen anderer entsprechend mehr als ein Verstehen des propositionalen Gehaltes von Gefühlen. Im II. Kapitel wählt die Autorin diese Überlegung zum Ausgangspunkt, Emotionen anderer Menschen zu verstehen. Diese sehr weitläufige Thematik erhält dabei eine Eingrenzung auf die Kernfrage, wie Gefühle eines anderen Menschen anhand ihres affektiv-intentionalen Gehaltes zu verstehen sind. Es wird also nicht untersucht, ob andere Menschen überhaupt Gefühle haben und wie die Zuschreibung mentaler Zustände ihrer Struktur nach zu verstehen ist. Anknüpfend an die These von der Verfasstheit affektiver Zustände in Analogie zu Wahrnehmungen gilt vielmehr, dass man die Gefühle anderer zunächst schlicht wahrnimmt. Ihre Entschlüsselung, also ihr Warum, Wohin, Wozu etc. ist dann eine Frage, die sich auf das Verständnis des spezifisch affektiv-intentionalen Gehalts richtet. Dieses Verständnis soll dabei in einem narrativen Ansatz erreicht werden (59 ff.). Dabei gilt, dass die Emotionen selbst nicht narrativ verfasst sind (60), sondern nur mit Hilfe von Narrativen verständlich gemacht werden können. Das ist bei dem gewählten theoretischen Hintergrund nur konsequent, da ansonsten Emotionen wie Texte verstanden würden, was eine Form des kognitiven Reduktionismus bedeutete. Der hier gewählte narrative Ansatz hat aber nur insofern eine Bedeutung, als dass mit ihm die Objekte, auf die sich die Emotionen beziehen, explizit werden können, und zwar als komplexe Objektbezüge, die den Kontext des zu verstehenden Gefühls bilden. Dieser Kontext ist dabei nicht vom Phänomen »Gefühl« zu trennen. Dies gilt umso mehr, als dass der Zusammenhang mit anderen mentalen Zuständen nicht nur einer der Verweisung ist. Vielmehr bilden mentale Zustände phänomenal betrachtet ein Ganzes, so dass auf der phänomenalen Ebene eine Teil-Ganzes-Beziehung nicht möglich ist.

Die Autorin verdeutlicht ihren Ansatz anhand eines Beispiels: Ein Mann fühlt das Aufkeimen von Verachtung seiner Frau ihm gegenüber, ohne zunächst zu wissen, wie die einstmals gesunde Beziehung eine solche Wendung hat nehmen können. Der Schlüssel für das Verständnis des Empfindens der Frau liegt in einem Vorfall, in dem der Mann die Avancen eines anderen Mannes der Frau gegenüber mit einer gewissen Nachsichtigkeit geduldet hat. Die Frau empfindet diese Haltung ihres Mannes als Ausdruck seiner fehlenden Wertschätzung ihr gegenüber. Sie reagiert darauf mit Verachtung. Möchte der Mann nun das Empfinden seiner Frau nachvollziehen, so muss er die affektive Intentionalität der Verachtung entschlüsseln, was nur über das Nachvollziehen der Genealogie dieses Gefühls gelingt. Das Narrative wird so mit dem Konzept der affektiven Intentionalität zusammengebracht.

292

An diesem Punkt (65 ff.) tritt ›Die Klarheit der Gefühle‹ auf der Stelle, weil gesunder Menschenverstand die Situation genauso gut entschlüsseln könnte. Es wird nicht deutlich, worin der narrative Ansatz über die Alltagshermeneutik hinausgeht. Auch die folgenden Erläuterungen zur Rolle der Sympathie, der Antipathie, dem Mitgefühl im Verstehensprozess von Emotionen bringen die Thematik nicht weiter (vgl. 66–89). Gleiches gilt für die Rolle von Gefühlskonflikten, die Fähigkeit, sich in andere hineinzuversetzen (»soziale Phantasie« genannt), und für das Verstehen von Emotionen ohne emotionales Involviertsein (vgl. 90–102). So bleibt es auch im Fazit dieses Kapitels dabei, die Fragilität des Verstehens der Gefühle anderer besonders zu betonen: »Für das Verstehen der Gefühle anderer hängt die Fragilität besonders daran, dass es Ähnlichkeit und Phantasie braucht. Ähnlichkeit in den Gefühlserlebnissen und Phantasie zum Überwinden der Unterschiede. Beides sind Bausteine für eine zerbrechliche Brücke zum Anderen, weil gewisse Unwägbarkeiten bleiben« (258).

Im folgenden, dritten Kapitel wird dann das Verstehen eigener Emotionen thematisiert. Zu begreifen sind dabei zunächst vage und unklare Gefühle (108 ff.). Das Verstehen solcher Phänomene bedeutet dabei notwendig eine Veränderung des zu Verstehenden, insofern das noch Vage in eine Form gebracht werden soll, welche Eindeutigkeit gewinnt, und sei es auch nur als Horizont von Erklärungsmöglichkeiten. Vage Emotionen werden von der Autorin als Prä-Emotionen bezeichnet, da es ihnen an fokussierter Gerichtetheit auf ein Objekt abgeht. Eine vollständig ausgebildete Emotion ist Weber-Guskar nach dreigliedrig strukturiert: sie bezieht sich auf einen Gegenstand (z. B. Wut auf eine Person), dieser Bezug findet in einer bestimmten Hinsicht statt (Wut auf die Person in Bezug auf eine bestimmte Eigenschaft von ihr) und sie hat ein Hintergrundobjekt (Wut auf X auf Basis des Schadens Y). Vage Emotionen zu verstehen bedeutet also, die Gerichtetheit auf diese Objekte zu bestimmen.

Vage Gefühle werden als unfertige Gefühle aufgefasst. Sie zu verstehen, heißt daher im Umkehrschluss, sie zu vervollständigen. Diese Transformation in einem aktiven, reflexiven Sinne zu vollbringen, hat dabei eine benennbare innere Struktur. »Doch wie hat man sich diese Aktivität vorzustellen?«, lautet dabei die entscheidende Frage (121). Die allgemeine Antwort darauf besagt, Kenntnis vager Emotionen durch Deliberation zu erlangen. Eine solche Reflexion meint dabei nicht das Verstehen dessen, was bereits als solches feststeht, sondern was durch den Prozess des Verstehens erst mitbestimmt wird. Mithin geht man nicht so sehr der Leitfrage »Was empfinde ich wirklich?«, sondern der Frage »Was soll ich empfinden?« nach. Das »soll« bedeutet dabei nicht eine beliebige Ausrichtung auf ein zu Fühlendes je nach eigener Maßgabe. Es meint in Anwendung des von der Autorin so genannten Transparenzprinzips (125 ff.) vielmehr die Explikation von Gründen für die Verfasstheit des in seiner Vagheit zu klärenden Gefühls. In der Terminologie von ›Die Klarheit der Gefühle‹ meint dies, die bereits erwähnte dreigliedrige intentionale Verfasstheit von Emotionen deliberativ zu benennen. Dabei ist diese Benennung in Anknüpfung an das II. Kapitel wiederum einem narrativen Ansatz verpflichtet. »Verstehen heißt hier zunächst genauso wie es für das Verstehen von Emotionen anderer gilt, eine narrative Erklärung zu Entstehung und Verlauf der Emotion geben zu können. Die eigene Schadenfreude zu verstehen heißt, einerseits den Kontext von Ereignissen, Überzeugungen und vor allem von anderen Emotionen zu nennen und zusammenzustellen und andererseits die Aspekte ihrer Manifestation in Ausdruck und Handlungsneigung so darin zu integrieren, dass es eine zusammenhängende Geschichte ergibt« (141–142). Statt reiner Introspektion wird also ein aktives Verstehen von vagen Gefühlen vorgeschlagen, wodurch das zu Verstehende nicht bloß in seiner behaupteten Tatsächlichkeit erfasst wird, da der Verstehensprozess selbst das zu Verstehende mitbedingt.

Das ergibt sich aus dem Doppelcharakter der Emotionen, sowohl spezifisch affektiv-phänomenal als auch intentional bestimmt zu sein. Das In-Relation-Setzen eines Gefühls zu Objekten kann so die affektive Färbung des Gefühls verändern. Affektive Übergänge im Wechsel der Objekte, auf die sich Gefühle beziehen, sind dabei keine für den Alltag unbekannte Größe. Natürlich verändert sich das Gefühl von Wut auf jemanden, wenn sich etwa der Schaden, den der Betreffende verursacht hat, als größer oder kleiner als bisher angenommen herausstellt. ›Die Klarheit der Gefühle‹ nimmt solche affektive Übergänge auf und stellt sie in einen systematischen Zusammenhang. Dazu gehört es auch, unbewusste Gefühle zu thematisieren, also solche affektiven Zustände, deren Gefühltwerden nicht reflexiv erfasst wird (156–177). Auch die sich anschließende Diskussion um »unechte« Gefühle erweitert das Modalisierungsspektrum von Gefühlen (178–251). In ihr geht es darum, welche Möglichkeiten der falschen Zuordnung von Objektbezügen zu (vagen) Gefühlen gegeben sind und wie diese den Empfindungscharakter der Emotionen bestimmen.

Angesichts der in den letzten Jahren sehr zahlreich erschienenen Untersuchungen zum Thema stellt sich die Frage, für wen dieser Arbeit von Interesse sein könnte. Die ›Klarheit der Gefühle‹ ist sowohl vom Schreibstil als auch vom wohldosierten Einsatz von Fußnoten her gut lesbar. Auch ist die Arbeit gut strukturiert, so dass sie dem Leser kein Rätsel bleibt. Das liegt jedoch im Wesentlichen daran, dass die Autorin innerhalb der analytischen Philosophie bekannte Stationen abgeht, ohne über ein solches Durchdeklinieren des Üblichen hinauszugelangen. Das gilt auch für die Emotionen, die im Konkreten analysiert werden. Es handelt sich dabei um Standardbeispiele aus Kinofilmen, welche die Faszination des Themas Affektivität deutlich dämpfen. So ist die Arbeit letztlich nur für jene empfehlenswert, die sich speziell für die Diskussion für die affektive Intentionalität in der analytischen Philosophie interessieren. Noch genauer bestimmt, ist das Buch für jene, welche die Thematik im Kontext praktischer Philosophie vertiefen wollen, von Bedeutung.

Sebastian Knöpker (Mainz). Email: knoepker@uni-mainz.de

Neuere Literatur
zu Religion, Psychotherapie,
Philosophie und Kultur

Th. Alferi, »Worüber hinaus Größeres nicht gegeben werden kann«. Phänomenologie und Offenbarung nach Jean-Luc Marion, Alber 2008

H.-D. Assmann u. a. (Hg.), Grenzen des Lebens – Grenzen der Verständigung. Königshausen & Neumann 2009

A. Batthyany, Mythos Frankl? Geschichte der Logotherapie und Existenzanalyse 1925–1945. Entgegnung auf Timothey Pytell, LIT Verlag 2008

L. Bednorz u. a. (Hg.), Religion braucht Bildung – Bildung braucht Religion. Festschrift für H. F. Rupp, Königshausen & Neumann 2009

U. Benzenhöfer, Der gute Tod? Geschichte der Euthanasie und Sterbehilfe, Vandenhoeck & Ruprecht 2009

F. Berndt u. St. Kammer (Hg.), Amphibolie – Ambiguität – Ambivalenz. Modelle und Erscheinungsformen von Zweideutigkeit. Königshausen & Neumann 2009

V. Bicega, The Concept of Passivity in Husserl's Phenomenology, Springer 2010

K. Biller u. M. de Lourdes-Siegeler (Hg.), Wörterbuch der Logotherapie und Existenzanalyse von Viktor E. Frankl. Sachbegriffe, Metaphern, Fremdwörter, Böhlau 2008

W. Blankenburg, Psychopathologie des Unscheinbaren. Ausgewählte Aufsätze (Hg. M. Heinze), Parados Verlag 2008

J. Blum, Was bleibt von Gott? Beiträge zur Phänomenologie des Heiligen und der Religion, Alber 2007

P. Boyer, The Fracture of an Illusion. Science and the Dissolution of Religion, Vandenhoeck & Ruprecht 2009

K. Brücher, Psychiatrische Erkenntnis. Eine Grundlegung, Parodos 2009

V. Caysa u. a. (Hg.), Kultur – Nation – Europa. Nationalkulturelle Identitäten auf einem imaginären Kontinent, Lang 2009

B. Coenen-Mennemaier, Gott? Die Jenseitsvorstellungen französischer Lyriker, Peter Lang 2009

Z. Cope, Dimensions of Prejudice. Towards a Politcal Economy of Bigotry, Lang 2099

E. Dahl, Phenomenology after Husserl. Religous Experience after Husserl, SCM-Canterbury Press 2010

I. U. Dalferth u. a. (Hg.), Unmöglichkeiten. Zur Phänomenologie und Hermeneutik eines modalen Grenzbegriffs, Mohr Siebeck 2009, bes. Teil II: Hermeneutik und Religion

M. Delgado u. G. Vergauwen (Hg.), Religion und Öffentlichkeit. Probleme und Perspektiven, Kohlhammer 2009

–, Interkulturalität. Begegnung und Wandel in den Religionen, Kohlhammer 2009

I. Dingel u. Chr. Tietz (Hg.), Das Friedenspotenzial von Religion, Vandenhoeck & Ruprecht 2009

S. Doering u. H. Möller (Hg.), Frankenstein und Belle de Jour. 30 Filmcharaktere und ihre psychischen Störungen, Springer 2008

H. Dubiel, Tief im Hirn. Mein Leben mit Parkinson, Goldmann 2008

J. Egan, The Godless Delusion. Dawkins and the Limits of Human Sight, Peter Lang 2009

J. R. Elford u. G. d. Jones (Hg.), A Tangled Weg. Medicine and Theology in Dialogue, Lang 2009

R. Faber u. S. Lanwerd (Hg.), Aspekte der Religionswissenschaft. Königshausen & Neumann 2009

Th. Feist, Kritik der sozialen Vernunft. Kulturelle Orientierungsmuster in der postmodernen Gesellschaft, Peter Lang 2009

V. E. Frankl, Gesammelte Werke, Teilband 3: Die Psychotherapie in der Praxis und ausgewählte Texte über angewandte Psychotherapie, Böhlau 2008

A. Frewer u. a. (Hg.), Klinische Ethikkomitees. Chancen, Risken und Nebenwirkungen, Königshausen & Neumann 2009

E. Frick u, T. Roser (Hg.), Spiritualität und Medizin. Gemeinsame Sorge für den kranken Menschen, Kohlhammer 2009

H. Friesen u. K. Berr (Hg.), Angewandte Ethik im Spannungsfeld von Begründung und Anwendung (Praktische Ethik kontrovers Band 2), Peter Lang 2009

B. Fulford u. a. (Hg.), Oxford Textbook of Philosophy and Psychiatrie, Oxford University Press 2007

F. W. Graf u. a. Religionen und Globalisierung, Kohlhammer 2007

A. Grözinger u. a. (Hg.), Religion und Gegenwartsliteratur. Spielarten einer Liaison, Königshausen & Neumann 2009

A. Habicht, Sterbehilfe – Wandel in der Terminologie, Peter Lang 2009

Ph. A. Häcker, Geistliche Gestalten – gestaltete Geistliche. Zur literarischen Funktionalisierung einer religiösen Sprecherposition im Kontext der Neologie. Königshausen & Neumann 2009

J.-E. Hafner u. J. Valentin, Parallelwelten. Christliche Religion und die Vervielfachung von Wirklichkeit, Kohlhammer 2009

A. Hansberger, Wird der Glaube durch Erfahrung gerechtfertigt? Zum erkenntnistheoretischen Status des Gehaltes religiöser Erfahrung, Kohlhammer 2008

H. Heuermann, Mythos, Religion, Ideologie. Kultur- und gesellschaftskritische Essays, Peter Lang 2099

M. Heinze u. a. (Hg.), Willensfreiheit – eine Illusion? Naturalismus und Psychiatrie, Pabst und Parados Verlag 2008

H. Helmchen, Psychiater und Zeitgeist. Zur Geschichte der Psychiatrie in Berlin, Pabst 2008

N. S. Hilbert, Religious Truth and Religions Diversity, Lang 2009

A.-K. Hirschmüller, Internationales Verbot des Humanklonens. Die Verhandlungen in der UNO, Peter Lang 2009

B. Holm u. a. (Hg.), Religion, Ritual, Theatre, Lang 2009

R. M. Holm-Hadulla, Leidenschaft. Goethes Weg zur Kreativität. Eine Psychobiographie, Vandenhoeck & Ruprecht 2008

H. Ingensiep u. Th. Rehbock (Hg.), »Die rechten Worte finden ...«. Sprache und Sinn, Grenzsituation des Lebens. Königshausen & Neumann 2009

J. C. Joerden u. a. (Hg.), Stammzellenforschung in Europa. Religiöse, ethische und rechtliche Probleme, Peter Lang 2009

H.-G. Kippenberg u. a. (Hg.), Europäische Religionsgeschichte. Ein mehrfacher Pluralismus, Vandenhoeck & Ruprecht 2009

J. A. Kowalik, Theology and Dehumanization. Trauma, Grief and Pathological Mourning in Seventeeth and Eightennth-Century German Thought and Literature, Peter Lang 2009

D. Klein u. L. Käpperl (Hg.), Das diskursive Erbe Europas. Antike und Antikerezeption, Lang 2009

A. Kreiner, Das wahre Antlitz Gottes – oder was wir meinen, wenn wir Gott sagen, Herder 2007

R. Kühn, Gottes Selbstoffenbarung als Leben. Religionsphilosophie und Lebensphänomenologie, Echter 2009

Ch. Kupke, Der Begriff Zeit in der Psychopathologie, Parodos 2009

F. von Kutschera, Was vom Christentum bleibt, Mentis Verlag 2008

S. Lanwerd u. M. Moser (Hg.), Frau – Gender – Queer. Gendertheoretische Ansätze in der Religionswissenschaft. Königshausen & Neumann 2009

B. Lauterbach u. S. Lottermoser, Fremdkörper Moschee? Zum Umgang mit islamischen Kulturimporten in westeuropäischen Großstädten. Königshausen & Neumann 2009

Lee Chun Lo, Die Gottesauffassung in Husserls Phänomenologie, Lang 2009

H. E. Lück, Geschichte der Psychologie. Strömungen, Schulen, Entwicklungen, Kohlhammer 2009

G. Magnússon, Dichtung als Erfahrungsmetaphysik. Esoterische und okkultistische Modernität bei R. M. Rilke. Königshausen & Neumann 2009

K. McGarvey, Muslim and Christian Woman in Dialgoue. The Case of Northern Nigera, Lang 2009

A. Malinar, Hinduismus Reader, Vandenhoeck & Ruprecht 2009

J. Mangraf, Kosten und Nutzen der Psychotherapie, Springer 2009

J.-U. Martens u. J. Kuhl, Die Kunst der Selbstmotivierung. Neue Erkenntnisse der Motivationsforschung praktisch nutzen, Kohlhammer 2009

M. Matzies u, N. Schuster, Colines Welt hat tausend Rätsel. Alltags- und Lerngeschichten für Kinder und Jugendliche mit Asperger-Syndrom, Kohlhammer 2009

Th. Mikhail (Hg.), Ich und Du. Der vergessene Dialog, Lang 2009

T. Müller u. a, (Hg.), Religion im Dialog. Interdisziplinäre Perspektiven – Probleme – Lösungsansätze, Vandenhoeck & Ruprecht 2009

M. Mühling (Hg.), Kirchen und Konfessionen, Vandenhoeck & Ruprecht 2009

R. N. Nsasay, La cosmodémocratie. Un principe de gouvernance pour la société technologique et mondialisée, Lang 2009

B. Mitterauer, Technik in gottgegebenen Zeiten. Architektonische Psychopathologie, Peter Lang 2009

K. Naumann u. M. Linden, Weisheitskompetenzen und Weisheitstherapie. Die Bewältigung von Lebensbelastungen und Anpassungsstörungen, Pabst 2008

B. Olivier, Philosophy and Psychoanalytic Theory. Collected Essays, Peter Lang 2009

E. W. Orth, Was ist und was heißt »Kultur«? Dimensionen der Kultur und Medialität der menschlichen Orientierung, Königshausen & Neumann 2009

H. Paarhammer u. G. Karzinger (Hg.), Kirche und Staat im Horizont einer globalisierten Welt, Peter Lang 2009

O. Pöggeler, Braucht Theologie Philosophie? Von Bultmann und Heidegger bis Voegelin und Assmann, Schöningh 2007

M. Poltrum, Klinische Philosophie. Logos. Ästhetikus und Philosophische Therapeutik, Parodos 2010

J. Poulain u. a. (Hg.), Menschheit – Humanität – Menschlichkeit. Transkulturelle Perspektiven, Peter Lang 2009

L. B. Puntel, Sein und Gott. Ein systematischer Ansatz in Auseinandersetzung mit M. Heidegger, É. Lévinas und J.-L. Marion, Mohr Siebeck 2010

D. Quadflieg (Hg.), Selbst und Selbstverlust. Psychopathologische, neurowissenschaftliche und kulturphilosophische Studien, Parados 2008

J. Rattner u. G. Danzer, Religion und Psychoanalyse, Königshausen & Neumann 2009

R. Rehn u. a. (Hg.), Der Traum vom *besseren* Menschen. Zum Verhältnis von praktischer Philosophie und Biotechnologie (Praktische Philosophie kontrovers Band 1), Lang 2009

F. Ricken, Glauben weil es vernünftig ist, Kohlhammer 2007

R. Riess, Die Wandlung des Schmerzes. Zur Seelsorge in der modernen Welt, Vandenhoeck & Ruprecht 2009

C. G. Rogers, Eine Theorie der Psychotherapie, Reinhardt 2008

P. Rusterholz u. a. (Hg.), Aktualität und Vergänglichkeit der Leitwissenschaften, Peter Lang 2009

J. Sanchez de Murillo u. M. Thurner (Hg.), Jahrbuch für Denken, Dichten, Musik 6 (2009): Von der Wissenschaft zur Mystik

I. Sarin, The Global Vision. Karl Jaspers, Peter Lang 2009

A. Sauge, Sophocle lecteur de Freud, Lang 2009

T. Scagnetti-Feurer, Himmel und Erde verbinden. Integration spiritueller Erfahrungen, Königshausen & Neumann 2009

Th. Schabert u. M. Riedl (Hg.), Gott oder Götter? God or Gods? Königshausen & Neumann 2009

R. Schäfer u. G. Schuhmann (Hg.), »Sterben Gläubige leichter?« Zur Bedeutung von Religion und Weltanschauung im Sterbeprozess, Königshausen & Neumann 2009

Ch. Schlatter-Gentinetta, Dissonanzen der Evidenz. Eine philosophische Anamnese der modernen Medizin, Passagen 2008

J. Schlimme, Verlust des Rettenden oder letzte Rettung. Untersuchungen zur Suizidalität, Alber 2010

H. Schmitz, Leib und Gefühl. Materialien zu einer philosophischen Therapeutik, Sirius 2008

D. Schmoll, Psychotherapie – Chancen und Grenzen. Ein Ratgeber, Kohlhammer 2009

S. Schneider (Hg.), Die Grenzen des Sagbaren in der Literatur des 20. Jahrhunderts. Königshausen & Neumann 2009

T. Schnell, Implizite Religiosität. Zur Psychologie des Lebenssinns, Pabst 2009

M. Schuster, Rituale, Kunst und Kunsttherapie, Medizinische Wissenschftliche Verlagsgesellschaft 2008

J. Seidel, Schon Mensch oder noch nicht? Zum ontologischen Status humanbiologischer Keime, Kohlhammer 2009

P. Sloterdijk, Du musst dein Leben ändern. Über Religion, Artistik und Anthropotechnik, Suhrkamp 2009

K. Sludds, Emotions. Their Cognitive Base and Ontological Importance, Lang 2009

Th. Söding u. K. Held (Hg.), Phänomenologie und Theologie, Herder 2009

R. Spaemann, Das unsterbliche Gerücht. Die Frage nach Gott und der Aberglaube der Moderne, Klett Cotta 2007
P. Strasser, Theorie der Erlösung. Eine Einführung in die Religionsphilosophie, Fink 2007
H. Streib u. a. (Hg.), Deconversion. Qualitative und Quantitative Results from Cross Cultural Research in Germany and the United States of America, Vandenhoeck & Ruprecht 2009
F. Thornton, Essential Philosophy of Psychiatrie, Oxford University Press 2008
M. Titze u. R. Kühn. Lachen zwischen Freude und Scham. Eine psychologisch-phänomenologische Analyse der Gelotophobie, Königshausen & Neumann 2010
S. Vaner u. A. (Hg.), Sécularisation et démocratisation dans les sociétés musulmanes, Lang 2009
K. Vogeley u. A. (Hg.), Psyche zwischen Natur und Kultur, Parados Verlag 2008
G. Vattimo, Jenseits des Christentums. Gibt es eine Welt ohne Gott? Hanser 2007
B. Waldenfels, Ortsverschiebungen, Zeitverschiebungen – Modi leibhaftiger Erfahrung, Suhrkamp 2009
B. Wandruszka, Philosophie des Leidens. Zur Seinsstruktur des pathetischen Lebens, Freiburg/München 2009
C. Weening, Whose Truth? Which Rationality? John Huck's Pluralist Strategies for the Management of Conflicting Truth Claims among the Word Religions, Lang 2009
H. Wehrt, Das Geheimnis der Zeit. Das Spannungsfeld zwischen Ökologie, Naturwissenschaft und Theologie. Beiträge zu einem ganzheitlichen Verstehen unserer geschichtlichen Lebenswelt. Lang 2009
Chr. Weidemann, Die Unverzichtbarkeit natürlicher Theologie, Alber 2007
W. Weimar u. a. (Hg.), Organ Transplantation: ethical, legal and psychosocial aspects. Towards a common european policy, Pabst 2008
R. Wenninger, Artistics and Authentic. Philosophische Untersuchungen eines umstrittenen Begriffs. Königshausen & Neumann 2009
K. H. Witte, Psychoanalyse und Mystik. Psychologisch-phänomenologische Analysen zu einem Wahrnehmungsmodus, Alber 2010
S. Yore, The Mystic Way in Postmodernity. Transcending Theological Bounderies in the Writings of Iris Murdoch, Denise Levertov and Annie Dillard, Peter Lang 2009
H. Zander, Anthroposophie in Deutschland. Theosophische Weltanschauung und gesellschaftliche Praxis, Vandenhoeck & Ruprecht 2009
P. Zimmerling, Charismatische Bewegungen. Vandenhoeck & Ruprecht 2009

Zeitschriften

Daseinsanalyse. Jahrbuch für phänomenologische Anthropologie und Psychotherapie 25 (2009)
Ethik in der Medizin, Springer 2009 (4/Jahr)
Informationes Theologiae Europae. Internationales ökumenisches Jahrbuch für Theologie 14, Jahrgang 2005
Jahrbuch für Logotherapie, Existenzanalyse und anthropologische Psychiatrie: Glück, Spiritualität und Religion, Pabst 2009

Neuere Literatur zu Religion, Psychotherapie, Philosophie und Kultur

Phänomenologische Forschungen 2008, S. 217–247: Neuere phänomenologische Literatur

Psychopathology. International Journal of Descriptive and Experimental Psychopathology, Phenomenology and Psychiatric Diagnosis, Official Journal of the World Psychiatric Association, Karger 2009 (vol. 42)

Psychotherapeut, Springer 2009 (6/Jahr)

Psychotherapie Forum, Springer 2009 (4/Jahr)

Texte. Psychoanalyse. Ästhetik. Kulturkritik, Passagen 2009 (4/Jahr)

Wiener Zeitschrift für Suchtforschung. Anton Proksch Institut u. Ludwig Bolzmann Institut für Suchtforschung (Hg.), Jahrgang 32 (2009)

Bibliographie zusammengestellt von Dr. Martin Poltrum, Wien

Mitteilungen und Hinweise

Gesellschaften, Institute und Internetinformationen

Archives Husserl de Paris (CNRS), École Normale Supérieure, 45 rue d'Ulm, F-75005 Paris

Association Internationale Henri Maldiney: association.maldiney@yahoo.fr

Association for the Advancement of Philosophy & Psychiatry (USA) (AAPP): kroll001@umn.edu und c.huber@uke.uni-hamburg.de

British Society for Phenomenology: www.britishphenomenology.com

Bulletin d'Analyse Phénoménologique (Lüttich): http://popus.ulg.ac.be/bap.htm

Centre et Ecole Belge de Daseinsanalyse, Rue Legal 18, B – Brüssel

DGPPN-Referat Philosophische Grundlagen der Psychiatrie und Psychotherapie: Thomas_Fuchs@med.uni-heidelberg.de und Martin.Heinze@Klinikum-Bremen-Ost.de

Deutsche Gesellschaft für Psychoanalyse, Psychotherapie, Psychosomatik und Tiefenpsychologie e. V. (DGPT): buchholz.mbb@t-online.de und Herbert.J.Stein@web.de (regelmäßiger Psycho-newsletter).

The Euro-Mediterranean Network of Phenomenology and Hermeneutics for Intercultural Dialogue: lorialtieri@yahoo.it

Forschungskreis Lebensphänomenologie (Freiburg i. Br.): http://www.lebensphaenomenologie.de

Gesellschaft für hermeneutische Anthropologie und Daseinsanalyse: alice.holzhey@bluewin.ch

Gesellschaft für Philosophie und Wissenschaften der Psyche: www.gpwp.de

Heidegger Circle (Stony Brook University, Manhatten NY): www.heideggercircle.org

International Network of Philosophy, Psychiatry, Pschology (INPP): www.inpponline.org
Internationale Zeitschrift für Philosophie und Psychosomatik (IZPP): www.izpp.de
Institut für Existenzanalyse und Lebensphänomenologie: www.guenterfunkeberlin.de
Journal für Philosophie und Psychiatrie: www.jfpp.org – Research Group »Phenomenological Psychiatry, Psychiatric Anthropology and History of Psychiatry« (Hannover Medical School)
Lehrgang Philosophie für Psychiater, Zürich (Daniel Hell, Helmut Holzhey): www.philopsycho.ch
Newsletter of Phenomenology: cristian.ciocan@phenomenology.ro
Organization of Phenomenological Organizations: www.o-p-o.net
Organizations Devoted to Phenomenological Research: www.husserlpage.com/hus°rgs.html
Philosophie der Psychologie (Online-Journal): www.jp.philo.at
Philosophy & Psychiatry: www.oup.co.uk/academic/medicine/psychiatry/ippp
Praxis der Phänomenologie:www.phenomenology.ro/ipp
Society of Existential and Phenomenological Theory and Culture: grcameron@wlu.ca
The Portuguese Society for Existenial Psychotherapy: www.sppe.pt
Society for the Study of Existential and Phenomenological Theory and Culture (EPTC): www.fedcan.ca
Subjektivitätsforschung in der Medizin Universität Graz: sonja.rinofner@uni-graz.at und walter.pieringer@meduni-graz.at
Viktor von Weizsäcker-Gesellschaft: www.viktor-von-weizsäcker-geselllschaft.de

Tagungen 2010

6.–7. Mai: Worklshop »Phenomenology and the Vulnerable Body: the Experience of Illness« (Faculty of Health University of Hull)
7.–9. Mai: Heidegger Circle – Stony Brook University, Manhatten New York (www.heideggercircle.org)
19.–21. Mai: Conference of the Centre for Studies in Practical Knowledge »Bodily Phenomenology« (Södertörn University, Sweden)

31. Mai–3. Juni: Society for the study of Existential and Phenomenological Theory and Culture (EPTC)»*Face à l'égo la solitude en face:
Kierkegaard, Nietztsche, Kafka, Husserl, etc.*« (Université Con-
cordia, Montréal) (eptc2010@gmail.com)

1. Juni:»*Anthropologie de la mortalité à l'épreuve de la mort violente*«
(ENS, 45 rue d'Ulm, Paris, salle Celan, Vortrag Marc Crépon)

3.–4. Juni:»*Who is Calling? Responsible Hermeneutics – Hermeneutics of Responsability*« (Institute of Philosophy and History of Ideas
– Aarhus University)

26.–27. Juni: Forschungskreis Lebensphänomenologie Freiburg i. Br.
»*Die Unberührbarkeit des Berührens*«

5.–9. Juli: International Conference»*Readings of Difficult Freedom*«
(Toulouse)

16.–18. Juli: Forschungs- und Lektüreseminar»*Heidegger und der
Nationalsozialismus*« (Stadt Meßkirch)

10.–13. August: The 60th International Congress of Phenomenology
»*Logos and Life. Phenomenology/Ontopoiesis Reviving Antiquity*«
(University of Bergen, Norway)

23.–26. August: Conference on Collective Intentionality VII»*Per-
spectives on Social Ontology*« (Philosophisch-Historische Fakultät
– Universität Basel, Schweiz).

4.–5. September: Forschungskreis Lebensphänomenologie Freiburg
i. Br.»*Meister Eckharts ›Ich‹ lebensphänomenologisch*«

Tagungen 2011

25.–28. Mai 2011: Internationale Tagung»*Heidegger. Natur – Kunst –
Technik*« (Stadt Meßkirch)

Autorenverzeichnis

Hjördis Becker, MSc., geb. 1978, studierte Philosophie, Literatur-wissenschaft und Nordistik in Bonn, Kopenhagen und Kiel sowie International Business Administration in Maastricht. Seit 2008 arbeitet sie als wissenschaftliche Mitarbeiterin am Philosophi-schen Seminar der Christian-Albrechts-Universität zu Kiel. For-schungsschwerpunkte: Kulturphilosophie, Ästhetik, Religions-philosophie.

Robert Bögle, Diplom-Psychologe und approbierter Psychotherapeut, geb. 1949 in München; Ausbildungen in Kommunikationsthera-pie, Körperpsychotherapie und Visionssucheleitung; seit 1992 Leiter der Pädagogisch-psychologischen Informations- und Bera-tungsstelle für Schüler/innen, Eltern und Lehrer/innen (PIB) in München. Arbeitsschwerpunkte: Schülerberatung, Familienbera-tung, Lehrerfortbildung, Gewaltprävention, Ritualarbeit.

Reinhard Brunner, Dr. phil., Dipl.-Psych., bis 2006 Univ.-Prof. für Er-ziehungswissensc haft an der Universität Duisburg-Essen; Dozent am Alfred Adler-Institut München, Lehranalytiker und Psych. Psychotherapeut in freier Praxis. Veröffentlichungen über Päda-gogik, Schulpädagogik, Individualpsychologie, Transpersonale Psychologie.

Michael B. Buchholz ist Professor für Sozialwissenschaften an der Univ. Göttingen, Lehranalytiker am dortigen Institut und Autor zahlreicher Bücher und Aufsatzpublikationen zur Psychoanalyse, qualitativen Psychotherapieforschung, Familientherapie und der Metaphernanalyse.

Eckhard Frick, sj, geb. 1955, Dr. med., katholischer Priester, Lehranalytiker des C. G. Jung-Instituts München, Professor an der Hochschule für Philosophie der Jesuiten. Forschungsschwerpunkt: Spiritual Care (www.spiritualcare.de), Veröffentlichungen: Psychosomatische Anthropologie; Spiritualität und Medizin (beide 2009).

Christian Graf, geboren 1970 in Liestal bei Basel, nach einem Musikstudium (Lehrdiplom für Klavier) Studium der Fächer Philosophie, Neuere deutsche Literaturwissenschaft und Musikwissenschaft an der Universität Basel, Promotion in Philosophie 2007. Seit Juni 2008 Präsident der Heinrich-Barth-Gesellschaft. Zurzeit Beteiligung am Aufbau eines unabhängigen Zentrums für Philosophie in Basel.

Joachim Heil, geb. 9. 7. 1962, promovierte während seiner beruflichen Tätigkeit als examinierter Krankenpfleger 2004 an der Johannes-Gutenberg-Universität Mainz mit einer Arbeit über Immanuel Kant und Emmanuel Lévinas. Er ist Lehrbeauftragter am Philosophischen Seminar der Johannes-Gutenberg-Universität Mainz.

Hans Küng, geb. 1928 in Sursee (Kanton Luzern), international bekannter katholischer Theologe, dem 1979 die kirchliche Lehrbefugnis entzogen wurde; emeritierter Professor für Ökumenische Theologie an der Universität Tübingen; seit 1995 Präsident der von ihm initiierten Stiftung Weltethos mit Sitz in Tübingen; zahlreiche Werke zu Theologie, Ökumene, Weltreligionen, Weltethos und Gegenwartsfragen; vielfältige nationale und internationale Ehrungen (http://www.weltethos.org).

Henning Nörenberg, M.A., geb. 8. 4. 1980; seit August 2009 Promotionsstudium an der Universität Rostock zum Thema ›Phänomenologie des politischen Christentums‹ bei Prof. Dr. Michael Großheim

Friedel M. Reischies, Prof. Dr. med., geb. 1950 in Hannover, Studium der Humanmedizin 1970–1976 (Approbation 1978), Mitarbeiter des Instituts für Neurophysiologie der FU-Berlin 1978–1980, Mitarbeiter der Psychiatrischen Klinik der FU-Berlin (Prof.

Helmchen) 1980–2007; 1995 Habilitation; Ärztlicher Direktor der Friedrich-von-Bodelschwingh-Klinik Berlin und Leiter der Arbeitsgruppe Neuropsychiatrie und psychiatrische Neuropsychologie der Charité 2007.

Winfried Rohr, geb. 1964, studierte Philosophie, Katholische Theologie, Musikwissenschaft, Germanistik und Geographie. Er promovierte bei Prof. Dr. Rolf Schönberger an der Universität Regensburg über die ontologische Sonderstellung des Logosbegriffs bei Viktor E. Frankl.

Dirk Schmoll, Dr. med., geb. 1959, studierte Medizin, Psychologie und Philosophie. Psychiatrische Facharztausbildung in Marburg (Prof. Blankenburg), psychotherapeutische Ausbildung in Frankfurt (Prof. Mentzos). Seit 1994 ltd. Oberarzt an der Psychiatrischen Abteilung der Schlosspark-Klinik in Berlin (Prof. Stoffels). Dozent und Supervisor für tiefenpsychologisch fundierte Psychotherapie. Zahlreiche Veröffentlichungen, zuletzt:»Psychotherapie – Chancen und Grenzen« (2009).

Harald Seubert, Prof. Dr. phil. habil., geb. 1967, Promotion über Heidegger und Nietzsche, Habilitation über Platon, lehrt nach Stationen in Erlangen, München, Halle/Saale seit 2006 als Ordentlicher Universitätsprofessor an der Adam-Mickiewicz-Universität Poznan/Posen (Polen) und als Fachvertreter Religionsphilosophie am theologischen Department der FAU Erlangen-Nürnberg sowie seit WS 2009/20 an der Otto-Friedrich-Universität Bamberg. Zahlreiche Buch- und Aufsatzpublikationen zu allen Feldern der Philosophie in systematischer, historischer und transdisziplinärer Perspektive. Intensive außeruniversitäre Vortrags- und Beratungstätigkeit.

Frédéric Seyler, Dr. phil., geb. 1967 in Marburg, Studium der Politikwissenschaft (Louvain-la-Neuve) und des Völkerrechts (Brüssel) sowie Staatsexamen in Philosophie (Frankreich); Promotion im Fach Philosophie an der Universität Metz über die Frage der Ethik bei Michel Henry. Lehrbeauftragter für Philosophie an den Universitäten Metz und Luxemburg. Forschungsschwerpunkte:

Lebensphänomenologie und deutscher Idealismus. Mehrere Publikationen in deutscher und französischer Sprache.

Karl Heinz Witte, Dr. phil., Studium der Germanistik, Philosophie, Theologie. Promotion und Forschung über die Rezeption Meister Eckharts im 14. Jh. Psychoanalytiker in eigener Praxis, Dozent und Lehranalytiker am Alfred Adler Institut München, derzeit Forschungsarbeiten zu Meister Eckhart.

psycho–logik

Jahrbuch für Psychotherapie, Philosophie und Kultur

psycho–logik erscheint seit 2006 einmal jährlich im Verlag Karl Alber. Das Jahrbuch ist ein offenes Diskussionsforum für die Zusammenhänge von Psychotherapie, Psychologie und Phänomenologie mit ihrem kulturellen Kontext, und zwar in wissenschaftlicher wie praktischer Hinsicht. Sie erscheint als Jahrbuch jeweils im Frühjahr. Die Herausgeber werden zur Begutachtung eingegangener Manuskripte durch den *wissenschaftlichen Beirat* unterstützt. Dieser umfasst folgende Mitglieder:

Gerd B. Achenbach, Hans-Dieter Bahr, Michael B. Buchholz, Natalie Depraz, Martin Dornberg, Philippe Forget, Thomas Fuchs, Günter Funke, Hans-Helmuth Gander, Günter Gödde, Stephan Grätzel, Michael Großheim, Alice Holzhey, Mario Jacoby, Verena Kast, Guy van Kerckhoven, Bin Kimura, Richard Klein, Joachim Küchenhoff, Hermann Lang, Anders Lindseth, Thomas Macho, Tilmann Moser, Hilarion Petzold, Walter Pieringer, Günter Pöltner, Sonja Rinofner-Kreidl, Martin Schadt, Christian Schneider, Alfred Schöpf, Michael Titze, Rolf-Peter Warsitz, Joachim Widder, Peter Widmer, Christoph Wulf, Léon Wurmser.

Damit sind folgende *Fachgebiete* repräsentiert:
1. Philosophie und philosophische Praxis, 2. Grenzbereich Psychotherapie und Philosophie, 3. Psychotherapeutische Praxis, 4. Psychoanalyse und Tiefenpsychologie, 5. Psychosomatik und Psychiatrie, 6. Kulturwissenschaft, Anthropologie und Ethik.

Das Jahrbuch enthält die *Rubriken*:
1. *Originalbeiträge*
2. *Berichte* (Forschungs- und Tagungsberichte)
3. *Rezensionen* (Sammel- und Einzelbesprechungen je nach Eingang)
4. *Bibliographie* (zur neueren interdisziplinären Literatur von Psychotherapie, Psychologie, Philosophie und Kultur)
5. *Tagungshinweise* und *Mitteilungen*

Bd. 6 (2011) hat den Schwerpunkt »Aufklärung und neue Mythen«, Bd. 7 (2012) »Erinnerung und Vergessen«.

Bereits erschienen sind Bd. 1 (2006) »Praxis und Methode«, Bd. 2 (2007) »Existenz und Gefühl«, Bd. 3 (2008) »Methode und Subjektivität«, Bd. 4 (2009) »Lebensethik«.

Manuskripte (Originalbeiträge, Berichte, Rezensionen usw.) werden an die folgenden *Herausgeber-* und *Redaktionsadressen* erbeten:

PD Dr. Rolf Kühn
Heuweilerweg 19
D-79194 Gundelfingen/Frb.
E-Mail: rw.kuehn@web.de
Tel. 07 61 / 55 73 543

Dr. Karl Heinz Witte
St.-Anna-Platz 1
D-80538 München
E-Mail: witte@khwitte.de
Tel. 0 89 / 29 16 19 42
Fax. 0 89 / 29 95 18

PD Dr. med. Dr. phil. Jann E. Schlimme M.A.
Gartengasse 10/3/9
A-8010 Graz, Österreich
E-Mail: schlimme.jann@gmx.de

Redaktionstermin:
Autoren sollten ihre geplanten Beiträge von maximal 15 Seiten (37.500 Zeichen) im Laufe des Jahres den Herausgebern ankündigen. Sie erhalten dann die Richtlinien zur Erstellung der Manuskripte zugeschickt, deren endgültige Veröffentlichung erst nach Prüfung durch Herausgeber und Beirat erfolgen kann. Nicht aufgenommene Beiträge können eventuell in der nächsten Jahrgangsnummer erscheinen. Der Endtermin für die Einreichung des Manuskripts ist der 15. September jeden Jahres, sodass jeweils im darauffolgenden Frühjahr (April) das Erscheinen des Jahrbuches garantiert ist.

Die Autoren erhalten ein Belegexemplar des Jahrbuches; von ihren Beiträgen können sie pdf-Dateien beim Verlag anfordern.

Bezugsbedingungen:
Das Jahrbuch erscheint einmal jährlich mit ca. 224 Seiten Umfang. Der Preis beträgt im Abonnement Euro 26,– bzw. 26,80 (A) oder SFr 45,60; als Einzelband Euro 32,– bzw. Euro 32,90 (A) oder SFr 55,60. Bestellungen nimmt der Verlag und jede Buchhandlung entgegen. Das Abonnement verlängert sich jeweils um ein Jahr. Kündigungen, die für den im Frühjahr eines Jahres erscheinenden Band Geltung haben sollen, müssen bis spätestens 31. Dezember des Vorjahrs im Verlag eingehen:

Verlag Karl Alber
Hermann-Herder-Str. 4
D-79104 Freiburg i. Br.
E-Mail: info@verlag-alber.de
Tel. 07 61 / 27 17-436
Fax 07 61 / 27 17-212